PRAG

www.baedeker.com

Verlag Karl Baedeker

Top-Reiseziele

Die Liste der Prager Sehenswürdigkeiten ist lang. Altstädter Ring, Hradschin oder Karlsbrücke werden Sie auf keinen Fall versäumen. Für das weitere Besichtigungsprogramm haben wir Ihnen hier die wichtigsten Highlights zusammengestellt: Immerhin geht es um eine Stadt, der schon früh vorhergesagt wurde, dass »ihr Ruhm einst die Sterne berühren« werde …

❶ ✱✱ Altstädter Ring

Neben dem Hradschin ist dieser 9000 m² große Platz, in dessen Mitte das monumentale Denkmal für den Reformator Jan Hus steht, Prags historisch bedeutendster Ort.
Seite 178

❷ ✱✱ Altstädter Rathaus

Hauptattraktion des Rathauses ist die Astronomische Uhr aus dem 16. Jahrhundert. Vom 69 m hohen Rathausturm hat man den schönsten Blick auf den Altstädter Ring.
Seite 180

❸ ✱✱ Hradschin

Fast alle Herrscher haben sich hier über die Jahrhunderte hinweg in verschiedenen Bauten verewigt.
Seite 208

❹ ✱✱ St.-Veits-Dom

Der geniale Dombaumeister Peter Parler schuf hier sein Meisterwerk und setzte sich schon in jungen Jahren ein Denkmal.
Seite 213

❺ ✱✱ Königspalast

Ein weiteres Highlight auf dem Hradschin – der Fenstersturz aus einer seiner Amtsstuben schrieb einst Geschichte. Nicht nur Kunsthistoriker geraten beim Anblick des Vladislavsaals ins Schwärmen.
Seite 219

❻ ✱✱ Josefstadt

Heute ist der ehemalige Stadtteil der Juden fast ein Freilichtmuseum. Die vielen Synagogen und der Alte Jüdische Friedhof erzählen die lange Geschichte der jüdischen Gemeinde Prags.
Seite 235

❼ ✱✱ Karlsbrücke

Ihre großartige Wirkung verdankt die älteste erhaltene Brücke der Stadt ihrer Statuenallee aus der Barockzeit. Zudem ist sie ein beliebter Treffpunkt von Kleinkünstlern und Flaneuren.
Seite 250

❽ ✶✶ Burg Karlstein

40 km südwestlich von Prag entstand die berühmteste mittelalterliche Burganlage Böhmens als Auf-
bewahrungsort für die böhmischen
Kroninsignien. Die Besichtigung der
Hl.-Kreuz-Kapelle mit den Tafeln
vom Meister Theoderich sollten Sie
sich nicht entgehen lassen.
Seite 259

❾ ✶✶ St. Niklas

Am Kleinseitner Ring kann man den
Hochbarock in Formvollendung auf
sich wirken lassen und den schöns-
ten Ausblick auf die Dächer dieses
Stadtteils genießen.
Seite 264

❿ ✶✶ Loretoheiligtum

Dem Marienkult verdankt die
Stadt eine Kopie der Casa Santa –
Skulpturen und Reliefs erzählen
hier die Lebensgeschichte der
Muttergottes.
Seite 271

⓫ ✶✶ Kloster Strahov

Die 25 Fresken im Theologischen
Bibliothekssaal symbolisieren das
Ringen um Weisheit im Zusammen-
hang mit der Liebe zur Wissen-
schaft und Literatur. Im Philoso-
phischen Saal gibt es ein gewaltiges
Deckenfessko von Franz Anton
Maulbertsch zu sehen.
Seite 313

⓬ ✶✶ Vyšehrad

Der Legende nach war der
Vyšehradfelsen Sitz der Fürstin
Libussa (tschechisch Libuše), die
der Stadt Prag einen zu den Ster-
nen reichenden Ruhm prophezeite.
Zudem sollen hier die ersten Pře-
myslidenherrscher residiert haben.
Seite 327

Lust auf ...

... Prag ganz nach Ihrem eigenen Interesse? Dann helfen Ihnen sicher diese Anregungen hier, mit denen Sie die verschiedensten Seiten der Stadt an der Moldau entdecken können.

AUS- UND WEITBLICKE

- **Rooftop-Hotels ...**
  ... erheben sich wie bunte, von Sonnenschirmen beschattete Inseln aus dem Stadtpanorama.
  Seite 1520
- **Der Glockenturm der St.-Niklas-Kirche** ▶
  ... diente den Kommunisten als Horchposten der Geheimpolizei. Die »Muschel« ist nun für den Aufstieg frei und bietet neben historischem Erschauern eine reizvolle Perspektive auf die Kleinseitner Dächer.
  Seite 265
- **Prager Fernsehturm**
  Auf dem höchsten Turm der Stadt gibt es ein Aussichtsrestaurant.
  S. 339

SCHÖNE ILLUSION(EN)

- **Marionettentheater** ▶
  Marionettentheater haben in Prag eine lange Tradition. Das Spiel mit den Puppen begeistert Kinder genauso wie Erwachsene.
  Seite 93, 130
- ◀ **Laterna Magika**
  Mit den Pantomimeeffekten des klassischen Schwarzlichttheaters, mit Musik und Schauspiel sowie später auch mit Tanz entwickelte sich die Laterna Magika zu einem ganz eigenen, traumschönen Multimediaspektakel.
  Seite 88/89, 93, 289
- **Lucerna Kino**
  Bewegte Bilder in einem schönen Jugendstilpalast am Wenzelsplatz: Nostalgisches Flair garantiert!
  Seite 93

KUNST & PROVOKATION

NIGHTCLUBBING

SEHENSWERTES VON A BIS Z

PREISKATEGORIEN
Restaurants
(Preis für ein Hauptgericht)
🔵🔵🔵🔵 = über 50 €
🔵🔵🔵 = 30 – 50 €
🔵🔵 = 20 – 30 €
🔵 = 15 – 20 €
Hotels (Preis für ein DZ)
🔵🔵🔵🔵 = über 250 €
🔵🔵🔵 = 120 – 250 €
🔵🔵 = 80 – 120 €
🔵 = bis 80 €

Hinweis
Gebührenpflichtige Service-
nummern sind mit einem Stern
gekennzeichnet: *0800....

Karlsbrücke: Über diese Steine spazierten einst Könige vor ihrer Krönung.

Unterwegs mit der Tram: eines der besten Fortbewegungsmittel in Prag

PRAKTISCHE INFORMATIONEN

nachdenken · klimabewusst reisen
atmosfair ⬎

HINTERGRUND

Kurz und knapp, verständlich geschrieben und schnell nachzuschlagen: Wissenswertes über Land und Leute, Wirtschaft, Politik und Geschichte in der Stadt der vielen Türme, deren historisches Zentrum von der UNESCO zum schützenswerten Erbe der Welt erklärt wurde.

Die Mutter aller Städte

Wie kaum eine andere europäische Metropole bietet »Prag, die Mutter aller Städte« (Praga mater urbium), ein nahezu unverfälschtes Bild seiner mehr als tausendjährigen Geschichte. Aber Prag ist nicht nur eine historische Stadt, sondern auch eine moderne, weltoffene, höchst lebendige Metropole, deren Antlitz sofort begeistert: Von allen Aussichtpunkten öffnen sich beeindruckende Panoramen. Und Prag hält, was das Bild verspricht – ein unvergessliches Erlebnis.

Auf die kürzeste Formel hat es Kafka gebracht: »Prag lässt nicht los.« Am schönsten aber hat es vielleicht die wie Kafka aus Prag gebürtige, wie er in deutscher Sprache schreibende Autorin Lenka Reinerová formuliert, als sie meinte: »Prag, in tschechischer Sprache das Femininum Praha, kann launenhaft sein wie eine Frau, setzt in den letzten Jahren mitunter ein unpassend aufdringliches Make-up auf. Aber das ist nur eine oberflächliche Schminke, ein Zugeständnis an die kommerziellen Unarten der Zeit. Das wahre Antlitz der Stadt lässt solche ungewollten Veränderungen gelassen über sich ergehen, mein Heimatort hat seine Erfahrungen und bleibt, was er schon immer war: unser wunderbar närrisches Prag.«

Blick auf die Teynkirche am Altstädter Ring

Doch um dieses wahre Antlitz zu erkunden, muss man sich schon selbst auf den Weg machen – je eher, desto besser …

EINE ROMANTISCHE ENTDECKUNG

Türme über Türme erheben sich zwischen verschachtelten Dächern, geschwungene Brücken überqueren die Moldau, prachtvolle Uferpromenaden laden zum Flanieren ein. In Prag angekommen, sollte man keine Minute verschwenden. Schnell im Hotel einchecken, die Koffer erst später auspacken, um gleich auf die Straßen hinauszustürmen und Prag zu fühlen – mit allen Sinnen. Die alten Steinmauern anfassen, das Flair vergangener Tage einatmen, die Gegenwart erleben. Der Schlüssel zur romantischen Entdeckung Prags liegt auf der Kleinseite. Die Metrolinie A, Station »Malostranská«, ist unser Ausgangspunkt für eine Zeitreise. Aus 32 Metern Tiefe mit der Rolltreppe aufgetaucht, landet man neben einer römischen Fontäne. Neckische Elfen, Faune und Kobolde aus Sandstein flankieren die Statue des heiligen Adalbert. Sie tanzen und spielen Flöte – der Anblick hebt die Laune. Ein Tipp: Jetzt den Einheimischen folgen! Wer auf der Kleinseite arbeitet, der schlägt hier seitlich durch ein »Mauseloch« in der Mauer seinen Weg ein. Im scharfen Winkel geknickt, steht am Ende

des Wegs die Türe von April bis Oktober offen – direkt zum Waldsteingarten. Dieser von Rosen gezierte Park mit seinen Skulpturen, einem Eulenkäfig und einer Grotte zählt zu den magischen Orten Prags, die einen unversehens in die Vergangenheit zu befördern scheinen. Da würde man sich kaum wundern, wenn der Feldherr Wallenstein noch höchstpersönlich erschiene, um uns in seinem Garten mit einem Ständchen zu begrüßen – mit Beethovens Waldstein-Sonate natürlich!

Blühendes Prag: Palastgärten (Kleinseite)

MAGISCHE ORTE IM STOP AND GO

Wo man geht und steht, bilden prachtvolle Paläste und malerische Plätze eine anregende Kulisse für das Spiel mit der eigenen Fantasie. Noch nie fühlte man sich so hautnah in die Zeit Mozarts versetzt, konnte man sich das Leben des Adels »bei Hofe« so gut vorstellen wie hier. Schnell lernt man Prag als Gesamtkunstwerk wahrzunehmen, die Veränderungen erkennt man im Detail. In traditionsreichen Lokalen wird schicke Gourmetküche serviert, vor Jugendstilhäusern stehen Frauen auf gefährlich hohen Absätzen, Männer trinken Cocktails und Bier aus nicht minder hohen Gläsern, aus dem Inneren der Clubs dringt Musik auf die Straßen. Unaufhaltsam transformiert sich die »hunderttürmige« Stadt ins 21. Jahrhundert. Als Publikumsmagnet erweist sich dabei auch die Kunst der Gegenwart. Die gesichtslosen Megababys von »Herrn Schwarz« (David Černý) bringen Kafkas Geist ins dritte Millennium. Zwar wächst die Neugier für das »andere Prag«, für die weniger bekannten, lange industriell geprägten Stadtteile, in denen immer mehr Ateliers, Designerlofts und Szeneclubs entstehen. Im historischen Zentrum aber drängeln sich die Touristen dicht an dicht. Die Karlsbrücke ächzt unter dem Stop and Go der Passanten. Für die »Goldene Gasse« auf der Burg wird Eintritt verlangt. Ja, auch das soll an dieser Stelle nicht verschwiegen sein: Prag wird zunehmend ein teures Pflaster!

Fakten

Bevölkerung · Politik · Wirtschaft

Im Mittelalter zählte Prag mit Rom und Konstantinopel zu den größten Metropolen Europas. Kaiser Karl IV. herrschte vom Hradschin aus über das Heilige Römische Reich, Kaiser Rudolf II. über die Habsburger Monarchie. Wer sein Glück machen wollte, der versuchte es in der »Goldenen Stadt«. Der nächste Aufschwung kam mit der Industrialisierung im 19. Jahrhundert. Heute, nach der sich als »Samtene Revolution« gestaltenden Wende im Jahr 1989, gehört diese vielfältige Stadt zu den beliebtesten Reisezielen des Kontinents.

Im 14. Jh., als **Kaiser Karl IV.** Prag erstmals zur **Hauptstadt des Heiligen Römischen Reiches** machte, zählte man an der Moldau rund 40 000 Einwohner. Unter den Nachfolgern Karls sank die Bedeutung Böhmens für das Reich, und so lag nach den Verlusten im Dreißigjährigen Krieg gegen Ende des 17. Jh.s die Einwohnerzahl noch immer bei 40 000. Von da an jedoch ging es aufwärts. 1786 zählte Prag 73 000 Einwohner, 1890 bereits 193 000. Dieser Aufschwung ist vor allem auf die **Industrialisierung** zurückzuführen. Tausende kamen aus den böhmischen Dörfern nach Prag, um hier ihr Glück zu machen. Vollkommen neue Stadtviertel wie **Karlín** oder **Žižkov** entstanden. 1920 wurde ein Gesetz über die Eingemeindung weiterer Vororte beschlossen: Groß-Prag zählte somit bereits 677 000 Einwohner. Zu Beginn der 1960er-Jahre wurde die **Millionengrenze** überschritten. Nach weiteren Eingemeindungen in den 1970er-Jahren hat Prag schließlich seine heutige Größe mit 1,2 Mio. Einwohnern erreicht. Auch nach der politischen Wende von 1989 blieb die Einwohnerzahl weitgehend stabil.

Entwicklung

Bereits im 10. Jahrhundert hatte Ibrahim Ibn Jacob, ein spanischer Jude und Gesandter des Kalifen von Córdoba, Prag als **»eine Stadt aus vielen Steinen«** beschrieben. Steine waren damals gleichzusetzen mit Reichtum, weil sich diese Art von Behausung nur die Vermögenden leisten konnten. Mit dem **ersten Bauboom** unter Kaiser Karl IV. setzte ab 1346 auch die erste große Zuwanderungswelle ein. Gezielt ließ der Landesvater Bronzegießer, Steinmetze und andere Handwerker in Franken anwerben. Der bayerische Adel schickte seine Sprösslinge, um sich in Prag als Existenzgründer zu bewähren. Die **Deutschen** siedelten sich überwiegend in der Altstadt an, für die **Tschechen** gründete Karl IV. die **Neustadt** mit einem eigenen Rathaus. 1492

Ethnische Zusammensetzung

Barockhäuser an der Südseite des Altstädter Rings: Sie tragen klangvolle Namen wie »Zu den Störchen« oder »Zum blauen Fuchs«.

Prag auf einen Blick

▶ Tschechisch

Praha

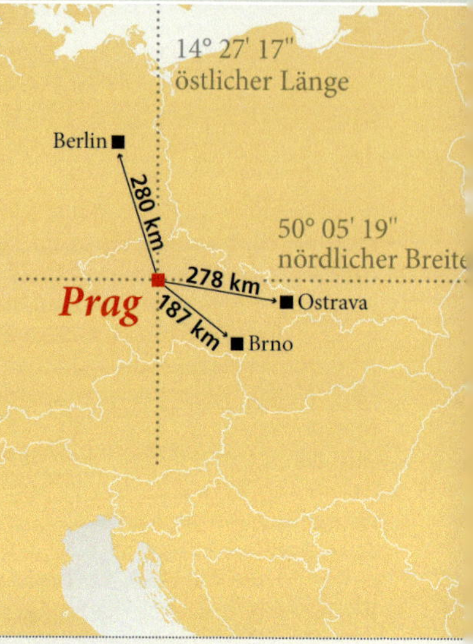
14° 27' 17"
östlicher Länge
Berlin
280 km
50° 05' 19"
nördlicher Breite
278 km
Prag
187 km
Ostrava
Brno

Lage:
Prag liegt zentral im westlichen Tschechien an der Moldau.

Fläche:
496 km²

Einwohner: **1,2 Mio.** (2012)
Im Vergleich:
Tschechische Republik
10,5 Mio.
Berlin **3,5 Mio.**
Budapest **1,7 Mio.**

▶ Religion

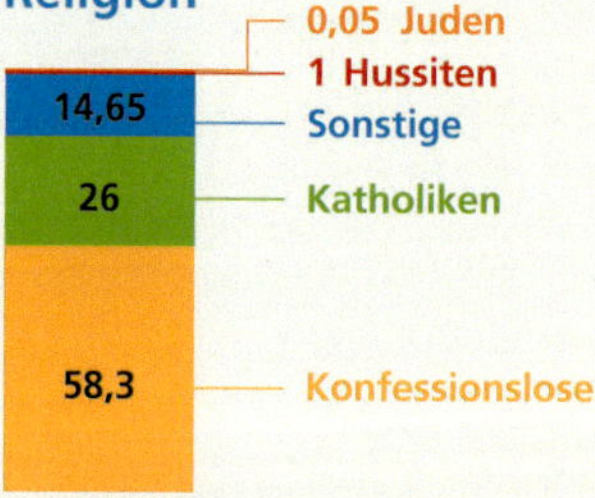
0,05 Juden
1 Hussiten
14,65
Sonstige
26
Katholiken
58,3
Konfessionslose

▶ Wappen

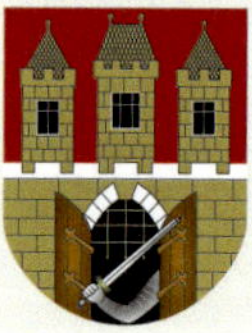

Das Wappen zeigt auf rotem Grund drei golden Türme auf einer goldenen Stadtmauer und im geöffneten Tor einen geharnischten silbernen Arm mit Schwert.

▶ Verwaltung

Die 70-köpfige Stadtvertretung wählt aus ihren Reihen für 5 Jahre den Oberbürgermeister (Primátor), der an der Spitze des 11-köpfigen Stadtrates (Rada) steht.

22 Verwaltungsbezirke und **57 Stadtteile** (gestrichelt).

Der Bezirk **Prag 1** besteht aus den früheren Stadtvierteln Altstadt **(Staré Město)**, Neustadt **(Nové Město)**, Kleinseite **(Malá Strana)**, Hradschin **(Hrad čany)** und Josefstadt **(Josefov)**

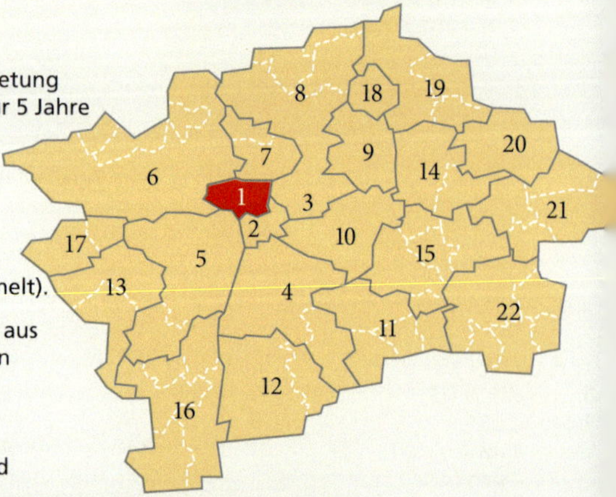
1
2
3
4
5
6
7
8
9
10
11
12
13
14
15
16
17
18
19
20
21
22

Wirtschaft

Ca. **6 Mio. Touristen**

mit durchschnittlich
3 Übernachtungen (2012)

Pro-Kopf-Einkommen umge-
rechnet **ca. 1000 €**
Arbeitslosenquote in Prag
ca. 6 %, Tschechien **ca. 9 %**

Beschäftigungsstruktur:

Öffentlicher Dienst — 39,5
Landwirtschaft 2,5
Tourismus 9
Bauwesen 12
37
Industrie
%

Haupthandelspartner:
Deutschland (**ca. 70 %** des
Gesamtaufkommens)

▶ Klimastation Prag

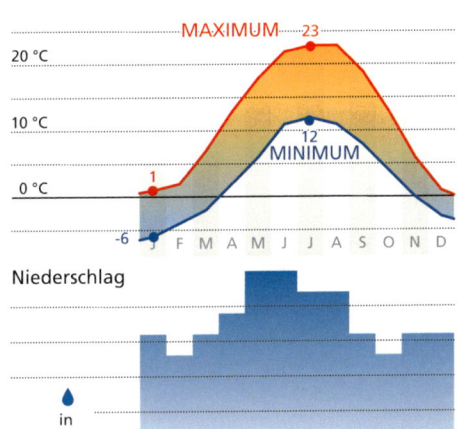

MAXIMUM — 23
20 °C
10 °C
12
MINIMUM
0 °C
1
-6
J F M A M J J A S O N D

Niederschlag

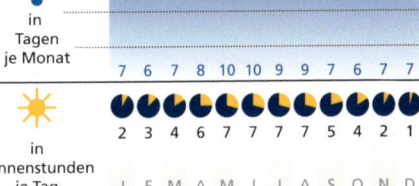

in
Tagen
je Monat
7 6 7 8 10 10 9 9 7 6 7 7

in
Sonnenstunden
je Tag
2 3 4 6 7 7 7 7 5 4 2 1
J F M A M J J A S O N D

Prags Städtepartnerschaften

Der Stadtbezirk **Prag 6**
unterhält seit Herbst 2008
eine Städtepartnerschaft
mit **Bayreuth**.

Brüssel
(2003)
Hamburg (1990)
Drancy
(1995)
Bamberg (1991)
■ **Sankt Petersburg**
(1991)
■ **Moskau**
(1995)
■ **Berlin** (1995)
■ *Prag*
Paris
(1997)
Frankfurt   **Nürnberg**
(1990)   (1990)
■ **Tirana**
(1995)

■ **Jerusalem**

Nicht auf der Karte
Chicago, USA (1990)
Phoenix, USA (1992)
Taipeh, Taiwan (2001)
Kyoto, Japan (1996)

©BAEDEKER

? *Tschechien und die Tschechen*

Die am 1. Januar 1993 durch Teilung der Tschechoslowakei entstandene **Tschechische Republik** vereint die drei historischen Länder **Böhmen, Mähren** und **Tschechisch-Schlesien**. Die hier lebenden Tschechen (Eigenbezeichnung **Češi**), sind ein westslawisches Volk, das in der zweiten Hälfte des 6. Jh.s und in der ersten Hälfte des 7. Jh.s in das Gebiet des heutigen Tschechien einwanderte. Nach einer – in ihrer frühesten Version um 1120 von dem Chronist **Cosmas von Prag** überlieferten – Abstimmungssage geht der Name des tschechischen Volks auf den mythischen Führer **Čech** zurück, der die verschiedenen westslawischen Stämme zur Zeit der Einwanderung in ihre neue Heimat geführt haben soll, wo sie später zu einem Volk, einer Ethnie, verschmolzen. Mit 90,1 % stellen die **Tschechen** heute den überwiegenden Bevölkerungsanteil des Landes. Hinzu kommen 3,7 Prozent **Mährer** und **Schlesier**, 1,8 % **Slowaken**, 0,5 % **Polen**, 0,4 % **Deutsche**, 3,4 % andere. Schätzungen zufolge leben zudem zwischen 200 000 und 250 000 **Roma** im Land.

vertrieb **Ferdinand der Katholische** die Juden aus Spanien; innerhalb von drei Monaten musste jeder Jude, der nicht bereit war, zum Christentum zu konvertieren, das Land verlassen. Der daraufhin einsetzende **Exodus** führte viele Juden nach Prag, das als **»europäisches Jerusalem«** aufblühte. Auch aus Italien kamen viele Zuwanderer – darunter Baumeister, Zimmerer und Stuckateure. Sie quartierten sich auf der Kleinseite ein, wovon bis heute der Straßenname **Vlašská** (Welsche) kündet – eine Bezeichnung für die »Römer«. Doch die Zuwanderung nach Prag beschränkte sich nicht nur auf Handwerker und Künstler, Söldner und Abenteurer. Mit dem – einem mährischen Adelsgeschlecht entstammenden – »Hussitenkönig« **Georg von Podiebrad** (1420 – 1471) saß der letzte tschechische Monarch auf dem Thron. Die nächsten Herrscher waren alle »Ausländer« – und das durchgehend von 1471 bis 1918, also bis zur Gründung der Tschechoslowakei. **Wladislaw II.** und sein Sohn **Ludwig II.** kamen aus Polen auf die Prager Burg; deren Nachfolger **Ferdinand I.** – ein Habsburger, der die böhmische Königskrone durch vertrackte verwandtschaftliche Verhältnisse erbte, wurde bei Madrid geboren.

Im Prager Nationalitätenspiegel Als nach dem Dreißigjährigen Krieg (1618 – 1648) die Gegenreformation die aufständischen Hussiten in die Knie zwang, wuchs auch die politische Bedeutung der **Deutschen** in Prag. Erst in der Mitte des 19 Jh.s verloren sie die Mehrheit im Stadtrat. Zu Beginn des 20. Jh.s waren unter den 400 000 Einwohnern Prags etwa 30 000 Deutsche, darunter viele Juden. Nach der Gründung der Tschechoslowakei 1918 verließen viele Deutsche die Stadt oder wurden 1945 nach dem Zweiten Weltkrieg vertrieben. Von den **Prager Juden** überlebten nur 4000 den Holocaust. Heute zählt die jüdische Gemeinde rund 1600 Mitglieder. Mit etwa 18 000 Einwohnern bilden nun die – im Sozialismus diskriminierten und noch lange nach der Wende als »Zigeuner« beschimpften – **Roma** die größte Minderheit der Stadt, gefolgt von rund 15 000 Vietnamesen. Die **Italiener**, einst die ethnische Seele der Kleinseite, kehrten schon vor gut 100 Jahren in ihre katholische Heimat zurück. Doch die Liebe zu Prag haben sie sich erhalten – heute kaufen die *amici italiani* gern renovierte Wohnungen in der Altstadt als – dann meistens leer stehende – Kapitalanlage.

Mit der Wende eröffneten sich neue Perspektiven. Rund 55 000 **Ukrainer** kamen als Gastarbeiter in die Stadt – und blieben. Inzwischen bilden sie die größte Gruppe von Migranten. Als Ironie des Schicksals ist die neue Russenwelle zu betrachten: Eben noch verhasste Besatzer, bringen sie inzwischen das meiste Geld nach Prag. Gut 20 000 **Russen** haben hier an der Moldau ihren festen Wohnsitz, mindestens eine halbe Million russische Touristen erweisen sich jährlich als zahlungskräftige Gäste. Groß in Mode: heiraten in Prag. So gehören die weißen Stretchlimousinen mit russischen Hochzeitern inzwischen fast schon zum Stadtbild: An glanzvollen Monumenten geht deren Fototour vorbei – für ein Bild mit Braut und Bräutigam in Weiß. Eine Prager Besonderheit ist die starke US-amerikanische Gemeinde. Angelockt von der Samtenen Revolution und dem »Dichterpräsidenten« Václav Havel kamen nach 1989 rund 20 000 junge **Amerikaner** in die Moldaustadt. Mehrere tausend leben bis heute in der Stadt.

Alte und neue Migranten

STAAT UND GESELLSCHAFT

Vorbild für das parlamentarische System der **Tschechischen Republik** war die US-amerikanische Administration. Schon der Republikgründer **Tomáš Garrigue Masaryk** (1850 – 1937), mit einer amerikanischen Pianistin verheiratet, war ein glühender Verehrer der USA. Das tschechische Parlament besteht aus zwei Kammern – dem **Abgeordnetenhaus** (tschechisch: Sněmova) und dem **Senat** (Senát). Beide Kammern werden direkt vom Volk gewählt und legitimiert. Das Abgeordnetenhaus zählt 200 für vier Jahre über Parteilisten, also im Verhältniswahlverfahren, gewählte Mitglieder; dabei gilt eine Sperrklausel von 5 %, um einer Zersplitterung des Parlaments in viele kleine Parteien entgegenzuwirken. Die 81 Senatoren werden nach dem Mehrheitswahlrecht für sechs Jahre bestimmt, ihre Wahl (Mindestalter 40 Jahre) erfolgt im Abstand von zwei Jahren in jeweils einem Drittel der 81 Wahlkreise. Beide Kammern können – ebenso wie die Regierung – Gesetze initiieren. Das letzte Wort spricht der **Staatspräsident**, der ein Veto mit aufschiebender Wirkung einlegen kann und wie sein US-amerikanischer Amtskollege mit einer Fülle weiterer Machtbefugnisse ausgestattet ist. Zu ihnen gehören die Ernennung des vom Parlament gewählten **Ministerpräsidenten** und der von diesem vorgeschlage-

Parlament, Senat, Präsident

Willkommen im Alltag!

»Die Tschechen sind nicht freundlich, aber menschlich« (Philip Roth): Wer Prag auch einmal abseits der großen Touristenströme erleben, ganz »normale« Leute treffen oder den Hauptstädtern privat begegnen will – hier finden Sie dazu einige Tipps von der Baedeker-Redaktion.

BACHELOR WERDEN

Tagsüber studieren, nachts feiern. Prag als quirlige Studentenstadt lockt auch international. Die **University of New York in Prague (UNYP)** bietet ein breit gefächertes Ausbildungsprogramm für künftige Führungskräfte in Administration, Finanzen, IT-Branche. Unterrichtet wird auf Englisch, ein paar Brocken Tschechisch schnappt man dann in den Kneipen vor Ort auf. Wer gleichzeitig seine Haushaltskasse aufbessern möchte: Bedienungsjobs etwa gibt's zuhauf.
www.unyp.cz

HOMESTAY

Immer eine gute Möglichkeit, Land und Leute näher kennenzulernen, ist der Aufenthalt in einer **Gastfamilie**.
www.homestaybooking.de

SCHÜLERAUSTAUSCH ...

... vermittelt die **Deutsche Schule** in Prag, eine von der Bundesrepublik Deutschland sowie vom Ministerium für Schule, Jugend und Sport der Tschechischen Republik (MŠMT) geförderte, 2009 von der Zentralstelle für das Auslandsschulwesen mit dem Prädikat »Exzellente Deutsche Auslandsschule« ausgezeichnete deutsch-tschechische Begegnungsschule.
www.dsp-praha.org.com

ZU GAST BEI VERNISSAGEN

Wie sind die Prager? Bei Kunst und Jazz, Action und Happening lernt man sie kennen. In der Prager Szene mangelt es nicht an verrückten Ideen. Ein Kühlschrank mit Loch, in das man den Kopf hineinstecken kann? Sitzprobe auf einem zweibeinigen Wackelstuhl? – Mitmachen macht Spaß. Und wie kommt man hinein? Meist genügt ein lockerer Spruch, und schon ist man drin. Es gibt **über 300 Galerien** in Prag, also fast für jeden Tag im Jahr eine. Kein Tag in der Woche ohne eine Party. Die Trendsetter strömen ins Mánes, DOX, Meet-Factory. In gepflegter Runde fachsimpelt man im Arthotel Kempinski.

www.meetfactory.cz, www.dox.cz, www.praguepost.com/night-and-day

WEINLESE UND TANGO

Neben Paris und Wien ist Prag die dritte Hauptstadt in Europa, die einen eigenen Wein produziert. Blauburgunder, Portugieser, Müller Thurgauer gedeihen prächtig an den Hängen der Gröbovka im Stadtteil **Vinohrady**. Helfende Hände bei der Ernte sind hier immer willkommen; Anmeldung per Mail: sklepgrebovka @seznam.cz). Oben am Rebberg steht ein schmucker Pavillon mit Panoramablick. Dort treffen sich im Sommer die Tangofreunde: La Cumparsito, olé!

www.sklepgrebovka.cz, www.tango inprague.cz, www.milongaprague.cz

IM BAUCH DES WALS

Eine skurrile Mischung an Prager Originalen – viele Filmstudenten, Journalisten, bärtige 68er-Veteranen und langhaarige Beatniks – bevölkert das Lokal **Kavárna Velryba** (Café zum Wal). Vom Bürgersteig aus kann man schon mal durch die großen Kellerfenster hineinsehen und Atmosphäre schnuppern. Wer drin sitzt, darf alles, nur keinen Mainstream vertreten. Für Gruppen ab vier Personen macht der Kellner keine getrennte Rechnung. Am Wochenende wird die Nacht lang: Etliche Lokale in der Umgebung haben bis vier Uhr offen.

Neustadt (Quartier Latin), Opatovická 24, Tel. 224 93 14 44, www.kavarnavelryba.cz, tgl. 11.00 – 24.00 Uhr

? *Demokratie im feudalen Rahmen*

Prag als **Landeshauptstadt** ist auch **Sitz der Regierung**. Der Ministerpräsident schaltet in der weitläufigen **Strakaakademie** am Moldauufer auf der Kleinseite, das Parlament waltet im **Thunpalast**, wo einst Mozart bei seinem Gastspiel dirigierte. Von allen die schönste Residenz hat der Senat: den in prachtvollem Barock prunkenden **Waldsteinpalast**. Im Innern wölbt sich über dem verspiegelten Festsaal ein pompöses Deckenfresko. Auf diesem braust der ehemalige Haus- und Feldherr Wallenstein als Kriegsgott Mars in einem römischen Streitwagen über die Senatoren hinweg ...

nen Minister sowie die Ernennng der obersten **Richter** des Landes als Vertreter der – von Legislative (Parlament) und Exekutive (Staatspräsident) getrennten – Judikative. Zunächst wurde der Staatspräsident von beiden Kammern des Parlaments für fünf Jahre gewählt (Mindestalter 40 Jahre, maximal eine Wiederwahl). Nach einer Verfassungsänderung im Jahr 2012 wird er künftig **vom Volk** gewählt, weiterhin für fünf Jahre und maximal eine Wiederwahl. Erster direkt gewählter Staatspräsident in der Nachfolge des 2003 bis 2013 amtierenden Václav Klaus wurde der einstige Ministerpräsident **Miloš Zeman**, der sich im Januar 2013 in einer Stichwahl gegen den amtierenden Außenminister **Karel Schwarzenberg** durchsetzen konnte.

Parteien, Politiker, Trends

Treibende Kraft der »Samtenen Revolution« war das **»Bürgerforum«**, das sich in den bewegten Novembertagen 1989 bildete. An dessen Spitze stand der Dramatiker **Václav Havel** als Symbolfigur und erster Staatspräsident nach der Wende. Dieser **»Revolutionsbund«** zerfiel bald in mehrere Splittergruppen. Eine neue breite Basis sicherte sich die demokratische **Bürgerpartei** (Občanská demokratická strana, ODS). Der damalige Vorsitzende, der Ökonom Václav Klaus, galt als Vater der Privatisierung. Als Ministerpräsident (1993 – 1997) wurde er von seinem einstigen Weggefährten und späteren Kritiker Václav Havel wegen einer Korruptionsaffäre zum Rücktritt gezwungen. 1998 übernahmen die **Sozialdemokraten** (Česká strana sociálně demokratická, ČSSD) das Ruder. Ihre Partei war keine Neugründung, sondern bereits 1878 entstanden und 1948 von den Kommunisten verboten worden. Mit Miloš Zeman stellten sie 1998 bis 2002 erstmals den Ministerpräsidenten. Dessen Nachfolger Jiří Paroubek amtierte nur zwei Jahre (2005 – 2006), verließ 2011 die Partei und ist seit November desselben Jahres Vorsitzender der neu gegründeten **Volkssozialisten – Linke des 21. Jahrhunderts** (Národní socialisté – levice 21. století, NS-LEV 21 bzw. LEV 21). Innenpolitisch zerrissen, trat Tschechien am 1. Januar 2009 die EU-Ratspräsidentschaft an. Vier Monate später stürzte die Regierung in Prag über ein Misstrauensvotum. Europa verlor die Führung – die Tschechen fühlten sich blamiert. Die Abrechnung kam mit den letzten Parlamentswahlen im Juni 2010: Karel Schwarzenberg wurde als Parteichef der 2009 neu gegründeten **TOP 09** (das Kürzel TOP steht für »tradice, odpovědnost, prosperita« – »Tradition, Verantwortung, Wohlstand«) in einem geradezu erdrutschartigen Wahlsieg zum Königsmacher der neuen Regierung – und selbst zum zweiten Mal Außenminister. Das Amt des Ministerpräsidenten (Premier) übernahm der Spitzenkandidat der bürgerlichen ODS, Petr Nečas. Das Innenressort ergatterte ein ehemaliger Fernsehmoderator: Radek John. Als eine Art tschechischer Stefan Raab wusste er seine TV-Popularität für die Neugründung einer **Partei für »öffentliche Angelegenheiten«** (Věci veřejné, VV) wählerwirksam zu bündeln. Er verkündete kein Programm, sondern bot sich lediglich als Kontrolleur an, »um nach dem Rechten zu sehen«. Der bärtige Krawall-Talker schaffte es zwar, Innenminister zu werden, musste aber wegen Unregelmäßigkeiten in seinem Ressort schon 2011 zurücktreten. Im selben Jahr scheiterte er auch als stellvertretender Ministerpräsident und Regierungsbeauftragter für die Korruptionsbekämpfung. Damit war auch seine Partei VV am Ende. Die verbliebenen Mitglieder gruppierten sich 2012 in der neu entstandenen **liberaldemokratischen Partei** (liberální demokraté, LIDEM). Mit der Parteichefin Karoline Peake blieb diese Partei weiter-

Blick auf die Heiligkreuzkapelle im zweiten Hof der Prager Burg – der offiziellen Residenz des Staatspräsidenten der Tschechischen Republik

hin in der Regierung. Neben den Sozialdemokraten (ČSSD) ist auch die **Kommunistische Partei Böhmens und Mährens** (Komunistická strana Čech a Moravy, KSČM) im Parlament vertreten. Letztere transformierte zwar den roten Parteistern von einst in ein neues, rotgrünes Kollektivsymbol (zwei rote Kirschen an einem grünen Stil); trotzdem wollten (bislang) weder die »Roten« noch die »Grünen« mit den Neokommunisten koalieren. Die Partei der **Grünen** (Strana zelených, SZ), scheiterte bei den Abgeordnetenhauswahlen 2010 mit nur 2,4 % der Stimmanteile an der Fünfprozenthürde, ist aber seit den letzten Senatswahlen 2012 wieder im Parlament vertreten. Mit der im Juni 2009 gegründeten **Tschechischen Piratenpartei** (Česká pirátská strana, ČPS) hat der anderenorts schon wieder nachlassende Trend zum politischen Freibeutertum auch Tschechien erreicht. Als Programm verkünden die Piraten den »offenen Staat«, fordern lückenlose Transparenz bis hin zur Einsicht in vertrauliche Staatsakten und provozieren durch öffentliche Happenings. Seit der Wahl 2012 sind die Piraten erstmals mit einem Sitz im Senat vertreten.

Tschechien und die EU

Die **Teilung der Tschechoslowakei** zum 1. Januar 1993 verlief weitgehend problemlos und brachte Tschechien mehr Vor- als Nachteile. Denn nun war die wirtschaftlich stärkere Republik von Ausgleichszahlungen an die Slowakei befreit und konnte ihr Tempo auf dem Weg in die Europäische Union beschleunigen. Am 1. Mai 2004 erfolgte der EU-Beitritt Tschechiens als eines der zehn neuen Länder der Osterweiterung. Im Jahr 2007 trat Tschechien dem Schengen-Raum bei, alle Grenzkontrollen wurden dadurch abgeschafft. Nur auf internationalen Flughäfen werden Reisende, die nicht aus dem Schengen-Raum kommen, kontrolliert. Doch die Haltung Tschechiens zur EU spaltet die Republik. Als EU-Skeptiker wurde der Staatspräsident Václav Klaus zum Quertreiber in der europäischen Politik. Zuerst blockierte man den **Lissabonner Vertrag**, nun zögert Tschechien seinen verpflichtenden **Anschluss an die Eurozone** hinaus. Dabei profitiert das Land mächtig von der **EU-Unterstützung**: beim Ausbau der Infrastruktur, bei der Unterstützung wirtschaftlich schwacher Regionen – nicht zuletzt bekommt Tschechien Millionen Euro für den Denkmalschutz. Die tschechische EU-Ratspräsidentschaft aber endete 2009 unrühmlich. Wegen einer Regierungskrise in Prag musste der tschechische Ministerpräsident, Mirek Topolánek, ein hemdsärmeliger Berlusconi-Freund, zurücktreten. Als Retter in der Not erwies sich ein böhmischer Adelsspross – Außenminister Karel Schwarzenberg, der sich selbst als überzeugten Mitteleuropäer bezeichnet. Anders als die Mehrheit seiner Landsleute: Umfragen zufolge halten zwei Drittel der Tschechen die Verleihung des Friedensnobelpreises 2012 an die EU für einen »Witz«, Präsident Václav Klaus boykottierte die Verleihungsfeier durch Abwesenheit. Die **EU-Skepsis vieler Tschechen** hat einen ernsten Grund, der im Kern auf das Münchner Abkommen 1938 zurückgeht: Damals wurde über die staatliche Souveränität der Tschechen entschieden – *ohne* die Tschechen. Frankreich, England und Italien beschlossen die Auflösung der tschechoslowakischen Republik zugunsten von Hitlerdeutschland. So nimmt denn auch die gegenwärtige tschechische Protesthaltung gegen gemeinsame EU-Programme Bezug auf dieses historische Unrecht: »Nie mehr über uns ohne uns.« Die **Angst vor Fremdbestimmung**, in welcher Form auch immer, sitzt noch zu tief in vielen tschechischen Köpfen. Die **Überwindung alter Vorurteile** mit der Kraft der Versöhnung scheint eine **Generationsaufgabe** zu sein.

WIRTSCHAFT

In der ersten Hälfte der 1990er-Jahre galt die Wirtschaftspolitik Tschechiens als **vorbildlich für ganz Osteuropa**. Die Arbeitslosigkeit lag gerade mal bei 3,5 %, es gab Exportüberschüsse, und der Staatshaushalt verzeichnete ein Plus. In Prag, wo sich über 10 % der Industrieproduktion konzentrieren, gab es einen Arbeitskräftemangel. Hier lieferten sich ungezählte ausländische Unternehmen, die nach 1989 Niederlassungen in Tschechien gegründet hatten, einen Wettbewerb um hoch qualifizierte junge Mitarbeiter. Nach Tschechiens EU-Beitritt war Prag die einzige Region des Landes, deren Lebensstandard über dem Durchschnitt der EU lag. Doch der Aufstieg der tschechischen Wirtschaft ging nicht problemlos vonstatten: Die großen Staatsbetriebe waren zwar in Aktiengesellschaften umgewandelt worden, aber der Staat oder die von ihm kontrollierten Banken hielten große Aktienpakete. Um seine Wiederwahl nicht zu gefährden, verhinderte Ministerpräsident Václav Klaus den Konkurs dieser Betriebe. Auch die Löhne stiegen stärker als die Produktivität, dadurch ging der Preisvorteil tschechischer Produkte im Ausland verloren. Bis Ende der 1990er-Jahre stieg die Arbeitslosigkeit bis auf 10 % an. Ein Rückgang setzte ein, als die Sozialdemokraten, die 1998 die Parlamentswahlen für sich entscheiden konnten, den Privatisierungsprozess wieder in Gang setzten. Erst durch die **globale Wirtschaftskrise** 2008/2009 wurde der Boom der exportorientierten tschechischen Wirtschaft gebremst.

Aufschwung nach der Wende

Was die Anzahl der in Regierung, Ministerien, Verwaltung und anderen staatlichen Organisationen angestellten Staatsdiener betrifft, herrschen in Prag heute **»griechische Verhältnisse«**. Als Universitätsmetropole traditionell auch eine Stadt der Bildung und der Künste, beschäftigt die Stadt heute viele Akademiker, Ärzte, Informatiker und Medienfachkräfte. Das »schwarze Prag« der rauchenden Schornsteine – einst das Industrieherz der Tschechoslowakei, das in den 1930er-Jahren unter den zehn führenden Industriestaaten der Welt

Vita activa: vom tätigen Leben in einer sich wandelnden Stadt

rangierte – ist längst ausgekehrt. So wandelte man in den Stadtteilen **Karlín** und **Vysočany** die einst größte Tramfabrik der Welt in Kunstateliers, Designerlofts und Eventlocations um. Anstelle von Werkshallen für Eisenbahnwaggons und Loks prägen nun Einkaufszentren, Luxuswohnungen und Kultfabriken mit Clubs und Galerien das Erscheinungsbild. Im früheren Industriehafen **Libeň** entsteht ein prestigeträchtiger Riverpark mit Büros, Penthouseetagen, Bildungseinrichtungen und einer Marina für Moldauyachten. Verlage und Werbeagenturen beziehen alte Gewerbehöfe mit Backsteinwänden und Klinkerfassaden. Damit vollzieht sich ein Wandel zur High-Tech-Metropole, in der IT-Branche, Finanzwirtschaft und Logistikzentren für positive Bilanzen sorgen. Etwa ein Drittel der Stellen verteilen sich auf den Maschinenbau, die Pharmazie, Elektrobranche und die Lebensmittelproduktion.

Wirtschaft und Energie   Eine Zukunft sieht Tschechien auch als **wichtiger Energielieferant**. Trotz heftiger Proteste der Nachbarländer wird das **AKW Temelin** weiter ausgebaut. Im Herbst 2012 warb die damalige Außenministerin

Wohin geht die Reise für Prag? Als Jobmotor brummt der Tourismus – seit der Wende der erfolgreichste Wirtschaftszweig Tschechiens.

der USA, Hillary Clinton, persönlich in Prag für die US-Firma Westinghouse als Spezialist für Atommeiler. Clinton wörtlich: »Tschechien hat es verdient, die bestmögliche und sicherste Nukleartechnologie aus Amerika zu erhalten.«

Mangels einheimischen Personals beschäftigt die hiesige Hotelerie inzwischen schon Zimmermädchen aus Kasachstan – der Tourismus boomt und lässt manchen schon Vergleiche mit Venedig anstellen. Wie die Lagunenstadt ächzt Prag inzwischen unter der Last der Gäste, auch wenn dies in puncto Devisen und Jobs (noch) eine süße Last ist: Gut **6 Mio. Touristen** buchten im Jahr 2012 im Schnitt drei Übernachtungen pro Aufenthalt. **Tourismus**

Mitverantwortlich für die enorme Anziehungskraft der Stadt auf ihre Gäste sind neben dem **Welterbestatus der UNESCO** nicht zuletzt die vielen hier gedrehten Filmproduktionen. Das »Hollywood des Ostens« (▶Baedeker Wissen S. 120/121) verfügt aber nicht nur über grandiose »Locations«, sondern mit den von der Familie Václav Havels gegründeten Barrandow-Studios, die 2011 bereits ihr 80-jähriges Jubiläum feiern konnten, über eines der ältesten, größten und (nach Meinung von Roman Polanski sogar welt-)besten Filmstudios. Dass die Produktionskosten hier (noch) etwa 30 % günstiger sind als im Westen, steigert die Attraktivität umso mehr – auch an qualifizierten Fachkräften mangelt es nicht: Prags im Jahr 1941 gegründete Film- und Fernsehfakultät der Akademie der Musischen Künste (FAMU) genießt weltweites Renommee. **Filmwirtschaft im »Hollywood des Ostens«**

Prague Experience: Englisch ist die Voraussetzung, um berufliche Pragerfahrungen zu machen. Über 300 ausländische Firmen gingen ein tschechisches Joint Venture ein. Große deutsche Unternehmen wie Siemens, Bosch, Hochtief sind vor Ort vertreten. Aktuell führt die Deutsch-Tschechische Industrie- und Handelskammer (http://tschechien.ahk.de) mehr als 1400 Firmen mit deutscher Beteiligung auf. Besonders agil sind deutsche Pharmahersteller. Ausländisches Fachpersonal, Dozenten für Ökonomie, Handel, Marketing, Fremdsprachen wird gesucht. Die IT-Branche boomt – auf dem Gebiet der Computersoftware und Sicherheitssysteme nimmt Tschechien einen Spitzenplatz in Europa ein. **Ausländische Investoren**

Und wer nichts wird, wird vielleicht immer noch Wirt. Amerikaner, Norweger, Inder sind in der Prager Gastronomie sehr erfolgreich. Zum ersten Michelin-Stern-Koch der Goldenen Stadt wurde ein Italiener, **Andrea Accordi** vom **Restaurant Allegro** auserkoren – im Jahr 2012 erhielten dort aber auch zwei Tschechen, **Roman Paulus** vom **Restaurant Alcron** und **Oldřich Sahajdá** von der **Degustation Bohême Bourgeoise** die begehrte Auszeichnung. **Die neue Boheme**

Stadtgeschichte

Werdegang der »Goldene Stadt«

Vier Attentate, zwei Fensterstürze, ein Verrat – was in Prag geschah, hatte stets Auswirkungen auf das Schicksal Europas. In der Geschichte dieser Stadt spiegelt sich das Bild einer kleinen Nation, die sich zwischen den benachbarten Großmächten erstaunlich erfolgreich durchsetzen konnte – oft mit neuen, ja revolutionären Ideen …

VORGESCHICHTE

um 800	Gründung Prags durch die Fürstin Libussa
921	Wenzel (Václav) der Heilige übernimmt die Regierung
973	Boleslav II. gründet das Bistum Prag und das erste Kloster
1198	Der Přemysl Ottokar (Otakar) wird zum König erhoben
1230	Prag erhält das Stadtrecht
1306	Ende der Přemyslidenherrschaft

Das Gebiet der heutigen Stadt Prag ist vermutlich schon seit der Altsteinzeit (Paläolithikum) besiedelt; die ältesten bekannten Siedlungsspuren datiert man etliche hunderttausend Jahre vor unserer Zeitrechnung. 4000 v. Chr. rücken aus dem europäischen Siedlungskernland Böhmen einzelne Stämme über die Moldauhöhen in den Bereich des späteren Prag vor. In den nächsten 3000 Jahren wird das Gebiet an der Moldaufurt unterhalb des Hradschin zur Kaufmannssiedlung; hier kreuzen sich die Bernsteinstraße und die Salzstraße. Mit Beginn der Jüngeren Eisenzeit ab 400 v. Chr. (La-Tène-Kultur) fallen die **keltischen Bojer** (sie gaben der Region Böhmen ihren Namen) in Böhmen ein und machen sich die Urbevölkerung allmählich untertan; großes keltisches Oppidum am Berg Závist (am südlichen Rand von Prag). Während der Römerzeit werden die Bojer von den Markomannen 10 v. Chr. (vermutlich mit germanischer Oberschicht) unterworfen. Im Zuge der Völkerwanderung im 6. Jh. besiedeln **Westslawen** das Gebiet der heutigen tschechischen Hauptstadt. Siedlungskerne entstehen auf dem heutigen Burgberg sowie auf der Kleinseite.

Erste Siedlungen

GRÜNDUNGSMYTHOS

Der Legende nach wird Prag, das um 800 aus mehreren befestigten Höfen besteht, von der seherisch begabten **Fürstin Libussa** (Libuše) gegründet. Gemäß ihrer Vision von einer Stadt, deren Ruhm einst bis zu den Sternen reichen sollte, fand das Gefolge der Fürstin, wie sie es

Libussa

Die Astronomische Uhr an der Südseite des Altstädter Rathausturms wurde um das Jahr 1410 begonnen und um 1490 vollendet.

vorhergesehen hatte, an der Moldau den Gründungsort von Prag, ebendort, wo ein Mann gerade die Schwelle (práh) seines Hauses zimmerte. Als das Volk nach einigen Jahren der weiblichen Herrschaft überdrüssig wurde, sandte Libussa ihre Gefährten an den Fluss Biela. Dort begegneten sie bei Staditz, wie die Fürstin es vorausgesagt hatte, einem jungen Pflüger (**Přemysl Oráč**), ihrem zukünftigen Gemahl und ersten Fürsten der Přemysliden.

PŘEMYSLIDENHERRSCHAFT

Entstehung des Hradschin — Herzog **Bořivoj**, der erste historisch belegte Vertreter der **Přemyslidendynastie**, unterwirft die tschechischen Stämme. Die Prager Burg (Hradschin) entsteht. 874 lässt sich Bořivoj von dem Slawenapostel Methodius taufen. Nach dem Tod Bořivojs wird seine ebenfalls getaufte Witwe **Ludmilla** im Verlauf von Familienzwistigkeiten ermordet. Sie gilt als erste Märtyrerin des Landes und wird als Schutzpatronin Böhmens verehrt. Herzog **Wenzel (Václav) der Heilige**, ein Enkel Ludmillas, übernimmt 921 die Regierung. Der christliche Herrscher schließt sich eng an die sächsische Hausmacht König Heinrichs I. an. Er wird 935 von seinem Bruder Boleslav I., dem Grausamen, in Altbunzlau (Stará Boleslav) ermordet. Nach seiner Heiligsprechung als Schutzpatron Böhmens verehrt, wurde er zum Symbol der Einheit und Unabhängigkeit des oft unter fremder Willkür leidenden Landes.

Boleslav II. — Unter Boleslav II., dem Frommen, wird das **Bistum Prag** 973 etabliert und das erste Kloster (St. Georg) gegründet. Der böhmische Herrschaftsbereich dehnt sich bis an die Grenzen des Kiewer Reichs aus. Jüdische und deutsche, aber auch italienische und französische Kaufleute lassen sich in Prag nieder. Der heilige Adalbert, Bischof von Prag, gründet 993 die **Benediktinerabtei Blevnov**. Herzog Vratislav II., ab 1085 als Vratislav I. erster böhmischer König, verlegt seine Residenz vom Hradschin auf den Vyšehrad.

Vladislav II. — Herzog Vladislav II. wird 1158 zum **König von Böhmen** erklärt. Mit dem Bau der **ersten steinernen Moldaubrücke** (Judithbrücke; später durch die Karlsbrücke ersetzt) sichert sich Prag auf lange Zeit seine Vorrangstellung als Handelsmetropole. 1178 verfügt Herzog Soběslav II., dass deutsche Kaufleute nach deutschem Recht behandelt werden, keinen Kriegsdienst leisten müssen und Steuerprivilegien erhalten. Durch diese Maßnahmen sollen die Siedler in Prag gehalten werden. Der Kaiser erhebt 1198 den Herzog von Böhmen, **Přemysl Ottokar (Otakar)** I., zum König. Damit ist die Königswürde der Herrscher de facto und seit 1212 (Sizilianische Goldene Bulle) auch de jure erblich. Von 1289 bis 1806 trägt der böhmische König außerdem den Titel eines Kurfürsten des Heiligen Römischen Reichs

(Deutscher Nation). Die Siedlung Prag wird 1230 befestigt und erhält das **Stadtrecht**. König Přemysl Ottokar (Otakar) II. gründet 1257 für deutsche Kolonisten die nach Magdeburger Recht verwaltete **Kleinstadt (Kleinseite)**. In den Folgejahren kann Ottokar sein Reich zwar auf Österreich und weite Teile Oberitaliens ausdehnen, um die Kaiserkrone bewirbt er sich jedoch vergeblich. Um 1300 werden die ersten **Prager Groschen** geprägt. Sie kommen dann in weiten Teilen Deutschlands in Umlauf und werden zum unmittelbaren Vorbild für den deutschen Groschen. Mit der **Ermordung König Wenzels III.** 1306 erlischt die über 400 Jahre andauernde Přemyslidendynastie. Mit ihm sterben die Přemysliden in direkter Linie aus.

DIE LUXEMBURGER

1344	Errichtung des St.-Veits-Doms
1346	Karl IV. wird König von Böhmen, Prag wird zum »Rom des Nordens«.
1348	Gründung der Karlsuniversität
1355	Karl IV. wird Kaiser des Heiligen Römischen Reiches.
1419	Erster Prager Fenstersturz
1420	Schlacht am Veitsberg
1458	Mit Georg von Podiebrad verliert Prag seine Stellung als Wirtschaftszentrum.

Nach einer Periode der Wirren, in der sich durch Rudolfs I. kurze Herrschaft (gest. 1307) die Habsburger ein erstes Anrecht auf den böhmischen Thron erwerben, gelingt es dem deutschen König Heinrich VII. aus dem Haus Luxemburg 1310, seinen Sohn Johann mit der Přemyslidenerbin Elisabeth zu vermählen und so, dank französischer und kirchlicher Unterstützung, den Luxemburgern die Wenzelskrone zu sichern. **Prager Erzbistum**

Karl IV. verwaltet Böhmen. Auf dem Burgberg beginnt man 1344 mit der Errichtung des St.-Veits-Doms, der Kathedrale des neu geschaffenen Prager Erzbistums. Karl IV. wird 1346 König von Böhmen, 1347 offiziell deutscher König (seit 1346 Gegenkönig). Der in Frankreich erzogene, gebildete, kunstsinnige und reliquienfromme Herrscher macht Böhmen zum Kernland des Deutschen Reichs und fasst Böhmen, Mähren und Schlesien als Länder der böhmischen Krone zusammen. Als Metropole des Heiligen Römischen Reichs (Deutscher Nation) wird Prag zum **»Rom des Nordens«**. Die Stadt zieht Gelehrte und Künstler aus ganz Europa an. In rastloser Bautätigkeit lässt Karl IV., insbesondere durch den im Alter von 22 Jahren aus Deutschland berufenen **Peter Parler** als führendem Baumeister, in rascher Folge jene gotischen Bauwerke errichten, die den Ruhm des **Karl IV.**

mittelalterlichen Prag ausmachen. Karl lässt die Kirche Maria Schnee (1347 Baubeginn) und die Burg Karlstein (1348 – 1357) bauen. Im Jahr 1348 wird die **Karlsuniversität** als erste Universität in Mitteleuropa gegründet. Die Neustadt wird im großzügigen Stil angelegt mit gewaltigen Plätzen (Wenzelsplatz, Karlsplatz), breiten Straßen, harmonischen Kirchen- und Klosteranlagen sowie umfangreichen Befestigungen, die den gotischen Umbau des Vyšehrad einschließen. So kann das Siedlungsgebiet die wachsende Bevölkerung, vor allem Handwerker und Gewerbetreibende, über mehrere Jahrhunderte ohne Erweiterungen aufnehmen, und Prag wird sowohl flächenmäßig als auch der Einwohnerzahl nach die größte Stadt Mitteleuropas. 1355 wird Karl IV. Kaiser des Heiligen Römischen Reiches (Deutscher Nation), zwei Jahre später beauftragt er den Bau der **Karlsbrücke** und des **Altstädter Brückenturms**.

Politische und religiöse Spannungen

Nach dem Tod Karls IV. (1378) kommt es unter Wenzel IV. zu starken sozialen und religiösen Spannungen sowie zu Thronstreitigkeiten. Im Jahr 1400 wird Wenzel als deutscher König abgesetzt, bleibt aber König von Böhmen. Auf Betreiben des Magisters Jan Hus beschneidet Wenzel 1409 die Rechte der Deutschen an den Universitäten zugunsten der Tschechen, weshalb rund 2000 deutsche Studenten und viele Professoren außer Landes gehen und u. a. die Universität Leipzig gründen.

HUSSITENKRIEGE

Jan Hus auf dem Scheiterhaufen

Aus den zunächst maßvollen Bestrebungen des Reformators **Jan Hus** und zahlreicher Gesinnungsgenossen, welche die christliche Lehre auf ihre Ursprünge zurückführen und Missstände in der Kirche abschaffen wollen, entwickelt sich eine immer radikalere Forderungen stellende religiöse, soziale und nationale Erhebung, die noch weiter entfacht wird, als Hus sich auf dem Konstanzer Konzil weigert, seine Ansichten zu widerrufen und in Konstanz auf dem Scheiterhaufen öffentlich verbrannt wird. Sein Tod 1415 löst in Böhmen eine antikirchliche nationale Bewegung aus. Am 30. Juli 1419 stürmt eine von **Jan Želivský** geführte Volksmenge das Neustädter Rathaus, befreit die dort gefangen gesetzten Hussiten und stürzt zwei katholische Ratsherren aus dem Fenster. Dieser **Erste Prager Fenstersturz** setzt das Signal für die bis 1436 dauernden Hussitenkriege. Im selben Jahr stirbt Wenzel IV.

Sieg der Hussiten am Veitsberg

Papst Martin V. erlässt 1420 die Kreuzzugsbulle gegen die Ketzer in Böhmen. Das Hussitenheer unter **Jan Žižka** schlägt am 14. Juli das zahlenmäßig weit überlegene Kreuzfahrerheer König Sigismunds in der Schlacht am Veitsberg (Žižkov) und kann damit die Einnahme Prags verhindern. In der Folgezeit eröffnen die Hussiten unter Prokop Holý sogar die Offensive, unternehmen Gegenfeldzüge nach Bayern, Brandenburg, Sachsen und Österreich. Die Hussiten verlieren den Krieg, können aber einige Forderungen durchsetzen (u. a. Enteignung weltlichen Kirchenbesitzes).

Nach einer kurzen Zwischenherrschaft Albrechts von Habsburg und einer 13-jährigen Thronvakanz wird der hussitisch gesinnte böhmische Adlige **Georg von Podiebrad** zunächst Regent und ab 1458 König von Böhmen (bis 1471). Unter seiner Herrschaft wird die Bautätigkeit in Prag fortgesetzt (Teynkirche). Die durch die Enteignung des Kirchenbesitzes reich gewordenen Fürsten gewinnen auf Kosten der Städte an Einfluss, die Stellung Prags als Wirtschaftszentrum geht zugunsten grenznaher Städte zurück. Auch die Bedeutung der Universität nimmt weiter ab. 1490 werden die Länder der böhmischen Krone mit Polen und Ungarn vereinigt. König **Vladislav Jagiello** (Vladislav II.) verlegt die Residenz von Prag nach Budapest. Prag verliert in dieser Zeit massiv an Bedeutung. Zwistigkeiten zwischen Adel und städtischer Intelligenz verhindern eine Weiterentwicklung. *(Bedeutungsverlust)*

HABSBURGERDYNASTIE

1526	Prag fällt an die Habsburger.
1556	Ferdinand I. wird deutscher Kaiser.
1618	Der Zweite Prager Fenstersturz führt zum Dreißigjährigen Krieg.
1621	Die 27 Anführer der Adelsrevolte werden hingerichtet.
1641	Prag büßt seine kulturelle und wirtschaftliche Bedeutung ein.
1784	Hradschin, Kleinseite, Altstadt und Neustadt werden zu einer Verwaltungseinheit zusammengefass.t

Nach dem Tod von Vladislavs II. Sohn Ludwig 1526 in der Türkenschlacht bei Mohács fällt das Land durch die Wahl von dessen Schwager **Ferdinand I.** zum König von Böhmen an die Habsburger. Dabei werden dem Land und besonders der Stadt Prag (Wiederherstellung des Erzbistums, Wahl zur Residenzstadt) umfangreiche Rechte zugestanden. Als diese eingeschränkt werden sollen, bricht 1547 unter der Führung Prags ein **Städte- und Ständeaufstand** gegen den König aus, nach dessen Niederwerfung die Hauptstadt und viele andere böhmische Städte durch Verlust ihrer Privilegien, Befugnisse und Einkünfte empfindlich bestraft werden. *(Schlacht bei Mohács)*

Ab 1549 wandern lutherisch gesinnte Deutsche ein und verstärken die Opposition gegen die unter den katholischen Habsburgern einsetzende Gegenreformation. **Ferdinand I.** wird 1556 deutscher Kaiser. Er ruft die Jesuiten nach Prag, die eine rege Bautätigkeit entfalten *(Gegenreformation)*

Auslöser des Dreißigjährigen Kriegs: 1618 werden zwei kaiserliche Statthalter aus den Fenstern des Hradschin geworfen.

und eine neue Generation von strengkatholischen Adligen und Bürgern heranbilden. Diese Maßnahmen und die wiederholten Versuche des Königshauses, die 1436 verbürgte Religionsfreiheit einzuschränken, legen den Grundstein zu andauernden **Zwistigkeiten zwischen den böhmischen Ständen und den Habsburgern**, die auch die Regierungszeit von Maximilian II. (1564 – 1576) überschatten. Maximilians Sohn **Rudolf II.** lebt auf dem Hradschin für seine Kunstsammlungen und für seine naturwissenschaftlich-astronomischen Studien, zu denen er die Gelehrten **Tycho Brahe** und **Johannes Kepler** berufen hat. Er muss gegen einen Angriff seines Neffen, des Erzherzogs Leopold, seinen Bruder Matthias und die böhmischen Stände zu Hilfe rufen. Als Gegenleistung bestätigt er dem Adel die im **»Majestätsbrief«** von 1609 zugesicherte freie Religionsausübung. 1611 tritt Rudolf II. zurück; König wird sein Bruder Matthias.

ZWEITER PRAGER FENSTERSTURZ

Beginn des Dreißigjährigen Kriegs

Erneute Streitigkeiten über Religionsfreiheit und die wiedererworbenen städtischen und ständischen Freiheiten führen am 23. Mai 1618 zum Zweiten Prager Fenstersturz, der als Signal für eine Revolution radikal-protestantischer Adelskreise gegen die katholischen Habsburger wirkt und den Dreißigjährigen Krieg auslöst. Die böhmischen Stände erklären den Habsburger Ferdinand II. 1619 für abgesetzt und wählen den Kurfürsten Friedrich V. von der Pfalz zum König. Ferdinand II. besiegt den »Winterkönig« (1619 – 1620) Friedrich von der Pfalz am 8. November 1620 in der **Schlacht am Weißen Berg** und setzt seine Erbrechte durch.

Die Anführer der Adelsrevolte – 27 böhmische Vertreter des Aufstandes gegen die Habsburger – werden bei der **»Altstädtischen Exekution«** am 21. Juni 1621 hingerichtet. Die protestantische Aristokratie und das wohlhabende Bürgertum werden entmachtet oder des Landes verwiesen, die nichtkatholischen Geistlichen vertrieben.

Hinrichtung der Aufständischen

Ferdinand II. verlegt im Jahr 1624 die böhmische Hofkanzlei nach Wien. In der »Verneuerten Landesverordnung« vom 10. Mai 1627 wird die Erblichkeit Böhmens im Hause Österreich verankert. Der Katholizismus ist als einzige Religion zugelassen. Der Monarch hat das erste Gesetzgebungsrecht, kann hohe Ämter besetzen und Beschlüsse des Landtags aufheben. Dieses Staatsgrundgesetz für Böhmen und Mähren bricht endgültig die Macht der Stände, erzwingt die Auswanderung eines Großteils der gebildeten Oberschicht und nimmt Prag seine geistige und wirtschaftliche Vorrangstellung. Wallenstein schlägt im Jahr 1631 die Schweden zurück, die im Verlauf des Dreißigjährigen Kriegs bis Prag vorgestoßen sind. Kurz nachdem die Schweden 1648 die Kleinseite besetzt haben, kommt die Nachricht vom **Kriegsende**. Der **Dreißigjährige Krieg** hat sich katastrophal auf Böhmen ausgewirkt. Das Land hat fast die Hälfte seiner Einwohner verloren und wird in den folgenden Kriegen des Hauses Habsburg weiter mit drückenden Steuern belegt. Prag verliert daraufhin endgültig seine kulturelle und wirtschaftliche Bedeutung.

Prag verliert seine geistige Vorrangstellung

In der Schlacht am Weißen Berg wird 1620 die böhmische Armee vernichtend geschlagen.

Während der Österreichischen Erbfolgekriege 1740 – 1748 wird Prag von Bayern, Sachsen, Franzosen und Preußen besetzt. Friedrich der Große schlägt 1757 im Siebenjährigen Krieg die Österreicher bei Prag, hebt aber die Belagerung der Stadt nach seiner Niederlage bei Kolín auf. Joseph II. setzt 1781 die **Reformen** mit dem Leibeigenschafts-Aufhebungspatent, erneuter Glaubensfreiheit und der Einführung der deutschen Volksschule in Böhmen fort. Der Gebrauch der deutschen Sprache wird weiter gefördert. Die vier bisher selbstständigen Stadtgemeinden Hradschin, Kleinseite, Altstadt und Neu-

Österreichische Erbfolgekriege

stadt werden im Jahr 1784 eine **Verwaltungseinheit**. 1845 wird die Bahnlinie Prag – Wien eingeweiht. Die nationaltschechische Revolution mit Zentrum in Prag schlägt fehl. František Palacký lehnt die Teilnahme an der Frankfurter Nationalversammlung 1848 ab. Im selben Jahr tagt der **Slawenkongress**. Die Spannungen zwischen Deutschen und Tschechen verschärfen sich.

Zurückdrängung des deutschen Einflusses

Die seit Ende des 18. Jh.s allmählich einsetzende neutschechische Bewegung führt, unter leidenschaftlicher Anteilnahme besonders der Intellektuellen und Künstler, nach heftigen parlamentarischen Kämpfen zur Zurückdrängung der deutschen Sprache. Die Deutschen verlieren 1861 erstmals die Mehrheit im Prager Stadtparlament.

Prager Frieden

Der Prager Frieden beendet 1866 den Krieg zwischen Preußen und Österreich um die Vorherrschaft in Deutschland. Die deutschen Abgeordneten ziehen 1886 aus dem Landtag aus, jedoch behalten die Deutschen weiterhin ihre wirtschaftliche Vorrangstellung. 1891 findet die Industrieausstellung in Prag statt. Durch die **Industrialisierung** vor allem in deutsch besiedelten Gebieten ist Böhmen zu einem industriellen Kernland der Donaumonarchie geworden. Die nationalen Spannungen führen 1913 zur Arbeitsunfähigkeit des Landtags. Im Ersten Weltkrieg wird Böhmen unter dem Gesetz des Ausnahmezustands verwaltet.

DIE TSCHECHOSLOWAKISCHE REPUBLIK

1918	Gründung der Tschechoslowakischen Republik (ČSR). Der Philosoph und Politiker Tomáš Garrigue Masaryk (»Väterchen«) wird Präsident auf Lebenszeit.
1939	Am 15. März marschieren deutsche Truppen in Prag ein. Aus Böhmen und Mähren entsteht ein Reichsprotektorat. Die profaschistische Slowakei erklärt sich selbstständig.
1942	SS-Obergruppenführer Reinhard Heydrich, stellvertretender Reichsprotektor, stirbt bei einem Anschlag. Zur Vergeltung werden die beiden Bergbaudörfer Lidice und Ležáky ausgelöscht.
1945	Am 5. Mai Prager Aufstand gegen die deutsche Besatzung. Am 9. Mai Einzug der Roten Armee. Vertreibung der Prager Deutschen und Ungarn aus der Stadt.
1948	Übernahme der Macht durch die Kommunisten
1960	Neue Verfassung: Sozialistische Republik (ČSSR)
1968	Prager Frühling
1989	»Samtene Revolution«, Wahl Václav Havels zum Präsidenten
1992	Einvernehmliche Trennung in Tschechische und Slowakische Republik. Prags historisches Zentrum wird UNESCO-Welterbe.

Die Tschechoslowakische Republik (ČSR) wird als slawischer Nachfolgestaat der österreichisch-ungarischen Monarchie gegründet (28. Oktober 1918). Gründungspräsident ist **Tomáš Garrigue Masaryk**. Ständige Spannungen zwischen den nationalen Gruppen (Tschechen, Slowaken, Deutsche, Magyaren, Polen) bedrohen den Vielvölkerstaat. Das Stadtgebiet von Prag wird durch Eingemeindungen beträchtlich erweitert und 1922 in 19 Bezirke aufgeteilt. Im **Münchener Abkommen** von 1938 – unter Nichteinbeziehung der Tschechen – gehen die deutsch besiedelten Randgebiete Böhmens und Mährens (Sudetenland) an das nationalsozialistische Deutsche Reich. Das tschechische Restgebiet wird 1939 als »Protektorat Böhmen und Mähren« Hitlers »Großdeutschland« angegliedert. Bei einem Attentat am 26. Mai 1942 auf den stellvertretenden Reichsprotektor Reinhard Heydrich wird dieser tödlich verletzt. Die Nationalsozialisten antworten mit der Auslöschung der Dörfer **Lidice** und **Ležáky** sowie mit brutaler Niederschlagung jeglichen Widerstands in der »Tschechei«. **Gründung der ČSR**

Gemäß dem von dem Sozialdemokraten Zdeněk Fierlinger verkündeten **»Kaschauer Programm«** vom 22. März 1945 soll der tschechoslowakische Staat in den Grenzen von 1937 wiedererrichtet und nach sozialistischem Volksfrontmuster regiert werden. Der Aufstand der Prager Bevölkerung am 5. Mai desselben Jahres dehnt sich über das ganze Land aus; die Vertreibung der Sudetendeutschen beginnt. **Edvard Beneš** kehrt am 25. Mai aus dem Londoner Exil nach Prag zurück und ist – bis zu seinem Rücktritt am 7. Juni 1948 – Staatspräsident. Die Kommunistische Partei (KPČ) übernimmt 1948 die Macht: Die Tschechoslowakei wird »Volksrepublik«. Präsident Klement Gottwald ordnet radikale »Säuberungen« an. 1960 erfolgt die **Gründung der Tschechoslowakischen Sozialistischen Republik (ČSSR)** und die Neugliederung der Stadt in nunmehr zehn Distrikte. **Sozialistischer Staat**

PRAGER FRÜHLING

1968 bemüht sich im sog. Prager Frühling die tschechoslowakische KP unter dem im Januar gewählten Ersten Sekretär **Alexander Dubček** um einen »Sozialismus mit menschlichem Antlitz«, der mit Liberalisierungs- und Demokratisierungsprogrammen die Bevölkerung auf seiner Seite hat. Am 21. August wird der Prager Frühling durch den **Einmarsch von Truppen** der UdSSR und vier weiterer Warschauer-Pakt-Staaten gewaltsam beendet. Die UdSSR sichert sich das Recht, auf unbestimmte Zeit Truppen in der Tschechoslowakei zu stationieren. Das Prager Stadtgebiet wird 1968 um 21 Randgemeinden vergrößert. Aus Protest gegen den Einmarsch der Truppen des Warschauer Paktes übergießt sich am 16. Januar 1969 der 20-jährige Philosophiestudent **Jan Palach** auf dem Wenzelsplatz mit Ben-

Sozialismus mit menschlichem Antlitz

*... war die Idee der tschechoslowakischen Reformer
des Prager Frühlings. Sie planten tiefgreifende
Liberalisierungen in Wirtschaft und Gesellschaft,
von denen auch die Kommunistische Partei nicht
ausgeschlossen sein sollte. Doch die Sowjetunion
sah ihre Hegemonie
bedroht.*

Ludvik Svoboda
(1895–1979)
Präsident der ČSSR von
1968 bis 1975. Wird zwie
spältig beurteilt: Ermög-
lichte die Teilnahme von
Reformern an den Ver-
handlungen mit den
Sowjets, zwang sie aber,
das Moskauer Protokoll
zu unterzeichnen.

▶ **Abfolge der Ereignisse**

Juni: Schriftsteller kritisieren Novotný-Regime **Oktober:** Studentenproteste	Rücktritt Novotný, Dubček wird sein Nachfolger	Dresdner Konferenz: Bildung der Anti-Reform-Allianz (Sowjetunion, Polen, DDR, Ungarn, Bulgarien)	»Manifest der 2000 Worte«: Intellektuelle fordern die unbedingte Fortsetzung der Reformen.	Abschaffu der Zensu
1968				
1967	06.01.	23.04.	27.06.	29.06.

Alexander Dubček
(1921–1992)
Generalsekretär der KPČ und führender Kopf der Reformer. Verlor seinen Posten im April 1969 und wurde 1970 aus der Partei ausgeschlossen.

©BAEDEKER

Jan Palach
(1948–1969)
Der Student setzte mit seiner Selbstverbrennung auf dem Wenzelplatz am 16. Januar 1969 ein Fanal. Sein Tod am 19. Januar löste landesweite Massendemonstrationen aus.

Leonid Breschnew
(1907–1982)
Der Generalsekretär der KPdSU schickte die Panzer. Am 12. November 1968 verkündete er die nach ihm benannte Doktrin von »der beschränkten Souveränität der sozialistischen Staaten«.

Ca. 200 000 Soldaten mit 2000 Panzern marschierten in der Nacht vom 20. auf den 21. August 1968 in die Tschechoslowakei ein. Innerhalb weniger Stunden waren alle wichtigen Positionen besetzt.

▶ **Invasionstruppen**
Albanien und Rumänien verweigerten die Stellung von Truppen. Die DDR leistete logistische Hilfe und hielt zwei Divisionen in Bereitschaft.

▶ **Opfer**

Invasionstruppen: über 100 Tote

Tschechoslowakische Zivilpersonen: über 100 Tote

»Aufruf der Bürger an das Präsidium« mit ca. 1 Mio. Unterschriften	

Besetzung Prags durch Truppen des Warschauer Pakts

»Aufruf der Bürger an das Präsidium« mit ca. 1 Mio. Unterschriften	23.30 Uhr Einmarsch der »Anti-Reform-Allianz«, Beginn des Proteststreiks	»Moskauer Protokoll«, Ende des Reformprozesses	Wiedereinführung der Pressezensur	Ca. 100 000 Menschen emigrieren nach der Niederschlagung des Prager Frühlings.
26.07.	20.08.	24.08.	30.08.	ab ca. Sept 1968

zin und verbrennt sich. Sechs Wochen später nimmt sich der 18-jährige Schüler **Jan Zajíc** dort auf die gleiche Weise das Leben. Eine **neue Verfassung** bestimmt die Föderation aus dem tschechischen Bundesstaat (ČSR) und dem slowakischen (SSR) mit eigenen Landesparlamenten und -regierungen in Prag und Bratislava (Pressburg) sowie einem Gesamtparlament am Sitz der Bundesregierung in Prag.

Deutsch-Tschechoslowakischer Vertrag

1973 wird ein Vertrag über die gegenseitigen Beziehungen zwischen der Bundesrepublik Deutschland und der ČSSR unterzeichnet. Er erklärt u. a. das Münchener Abkommen von 1938 für nichtig und vereinbart einen beiderseitigen Gewaltverzicht und die Aufnahme diplomatischer Beziehungen. Durch Eingemeindung ländlicher Bodenflächen wird Prag erheblich erweitert. Die erste Prager U-Bahn-Linie (Metro) wird 1974 in Betrieb genommen.

CHARTA 77

Demonstration für Freiheit und Bürgerrechte

Eine Bürgerrechtsgruppe unter Führung des ehemaligen Außenministers **Jiří Hájek,** des Dramatikers **Václav Havel** und des Philosophen **Jan Patočka** veröffentlicht 1977 die »Charta 77«, welche u. a. die in der Verfassung gewährten Rechte auf Meinungs- und Bekenntnisfreiheit einfordert. Tausende von Demonstranten protestieren am 21. August 1988, dem 20. Jahrestag der Okkupation durch Truppen des Warschauer Paktes, gegen die Besetzung und für Freiheit, Bürgerrechte und die Rehabilitation der politisch diskriminierten Anhänger des Prager Frühlings. Regimekritische Demonstrationen am 28. Oktober auf dem Wenzelsplatz zum Gedenken an die Errichtung der ersten tschechoslowakischen Republik im Jahr 1918 werden durch die Polizei brutal beendet; dem Nationalfeiertag vorangegangen waren Einsätze größeren Ausmaßes gegen angesehene Vertreter der Bürgerrechtsbewegung. Mehrere Demonstrationen zur Erinnerung an den 20. Jahrestag der Selbstverbrennung von Jan Palach auf dem Wenzelsplatz werden **1989** durch massive Polizeieinsätze beendet, Protestkundgebungen der Bürgerrechtsbewegung »Charta 77« verboten (Januar). Die wachsende Unzufriedenheit der Bevölkerung beantwortet die Staatsmacht mit noch härteren Repressalien; sie gipfeln in dem rücksichtslosen Vorgehen der Staatssicherheit gegen einen zum Gedenken an den Tod des Studenten **Jan Opletal** (1939) veranstalteten Umzug von Hochschülern. Dies ist der letzte Anstoß für die **»Samtene Revolution«**, die letztlich zum gewaltlosen Sturz der über 40-jährigen Herrschaft der Kommunisten führt. Erste Meilensteine auf dem Weg zu einer neuen, demokratischen Staatsordnung der Tschechoslowakei sind die Ernennung einer »Regierung der nationalen Verständigung« (10. Dezember) und die Wahl **Václav Havels** zum **Präsidenten der Republik** (29. Dezember).

Die Wahrheit und die Liebe …

… siegen über Lüge und Hass: So formulierte es Václav Havel im November 1989 bei einer Demonstration auf dem Wenzelsplatz. Da war der Zerfall des Ostblocks schon nicht mehr aufzuhalten.

Michail Gorbatschow warb mit Glasnost für die Perestroika, Moskaus totalitäre Macht bekam die ersten Risse. Den Stein ins Rollen brachten die DDR-Bürger. Sie begehrten Reisefreiheit, versammelten sich zu Tausenden an der ungarisch-österreichischen Grenze. Im Sommer 1989 gab dort der Eiserne Vorhang nach. Im Oktober durften rund 5000 Ostdeutsche in die Freiheit ausreisen, die vorher in den Garten der bundesdeutschen Botschaft in Prag geflüchtet waren. In Polen löste die Gewerkschaft »Solidarność« die Kommunisten ab, in Bulgarien wurde am 12. November der seit 1954 amtierende KP-Chef Todor Schiwkow gestürzt. In Prag dauerte der gewaltlose Systemübergang knapp sechs Wochen: vom 17. November bis zum 29. Dezember 1989. Danach sprach man von einer »Samtenen Revolution«, weil es gelungen war, ohne Blutvergießen von der Diktatur zur Demokratie zu wechseln. »Velvet Revolution«: Auf Englisch klang das wie ein Popsong. Und es war auch eine couragierte Sängerin, die bei den Massendemonstrationen in Prag mit **Václav Havel** die Initialzündung lieferte: **Marta Kubišová**, seit 20 Jahren mit einem Auftritts- und Berufsverbot bestraft, sang »Ein Gebet für Marta«, das Symbollied gegen den Einmarsch der Sowjets von 1968. Dazu klapperten die Demonstranten mit ihrem Schlüsselbund – ein Symbol für ihre Forderung: Aufmachen! Ja, die Zeit war gekommen, eine gefangene Nation zu befreien. Der Weg für die ersten freien Wahlen seit 1948, seit der Einführung der »Diktatur des Proletariats«, war bereitet.

Zum 20-jährigen Jubiläum der »Samtenen Revolution« wird am 17. November 2009 auf Prags Národní třída ein symbolischer »Eiserner Vorhang« verbrannt.

POLITISCHE WENDE

Neue föderative Republik

Die ČSSR wird umbenannt in ČSFR (Tschechoslowakische Föderative Republik; 29. März 1990) und wenig später auf Drängen der slowakischen Politiker abgewandelt in »Tschechische und Slowakische Föderative Republik«. Aus den freien Parlamentswahlen (8. Juni 1990) gehen sowohl in der Tschechischen als auch in der Slowakischen Republik die Bürgerrechtsbewegungen als Sieger hervor; sie bilden den Kern der neuen »Regierung des nationalen Opfers« (am 27. Juni 1990). **Václav Havel** wird erneut zum Staatsoberhaupt gewählt (5. Juli 1990). Bei den neuerlichen Parlamentswahlen 1992 vereinigen in der Tschechischen Republik die Demokratische Bürgerpartei (ODS) und in der Slowakischen Republik die Bewegung für eine demokratische Slowakei (HZDS) jeweils die meisten Stimmen auf sich. Bei der Präsidentenwahl kann sich Václav Havel nicht wieder durchsetzen.

TRENNUNG IN ZWEI SELBSTSTÄNDIGE STAATEN

Václav Havel wird erster Präsident der Tschechischen Republik

Am 27. August 1992 vereinbaren der tschechische Ministerpräsident und sein slowakischer Amtskollege die Auflösung der tschechoslowakischen Föderation in zwei selbstständige Staaten zum 1. Januar 1993. Das Trennungsgesetz wird am 25. November nach langem Ringen vom Bundesparlament in Prag verabschiedet. Am 7. November 1992 erliegt **Alexander Dubček** (geb. 1921), Leitfigur und Hoffnungsträger des 1968 gewaltsam niedergeschlagenen Prager Frühlings, seinen Verletzungen nach einem Verkehrsunfall. Mit Wirkung vom 1. Januar 1993 treten die beiden Nachfolgestaaten Tschechische Republik (Tschechien) und Slowakische Republik (Slowakei) an die Stelle der ČSFR.

DIE TSCHECHISCHE REPUBLIK

1993	Prag wird Hauptstadt der Tschechischen Republik, Václav Havel zum ersten frei gewählten Ministerpräsidenten der Tschechischen Republik.
2003	Nach Václav Havel kommt sein Erzrivale Václav Klaus an die Staatsspitze.
2004	Beitritt Tschechiens zur EU
2007	Beitritt Tschechiens zum Schengener Abkommen
2009	Erste EU-Ratspräsidentschaft Tschechiens
2011	Der Tod von Dichterpräsident Václav Havel am 18. Dezember löst weltweite Betroffenheit aus.
2013	Miloš Zeman wird neuer Staatspräsident.

Am 26. Januar 1993 wird Václav Havel zum ersten Präsidenten der **Neubeginn** Tschechischen Republik gewählt und fünf Jahre später in seinem Amt bestätigt. 1999 tritt Tschechien zusammen mit Ungarn und Polen der **NATO** bei. Im August 2002 setzt die Moldau mit der Jahrhundertthöhe von 4 m u. a. die Metro unter Wasser, die Altstadt wird jedoch nicht in Mitleidenschaft gezogen. Im Juni 2003 endet die Präsidentschaft Václav Havels, die Neuwahlen werden von einigen peinlichen Situationen begleitet, als die ehemaligen Regierungsparteien ihre Kandidaten nicht durchsetzen können. Nach zähem Ringen kann schließlich **Václav Klaus** eine knappe Mehrheit für sich organisieren. Die politische Schicksalsironie: Václav Havel wird in seinem Amt als Staatsoberhaupt durch seinen politischen Gegner ersetzt. Im Mai 2004 erfolgt der **Beitritt Tschechiens zur EU** als eines der zehn Länder der Osterweiterung. Im Dezember 2007 tritt Tschechien dem **Schengener Abkommen** bei, wodurch die Grenzkontrollen abgeschafft werden. 2009 übernimmt Tschechien erstmals die EU-Ratspräsidentschaft, nach einer Regierungskrise in Prag muss Ministerpräsident Mirek Topolánek zurücktreten. Im Mai desselben Jahres ruft US-Präsident Barack Obama in Prag zum Weltfrieden auf.

»Danke, Václav«, steht auf einem Transparent, als mehr als 10 000 **»Danke,** Menschen dem im Dezember 2011 gestorbenen »Dichterpräsiden- **Václav«** ten« bei einem Trauerzug durch die Prager Innenstadt die letzte Ehre erweisen. Die Trauerfeierlichkeiten werden zum größten tschechischen Staatsakt aller Zeiten. Sie dauern eine Woche lang.

Bei der Wahl um die Nachfolge des nach zwei Amtszeiten als Staats- **Der Alte und** präsident in Rente gehenden **Václav Klaus** kommt es zu einem Finale **der Neue** zwischen dem frühere Regierungschef **Miloš Zeman** für das linke Lager und **Karel Schwarzenberg**, dem amtierenden Außenminister. Vor der Stichwahl eskaliert die Wahlkampagne. Die Exkommunisten um Zeman greifen Schwarzenberg wegen seinen Äußerungen zur völkerrechtswidrigen Vertreibung der Sudetendeutschen an. Der noch amtierende Präsident Václav Klaus leistet massive Wahlhilfe für Zeman. Mit ihm hatte Klaus schon mal paktiert, er unterstützte seine linkssoziale Minderheitenregierung aus der Opposition und erhielt im Gegenzug Ministerposten für seine Mitte-rechts-orientierte ODS-Partei. In seiner Dankesrede nach der Wahl versprach der 68-jährige Zeman, er wolle »nicht der Präsident der oberen Zehntausend« sein, »sondern der unteren zehn Millionen« – bei einer Einwohnerzahl von 10,5 Mio. keine Kleinigkeit. Zum Ende der Amtszeit von Václav Klaus reichte der Senat vor dem Verfassungsgericht in Brünn Klage wegen Hochverrats gegen ihn ein. Begründet wurde dies u. a. mit einer umstrittenen **Generalamnestie**, die Klaus am Neujahrstag verkündete. Eine mögliche Strafe wäre der Verlust des Amtes gewesen – aus dem Klaus aber schon im März 2013 offiziell ausgeschieden ist.

Kunstgeschichte

Schon unter Karl IV. stieg Böhmen zu einer bedeutenden Kunstregion auf. Mithilfe des Bildhauers und Dombaumeisters Peter Parler wurden damals wichtige Wegmarken gesetzt. Bemerkenswert war im Barock der Einfluss der oberbayerischen Familie Dientzenhofer auf die Stadt. Unübersehbar aber ist bis heute vor allem das Erbe des Prager Jugendstils, aus dem heraus sich die kubistische Architektur entwickelte. Ein »tanzendes« Haus an der Moldau zu errichten, blieb allerdings einem ganz modernen Architekten vorbehalten, Frank O. Gehry.

Die frühesten Reste christlicher Kirchen aus Stein in der heutigen Tschechischen Republik stammen aus der Missionszeit der Slawenapostel Konstantin (Kyrill) und Method im Großmährischen Reich: Im südmährischen Mikulčice (Mikultschitz) befand sich eine befestigte Siedlung mit fünf Sakralbauten, die bis in die Zeit vor dem 9. Jh. zurückreicht. In Staré Město u Uherského Hradiště (Altstadt; wohl das »Veligrad« Großmährens) wurden drei Kirchen aus dem 9. Jh. nachgewiesen. Der Přemyslidenfürst Bořivoj (um 850 – 895), der am großmährischen Hof getauft worden war, brachte das Christentum nach Böhmen und gründete in der 1. Hälfte des 9. Jh.s die Kirche des hl. Klemens in dem nördlich des heutigen Prag am Moldauufer gelegenen Levý Hradec. Nach der Verlegung des Fürstensitzes nach Prag folgte 894 der Bau der Marienkirche, eines kleinen Rundbaues (Grundmauern in der Burggalerie).

Erste Sakralbauten im Großmährischen Reich

ROMANIK

Unter der Herrschaft Vratislavs (um 905 – 921) wurde 912 die **Georgsbasilika** auf dem Hradschin gegründet, die auch nach ihrem Umbau in den Jahren 1142 – 1150 (Türme, Ost- und Westchor, Krypta) bis heute das besterhaltene Denkmal der Romanik in Prag darstellt. Ein für die Entwicklung bedeutsamer Sakralbau war die unter Wenzel dem Heiligen von 926 bis 930 erbaute **Veitsrotunde**, ein ottonischer Rundbau mit vier Apsiden an der Stelle der Wenzelskapelle des heutigen Veitsdomes, der später mehrere der für die böhmischen Länder charakteristischen einschiffigen Rundbauten (»böhmische Rotunden«) folgten, so beispielsweise die **Heiligkreuzkapelle** in der Altstadt (um 1100), die **Martinskapelle auf dem Vyšehrad** (Mitte 11. Jh.) und die

Steinerne Zeugen der Zeit

Überall in der Stadt an der Moldau hinterließ der Jugendstil seine künstlerischen Zeichen – hier das Palais Koruna am Wenzelsplatz 1.

Longinuskapelle (12. Jh.) in der Neustadt. Um 1060 wurde die Veitsrotunde durch die Veitsbasilika ersetzt, eine doppelchörige Anlage mit Westquerhaus und zwei Krypten, ähnlich St. Emmeram in Regensburg. Um die gleiche Zeit befand sich auf der Prager Burg bereits ein romanischer Fürstenpalast, dessen Reste (9. – 12. Jh.) unter dem Vladislavsaal erhalten sind. Auch auf dem Vyšehrad stand in der 2. Hälfte des 11. Jh.s bereits eine romanische Steinburg mit mehreren Kirchenbauten (Reste der Laurentiusbasilika). In den seit Ende des 10. Jh.s gegründeten Klöstern (973 Georgskloster der Burg, 993 Břevnov, 1148 Strahov) blühte das Kunsthandwerk, und in ihren Skriptorien wurden wertvolle Handschriften geschaffen, deren bekannteste der **Codex Vyšehradiensis** von 1086 ist.

GOTIK

Neue Bauweise

Die Gotik wurde im 2. Viertel des 13. Jh.s zunächst von den Zisterziensern und den Bettelorden in Böhmen verbreitet. Die neue Bauweise übertrug man auch auf profane Bauwerke wie den gotischen Palast der Burg (um 1250 – 1400). Gotisch ist auch die Altneusynagoge in der Josefstadt (1273). Das aufstrebende Bürgertum benutzte den neuen Stil für seine Repräsentationsbauten, z. B. das Altstädter Rathaus (ab 1338).

Spätgotik

Unter dem kunstsinnigen und weltoffenen Herrscher Karl IV. (1346 – 1378) stiegen die böhmischen Länder zur Kunstlandschaft in Mitteleuropa auf, und es folgte die Wendung zur Spätgotik, die zunächst noch unter französischem Einfluss stand. So geschah der Umbau des Prager Königspalasts nach dem Vorbild des Palasts der französischen Könige auf der Île de la Cité von Paris, wo Karl aufgewachsen war. Um den Veitsdom neu zu errichten (Grundsteinlegung am 21. November 1344), berief Karl zunächst aus dem päpstlichen Avignon **Matthias von Arras**, der den Dom nach dem charakteristischen Muster der französischen Kathedralen (Chor mit Kapellenkranz) anlegte. Als jedoch nach Matthias' Tod (1352) **Peter Parler** (1330–1399), der mit seinen Söhnen den Bau nach gänzlich neuen, originellen Gesichtspunkten (Betonung der Südseite mit Wenzelskapelle, Querhausportal und Turm) weiterführte, durch seinen nie erlahmenden Erfindungsgeist der Prager Baukunst eigene Impulse gab, stieg diese als **»Parlergotik«** zum Vorbild der Architektur und Plastik auf, deren Fernwirkung bis nach Italien und Spanien reichte. Weitere Kathedralchöre schuf die Parlerhütte in Kolín und Kutná Hora (Kuttenberg). Der erst Anfang des 15. Jh.s vollendete Altstädter Brückenturm in Prag wurde ebenfalls nach Parlers Entwürfen erbaut.

Hofkunst

Im Kunstschaffen der Epoche Karls IV., der Hofkunst, wurden wichtige Merkmale der Renaissance vorausentworfen: die ersten Netzgewölbe und Bildnisse (Triforiumsbüsten im Veitsdom) sowie das erste freiplastische Reiterstandbild (St. Georg auf der Burg, von den Brüdern Martin und Georg Klausenburg).

In der Malerei bildete sich aus einer Synthese von auswärtigen (besonders italienischen) und spezifisch böhmischen Zügen ein selbstständiger Schulcharakter für alle Gattungen aus. Die führenden Künstler dieser **»Prager Malerzeche«** waren der um 1350 in Prag tätige **Meister von Hohenfurt, Meister Theoderich** (1359 – 1380 erwähnt) und der **Meister von Wittingau** (1380 – 1390 erwähnt), die in der Hauptsache Altartafelbilder schufen (▶Agneskloster, Burg Karlstein). Bezeichnend sind auch die noch byzantische Einflüsse zeigenden »böhmischen Gnadenbilder«, Madonnendarstellungen anonymer Meister in halber Figur mit dem Christuskind. Die bedeutendsten Wandmalereien, deren Zuschreibung meist schwierig ist, finden sich im 1357 gegründeten Prager Emmauskloster und auf der Burg Karlstein (1348 – 1357), wo der Straßburger Meister Nikolaus Wurmser (1357 – 1360 erwähnt) und wahrscheinlich auch Tommaso da Modena (um 1325 – 1379) wirkten. Es entstanden hervorragende

Prager Malerzeche

Der Meister von Leitmeritz schuf die polychromen Malereien in der St.-Wenzels-Kapelle im Veitsdom.

illuminierte Handschriften, oft im Auftrag des schlesischen Humanisten Johannes von Neumarkt, unter dem sich in der Prager Reichskanzlei die deutsche Schriftsprache auszubreiten begann. Schon während des nach dem Tod Karls IV. (1378) und Peter Parlers (1399) einsetzenden künstlerischen Niederganges bildete sich im Gegensatz zu der eher realistischen Auffassung der Prager Malerzeche der »Schöne« und **»Weiche« Stil** heraus, eine raffiniert verfeinerte Malweise, in der um 1400 vornehmlich Madonnenbilder entstanden (▶Sehenswürdigkeiten von A bis Z, Agneskloster). Die **Planer- und Stiftertätigkeit Karls IV.** ist bis heute in Prag sichtbar (Gründung der Neustadt, Karlsbrücke, Karlshof). Einige der ehrgeizigen Vorhaben konnte er jedoch nicht mehr beenden, und da mit dem Ausbruch der hussitischen Revolution (1419, Erster Prager Fenstersturz) diese in der Geschichte Prags beispiellose Blütezeit jäh abbrach, blieben sie für immer (Maria-Schnee-Kirche) oder auf lange Zeit (Veitsdom, Teynkirche) unvollendet.

Architektur des 15. Jh.s Nach den Hussitenkriegen war der Charakter der böhmischen – nunmehr fast rein tschechischen – Kunst bis zum Ende des 15. Jh.s konservativ und eklektisch. Als damals bedeutendster tschechischer Architekt ist **Matthias Rejsek** zu nennen, der sich 1474 für den Pulverturm verantwortlich zeigte. Der wichtigste der unter König Vladislav II. (1471 – 1516) nach Prag berufenen Künstler war Benedikt

Haus »Zur Minute« mit Sgrafittoschmuck

Ried. Nach seinen Entwürfen entstand der Vladislavsaal im Königspalast der Prager Burg, einer der großartigsten Profanräume jener
Zeit (1493 – 1502), und das Langhaus der Barbarakirche in Kutná
Hora (Kuttenberg; 1512 – 1547) mit dem vielleicht schönsten Netzgewölbe der Spätgotik überhaupt. Die Plastik und die Malerei jener
Epoche, die, wie auch manche ihrer Bauschöpfungen, weitgehend
schon der Renaissance zuzurechnen sind, spiegeln fast alle wichtigen
Schulen und Strömungen der Dürerzeit wider. Der bemerkenswer-
teste unter den einheimischen Künstlern ist der **Meister des Altars
von Leitmeritz** (▶Sehenswürdigkeiten von A bis Z, Agneskloster),
der um 1509 an der Ausmalung des oberen Teils der Wenzelskapelle
im Veitsdom beteiligt war, er selbst führte die wichtigsten Bilder der
Legende des hl. Wenzel aus.

RENAISSANCE

Die Kunst der italienischen Renaissance setzte sich in Prag wahr-   **Architektur**
scheinlich früher durch als sonst in Mitteleuropa, mit Ausnahme von
Ungarn. Bereits in den Jahren 1538 bis 1555 entstand nach Plänen von
Paolo della Stella der Arkadenbau **Belvedere** am Königsgarten der
Burg, welchen Ferdinand I. (1526 – 1564) als Lustschloss für seine
Gemahlin Anna bauen ließ, eines der reinsten Beispiele der Renais-
sancearchitektur nördlich der Alpen. Auch das originelle **Schloss
Stern** wurde nach einer Idee Erzherzog Ferdinands 1555 bis 1558
über sternförmigem Grundriss von Italienern errichtet. Nach der Mit-
te des 16. Jh.s war der führende Architekt Böhmens der kaiserliche
Hofbaumeister **Bonifaz Wohlmut** aus Überlingen am Bodensee (Or-
gelempore im Veitsdom, 1557 – 1561; Ballhaus im Königsgarten der
Burg, 1568; Netzgewölbe im Landtagssaal der Burg, 1559 – 1563;
Sterngewölbekuppel der Karlshofer Marienkirche, 1575). Der neue
Stil nahm nun spezifische Prager Formen an. Nach dem großen Brand
von 1541, dem weite Teile der Burg und der Kleinseite zum Opfer fielen, entstanden Adelsresidenzen wie das **Palais Martinitz** (Ende 16.
Jh.) oder das **Palais Schwarzenberg** am Hradschiner Platz, beide im
böhmischen Renaissancestil, der vielfach Sgraffitoschmuck an den
Fassaden verwendete. Solche Sgraffiti zieren auch häufig bürgerliche
Renaissancebauten wie z. B. das »Haus zu den drei Straußen« (1585)
an der Karlsbrücke oder das »Haus zur Minute« (Ende 16. Jh.) neben
dem Altstädter Rathaus. Der Fassadenschmuck stellt hier Szenen aus
der Antike und der Bibel dar sowie Allegorien der Tugenden.

Unter dem Habsburger Rudolf II. (1576 – 1611), einem eifrigen   **Manierismus**
Kunstsammler, war Prag zum zweiten Mal Kaiserresidenz und Mittelpunkt der Kunst des Manierismus. Der Kaiser zog Künstler verschiedenster Herkunft an seinen Hof, so die Bildhauer und Erzgießer

Benedikt Wurzelbauer und **Adriaen de Vries** (Vorwegnahme vieler Barockelemente), die Maler **Hans von Aachen**, **Bartholomäus Spranger**, **Jan Brueghel** (»Sammet-Brueghel«), **Guiseppe Arcimboldo**, **Roelandt Savery**, **Joseph Heintz**, **Hans Rottenhammer** und **Ägidius Sadeler**. Der zuletzt Genannte hinterließ eine aus neun Stichen bestehende Stadtansicht vom Prag des Jahres 1606, eine Übersicht der Architektur jener Zeit. Die nur den höfischen Interessen verpflichtete manieristische Kunst fand jedoch in Böhmen keinen Widerhall. Ansehen außerhalb des Landes erlangten der Kupferstecher **Wenzel Hollar** (1607 – 1677) und der Stilllebenmaler **Gottfried Flegel** (1563 – 1638), beide Vertreter einer eher bodenständigen böhmischen Kunst jener Zeit. Ein Beispiel für die bis in die Spätrenaissance reichenden gotischen Einflüsse liefert die Rochuskapelle im **Kloster Strahov**. Der gotische Formenkanon wie Spitzbögen und Strebepfeiler geht eine spannende Synthese mit den Motiven der Renaissance ein.

BAROCK

Italienische Einflüsse

Die durch den Sieg der katholischen Partei in der Schlacht am Weißen Berg (1620) endgültig triumphierende Gegenreformation brachte den in seinen Anfängen überwiegend italienischen Barock nach Prag. Die genossenschaftlich organisierten italienischen, zumeist aus der Gegend von Como stammenden Handwerker beherrschten etwa ein halbes Jahrhundert lang fast das gesamte Bauwesen. Für ihre eigene Gemeinde bauten sie bereits 1590 – 1600 die Welsche Kapelle, den ersten barocken Zentralbau in Prag. Das Schwergewicht lag im 17. Jh. zunächst auf dem Palast- und Schlossbau. Die bedeutendsten Bauherren unter den Prager Magnaten waren Albrecht von Waldstein (Wallenstein), für dessen gewaltiges Palais Waldstein (1623 – 1630) ein ganzes Stadtviertel abgerissen werden musste, und Humprecht Graf von Černín (Palais Černín, 1669 – 1692). Der Sakralbau stand zunächst in der Nachfolge der römischen Jesuitenkirche »Il Gesù«, nach deren Vorbild 1611 – 1616 die zuvor protestantische Kirche Maria de Victoria umgestaltet wurde. Die fruchtbarsten Adepten dieses Jesuitenstils waren Carlo Lurago (Ignatiuskirche, 1665 – 1678) und Giovanni Domenico Orsi de Orsini (Professhaus der Kirche St. Niklas auf der Kleinseite, 1673). Einige Sakralbauten setzen jedoch noch ältere einheimische Überlieferungen (Emporenhalle, Wandpfeilerkirche) fort, wie etwa die Salvatorkirche am Kreuzherrenplatz.

Malerei und Bildhauerei

Anders als die Architektur wurden Plastik und Malerei weiterhin von einheimischen oder aus Nachbarländern zugewanderten Künstlern beherrscht. Die wichtigsten Bildhauer nach der Mitte des 17. Jh.s waren **Johann Georg Bendl** (um 1630 – 1680; Fassadenplastik an der Salvatorkirche, Winzersäule am Kreuzherrenplatz, hl. Wenzel an der

Im Original stammen die – heute meist durch Kopien ersetzten – Figuren der Karlsbrücke von den besten Bildhauern des Prager Barocks.

Alten Propstei der Burg) und **Hieronymus Kohl** (1632 – 1709; Fassadenplastiken an der Thomaskirche auf der Kleinseite, Brunnen im Zweiten Burghof). Unter den Malern sind an erster Stelle der einer böhmischen Adelsfamilie entstammende Karel Škréta (1610 – 1674), Begründer der böhmischen Barockmalerei, der aus Glaubensgründen emigrierte und als Konvertit wieder zurückkehrte, sowie der Rembrandtschüler Michael Leopold Willmann (1630 – 1706) zu nennen (Werke in der Sammlung böhmischer Kunst von der Zeit Rudolfs II. bis zum Barock im Kloster St. Georg).

Der Spätbarock erreichte seinen Höhepunkt in Prag während der **Spätbarock** ersten Hälfte des 18. Jh.s, der künstlerisch fruchtbarsten Epoche seit der Zeit Karls IV. Den Anschluss an die europäische Entwicklung stellte zunächst der in Rom geschulte Franzose **Jean Baptiste Mathey** (um 1630 – 1695) her: in der Sakralarchitektur mit dem Zentralbau der Kreuzherrenkirche (1679 – 1688), im Profanbau mit dem Schloss Troja (1679 – 1685). Die Hegemonie der Italiener war damit gebrochen. Bald konnten Einheimische die Führung übernehmen, nachdem der prägende Einfluss der österreichischen und bayerischen Baukunst jener Zeit assimiliert war.

Das im Stil der Neorenaissance errichtete Nationaltheater spiegelt in seiner Architektur das kulturelle Selbstbewusstsein der Tschechen.

**Dientzen-
hoferbarock**

Der Wiener Hofbaumeister **Johann Bernhard Fischer von Erlach** baute seit 1707 das Palais Clam-Gallas und hinterließ mehrere Schüler in Prag. **Christoph Dientzenhofe**r (1655 – 1722) aus der weit verzweigten bayerischen Architektenfamilie siedelte ganz nach Prag über. Zusammen mit seinem genialen Sohn **Kilian Ignaz Dientzenhofer** (1689 – 1751) schuf er den **Dientzenhoferbarock**, eine Synthese aus dem altbayerischen Wandpfeilersystem und dem Baldachinprinzip des **Guarino Guarini**, und damit die Voraussetzung für die letzte und höchste Stufe des mitteleuropäischen Sakralbaus.

Die oft noch eher konventionell begonnenen Werke des Vaters wurden häufig erst von seinem begabteren Sohn baulich und stilistisch zur Vollendung gebracht. So im Kloster **Břevnov**, in der **Geburt-Christi-Kirche** von Loreto und ganz besonders im Falle der Kirche **St. Niklas auf der Kleinseite**, einem der entwicklungsgeschichtlich und städtebaulich bedeutendsten Kirchenbauten des Spätbarocks in Mitteleuropa überhaupt. Christoph Dientzenhofer hatte hier den Kuppelraum noch im bayerischen Wandpfeilersystem geplant. Sein Sohn fügte das raumgewaltige Motiv der Konchen hinzu und setzte mit der asymmetrischen Kuppelturmgruppe des Außenbaus treffsicher den entscheidenden Akzent in der Silhouette Prags.

Von Kilian Ignaz Dientzenhofers weiteren Bauten, ohne die weder das Prager Stadtbild noch die übrige barocke Kulturlandschaft Böhmens zu denken sind, sind zu nennen: die **Villa Amerika**, die Kirche **St. Niklas in der Altstadt,** die Kirchen S**t. Johann von Nepomuk am Felsen** und **St. Thomas** (Umgestaltung) sowie das **Ursulinenkloster** in Kutná Hora (Kuttenberg). Auch die Pläne für die Palais Goltz-Kinsky und Sylva-Taroucca, die beide bereits Rokokomerkmale tragen, stammen von ihm. **Giovanni Santini-Aichl** (1667 – 1723) entwarf die Palais Morzin und Thun-Hohenstein; im Kirchenbau huldigte er, wie auch Octaviano Broggio (1668 – 1742), einer historisierenden Barockgotik (Marienkirche in Kuttenberg-Sedletz). Andere Architekten jener Periode waren **František Maximilian Kaňka** (1674 – 1766), der u. a. die Vrtbaterrassen und verschiedene Bauabschnitte des Clementinums entwarf, und **Giovanni Battista Alliprandi** (1665 – 1720).

Zu der Vielzahl der um 1700 in Prag tätigen Bildhauer gehört als einer der bedeutendsten **Matthias Wenzel Jäckel** (1655 – 1738), der u. a. Statuen für die Karlsbrücke und die ehemalige Kreuzherrenkirche schuf. Von **Ferdinand Maximilian Brokoff** (1688 – 1731) stammen u. a. mehrere Figurengruppen für die Karlsbrücke. Matthias Bernhard Braun (1684 – 1738) brachte die Bernineske nach Böhmen, in seinen Werken gipfelte die böhmische Barockplastik. Ein Teil seiner Plastiken findet man ebenfalls auf der Karlsbrücke sowie im Vrtbagarten und am Portal des Palais Thun-Hohenstein. **Bildhauerei**

Auch das Rokoko ist in Prag durch eine Anzahl von Künstlern und ihren Werken vertreten, aber eine selbstständige Spielart wie etwa in Bayern, Franken oder Potsdam hat Böhmen so wenig wie Österreich hervorgebracht. Den Ausbau der Prager Burg leitete 1753 – 1775 Maria Theresias Oberhofarchitekt Freiherr von Pacassi, den des Erzbischöflichen Palais 1764 – 1765 Johann Joseph Wirch. Dem Kavalierarchitekten Graf von Künigl verdankt Prag den Entwurf des Ständetheaters (ausgeführt 1781 – 1783 von Anton Haffenecker), in dem 1787 Mozarts »Don Giovanni« uraufgeführt wurde. Die führenden Bildhauer im 3. Viertel des 18. Jh.s in Prag waren Johann Anton Quittainer (1709 – 1765), Ignaz Platzer d. Ä. (1717 – 1787), der u. a. den plastischen Fassadenschmuck des Erzbischöflichen Palais entwarf, und Richard Prachner (1705 – 1782). Werke der beiden zuletzt genannten Künstler birgt auch die Kirche St. Niklas auf der Kleinseite. Weit über die Grenzen Böhmens hinaus bekannt wurde der Feinmaler Norbert Grund (1717 – 1767), dessen Arbeiten bereits zu seinen Lebzeiten gefälscht und vielfach durch Stiche reproduziert wurden. **Rokoko**

19. JAHRHUNDERT

Anders als der Barock, an dem man in Böhmen länger und leidenschaftlicher festhielt als sonst in Mitteleuropa, war der Klassizismus, zumindest was die bildende Kunst betrifft, eher von untergeordneter Bedeutung. Das ehemalige Zollamt, heute »Hibernerhaus« (►Repräsentationshaus), welches 1808 – 1811 von **Georg Fischer** seine Em- **Klassizismus**

»Öffnet die Fenster nach Europa«

Für die politische wie für die Architekturgeschichte Prags war das Jahr 1891 ein wichtiges Datum. Damals wurde im Park des Baumgartens östlich der Letnáanlagen die »Böhmische Landesausstellung« abgehalten, eine Messe, die Böhmens Aufschwung zur Industrienation dokumentieren sollte.

Die Bauwerke, die damals eigens für diese Schau errichtet wurden, orientierten sich zum einen an England, der »ersten« Industrienation Europas, und zum anderen am kulturell führenden Frankreich: So zitierte etwa der aus Gusseisenteilen zusammengesetzte **Hanaupavillon**, der 1898 an seinen heutigen Platz auf dem Letnáplateau versetzt wurde, die moderne Glas-Eisen-Konstruktion der englischen Industrie- und Ausstellungsarchitektur, und der vom Club tschechischer Touristen erbaute, 60 m hohe Aussichtsturm auf dem Laurenziberg war nichts anderes als eine kleine Kopie des Pariser Eiffelturmes. Doch trotz dieser fortschrittlichen Ansätze zu Beginn der 1890er-Jahre konnte sich der Jugendstil in Prag erst um die Jahrhundertwende – und damit erst verhältnismäßig spät – auf breiter Front durchsetzen. Zu den Jugendstilarchitekten der ersten Stunde gehörte der Otto-Wagner-Schüler **Jan Kotěra**, der als Architekt – er entwarf u. a. das 1899/1900 errichtete Peterkahaus (Nr. 12) am Wenzelsplatz wie als Lehrer einen enormen Einfluss auf die junge Architektengeneration ausübte. »Öffnet die Fenster nach Europa« war das Motto seiner Lehre, mit dem er die Prager Künstlerschaft für die neuesten Entwicklungen in Westeuropa begeisterte. Vor allem am Wenzelsplatz, der seit der Mitte des 19. Jh.s zu einem sehr großzü-

Der Jugendstil erfasste die Architektur wie das Kunsthandwerk.

gigen Großstadtboulevard ausgebaut wurde, und am benachbarten »Graben«, die zusammen das »Goldene Kreuz« bilden, entfaltete sich ab der Wende vom 19. zum 20. Jh. die gesamte Palette der Prager Jugendstilarchitektur: Hotels und Cafés, Versicherungsanstalten, Warenhäuser sowie repräsentative Versammlungs- und Vereinsgebäude. Eine der vornehmsten Herbergen am Platz war das 1903 erbaute Hotel Erzherzog Stephan, heute **Grand Hotel Evropa** (Nr. 29), dessen giebelgeschmückte Fassade sich durch eine klare Gliederung und die Konzentration des plastischen Dekors auszeichnet. Das schwulstige Interieur des Kaffeehauses im Erdgeschoss ist auch heute noch (fast) ganz stilecht. Zwei Jahre vor der Eröffnung des Hotels, 1901, hatte man mit dem Bau des **Prager Hauptbahnhofs** begonnen, der trotz mancher späterer Veränderungen bis heute seinen Charakter als Sezessionsbau nicht verleugnen kann.

Repräsentative Pracht

An seinem hoch aufragenden Turm erkennt man den **Korunapalast** an der Einmündung des Wenzelsplatzes in die Straße Na příkopě (Am Graben). 1911 bis 1914 nach Plänen von **Antonín Pfeiffer** erbaut, verkörpert dieses Büro- und Geschäftshaus die konstruktivistisch-strengere Variante des Prager Jugendstils. In der Národní sind zwei besonders schöne Sezessionsbauten von **Osvald Polívka** erhalten geblieben, das Haus des Verlegers Topič und direkt daneben die ehemalige **Versicherungsanstalt »Praha«** (1903 bis 1905), deren Namenszug in großen, kunstvoll um die ovalen Fenster geschlungenen Buchstaben an der Fassade prangt. Am östlichen Ende der Na příkopě nimmt das 1906–1911 nach Plänen von **Antonín Balšánek** und **Osvald Polívka** erbaute **Repräsentationshaus** einen ganzen Häuserblock in Anspruch. Die Prachtentfaltung dieses Bauwerks kann allerdings nicht darüber hinwegtäuschen, dass das Gebäude dem Neobarock des ausklingenden 19. Jh.s noch genauso nahesteht wie dem Jugendstil, der, als das Repräsentationshaus fertig-

Glasmosaik am Repräsentationshaus

gestellt war, auch schon seinen Höhepunkt überschritten hatte. An der Gestaltung dieses Bauwerks war unter anderem auch der in Paris bereits hoch geschätzte Maler, Illustrator und Plakatgestalter **Alfons Mucha** beteiligt. Nur wenige Schritte hinter dem Repräsentationshaus liegt das Nobelhotel **Palíô** (U Obecního domu 1), das mit einem sehr aufwendig restaurierten, ganz lupenreinen Jugendstilinterieur aufwartet; hier sollte man zumindest einmal einen Blick in die elegante Eingangshalle werfen.

pirefassade erhielt, gehört zu den bemerkenswertesten Bauschöpfungen dieser Epoche.

Romantische Strömungen Erst die Romantik zündete in Böhmen, nachdem die Ideen Herders zur Erweckung der tschechischen Nation beigetragen hatten. Der Aufstieg der Tschechen zu kultureller Selbstständigkeit führte allerdings auch umgekehrt zum Untergang der übernationalen »böhmischen Kunst«, die seit der zweiten Hälfte des 19. Jh.s immer entschiedener in eine tschechische und eine deutsche Komponente auseinanderdriftete. Von den romantischen und postromantischen Malern sind an erster Stelle Joseph von Führich (1800 – 1876), **Josef Mánes** (1820 – 1871) und **Mikoláš Aleš** (1852 – 1913) zu nennen, ferner der Pilotyschüler Gabriel Max sowie Václav Brožík. Bedeutende Vertreter der Neugotik waren Joseph Kranner (Hochaltar im Veitsdom, 1868 – 1873) und Joseph Mocker (Ausbau des Veitsdomes, 1859 – 1929). Der tschechische Semperschüler **Josef Zítek** entwarf im repräsentativen Stil der tschechischen Neurenaissance den Prunkbau des Nationaltheaters (1868 – 1881), welches nach einem Großbrand durch den Architekten **Josef Schulz** (1840 – 1917) bis 1883 neu errichtet werden musste. Unter der Leitung von Josef Schulz entstand auch das Künstlerhaus, auch: »Rudolfinum«, das wohl bedeutendste Baudenkmal dieser Epoche in Prag. In der Plastik begründete **Josef Václav Myslbek** (1848 – 1922; Reiterbild des hl. Wenzel auf dem Wenzelsplatz, Bronzestatue des Kardinals Schwarzenberg im Veitsdom) unter dem Eindruck der französischen Kunst eine Schule, aus der Bildhauer vom Rang eines Jan Štursa (1880 – 1925), aber auch Bohumil Kafka (1878 – 1942), zu dessen Werken u. a. das Mánesdenkmal vor dem Rudolfinum zählt, und Otto Gutfreund (1889 – 1927) hervorgingen.

VOM 20. INS 21. JAHRHUNDERT

Architektur Prag hat wie kaum eine andere Stadt eine Vielzahl von Jugendstilbauten zu bieten. Das beste Beispiel für den »Prager Sezessionsstil« genannten Jugendstil liefert das prachtvolle Repräsentationshaus der Hauptstadt, das 1906 – 1911 nach Plänen von Osvald Polívka und Antonín Balšánek erbaut wurde. Zu den Vorläufern der modernen Architektur im 20. Jh. gehören Josef Maria Olbrich (1867 – 1908), Josef Hoffmann (1870 – 1956) und Adolf Loos (1870 – 1933), die allerdings hauptsächlich in Darmstadt (Olbrich) bzw. Wien (Hoffmann und Loos) bauten. Das »Haus Müller« von **Adolf Loos** in Prag-Střešovice entstand zwischen 1928 und 1930. Hier realisierte Loos erstmals seinen »Raumplan« – eine Wohnraumkonzeption, die auf dem Prinzip unterschiedlicher Höhen der einzelnen Räume basiert, die um die zentrale Achse des Hauses angeordnet sind. Die endgültige Wendung zur modernen Architektur in Prag vollzogen **Josef Gočár** (1880 – 1945), der 1911/1912 das kubistische »Haus zur schwarzen Mutter Gottes« in der Zeltnergasse errichtete, **Pavel Janák** und **Josef Chochol**. Dessen kubistische Architektur, eine Prager Besonderheit, kann wie eine Gegentendenz zum Funktionalismus gelesen werden. Die Villa Kovařovič in der Libušina 3 oder das Wohnhaus in der Neklanova 30 (Sehenswürdigkeiten von A bis Z, Vyšehrad) übertragen die Plastizität der Bilder Picassos auf die Architektur. Der funktionalistische Messepalast von Oldřich Tyl und Josef Fuchs birgt heute einen Teil der Prager Nationalgalerie; der zwischen 1925 und 1928 entstandene Monumentalbau beeindruckte sogar Le Corbusier. Der Architekt **Josip Plečnik** wurde von Tomáš Garrigue Masaryk, dem Mitbegründer der (ersten) Tschechoslowakischen Republik, beauftragt, die Prager Burg zu modernisieren ein Unterfangen, das erst 1928 abgeschlossen war. Er adaptierte historische Elemente und strebte den Dialog zwischen Vergangenheit und Gegenwart an, eine Stilrichtung, die man heute wohl als postmodern bezeichnen würde.

Gegenwart

Der anfangs heftig umstrittene futuristische Fernsehturm von Václav Aulický (1987 – 1990) prägt heute das Bild des Prager Stadtteils Žižkov. Das architektonische Highlight der Gegenwart in Prag ist das 1996 fertiggestellte »Tanzende Haus« der Architekten **Frank O. Gehry** und **Vlado Milunič**, das an der Ecke Jirásekplatz und Rašínkai am Moldauufer steht (▶Abb. S. 17). Der exzentrische Bürobau aus Glas und Beton, auch »Ginger & Fred« genannt, nach dem Traumpaar des amerikanischen Musicalfilms, füllt eine Baulücke am Moldauufer aus dem Zweiten Weltkrieg. Die wellige Fassade des siebenstöckigen Gebäudes fügt sich gekonnt neben Rokoko-, Renaissance- und Jugendstilfassaden ein. Der Franzose Jean Nouvel ist ein weiterer international anerkannter Architekt, der in Prag ein Projekt verwirklichen konnte: das Büro- und Geschäftsgebäude »Zlatý Anděl«.

Konservative Kunstströmungen

Konservative Kunstströmungen in Prag werden vertreten z. B. durch den Maler und Illustrator Max Švabinský (1873 – 1962), von dem unter anderem schöne Glasmalereien im Veitsdom (1946 – 1948) stammen, und den Leiblschüler Heinrich Hönich. Neben dem Kubismus hatte auch der **Expressionismus** bedeutende Vertreter, Letzterer mehr unter den deutschsprachigen Künstlern (Oskar Kokoschka, Alfred Kubin, Josef Hegenbarth), Ersterer mehr unter den Tschechen (Emil Filla, Václav Špála). Das 1915 eingeweihte monumentale Jan-Hus-Denkmal auf dem Altstädter Ring ist ein Werk von Ladislav Šaloun, der auch mehrere allegorische Plastiken für verschiedene Gebäude Prags entwarf. Der Kunstpädagoge und Theoretiker Adolf Hölzel (1853 – 1934) aus Olmütz (Olomouc) gehört zu den Begründern der gegenstandslosen Malerei.

Starke Emotionen, starke Kunst

Der in Prag geborene Bildhauer David Černý ist ein Meister der produktiven Verstörung. Seine Skulpturen sorgen für Gesprächsstoff, manchmal auch für einen handfesten Skandal.

Porträt des Künstlers als fröhlicher Provokateur: David Černý

Ein roter Doppeldeckerbus macht Klimmzüge: eine Parodie auf den Sport als tschechischer Beitrag zu den Olympischen Spielen 2012. David Černýs »London Booster«, der sich fauchend mit Push-ups trimmt, stand im Londoner Stadtteil Islington und wurde so kontrovers aufgenommen wie die meisten Werke von Herrn »Schwarz« (tschechisch: Černý). So entwarf er drei Jahre zuvor, 2009 anlässlich der tschechischen EU-Ratspräsidentschaft, eine **allegorische Landkarte Europas**, die zunächst ein halbes Jahr lang im Atrium von Brüssel und dann ein weiteres halbes Jahr in Prag am Nationaltheater hängen sollte. Formal war ihm das 16 mal 16 m große, acht Tonnen schwere Werk etwas aus den Fugen geraten, inhaltlich überschritten einzelne Be-

standteile seiner **»Entropa«** betitelten Collage sämtliche Grenzen staatstragender Political correctness. Deutschland etwa wurde als Autobahnnetz dargestellt, dessen Umrisse entfernt an ein Hakenkreuz erinnerten, Dänemark war als Landschaft aus Legobausteinen gestaltet, in der man das Gesicht des Propheten Mohammed zu erkennen meinte.

Legenden

So mancher Kritiker erkannte die Absicht – nationale Vorurteile als Karikatur bis zur Kenntlichkeit zu persiflieren –, und war verstimmt. Übel genommen wurde Černý auch die dem Werk beigegebene Legende: Gemeinsam mit 26 Künstlern aus den einzelnen EU-Mitgliedsstaaten, jeder Einzelne von ihnen namentlich und mit Lebenslauf hübsch säuberlich dokumentiert, habe er die Riesenskulptur erstellt. Alles Fiktion. Černý hatte sich das Werk allein mit seinen beiden Assistenten ausgedacht und musste sich nun für das »Missverständnis« entschuldigen. Er habe nichts anderes als ein bildhauerisches Lustspiel beabsichtigt, meinte er. Aber in Brüssel wurde die umstrittene Plastikinszenierung eiligst abmontiert. In der Prager **DOX-Galerie** zeitweilig ge-

Dass Kunst die herrschenden Verhältnisse auf den Kopf zu stellen vermag, beweist Černý mit seinem »umgedrehten Reiterdenkmal« im Lucernapalast.

parkt, ist sie nun im neuen Fabrik-museum **Techmania** in Pilsen zu se-hen. Denn Černý, der von Kritikern schon als »böser Bube der tschechi-schen Kunst« tituliert wurde, über-zieht mit seiner Kunst längst nicht mehr nur Prag allein, sondern die gesamte Tschechische Republik.

Der rosarote Panzer

Dabei wollte Černý, Jahrgang 1967, gar kein Künstler werden: »Das waren schon meine Eltern. Als Kind habe ich nichts mehr ge-hasst als Vernissagen, zu denen ich ständig geschleppt wurde«, er-zählt er. Zunächst studierte er Gra-fik und Design, doch am Ende sieg-te die Kunst. Viel zu sehr liebte Černý die Extreme, als dass er sich damit begnügen wollte, ein Leben lang Tische, Stühle und Sofas zu entwerfen. Von Anfang an waren seine Werke so schrill, dass sich die Galerien zunächst weigerten, sie zu zeigen. Also ging er damit auf die Karlsbrücke, Prags größte Frei-luftgalerie für jeden. Misserfolg auch hier: Niemand kaufte seine Bilder und Objekte. Erst eine ge-wagte Protestaktion im September 1989 machte ihn schlagartig be-rühmt: Der »Pink Panzer«. Über Nacht übermalte Černý mit seinen Helfern jenen russischen Panzer, der an die nationale Befreiung durch die Rote Armee 1945 erin-nerte. In der nachfolgenden, vier Jahrzehnte währenden »Diktatur des Proletariats« wurde dieses Denkmal zum heimlichen Symbol für die verhasste Sowjetbesatzung. Nun, so ganz in Rosa, wurde der übermalte Panzer zum Symbol für einen gewaltfreien Befreiungsakt:

die »**Samtene Revolution**«. Der Ost-block als Ganzes geriet damals in einen Umbruch, und Černý setzte politisch nach: Sein **goldener Trabi auf vier Beinen** (»Quo vadis« – ins-piriert durch die Flucht der DDR-Bürger in die deutsche Botschaft in Prag) etablierte ihn als internatio-nale Kunstgröße. Heute nennt man ihn »**Kafka der Bildhauerei**« und beschreibt sein Werk als einen »Mix von Damien Hirst und Fer-nando Botero«. Letzteres bezieht sich auf seine schwarzen Babys (»**Miminkas**«). Als seinen Beitrag zur Prager Szene eröffnete Černý sein eigenes Kunstzentrum »**Meet-Factory**«, neben dem Gleisgelände des Smíchover Bahnhofs. Hier kann man Černý persönlich treffen. An seiner zerzausten Vogelnestfrisur leicht zu erkennen, steht der Kunst-millionär im schwarzen T-Shirt und verschlissenen Armeeparka häufig an der Tür, das Bier in der einen und sein Smartphone in der ande-ren Hand. Am Abend lauscht er den Liveauftritten: Schräges, Electro und Indie. Futter für die Ohren. Herrn Schwarz gefällt's …

Černý-Skulpturen-Walk

Wer sich in Prag auf künstlerische Spurensuche begeben will, sollte sich einen halben Tag Zeit nehmen. **Miminkas** – acht schwarze Babys kraxeln am TV-Turm Žižkov hoch (Vinohrady, Mahlerovy sady (Met-rolinie A: Jiřího z Poděbrad)
Der Wenzelsritt – kopfüber auf ei-nem toten Pferd – in der Lucerna-passage am Wenzelsplatz.
Hanging out – einhändig baumelt Sigmund Freud an einem Eisenaus-leger über einer Altstadtgasse (Na

Perštýně, Brauerei U medvídku;
Metrolinie B: Národní).

Brownnosing – zwei kopflose, fünf
Meter hohe Hinterteilgiganten bü-
cken sich, auf einer Leiter klettert
man hinauf. Im dunklen Höhlen-
loch läuft ein Video, im Skulptu-
renbauch dröhnt Queen's »We Are
The Champions«. Als Pointe dazu
ist Expräsident Václav Klaus zu sehen. Der düpierte Staatschef trug es
mit Fassung – Černý genießt Narren-
freiheit (Galerie Futura, Smíchov,
Holečkova 49, Mo.–So. 11.00–18.00
Uhr; Tram 4,9,10,16: Betramka).

Mimi Kampa – drei schwarze Monsterbabys, die Münder zugetackert,
krabbeln beim Kampamuseum am
Boden (Kleinseite, Kampainsel;
Tram 9, 20, 22: Újezd).

Quo Vadis – goldener Trabbi auf
vier Beinen (Garten der Deutschen
Botschaft, Kleinseite, Vlašská 19;
Tram 12, 20, 22: Kleinseitner Ring).

Piss (Proudy) – zwei mechanische
Alu-Männer urinieren auf ein seich-
tes Wasserbecken in Form der
tschechischen Landkarte (vor dem
Kafkamuseum, Kleinseite, Cihelná
2b; Metrolinie A: Malostranská).

Meat – zwei rote Limousinen hängen als »Fleisch« an der Fassade der
MeetFactory, Smíchov, Ke Sklárně
15 (Tram 12, 14, 20: Lihovar)

Ob Kunst oder Skandal, wird teilweise heftig diskutiert, aber Černý
ist für beides – und immer mal wieder für eine Überraschung – gut.

Von oben nach unten:
Černýs »MeetFactory« in
der Smíchovské nádraží; eines
seiner Monsterbabys auf der
Museumsinsel Kampa; »Piss«
vor dem Kafkamuseum

MADELEINE ALBRIGHT (*1937)

Von der Moldau an den Potomac River, von Prag nach Washington, D.C.: Die am 15. Mai 1937 in Prag als Tochter eines tschechoslowakischen Diplomaten und späteren Politikprofessors in den USA geborene **Marie Jana Korbelová** war in den Jahren 1997 bis 2001 Außenministerin der USA – als erste Frau in diesem Amt. **»Winter in Prag«** hat sie ihre 2012 als Buch erschienenen Kindheitserinnerungen beschrieben. Darin erzählt sie auch, dass sie bis zu ihrem Antritt im Amt als US-Außenministerin nichts davon wusste, dass sie aus einer jüdischen Familie stammte, die über 20 Mitglieder im Holocaust der Nationalsozialisten verloren hatte. Warum ihr Vater, den sie sehr verehrt – »Ich war die perfekte Tochter. Das bin ich auch heute noch, obwohl er tot ist« –, nie mit ihr über dieses dunkelste Kapitel ihrer Familiengeschichte sprach? Sie weiß es nicht. 1939 floh die Familie nach London und kehrte erst nach dem Kriegsende 1945 nach Prag zurück. Die junge Madeleine verbrachte einen Teil ihrer Kindheit in Serbien, wo ihr Vater für die tschechoslowakische Botschaft in Belgrad arbeitete, doch nach dem kommunistischen Staatsstreich 1948 musste ihre Familie erneut fliehen, diesmal in die USA, wo die junge Emigrantin Politikwissenschaft, Rechts- und Staatswissenschaft studierte. 1957 erhielt sie die US-amerikanische Staatsbürgerschaft, zwei Jahre später heiratete sie den Journalisten Joseph Medill Patterson Albright. Ihre beispiellose Karriere führte sie 1978 bis 1981 in den Stab des **Nationalen Sicherheitsrates**; unter Präsident Bill Clinton war sie in den Jahren 1993 bis 1997 **Botschafterin ihres Landes** bei der UNO, dann wurde sie als Außenministerin der USA vereidigt. Nach der »Samtenen Revolution« schöpfte sie auch für ihre alte Heimat neue Hoffnung. »Mein Leben lang«, schreibt sie darüber in ihren Kindheitserinnerungen, »glaubte ich an die Tugenden einer demokratischen Regierung, an die Notwendigkeit, sich gegen das Böse zu stellen, und an den jahrhundertealten Wahlspruch der Tschechen: ›**Pravda vítězí**‹ oder ›Die Wahrheit wird siegen‹«.

Erste Außenministerin der Vereinigten Staaten

TYCHO BRAHE (1546 – 1601)

Der dänische Astronom Tycho Brahe kam im Jahr 1597 bereits als berühmter Mann nach Prag und diente Kaiser Rudolf II. ab 1599 als Hofastronom. Brahe hatte schon in Dänemark eine Sternwarte gebaut. Seine astronomischen Instrumente waren die größten der damaligen Zeit – das Fernrohr war noch nicht erfunden. Mit seinen Beobachtungen lieferte er die empirischen Grundlagen für die

Astronom

Die gebürtige Pragerin Madeleine Albright bei einer Buchvorstellung in der Stadt an der Moldau

Kepler'schen Gesetze der Planetenbewegung, blieb jedoch immer ein Gegner des heliozentrischen Weltbildes. Lange Zeit konkurrierte sein **tychonisches Weltsystem** – das die Erde weiterhin in den Mittelpunkt des Alls stellte – mit dem kopernikanischen.

CHRISTOPH (1655 – 1722) UND KILIAN IGNAZ DIENTZENHOFER (1689 – 1751)

Baumeisterfamilie — Christoph Dientzenhofer aus der weit verzweigten bayerischen Architektenfamilie war seit seiner Übersiedlung nach Prag nur noch dort tätig. Zusammen mit seinem Sohn Kilian Ignaz schuf er den **Dientzenhoferbarock**, eine Synthese aus dem altbayerischen Wandpfeilersystem und dem Baldachinprinzip des Italieners Guarino Guarini, und damit die Voraussetzung für die letzte und höchste Stufe des mitteleuropäischen barocken Sakralbaus. Die oft noch eher konventionell begonnenen Werke des Vaters wurden häufig erst vom genial begabten Sohn baulich und stilistisch zur Vollendung gebracht; so im **Kloster Břevnov**, in der **Kirche Christi Geburt von Loreto** und ganz besonders in der **Kirche St. Niklas auf der Kleinseite**, einem der entwicklungsgeschichtlich und städtebaulich bedeutendsten Kirchenbauten des Spätbarock in Mitteleuropa überhaupt. Auch die **Niklaskirche** in der Nordwestecke des Altstädter Rings ist ein Werk Kilian Ignaz Dientzenhofers. Zu seinen weiteren bedeutenden Bauten zählen die **Villa Amerika** sowie die Kirchen **St. Johannes von Nepomuk am Felsen** und **St. Thomas** (Umbau). Auch die Pläne für die Palais **Sylva-Taroucca** und **Goltz-Kinsky** stammen von ihm.

VĚRA ČÁSLAVSKÁ (*1942)

Kunstturnerin — Unter den Männern **im Widerstand gegen den Kommunismus** gab es auch eine couragierte Frau: Věra Čáslavská, die Kunstturnerin. Bei den Olympischen Spielen in Tokio 1964 gewann sie drei Goldmedaillen. Vier Jahre später kamen in Mexiko noch vier Goldene und zwei Silberne hinzu. Ihren Triumph nutzte sie zur politischen Demonstration. Aus Protest gegen den Sowjeteinmarsch widmet sie ihr olympisches Edelmetall dem tragischen Helden des Prager Frühlings, **Alexander Dubček**, der einen **»Sozialismus mit menschlichem Gesicht«** erreichen wollte und von Moskau zum Rücktritt gezwungen wurde. Ihren Mut musste die Olympiakönigin teuer bezahlen. Aus dem Turnverband ausgeschlossen, erhielt sie auch als Trainerin Berufsverbot. Offiziell rehabilitiert wurde sie erst nach der Wende. Präsident Václav Havel berief sie als Sportberaterin in sein Team. Die »Ballerina auf dem Schwebebalken«, Weltsportlerin des Jahres 1968, vertrat Tschechien im **Internationalen Olympischen Komitee**.

JÁRA CIMRMAN (UM 1854 – ?)

»Jára Cimrman überlebt uns alle«, schrieb Václav Havel auf einen Zettel. Der liegt im **Cimrmanmuseum**. Die Sammlung ist dem »größten Tschechen aller Zeiten« gewidmet, »einem Genius, der nicht berühmt wurde«. Wie soll man das verstehen? Die Schweizer haben ihren Wilhelm Tell, die Ostdeutschen Till Eulenspiegel, die Tschechen haben Cimrman: einen unternehmerischen Geist, voller Ideen und Tatendrang. Sein Name ist die lautmalerische Umschrift des deutschen »Zimmermann«. Eine Biografie gibt es auch, aber voller Ungereimtheiten. Das beginnt mit dem Geburtsdatum. »Der Schriftführer war betrunken«, heißt es dazu in einer Fußnote. Dieser Einstieg signalisiert bereits, dass der Nonsens bald Purzelbäume schlagen wird. Cimrman ist ein Phantom. In die Welt setzte ihn 1966 eine Radiosendung namens »Weinstube im Spinnennetz«. Dem Kopf von **Ladislav Smoljak** und **Zdeněk Svěrák** entsprungen, fütterte das Autorenduo 40 Jahre lang ihre Kunstfigur ständig mit neuen Geschichten. Beispiele: Wer empfahl der US-Regierung den Panama-Kanal zu bauen? - Der Tscheche Cimrman! – Wer gab Gustav Eiffel den Tipp, in Paris einen Aussichtturm zu bauen? – Der Allrounder Cimrman! – Wer erfand Joghurt und Bikini? – Cimrman natürlich!

»Der größte Tscheche aller Zeiten«

Ihren Höhepunkt erreichte die »Cimrmanie« 2006. Während die Deutschen in einem TV-Historienspiel um die bedeutendste Person ihrer Geschichte für Konrad Adenauer votierten und die Engländer Winston Churchill wählten, drohten die Tschechen ernsthaft damit, für Jára Cimrman zu stimmen, der als Scherz auf die Liste geraten war. Die Fernsehbosse bestanden auf historische Fakten – nur deshalb musste sich Cimrman gegen Karl IV. geschlagen geben. Im Prager Stadtteil Žižkov gibt es neben dem Museum auch ein »Cimrman«-Theater. Da tritt Cimrman als der ewig Missverstandene auf, als verkanntes Genie, als vom Undank der Welt gepeinigter Träumer. Obwohl zum Scheitern verurteilt, meistert er seine Odyssee mit Witz und Stehvermögen. Für die »Cimrmann«-Erfinderfamilie jedenfalls blieb der Erfolg nicht aus. Sie holten sich in Hollywood einen Oscar für die Komödie **»Kolja«**. Das Drehbuch schrieb der Vater Zdeněk Svěrák, Regie führte sein Sohn Jan. Den Film muss man gesehen haben.

Cimran gegen Karl IV.

ANTONÍN DVOŘÁK (1841 – 1904)

Antonín Dvořák, bis heute einer der viel Gespielten in den Konzertsälen der Welt, gilt mit seinen zahlreichen kammermusikalischen Werken und großen Sinfonien als **Wegbereiter einer eigenständigen slawischen Musik**. Der in Nelahozeves bei Prag geborene Komponist erhielt 1875, unter anderem auf Empfehlung von Johannes

Komponist

Brahms, ein österreichisches Staatsstipendium. Nach 1884 unternahm Dvořák mehrere Gastspielreisen nach England, seit 1891 war er als Professor am Konservatorium von Prag tätig. Während seines dreijährigen Amerikaaufenthaltes als Leiter des National Conservatory in New York (1892 – 1895) beeinflusste er viele junge amerikanische Komponisten. Eindrücke aus dieser Zeit prägen seine berühmteste Sinfonie **»Aus der Neuen Welt«** (1893), die **böhmische und mährische Volksmusik** mit **Elementen der amerikanischen Folklore** verbindet. Dvořák machte sich auch als Opernkomponist einen Namen.

KAREL GOTT (*1939)

»Goldene Stimme aus Prag«

1968 war das Tanzcafé Vltava stets brechend voll, wenn der Strahlemann im engen Sakko die westliche Botschaft in Prag verkündete: »Rock around the Clock«. Mit der Band von Karl Krautgartner traute sich Karel Gott, eine Schmalzlocke wie Bill Haley auf seine Stirn zu pappen, dazu den Hüftschwung von Elvis zu imitieren: eine heiße Erscheinung in den Zeiten des Kalten Kriegs. Was der am **Prager Konservatorium** ausgebildete **Operntenor** sonst noch so alles kann, erstaunt über die Jahrzehnte hinweg: Jazz, Chanson, Schnulze, Swing, Balladen, Volks- und Weihnachtslieder. Und die Biene Maja natürlich. **»Sinatra des Ostens«** nannten ihn findige US-Eventmanager, als sie ihn zur Eröffnung eines Casinos nach Las Vegas holten. In Deutschland brachte ihm 1968 eine Kulenkampff-Show den Durchbruch. Was vierzig Jahre später den Berliner Rapper Bushido dazu bewegte, mit dem Prager Tenorkönig im Duett zu singen, lässt sich vielleicht mit der heimlichen Sehnsucht nach der heilen Welt erklären. Bei dem gemeinsamen Song »Für immer jung«, vor dem Brandenburger Tor live geschmettert, bekamen sogar die Hells Angels feuchte Augen.

JAROSLAV HAŠEK (1883 – 1923)

Schriftsteller

Mit Josef Schwejk schuf Hašek eine unsterbliche Figur, die mit ihrer entwaffnenden Naivität die Dummheit der Welt entlarvt: eine **antimilitaristische Satire** auf die österreichisch-ungarische Monarchie, die für die heutige Generation allerdings nur noch wenig Bedeutung hat. Wer nach der Samtenen Revolution noch passiven Widerstand leisten wollte, bestrafte sich selbst; was in Zeiten der kommunstischen Diktatur für viele ein notwendiger Selbstschutz war, ist in der Gegenwart des demokratischen Aufbruchs keine Alternative zur aktiven Selbstbeteiligung. Hašek betrieb seinerzeit im Gasthaus Zum Kuhstall im Stadtteil Vinohrady mit Freunden ein Kabarett, bei dem sich jeder am Nachmittag die Rollen selbst schrieb, die er am Abend zu spielen gedachte. Hašeks **Improvisationstalent** kam vor allem zur Geltung, wenn er als Vorsitzender, Kandidat und Hauptredner der von ihm gegründeten **»Partei des gemäßigten Fortschritts im Rahmen der gesetzlichen Möglichkeiten«** auftrat. Im Jahr 1915 zog man ihn zum 91. Infanterieregiment ein, von dem er jedoch noch im selben Jahr zur russischen Seite überlief. Unter falschem Namen kehrte er 1921 nach Prag zurück, und schon im März desselben Jahres erschien das erste Heft der **»Abenteuer des braven Soldaten Schwejk«**, in denen er seine Erfahrungen im Krieg verarbeitete. Zunächst fand er keinen Verleger für das Werk, sodass Hašek es im Eigenverlag herstellte und als Kolportagehefte in Gasthäusern verteilen ließ. Wöchentlich ließ er weitere Hefte folgen. Als er im Januar 1923 an den Folgen seines Alkoholismus starb, war der »Schwejk« noch nicht vollendet. Berühmt wurden er erst erst nach Hašeks Tod.

VÁCLAV HAVEL (1936 – 2011)

Vom politisch verfolgten Schriftsteller und Regimekritiker zum **ersten Repräsentanten Tschechiens** – der Werdegang des gebürtigen Pragers Václav Havel liest sich wie ein modernes Märchen. Havel war während des Prager Frühlings Vorsitzender des **»Clubs unabhängiger Schriftsteller«** und wurde zu einem der prominentesten Wortführer der regimekritischen Intellektuellen. Nach der Niederschlagung der Reformbestrebungen in seiner Heimat mit Publikationsverbot belegt, feierten seine Theaterstücke und Hörspiele im europäischen Ausland Erfolge. Seine Aktivitäten als Sprecher und Mitbegründer der **»Charta 77«** führten zu Schikanen, Hausarrest und insgesamt 50 Monaten Gefängnis. Doch trotz gesundheitlicher Probleme blieb Havel unbeugsam. Im Jahr 1989 wurde er zum Vorsitzenden des neu gegründeten **Bürgerforums** und 40 Tage später einstimmig zum ersten demokratisch gewählten Staatspräsidenten der Tschechoslowakischen Republik bestimmt. Obwohl er auch in der Tschechischen Republik ein zweites Mal für dieses Amt gewählt wurde, hatte der international hoch angesehene »Dichterpräsident«, der in den Novembertagen 1989 den Begriff von der »Samtenen Revolution« prägte, in seinem eigenen Land mit Sympathieverlusten zu kämpfen. Nach der Wende ähnelte er einer Figur aus Hrabals komischen Romanen. Welcher Präsident erledigt die Staatsgeschäfte in seiner Privatwohnung? Havel tat es anfangs, fuhr statt einer dicken Luxuslimousine einen bescheidenen Renault 21 in Flaschengrün. Er empfing Papst und Popstars, trommelte im Prager Jazzclub »Reduta« auf dem

Dichterpräsident

Schlagzeug, während sein Staatsgast Bill Clinton ins Saxofon blies. Dass er den Zerfall der Tschechoslowakischen Republik nicht verhindern konnte, machte aus ihm einen tragischen Helden. Seine dritte Amtszeit verdankte er, der zunehmend in eine politische Isolation geriet, einer hauchdünnen Zwei-Stimmen-Mehrheit. 2003 endete die Präsidentschaft, am 18. Dezember 2011 starb Havel zu Hause im Alter von 75 Jahren. Einen Staatsakt wie den zu seinem Abschied hat man in Prag noch nicht erlebt. Wer ihn näher kannte, mag dabei an einen Menschen gedacht haben, dem der Gedanke, das Wort stets näher waren als jedes Amt. Zwei Stifte trug er immer bei sich: Grün benützte er für die Autogramme, mit dem Roten malte er Herzen dazu.

BOHUMIL HRABAL (1914–1997)

Schriftsteller »Altpapier. Fünfunddreißig Jahre lang steckte ich Altpapier in die Presse«, schreibt Bohumil Hrabal. Wer mehr über den Sozialismus erfahren will, sollte seine Erzählung **»Die allzu laute Einsamkeit«** lesen. Zusammen mit Jaroslav Hašek (»Schwejk«) und Karel Čapek (»R.U.R.«) zählt Bohumil Hrabal zu den drei wichtigsten tschechischen Autoren des 20. Jahrhunderts. Berühmt machte ihn sein Roman »Reise nach Sondervorschrift. Zuglauf überwacht« – dessen Verfilmung unter dem Titel **»Liebe nach Fahrplan«** wurde 1968 in Hollywood mit einem Oscar ausgezeichnet. Auch sein größter Erfolg, der Schelmenroman **»Ich habe den englischen König bedient«**, kam – allerdings erst 2006 – in die Kinos. Hrabals Tod gibt Rätsel auf: Unfall oder Selbstmord? Er fiel aus dem oberen Stock eines Prager Krankenhauses, als er Tauben füttern wollte. Am Stammtisch in seiner Altprager Lieblingskneipe Zum goldenen Tiger kommentierte man das Ereignis mit den Worten: »Er hatte das Leben satt.« Gemunkelt wurde auch von einem vierten Prager Fenstersturz. zum Glück kam es diesmal zu keinen kriegerischen Auseinandersetzungen in der Folge. Beerdigt wurde der heimliche Millionär Hrabal, der stets mit Plastiktüten statt Aktenkoffer unterwegs war, auf eigenen Wunsch in einem schlichten Sarg mit der Aufschrift »Brauerei Polná«. Sein Stiefvater war mal dort Buchhalter gewesen.

JAN HUS (UM 1370–1415)

Reformator Der tschechische Kirchenreformer Jan Hus (Johannes Huß) kam um 1370 als Bauernsohn in Husinec zur Welt. Seit 1400 Priester, lehrte Magister Jan Hus an der Karlsuniversität und predigte in der Bethlehemskapelle gegen die Autorität des Papstes, kritisierte den weltlichen Kirchenbesitz und forderte eine **böhmische Nationalkirche**. Kulturell fundierte er seine Reformideen, indem er an der Tschechisierung der Universität Prag mitwirkte, als deren **erster Rektor** er 1409 – 1410 tätig war. Unterstützung fand der Reformator sowohl im Volk als auch bei König Wenzel. Von päpstlicher Seite erfolgte indessen 1411 die Exkommunikation. In seiner Streitschrift **»De ecclesia« (»Über die Kirche«)** stellte Hus 1413 die Kirche als unhierarchische Versammlung der Gläubigen dar, die nur Christus als Haupt anerkenne, nicht aber den Papst. Abgesichert durch einen Schutzspruch des deutschen Königs Sigismund, stellte Hus sich 1414 dem **Konstanzer Konzil**, das ihm Ketzerei vorwarf. Als Hus seine Ansichten nicht widerrief, wurde er 1415 in Konstanz auf dem Scheiterhaufen verbrannt. Hus' Tod löste in Böhmen heftige Streitigkeiten aus zwischen den **Hussiten** (gemäßigte Utraquisten bzw. Calixtiner und radikale Taboriten) und den katholischen Bewohnern des Landes, die auf der Seite des Königs standen, und führte 1420 nach dem **Ersten Prager Fenstersturz** schließlich zu den blutigen **Hussitenkriegen**.

MILENA JESENSKÁ (1896 – 1944)

Milena Jesenskás Name fällt zumeist im Zusammenhang mit dem von Franz Kafka – wenig bekannt ist sie als Journalistin, die sich u. a. für die **Gleichstellung der Frau** und die **Schicksale der deutschen Immigranten** engagierte. Milena wuchs in Prag auf, ihr Vater, jähzornig und streng nationalistisch eingestellt, scheiterte an ihrer Erziehung; ihre Mutter starb, als Milena 17 Jahre alt war. Um die Beziehung zu dem Literaten Ernst Polak zu unterbinden, ließ ihr Vater Milena in eine Nervenheilanstalt einweisen. Trotzdem heiratete sie Polak und ging mit ihm nach Wien.1919 begann sie mit dem Schreiben. Sie übersetzte Kafkas Erzählung »Der Heizer« ins Tschechische und fing einen Briefwechsel mit ihm an. Durch ihre Rückkehr nach Prag im Jahr 1925 – Kafka war 1924 in Klosterneuburg gestorben – und die Trennung von Polak gewann sie neues Selbstbewusstsein. Zudem wurde sie von der renommierten Prager Zeitung **»Národní listy«** mit der Betreuung der Frauenseite beauftragt. Sie trat in die KP ein und heiratete 1926 erneut – den Bauhausarchitekten Jaromír Krejcar. Während einer Schwangerschaft erkrankte sie und wurde morphiumsüchtig. Auch diese Ehe scheiterte. Im Jahr 1939 wurde Milena als **Fluchthelferin** von der Gestapo verhaftet, 1944 starb sie im Konzentrationslager **Ravensbrück**. In einem ihrer letzten Artikel schrieb sie: »Selbstverständlich bin ich eine Tschechin, aber vor allem versuche ich, ein anständiger Mensch zu sein.«

Journalistin

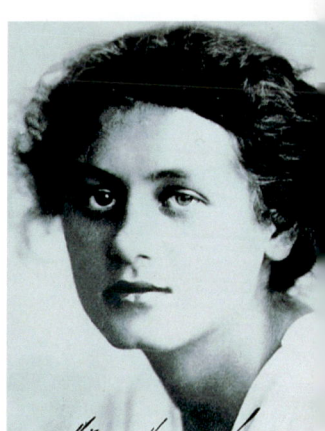

FRANZ KAFKA (1883 – 1924)

Das Prosawerk des heute zum Teil kultisch verehrten Franz Kafka fand zu seinen Lebzeiten wenig Beachtung. Geboren wurde er als Sohn eines deutsch-jüdischen Kaufmanns in Prag. Das problematische Verhältnis zu seinem dominanten Vater spiegelt sich auch in Werken wie **»Das Urteil«** (1916) oder im »**Brief an den Vater«** (1919). 1906 beendete Kafka sein Studium der Rechtswissenschaften, 1908 wurde er Angestellter der Prager Arbeiter-Unfallversicherungsanstalt. Den hochsensiblen Einzelgänger verband eine enge Freundschaft mit den Schriftstellern Max Brod und Franz Werfel. 1917 erkrankte Kafka an Tuberkulose, fünf Jahre später wurde er aus Gesundheitsgründen pensioniert. Im Sommer 1924 erlag der Schriftsteller im Alter von knapp 41 Jahren einer Kehlkopftuberkulose. Ein großer Teil seines schriftstellerischen Schaffens – drei fragmentarische Romane (**»Amerika«**, 1912 bis 1914; **»Der Prozess«**, 1914 – 1915; **»Das Schloss«**, 1921 – 1922) und die für das Verständnis seines Werkes elementar wichtigen Tagebücher und Briefe – wurden gegen Kafkas testamentarisch formulierten Wunsch postum von Max Brod herausgegeben. Zu seinen Lebzeiten veröffentlicht wurden nur einige Erzählungen, darunter **»Ein Landarzt«**, **»Das Urteil«**, **»In der**

Strafkolonie«. Beigesetzt wurde der Schriftsteller auf dem **Neuen Jüdischen Friedhof** an der Israelská bzw. der Jana Želivského (U-Bahn: Želivského) in Žižkov. Erst nach dem Ende des Zweiten Weltkriegs erfuhr sein Werk eine weltweite Würdigung. Unter den Kommunisten war er verpönt, weil seine gleichnishafte Beschreibung von Machtverhältnissen auch auf die »Diktatur des Proletariats« zutraf: Auch im Sozialismus lebte man in einem permanenten Angstzustand: beklemmend wie eine Lungenkrankheit, die einem die Luft zum Atmen nimmt. Nach 1948 kam Kafkas Werk in seinem Heimatland auf die schwarze Liste. Heute ist er in Prag allgegenwärtig.

Verkanntes Schriftsteller-genie

KARL IV. (1316 – 1378)

Landesvater, Lichtgestalt, Schutzpatron – Sieger der TV-Historienwahl zum »größten Tschechen aller Zeiten«: Die Ironie dieser Erfolgsgeschichte besteht darin, dass Karl IV. zur Hälfte ein »Auslän-

Kunstsinniger König

Diese französische Buchmalerei zeigt zwei gekrönte Häupter bei einem Fest in Frankreich: Karl IV. (links) und Gastgeber Karl V.

der« war, ein Luxemburger. Seine Mutter Elisabeth war die Tochter des böhmischen Königs Wenzel II. und wurde quasi als Mitgift samt der Landeskrone dem kriegswütigen König Johann von Luxemburg vermacht, seinerseits von böhmischem Adel. Der Grund für diesen ungewöhnlichen Schritt: Es gab keinen männlichen Erben mehr. 1306 war die Přemysliden-Dynastie an ihrem Ende angelangt. Als nach einer kurzen Regentschaft Johanns von Luxemburg – auch »Johann von Böhmen« und später »Johannes der Blinde« genannt – dessen ältester Sohn Karl das böhmische Königszepter übernahm, lag das Land ausgeplündert darnieder. Die Prager Burg war unbewohnbar verwahrlost.

Von Gott auserwählt? Doch Karl glaubte, von Gott als König auserwählt zu sein. Als Erstes ließ er 1348 in Prag eine Bildungsstätte errichten, die seinen Namen trug: **Carolinum – die älteste Universität Mitteleuropas**. Mit dem Segen Gottes entstanden in Karls 32 Herrschaftsjahren neben der Karlsbrücke die St.-Veits-Kathedrale, das Franziskanerkloster St. Maria Schnee, die Prager Neustadt und mittendrin das Emmauskloster als eine Art slawischer Vatikan. Die Altstadt, ebenfalls nach Karls Plänen umgebaut, steht heute unter dem Schutz der UNESCO: Deren urbaner Grundriss blieb noch erhalten. Doch bei aller Geschäftigkeit vergaß der kleinwüchsige Monarch nicht das Wichtigste: dem Papst die Treue zu halten. Im Gegenzug dafür als römisch-katholischer »Gegenkönig« des Deutschen Reiches aufgestellt, krönte ihn Papst Clemens VI. schließlich im Jahr 1355 zum deutsch-römischen Kaiser. Von der Ost- und Nordsee bis zum Mittelmeer und der Adria: Nie wieder verwaltete Prags Hausmacht eine derart riesige Fläche wie unter Karl IV.; deshalb, so mutmaßen die Historiker, lieben die Tschechen ihren Landesvater auch so abgöttisch: Mit ihm waren sie als Nation eine Großmacht. Karls Prag stieg neben Konstantinopel und Rom zur drittgrößten Metropole Europas auf und ging ruhmreich als die **»Goldene Stadt«** in die Geschichte ein. Ein schwerer Schatten fällt allerdings auf den begnadeten Regenten, wenn man dessen Verhalten bei den **Pogrome** während der Pestwellen 1348 bis 1350 gegen die Juden betrachtet. Nachdem diese zu Unrecht der Brunnenvergiftung bezichtigt worden waren, versagte Karl ihnen den zuvor kollektiv zugesicherten Untertanenschutz – wichtiger schien es ihm zu sein, heilige Reliquien zu sammeln und mit Gott Zwiegespräche zu führen.

ALFONS MUCHA (1860 – 1939)

Grafiker Der Grafiker und Kunstgewerbler Alfons Mucha arbeitete zunächst als Dekorationsmaler in Wien, studierte dann in München und ab 1888 in Paris, wo er vor allem durch seine Plakate für die Schauspielerin Sarah Bernhardt berühmt wurde. Mucha entwarf Innenausstattungen, kunstgewerbliche Gegenstände und Buchschmuck. Er **beein-**

flusste entscheidend den Jugendstil. Nach einem USA-Aufenthalt (1904 – 1910) kehrte er nach Böhmen zurück und verbrachte den Rest seines Lebens vornehmlich mit der Schaffung von 20 Gemälden für das **»Slawische Epos«**. Mucha ist am Vyšehrad begraben, ein ihm gewidmetes Museum befindet sich in der Nähe des Wenzelsplatzes.

BOŽENA NĚMCOVÁ (1820 – 1862)

Bevor Sie den rosigen Fünfhunderter in Prag ausgeben, lohnt es sich, ihn genauer anzuschauen. Es ist ein schöner Geldschein und der einzige der tschechischen Währung, der einer bedeutenden Frau gewidmet ist: Božena Němcová, Schriftstellerin. Geboren in Wien als Tochter eines herrschaftlichen Kutschers und getauft auf den Namen Barbora Pankel, wird sie schon in jungen Jahren als Dienstmagd in ein ostböhmisches Schloss geschickt. Ihr Glück kommt in Gestalt der Hausherrin, einer fortschrittlichen Herzogin. Diese entdeckt ihr Talent, unterrichtet sie. Eine unfreiwillige Ehe mit einem Finanzbeamten verläuft unglücklich. Als der Mann wegen seiner patriotischen Gesinnung in die Slowakei strafversetzt wird, kommt es zur Trennung. Sie bleibt in Prag ohne Unterhalt, ernährt ihre vier Kinder nur mühsam allein. Ihr ältester Sohn verunglückt tragisch. Božena Němcová schließt sich dem Kreis der nationalen Erweckungsbewegung aktiv an. Es kommt zu Liebesbeziehungen mit einigen Künstlern, auch mit dem Komponisten Bedřich Smetana. Den wachsenden Existenznöten versucht sie mit dem Schreiben von Kurzgeschichten abzuhelfen. Einige davon werden abgedruckt. Bereits schwer erkrankt, erinnert sie sich an ihre glückliche Jugend. Ihr Heimatroman »Die Großmutter« (»Babička«), den auch Madeleine Albright in ihren Erinnerungen erwähnt, gerät zur idyllischen Schwärmerei über Volksweisheiten und das Landleben. Der Erfolg bleibt nicht aus, aber er kommt zu spät. Die Autorin stirbt vereinsamt im Elend, knapp 42 Jahre alt. »Die Großmutter« ist in Tschechien mittlerweile in etwa 350 Auflagen erschienen und wurde in fast 30 Sprachen übersetzt.

Die »tschechische Virginia Woolf«

JAN NERUDA (1834 – 1891)

Der Journalist und Dichter Jan Neruda wurde auf der Prager Kleinseite geboren, wo die Nerudagasse an ihn erinnert. Seine 1853 begonnenen Studien der Rechtswissenschaft und Philosophie gab er bald zugunsten einer literarischen Laufbahn auf und wurde 22-jährig Feuilletonredakteur der Zeitung »Národní Listy«. 1866 gründete er mit Hálek die Zeitschrift »Květy« («Blüten«), 1873 den lange Zeit führenden »Lumír«. Neruda gilt als Begründer der tschechischen Feuilletonistik. Er veröffentlichte mehrere Gedichtbände, Dramen

Journalist und Dichter

und Reiseskizzen. Von kleinen Leuten und großen Schicksalen unter dem Hradschin handeln seine »Kleinseitner Geschichten«.

PETER PARLER (UM 1330–1399)

Baumeister und Bildhauer

Der Bildhauer und Baumeister Peter Parler prägte wesentlich die Entwicklung der gotischen Kunst in Mitteleuropa. Als Sohn des angesehenen Domparliers Heinrich Parler wurde er in Schwäbisch Gmünd geboren und 1353 von Karl IV. nach Prag zur Fortsetzung der Arbeiten am Chor des Veitsdomes berufen. Parler schuf auch die **Allerheiligenkapelle** in der Burg und entwarf 1380 bis 1390 die **Karlsbrücke** mit dem **Altstädter Brückenturm**. Dessen Skulpturen stammen ebenfalls aus der **Parler'schen Bauhütte**, die nachweislich die Entwicklung des – durch ein elegantes Linien- und Farbenspiel, die Vorliebe für stoffreiche, in fließenden Rhythmen weich fallende Gewänder gekennzeichneten – »Weichen Stils« beeinflusste. Dieser wird auch »Schöner« oder »Internationaler Stil« genannt. Beispiele der Parler'schen Kunstauffassung liefern auch die 21 Porträtbüsten im Triforium des Prager Veitsdomes, unter denen sich ein **Selbstbildnis** des Künstlers befindet. Parlers Söhne Wenzel und Johann setzten die Arbeiten am Veitsdom fort. Sein Neffe Heinrich Parler wirkte in Prag als Bildhauer. Zu Parlers Besitz gehörten das Palais Hrzán in der Loretogasse und das Parlerhaus am Hradschiner Platz.

LENKA REINEROVÁ (1916–2008)

Grande Dame der deutschen Literatur in Prag

Keiner kannte die »Goldene Stadt« besser als sie. In ihrem Buch **»Das Traumcafé einer Pragerin«** hat sie für alle ihre Freunde einen Tisch reserviert. Kafka, Brod, Werfel, Rilke, Kisch, Torberg. Sie selbst wird im gleichen Atemzug mit ihnen genannt, als die letzte Vertreterin der deutschsprachigen Literatur in Prag. Eine Grande Dame des Goldenen Zeitalters, als sich in Prag fast alles um die Muße und den Intellekt, um Kunst und Fantasie drehte. Kaum eine andere Weltmetropole hat es geschafft, so vielen Künstlern persönlich zu gehören: Man kennt Kafkas Prag, Mozarts, Smetanas, Havels Prag; ein Prag des Kaisers Karl IV., des Rabbi Löw und des heiligen Wenzel. Das alles zusammen ergibt das Prag der Lenka Reinerová. In ihrem Erinnerungsbuch »Mandelduft« erfährt man ihren Lebenslauf. Geboren 1916 in eine deutsch-tschechische jüdische Familie, arbeitete sie ab 1936 als Journalistin für die Arbeiter-Illustrierte-Zeitung (AIZ). Ihre ganze Familie wurde von den Nazis umgebracht; sie selbst floh zunächst nach Frankreich und entkam schließlich über Marokko nach Mexiko. Mit ihrem Mann, dem Schriftsteller und Arzt Theodor Balk, kehrte sie nach dem Kriegsende nach Europa zurück und lebte zunächst in Belgrad, seit 1948 wieder in Prag. Vier Jahre später wurde die überzeugte Kommunistin dort ein Opfer der stalinistischen Säuberungen, saß 15 Monate in Untersuchungshaft in einem fensterlosen Raum und wurde dann mit ihrer Familie in die Provinz abgeschoben. 1964 rehabilitiert, erteilte man ihr nach dem Ende des Prager Frühlings Publikationsverbot. Sie wurde aus der Kommunistischen Partei (KP) ausgeschlossen, verlor ihre Anstellung in einem Verlag und arbeitete bis zur Wende vornehmlich als Simultandolmetscherin. Nach der Wende erkoren Pragromantiker die zuletzt mit vielen Preisen geehrte Autorin zur Kultfigur. 2008 starb sie im Alter von 92 Jahren in Prag, wo sie bis zuletzt ihren literarischen Streifzügen nachging. Die nicht ganz so romantischen Veränderungen ih-

> **BAEDEKER TIPP**
>
> ! *Erinnern statt vergessen*
>
> Wer im Internet die Suchbegriffe »Deutscher Bundestag: Gedenkrede von Lenka Reinerová« eingibt, kann nachlesen, wie sich die Autorin in ihrem Todesjahr 2008 an die **Besetzung ihrer Heimat** im Jahr 1939 durch die deutsche Wehrmacht erinnerte: »Von diesem Tag an durften die jüdischen Bürger nicht mehr auf Gehsteigen gehen, sie durften sich in Parkanlagen auf keine Bank setzen. Sie durften keine Transportmittel benützen, keine öffentlichen Telefonautomaten, sie durften weder auf die Hauptpost, geschweige denn in ein Kino gehen. Sie durften am besten nicht sein.«

rer Heimatstadt nahm sie durchaus wahr, aber an ihrer Liebe zu Prag änderte das nichts: Für sie blieb noch immer genug Magie, genug Zauber, um dieser Stadt etwas Einmaliges zu geben. Zu ihrem eigenen Vermächtnis gehört neben Erzählungen und Erinnerungsbüchern wie »Das Traumcafé einer Pragerin« oder »Närrisches Prag« auch die Gründung eines Literaturhauses deutschsprachiger Autoren in Prag, deren letzte Vertreterin sie selbst war.

RAINER MARIA RILKE (1875 – 1926)

Rainer (eigentlich René) Maria Rilkes Geburtshaus steht in der Jindřišská 17. Nach einer aus gesundheitlichen Gründen abgebrochenen Offizierslaufbahn studierte er Kunst, Philosophie und Literaturgeschichte in Prag, München und Berlin. Zwei längere Reisen führten den Dichter 1899 – 1900 nach Italien und Russland. 1900 ließ sich Rilke in Worpswede nieder und heiratete die Bildhauerin Clara Westhoff. Die Ehe scheiterte zwar bereits ein Jahr später, trotzdem blieben die beiden in Kontakt miteinander. In Paris vollzog der Lyriker unter dem Einfluss von Auguste Rodin, als dessen Sekretär er arbeitete, 1905 die Wendung vom träumerisch-gefühlvollen zum objektiven Dinggedicht. Nach dem Bruch mit Rodin reiste er durch Europa, Nordafrika, Ägypten und Spanien. 1911 bis 1912 lebte er als Gast der Fürstin Thurn und Taxis auf Schloss Duino bei Triest, wo seine ersten

Lyriker

»**Duineser Elegien**« entstanden, die er erst 1923 im schweizerischen Muzot vollendete. Dort starb der Wahlwalliser 1926. Erinnerungen an die politisch bewegte Zeit um die vorige Jahrhundertwende, an den tschechisch-deutschen Zwiespalt und das spätösterreichische Prag der untergehenden Donaumonarchie enthalten Rilkes »**Zwei Prager Geschichten**« von 1899.

BEDŘICH SMETANA (1824 – 1884)

Komponist

Der tschechische Komponist Bedřich (Friedrich) Smetana studierte Klavier- und Musiktheorie in Prag, versuchte zunächst eine Karriere als Konzertpianist und gründete im Jahr 1848 eine eigene Musikschule. Nach einem fünfjährigen Schwedenaufenthalt kehrte er 1861 in seine Heimatstadt zurück, wo er ab 1866 als Dirigent am Nationaltheater tätig war. Smetana gilt als Begründer und profiliertester Repräsentant eines eigenständigen **tschechischen Nationalstils** auf den Gebieten der **Oper** und der **sinfonischen Dichtung**. Am bekanntesten ist sein Zyklus »**Mein Vaterland**« mit den Teilen »Die Moldau«, »Vyšehrad«, »Šárka«, »Aus Böhmens Hain und Flur«, »Tábor« und »Blaník« (Uraufführung: 1882). Obwohl er zunehmend taub wurde, gab Smetana das Komponieren nicht auf. Ab dem Jahr 1882 zeigten sich zudem Symptome einer Geisteskrankheit, er starb schließlich in völliger geistiger Umnachtung.

ALBRECHT WALDSTEIN (1583–1634)

Feldherr und rätselhaftes Genie

Albrecht Wenzel Eusebius von Waldstein, genannt **Wallenstein** und als solcher Titelheld von Friedrich Schillers dramatischer Trilogie, wurde am 24. September 1583 in der ostböhmischen Gemeinde Hermanitz an der Elbe (heute: Heřmanice) geboren. Bereits im Alter von elf Jahren zur Vollwaise geworden, wurde er von einem Schwager seiner Mutter aufgenommen, der ihn von den Böhmischen Brüdern erziehen ließ, einer am Urchristentum orientierten religiösen Gemeinschaft. Ab 1599 studierte er im protestantischen Altdorf bei Nürnberg kurzzeitig Theologie, unternahm dann eine zweijährige Grand Tour durch Europa, ehe er 1604 Fähnrich in einem Regiment kaiserlich-böhmischer Fußknechte wurde und wenige Jahre später zum Katholizismus konvertierte. Im Kampf schwer verwundet, zeichnete er sich durch Tapferkeit aus und wurde zum Feldhauptmann befördert: So begann der märchenhaft anmutende Aufstieg vom niederen böhmischen Landadeligen zu einem der berühmtesten **Feldherren** und (dank ausgeprägtem Geschäftssinn und zweier »vorteilhafter Heiraten«) reichsten Männer seiner Zeit. Am Ende wurde er das **Opfer einer Intrige bei Hofe**: Ob es die dort kolportierten Pläne des Generals, Ferdinand II. abzusetzen und sich selbst zum König von Böhmen zu machen, wirklich gab, ist bis heute umstritten. Unabhängig davon ließ der Kaiser seinen General im Februar 1634 ermorden. Wallensteins sämtliche Besitztümer wie die seiner Vertrauten – alles in allem etwa ein Viertel des gesamten böhmischen Territoriums – wurden konfisziert. Damit sanierte sich der (vor allem bei Wallenstein selbst) hoch verschuldete Kaiser praktischerweise gleich selbst und machte aus einem politischen Mord einen Raubmord.

Um die Empörung über sein – auch dem damals geltenden Recht Hohn sprechenden – Vorgehen im Keim zu ersticken, ließ er finsterste Gerüchte über seinen Generalissimo streuen, die der Legendenbildung bis heute Tür und Tor öffnen. Noch eine der harmloseren davon ist die von der angeblichen Horoskopgläubigkeit des Feldherrn. In der tschechischen Republik der Nachwendezeit, auf der Suche nach einer demokratischen Identität und im Bestreben, das kommunistische Erbe vollends abzustreifen, wandelte sich das Bild Walleinsteins vom umstrittenen Feldherrn zum »Friedensbotschafter im Dreißigjährigen Krieg« und »ersten Europäers seiner Zeit«. Tatsächlich soll das **»rätselhafte Genie«** um die Mitte des Dreißigjährigen Kriegs erkannt haben, dass das Morden schnellstmöglich beendet werden müsse, weshalb er nicht länger einen Sieg über den Gegner anstrebte, sondern einen für beide Seiten tragbaren, beiden Parteien das Gesicht wahrenden Frieden.

Legendenbildung

FRANZ WERFEL (1890 – 1945)

»Es brodelt und kafkat und werfelt und kischt«, meinte einmal der österreichische Satiriker Karl Kraus über die deutsche Literaturszene in Prag, wo Franz Werfel im Kaffeehaus »Arco« Anschluss zum Kreis der **»Arconauten«** gefunden hatte, zu den späteren Berühmtheiten Max Brod, Franz Kafka und Egon Erwin Kisch. Werfel selbst stammte aus einer wohlhabenden jüdischen Kaufmannsfamilie und begann seine literarische Laufbahn mit expressionistischer Lyrik und symbolistischen Ideendramen; später ging er zu historisch-politischem Realismus über. Zu Werfels bekanntesten Werken zählen die Romane »Der veruntreute Himmel« (1939) und »Stern der Ungeborenen« (1945). 1938 zunächst nach Frankreich und dann in die USA emigriert, starb Werfel 1945 im **kalifornischen Exil**. Sein Geburtshaus steht in der Prager Neustadt (Havlíčova 11).

Schriftsteller des Expressionismus

ERLEBEN UND GENIESSEN

Wo geht man abends am besten aus? Welche Spezialitäten
der tschechischen Küche sollte man einmal probiert haben? Wie
feiert man in der Goldenen Stadt? Was sind die besten Shopping-
adressen? Das alles haben wir hier für Sie zusammengetragen.

Am Abend

Nachts schwingt die Moldau mit

Folge den Schatten. Wenn sie länger werden, leuchten unter den Arkaden die Lichter auf. In der Altstadt verteilt sich die Prager Szene an legendären Orten: Jazz in den Katakomben des 13. Jh.s, Klassik in Jugendstiltempeln der Belle Epoque. Wo die Philharmoniker aufspielen, debattierte dereinst das Parlament. In der Oper schwangen schon Dvořák, Mozart und Smetana den Taktstock. Auch Richard Wagner dirigierte einst in der Moldaumetropole, und Kafka saß im Publikum. Nun sind Sie an der Reihe, sich ins Prager Nachtleben zu stürzen …

An lauen Sommerabenden berauschen Serenaden in kunstvollen Gärten. Die pompösen Barockkirchen erfüllen nicht nur Vivaldis Klänge, auch Flamenco wirbelt auf. In den Konzertsälen hört man häufig junge Talente. In Prag werden sie am Konservatorium wie an der Musikakademie auf internationales Niveau gebracht. Auch was man in Prag an Synkopen zu hören bekommt, hat Weltniveau.

Klingendes Prag

Mozarts »Eine kleine Nachtmusik« ist die Hymne der Stadt. An jeder Ecke hört man diese Serenade: von CDs, aus dem Lautsprecher oder live, auch von Straßenmusikern flott aufs Pflaster gefiedelt. Und dann kracht es irgendwann fürchterlich: weil auf der Schützeninsel, mitten in der Moldau, beim Open-Air-Konzert eine Hardrockband die Verstärker bis zum Anschlag aufdreht. Das Zentrum für die Barockmusik liegt in den Kirchen und Kathedralen. Die St.-Niklas-Kirche auf der Kleinseite wird während der Hochsaison allabendlich konzertant bespielt. Die Kirche des St. Martin in der Mauer, die Salvatorkirche, die Kirche des hl. Franziskus, die St.-Georg-Basilika auf dem Hradschin – sie alle bereichern mit sakralem Geist die weltlichen Kompositionen. Bei Bach klingen die Streicher wie das Flügelrauschen der Engel, in Händels Oratorien rufen die Trompeten zum letzten Gericht: Gänsehautfeeling unter dem Kruzifix.

Kunterbunter Stilmix

? Was, wann, wo?

BAEDEKER WISSEN

Die etablierte Kultur beginnt in Prag schon früh: die **Theater** um 19.00 Uhr, die **Konzerte** meist eine halbe Stunde später. Ab 21.00 Uhr beleben sich die **Jazzpodien**, die Bässe in den **Clubs** wummern nach 23.00 Uhr los. Bis 5.00 Uhr morgens feiert es sich leichtfüßig durch. Danach ist eine **After-Party-Tour** im Morgengrauen angesagt: Schlendern unter den altstädtischen Arkaden als poetischer Ausklang der langen Prager Nacht. Davon schwärmen selbst Hollywoodstars, auch wenn ihnen der Kater schon im Nacken sitzt.

Abends über die Karlsbrücke bummeln, und dann mitten hinein ins kunterbunt-vielfältige Prager Nachtleben …

Von blauen und anderen Noten

*In der Stadt an der Moldau für Jazz zu schwärmen, war lange gleich-
bedeutend mit Opposition: gegen die Nazis, gegen das kommunistische
Establishment. Deren Kulturfunktionäre deuteten die blauen Töne als
»imperialistische Unterwanderung der sozialistischen Moral«. Doch sie
konnten den Sound der Zeit nicht unterbinden: »Jazz ist die Musik der
unterdrückten Schwarzen«, argumentierten die Anhänger in bester
Schwejk'scher Manier und behaupteten: »Wir wollen nichts anderes
als uns mit den Sklaven Amerikas solidarisieren.« Inzwischen fand
längst ein Generationswechsel statt. Die Söhne berühmter Väter sind
heute die neuen Superstars der quicklebendigen Prager Jazzszene.*

Diese Namen sollte man sich mer-
ken: **Jiří Stivín Junior**, der Mann mit
der Schiebermütze. Mindestens 20
Instrumente bringt er zum Auftritt
mit. In seinen Flöten, Klarinetten,
Pfeifen steckt ein ganzer Urwald
voller Töne. Man muss nur gut zu-
hören: Vögel, Frösche, Papageien,
Zikaden, Affengebrüll, das Rau-
schen der Wasserfälle – alle Natur-
stimmen schwirren über dem Podium. Kultstatus erspielt hat sich
auch **Jan Konopásek Jr.**, wie sein
Vater ein Saxofonguru. Und nach
dem Keyboardkönig Karel Růžička
kommt nun sein Filius **»Kája«** und
bläst nicht minder gefühlvoll ins
Tenorsaxofon.

Kehraus der Monarchie

Die Tradition von Blues, Boogie und
Dixieland in Prag reicht bis in die
angeblich »goldenen« Zwanziger-
jahre zurück. Die Gründungsge-
schichte der Tschechoslowakei lieferte dafür einen wichtigen Impuls.
Mit dem Pittsburgher Vertrag entstand 1918 die erste unabhängige
tschechoslowakische Republik. Der
allseits verehrte Präsident Tomáš
Garrigue Masaryk war mit einer
US-amerikanischen Pianistin verhei-

ratet. Der Prager Bahnhof wurde
nach Woodrow Wilson umbenannt,
dem 28. Präsidenten der Vereinigten Staaten. Amerikas Einfluss
nach dem Ersten Weltkrieg war
enorm und bedeutete den geistigen Kehraus der Monarchie: Blues
& Swing statt Wiener Walzer, Ragtime à la Scott Joplin statt Radetz-
ky-Marsch von »Old John« Strauß.
Nach dem Vorbild am Broadway
machte das Komikerduo Voskovec
und Werich sowie der Comedian
Vlasta Burian »befreites Theater«
(Osvobozene divadlo), den Charles-
ton dazu komponierte Jaroslav
Ježek als genialer Swingpionier.

Heimliche Hymne

Von diesen Wurzeln nährte sich die
Prager Jazzszene über Jahrzehnte
hinweg. In den 1940er-Jahren hörte
man nicht nur, aber auch politisch
motiviert Bebop aus dem Londoner
Rundfunkhaus der BBC. Nachts
wurden von dort Konzerte mit dem
Glenn Miller Orchestra live übertragen – ihre Prager Hörer bildeten
eine verschworene Gemeinde. So
wurde der »Chattanooga Choo
Choo« zur heimlichen Hymne des
Widerstands. In den 1950er-Jahren

kosteten Platten von Benny Goodman, auf den Prager Schwarzmarkt geschmuggelt, ein ganzes Monatsgehalt. Doch man bezahlte es gerne auch als »Protestmaterial«. Auch in den Sechzigern transportieren kantige Synkopen die Freiheitsbotschaft. **Karel Růžička** (Sax und Keyboards), **Miroslav Vitouš** (Bass), **Karel Velebný** (Vibrafon) und der bereits erwähnte **Jan Konopásek** am Baritonsaxofon wurden wie Nationalhelden verehrt.

Diese Vaterfiguren des tschechischen Modern Jazz sorgten dafür, dass der Eiserne Vorhang nicht schalldicht blieb.

Exil und Neubeginn

Nach '68 emigrierten einige der Protagonisten ins Exil. **George Mráz**, der am Prager Konservatorium studierte, wurde zu einem der besten Jazzbassisten der Welt. Der Keyboarder **Jan Hammer** war Gründungsmitglied in John McLaughlins legendärem Mahavishnu Orchestra und schrieb die berühmte Erkennungsmelodie zur Achtzigerjahre-Kultserie Miami Vice. Mit ihm bestätigt sich auch die Theorie, dass die jazzigen Gene offenbar weitervererbt werden können: Schon seine Mutter **Vlasta Průchová** rühmte man als tschechische Ella Fitzgerald.

Cross-over an der Moldau

Nach der Wende erneuert sich die Szene rasch. Im Jahr 1991 etabliert sich der Jazzclub **AghaRTA** als wichtige Institution. Prag wurde zur Brücke zwischen Ost und West, auf der ein reger Austausch stattfand: Chick Corea und Diana Krall, Maceo Parker und John Scofield, Wayne Shorter, Spyro Gyra, McCoy Tyner und viele andere der internationalen Jazzwelt gaben sich hier ein Stelldichein. Wer heute als Jazzfan nach Prag fährt, spart sich die Reise nach New York. Mit ein bisschen Glück holt ihm hier jemand wie Winton Marsalis nicht nur die Jazzsterne vom Himmel, sondern bläst ihn auch in St. Niklas mit Bachs Trompetenarien ins Paradies.

AghaRTA: einer der besten Prager Jazzclubs, Gründer und Veranstalter des jährlich auch internationale Stars in die Goldene Stadt lockenden Jazzfestivals

Nightclubbing: Auf den Prager Tanzflächen geht die Post ab – ob im SaSaZu (links) oder im RadostFX (rechts).

Neue Szene **Experimentelles** findet außerhalb des Zentrums statt. Die neue Szene etablierte sich in den ehemaligen Industrievierteln. Im 7. Bezirk rumort am ehemaligen Schlachthof die Disco-Landschaft **SaSaZu**. In Werkshallen stößt der Sound auf nacktes Blech der Belüftungsrohre, New Beat und Techno wabern unter Draculas Lüstern, während das Publikum auf Dornröschens Plüsch lümmelt. Schon Kaiser Rudolf II. liebte den Stilmix aus Kunst und Kitsch, die neuen Clubdesigner fühlen sich dadurch inspiriert.

Nightclubbing

❶ **etc. Plan S. 106/107**
ohne Nr.: außerhalb des Plans

BARS, CLUBS & CO.
❶ **Bar and Books Old Town**
Altstadt, Týnská 19
Tel. 2 24 81 51 22
www.barandbooks.cz
So.–Mi. 17.00–3.00,
Do.–So. 17.00–4.00 Uhr,
Ledersessel, Mahagoni, rote Tape-

ten: eine feine Cocktaillounge mit warmer Atmosphäre vom Lifestyle-propheten Raju S. Mirchandani.

❷ **Duplex**
Praha 1, Václavské náměstí 21
Tel. 7 32 22 11 11, www.duplex.cz
Mo.–Do. 22.00 – 4.00, Fr./Sa. bis 5.00, So. bis 3.00 Uhr
Auf dem Dach einer Bausünde der 1970er-Jahre wurde mit

Industrie-Look und Loft-Atmosphäre der Clubanschluss ans Weltniveau erreicht. Edel speisen, auf verschiedenen Ebenen tanzen, in Kuschelzonen flirten. Szenegänger, Fashionistas, Promis als Stammgäste. »Big Lip« Mick Jagger feierte hier seinen 60. Geburtstag. Präsident Václav Havel mit Gattin Dagmar waren unter den Gratulanten. Heiße Themenpartys mit Modelcasting. Der Kick: zwischendurch einen Abstecher zum Partnerclub Mecca, in eine frühere Werkshalle. Mit Shuttleservice hin und zurück kostenlos.

❸ Hergetova cihelná

Praha 1, Kleinseite, Cihelná 2 b
Tel. 2 96 82 61 03, www.cihelna.
com, tgl. 11.30 – 1.00 Uhr
Champagnerabsacker mit Romantik. Die Terrasse der alten Ziegelei am Moldauufer ist der schönste Platz für Verliebte. Blick auf die Karlsbrücke im Fackelschein, Designer-Lounge mit Ledergarnituren, 12 m lange Mahagonibar, Vinothek und Chill-out-Musik live oder von DJs.

❹ Klub lávka

Praha 1, Altstadt, Novotného
lávka 1, Tel. 221082288
www.lavka.cz, Disko tgl. 21.30
bis 5.00 Uhr, Szene: Theatervorstellungsbeginn 19.00 Uhr
Klubtheater, Disko, Tequilabar, Dancefloor. Drunter rauscht die Moldau, die Location steht nämlich auf einer Staustufe.

❺ RadostFX

Praha 2, Neustadt
Bělehradská 120
Tel. 6 03 19 37 11
www.radostfx.cz, Mi. bis
So. 22.00 bis 6.00 Uhr
Einer der angesagtesten Cubs Prags, Treffpunkt der »beautiful people«, Lounge, Restaurant.

❻ SaSaZu

Prag 7-Holešovice, Bubenské
nábřeží 13, Tel. 2 84 09 74 55
www.sasazu.com, Lounge ab
12.00 Uhr, Dancefloor ab 22.00
Uhr mit Open End
Trendiger Club im ehemaligen Schlachthof, avanciertes Design, exotischer Küchenchef Shahaf Shabtay, Schauplatz der angesagten Partys.

❼ Cloud 9 Sky Bar & Lounge

Hilton Hotel, Prag 8-Karlín
Pobřežní 1, Tel. 224 842 999
www.cloud9.cz, Mo – Sa
18.00 – 2.00 Uhr
Glitzernde Maxbar auf der Dachterrasse. Das Panorama dupliziert sich in den Spiegelwänden, schwarzer Marmor funkelt, das Interieur ist bis zur Toilette edel durchgestylt. Charismatische Cocktails. Exotisch: Melonensaft mit Preiselbeeren, geschärft durch eine rote Chilischote.

❽ Solidní jistota (Solide Sicherheit)

Praha 2, Neustadt, Pštrossová 21
Tel. 725 984 964
www.solidnijistota.cz
Mi. – Do. 20.00 – 2.00.
Fr. – Sa. 20.00 – 4.00 Uhr
Mitten im neuen Szeneviertel. Licht, Design, Farben und die schönsten Studentinnen. Unter diesem Clubgewölbe erforscht man das stylische Nachtleben mit Insiderdiplom.

OPER, THEATER, KINO & CO.

Eine Gefahr für die Moral?

Das **Ständetheater** eröffnete im Jahr 1781 direkt vor den Pforten der ehrenwerten Karlsuniversität seine Tore – sehr zum Verdruss der Professoren, die fürchteten, leichtfüßige Soubretten könnten die Moral der Studenten gefährden. War das eine Aufregung! Als Mozarts »**Figaros Hochzeit**« auf dem Spielplan stand, pfiffen die Studenten die Arien aus der Oper wie Schlager. Und erst, als sein »**Don Giovanni**« hier 1787 uraufgeführt wurde: ein Riesenerfolg! Doch zwischen den Vorlesungen sprach man nur über die Schlafzimmerszenen … Heute dient das schmucke Theater vor allem der Pflege von Mozarts Werk.

Musik und Bild – in Prag gibt es beides in Hülle und Fülle, und stets in einem besonders **stimmungsvollen Ambiente**: Die Oper erklingt in den einstmals aristokratischen Theatern besonders prächtig, Mozarts Arien gewinnen in den herrlichen Palästen neuen Zauber. An lauen Sommerabenden berauschen Serenaden in kunstvollen Gärten, in pompösen Barockkirchen hört man Vivaldi genauso wie Flamenco. Und es muss gar nicht immer das Teuerste vom Teuersten sein: Viele junge Talente geben Gastspiele in der Stadt – es gilt, Entdeckungen zu machen! In Prag beginnen die Theatervorstellungen schon um 19.00 Uhr.

Auch das hat durchaus seinen Vorteil: So kann man sich anschließend noch den zweiten Set in einem Jazzclub anhören.

Highlights Wer bei dem üppigen Angebot eine erste Orientierung sucht – das wären einige Highlights: im **Ständetheater** mit »Mozartissimo« die schönsten Opernarien hören, im **Rudolfinum** die hundertköpfige Tschechischen Philharmonie erleben, in der **Laterna Magika** sich von der szenischen Fantasie verzaubern lassen, im **AghaRTA Jazz Zentrum**, einem der besten Clubs der Stadt, mit blauen Noten in mittelalterliche Kelleratmosphäre eintauchen, in der **Spanischen Synagoge** Klezmermusik im goldenen Rahmen genießen.

KARTENVORVERKAUF
Bohemia Ticket International
Praha 1, Na Příkopě 16
Tel. 224 215 031
www.bohemiaticket.cz
Mo. – Fr. 9.00 – 18.00, Sa. bis
17.00, So. bis 15.00 Uhr

TicketPro
Passage Rokoko, Wenzelsplatz
(Václavské náměstí 38)
Tel. 234 704 234, www.ticketpro.cz

Mo. – Fr. 9.00 – 14.00
u. 14.30 – 20.00 Uhr

**KLASSISCHES: OPER ·
BALLETT · KONZERTE**
**Nationaltheater
(Národní divadlo)**
Altstadt, Národní třída 2
Tel. 224 901 448
www.narodni-divadlo.cz
1883 mit Smetanas patriotischer Heldenoper »Libusa« eröffnet.

Ständetheater: Franz Anton Graf Nostitz, ein böhmischer Patriot und großzügiger Kunstmäzen, erbaute diese Privatbühne.

Opern- und Ballettaufführungen wechseln sich ab.

perlt Champagner draußen auf dem Freiluftbalkon.

Staatsoper (Státní opera)
Neustadt
Legerova 75
Tel. 224901780
www.sop.cz/de
Opern, Bälle, Feste. Für das Verdi-Festival im August wird der rote Teppich ausgerollt. In der Pause

Ständetheater (Stavovské divadlo)
Altstadt, Ovocný trh 1
Tel. 224215001
www.stavovskedivadlo.cz
Historische Spielstätte mit klassizistischer Fassade. Mehrmals hat hier Mozart dirigiert.

Und ewig währet die Sehnsucht …

… nach der Liebe: (nicht nur) im Zaubertheater. Schon der riesige Glaswürfel erregt Aufsehen: ein starker Kontrast zum Prager National-theater im Neorenaissancestil. Da bleibt jeder stehen. In den Jahren 1977 bis 1983 erbaut, befinden sich hinter der wabenartigen Fassade das Ballettstudio und die Experimentierbühne der Laterna Magika.

Der Name kommt aus dem Lateinischen und bedeutet **Zauberlaterne**: »Laterna magica« nannte man den ersten einfachen, um die Mitte des 17. Jh.s erfundenen Projektionsapparat für Glasdiapositive. Als dann die Gebrüder Lumière im Jahr 1895 in Paris mit ihrem Cinematografen die ersten bewegten Bilder auf die Leinwand warfen, dachten erneut viele an einen »Zauberkasten«. Diese bahnbrechenden Erfindungen mit den Pantomimeeffekten des klassischen Schwarzlichttheaters, mit Musik und Schauspiel sowie später auch mit Tanz verbindend, entwickelten der Regisseur **Alfred Radok** (1914 – 1976) und der Szenograph **Josef Svoboda** (1921 bis 2002) ihr eigenes, staunen machendes Traumtheater, das im

Jahr 1958 bei der Expo in Brüssel Premiere hatte.

Stammsitz: Neue Bühne

Seit 1983 hat der **illusionistische Guckkasten** seinen Stammsitz in der Neuen Bühne (Nová Scéna), einem gleich neben dem National-theater errichteten Bau, dessen kühne Glasfassade von **Karel Prager** entworfen wurde. Im Inneren zieren grüne Marmorplatten aus Kuba das Gebäude, der schlicht gestaltete Zuschauerraum öffnet sich wie ein Amphitheater zur Bühne hin. Bis heute halten hier die Zuschauer den Atem an, wenn in einem mit der Zeit immer raffinierter gewordenen, längst auch modernste Computertechnologie einsetzenden **Multimediaspektakel**

Die Laterna Magika umfängt den Besucher mit einer fantasievollen Welt voller Illusionen.

etwa eine Tram scheinbar auf sie zurast, wenn Möbel wie von unsichtbarer Zauberhand hin und her geschoben werden und Tänzer wie Vögel in der Luft zu schweben scheinen. Die Szenenbilder wechseln im wilden Reigen – es ist, als hätte die Erde ihre Schwerkraft verloren. Dazu passend heißt die erfolgreichste Produktion »Zauberzirkus« – seit ihrer Premiere im Jahr 1977 steht sie bis heute, nach mehr als 6000 Vorstellungen, imer noch auf dem Programm.

Illusionen, bittersüß

Die sämtliche Sinne betörende Illusion der Prager Laterna Magika funktioniert aber auch mit neuesten »Stoffen« wie dem 2013 produzierten Tribut an den zwei Jahre zuvor verstorbenen Dichterpräsidenten Václav Havel: **»Antikódy«**. Sie führt uns zurück in die 1960er-Jahre. Havel, dargestellt von dem Schauspieler Stanislav Abrahám, sitzt auf der Bühne am Schreibtisch. Seine Gedanken scheinen nur so aus seiner Schreibmaschine herauszufliegen; Havel schreibt und schreibt, das Wort »Mensch« (»Člověk«) multipliziert sich in Dutzenden von Paraphrasen. Doch was wir zusehen bekommen, ob als Schauspieler, Tänzer oder virtuelle Illusion, sind immer nur Männer. Warum keine Frau?, fragt man sich, während Havels Schreibmaschine immer lauter wird, schließlich fast wie ein Jumbojet dröhnt. Eine Antwort auf diese Frage bekommt man nicht, doch mit ein bisschen Glück fällt nach der Vorstellung ein Blick in den Innenhof des historischen Nationaltheaters, in dem eine granitene **»Rusalka«** steht: Sie verkörpert jene unglückliche Wassernixe aus der gleichnamigen Oper von Dvořák, der die Liebe zu einem irdischen Prinzen zum Verhängnis wurde. Um Liebe geht es auch im **»Zauberzirkus«** – um die unerfüllte Liebe eines betrübten Clowns zu einer zerbrechlich-schönen Seiltänzerin. Bittersüß-sentimental, melancholisch-traurig ist das Stück, aber nicht ohne Hoffnung. Das Ende wird nicht verraten.

Im Nationaltheater: noble Bühne für die hohe Kunst des Belcanto

Rudolfinum
(Dvořák- und Suksaal)
Alstadt, Alšovo nábřeží 12
Tel. 227059227
www.ceskaphilharmonie.cz
Mit Freitreppe, Museen am Dach-
gesims und gusseisernen Laternen
erhebt sich das imposanteste Bau-
werk am rechten Moldauhfer. Die
Tschechische Philharmonie als
Hausherr zählt zur europäischen
Spitze. Der Konzertsaal hat 1104
Plätze und eine exzellente Akustik.

Repräsentationshaus
(Obecní dům)
Altstadt, náměstí Republiky 5
Tel. 2 22 00 21 01
www.obecnidum.cz
Der Jugendstilpalast beherrscht
den Platz der Republik wie eine
riesige Krone. Stammsitz der Prager Sinfoniker mit eigener Konzer-
treihe (Programm: www.fok.cz),

bespielen den Smetanasaal (1200
Plätze) auch Gastorchester.

Velký sál Lucerny
(Lucerna-Saal)
Neustadt, Vodičkova 36 (Pasáž
Rokoko), Tel. 224 225 440
www.lucpra.com
Stars und Legenden geben sich
hier die Ehre. Doch wer auch immer hier auftritt, unvergesslich
bleibt nicht zuletzt der schöne
Jugendstilsaal (4000 Plätze).

Barokní knihovní sál
Collegium Marianum (Biblio-
thek der Klosterschule)
Altstadt, Melantrichova 19
Tel. 224229462
www.collegiummarianum.cz
Unter einer herrlichen, mit Fresken
geschmückten Barockdecke gibt
das studentische Gesangskollegium
geistige Musik des 17./18. Jh.s.

Spanische Synagoge (Španělská synagoga)

Josefstadt, Vězeňská 1
Tel. 222749211
www.ticketstream.cz
Ob Bolero oder Carmina Burana, Gershwin oder Klezmergruppen, atemberaubend ist nicht zuletzt das Ambiente dieser Synagoge: Was rundum schimmert, ist alles echtes Gold.

Museum der Musik (České muzem hudby)

Kleinseite, Karmelitská 2, Praha 1
Tel. 257257777, www.nm.cz
Wo einst Polizeipferde stationiert waren, erklingt jetzt im Lichthof klassische Musik mit respektabler Präsenz. Bei Konzerten stimmungsvoll farbilluminiert.

MUSICAL · PERFORMANCE Hybernia

Altstadt, náměstí Republiky 4
Tel. 221 419 420
www.hybernia.eu
Ein klassizistischer Palast, einst als Kongresshalle erbaut, jetzt als freie Bühne variabel bespielt. Lass dich überraschen: Golems Geschichte als Musical, wilde Trommler oder eine gepflegte Sinatra Night – das Programm hält sich an die Maxime »Best of …«.

All Colours Theatre ACT

Altstadt, Rytířská 31
Tel. 224 212 810
www.blacktheatre.cz
Unter dem Barockgewölbe speisten einst die Mönche. Nach 1948 richteten die Kommunisten ihr Geschichtsmuseum im Refektorium ein. Seit 1993 wird hier nach dem Black-Box-Prinzip ein Illu-

sionstheater gezaubert. Doktor Faust und Frankenstein treiben auf der schwarzen Bühne ihren neonbunten Schabernack.

RockOpera Praha

Holešovice, Komunardů 1
www.rockopera.cz
Von der Fabrikhalle in eine Showbühne umgewandelt (768 Plätze), ultimativ progressiv. Griechische Tragödien mutieren zu modernen Rockopern, Ödipus und Antigone baden als Vampire im Blut. Auf Tschechisch, aber man versteht's.

Lod' Tajemství (Theaterschiff der Geheimnisse)

Ankerplatz Výtoň (Palacký-Moldaubrücke), Tel. 603340770
www.formanstheatre.cz
Wie absurd sich Jonas im Bauch des Wales gefühlt haben muss, vermitteln die Zwillingsbrüder Forman mit ihren Inszenierungen. Der Apfel fällt eben nicht weit vom Stamm: Miloš Forman, der Vater der beiden Brüder, erntete zwei Oscars für seine Hollywoodfilme »Einer flog über das Kuckucksnest« und »Amadeus«.

Musiktheater in Karlín (Hudební divadlo v Karlín)

Praha 8, Křižíkova 10
Tel. 261174400, www.hdk.cz
Musicals wie »Jesus Christ Superstar« im Stadtteil Karlín

MUSIKCLUBS
AghaRTA Jazz Centrum

Altstadt, Železná 16
Tel. 222 211 275
www.agharta.cz
tgl. 19.00–1.00
Auftritte ab 21.00 Uhr

Die Liste der hier gastierenden Superstars ist schier endlos, und jedes Jahr kommen neue Highlights dazu.

Blues Keller (Blues sklep)

Altstadt, Liliová 10
Tel. 608 848 074
www.bluessklep.cz
tgl. 19.00–2.30,
Session ab 21.00 Uhr
Boogie, Blues, Jazz, Folk-Rock, Gypsyklänge – und gute Drinks.

Jazz Club Ungelt

Altstadt, Týn 2
Tel. 224 895 787
www.jazzungelt.cz
tgl. 20.00–1.00 Uhr
Jazz und Schmalzbrote, Rock und knusprige Enten, Funk und Fusion mit Gulasch im Kellergewölbe des alten Zollhofes. Der Lokalmatador, Gitarrist Luboš Andršt, gilt als Urgestein der Prager Bluesszene.

Jazzboat Kotva

Tel. 7 34 14 15 54
www.jazzboat.cz
Jazz, Blues und Funk auf dem Schiff, dazu Cocktails und »Verpflegung«, vom Fingerfood bis zum Dreigängemenü. Abfahrt um 20.30 Uhr am Pier 5 in der Josefstadt, am Pařížská-Boulevard bei der Čech-Brücke, Rundfahrten bis 23.00 Uhr

Jazz Dock Bar & Lounge

Smíchov, Janáčkovo nábřeží 2
Tel. 7 74 05 88 38, www.jazzdock.cz
tgl. 11.00–4.00, Auftritte ab 22.00 Uhr
Ein gläserner Jazzpavillon auf einem schwimmenden Ponton. Die Transparenz passt zum Sound:

klirrend, experimentell, elektronisch. Wer hier auftritt, hat meist schon Kultstatus erreicht.

Lucerna Music Bar

Neustadt, Vodičkova 36
Tel. 2 24 21 71 08
www.musicbar.cz
 tgl. 19.00 bis 4.00,
Konzert ab 20.00 Uhr
Die Gastspiele namhafter Bands sind meist schon Wochen im Voraus ausverkauft. Die gute Nachricht: Nach dem Konzert wird – frei – weitergejammt.

MeetFactory

Smíchov, Ke Sklárně 15
Tel. 2 51 55 17 96
www.meetfactory.cz
David Černý, der Chefprovokateur der Prager Kunstszene (▶Baedeker Wissen, S. 58/59), leitet diese Kulturfabrik persönlich, mixt Ausstellungen, Theater und Musik zum Gesamtkunstevent – ziemlich abgefahren! Mitunter kommen Gäste nur wegen dieser Werkshalle nach Prag.

Reduta

Altstadt, Národní 20
Tel. 2 24 93 34 87
www.redutajazzclub.cz, tgl. ab 21.00, Auftritte ab 21.30 Uhr
Die 1958 etablierte Kultstätte der Prager Jazztradition ist berühmt für Dixieland, BeBop, Jazz und Rock. Legendär: Bill Clintons »Gastspiel« bei seinem Pragbesuch im Jahr 1994, als er spontan ein Saxofonsolo blies und sein Amtskollege Václav Havel am Schlagzeug trommelte. Die LiveCD von diesem Ereignis ist immer noch an der Kasse erhältlich.

U Malého Glena
(Little Glenn)
Kleinseite, Karmelitská 23
Tel. 2 57 53 17 17
www.malyglen.cz
Session tgl. 21.30–0.30 Uhr
Der »Little Glenn« ist ein Amerikaner und heißt mit vollem Namen Glenn Spicker. Nach der Wende hat es ihn als Bagelbäcker nach Prag verschlagen, inzwischen ist er mit seinen zwei Restaurants zum Millionär geworden und kann in diesem winzigen Club seinem Hobby frönen: Jazz, Blues, Ethno, Fusion.

Zur alten Dame/Klub U staré
pani (USP Jazz Lounge)
Altstadt, Michalská 9
Tel. 6 03 55 16 80
www.jazzlounge.cz, tgl. 19.00 bis 2.00, Sessions ab 21.00 Uhr
Junge Talente neben Altmeistern. Wer die ruhmreichen tschechischen Swing- und Bebopkönige hören will, findet hier ein Mekka.

ROCK UND POP
Hard Rock Café
Praha 1, Malé náměstí 3
Tel. 224229529, www.hardrock.com, tgl. 11.30–1.00 Uhr
Sage keiner, in Prag würde auch nicht straight gerockt. Bandwettbewerbe, aber auch Gastspiele von Stars wie Alanis Morissette.

THEATER
La Fabrika
Praha 7, Komunardů 30
Tel. 7 74 41 76 44
www.lafabrika.cz
Theater, Tanz, Konzerte, Filme und Ausstellungen in einer ehemaligen Fabrik.

Laterna Magika
Neustadt, Národní 4
Tel. 2 24 93 14 82, www.laterna.cz
Multivision aus Laser, schwarzem Theater, Video, Mobile, Pantomime, Ballett und Tanz (▶Baedeker Wissen, S. 88/89).

KLEINKUNST · KABARETT
Rokoko-Theater
(Divadlo Rokoko)
Praha 1, Wenzelsplatz, Václavské náměstí 38, Tel. 2 22 99 61 85
www.mestskadivadlaprazska.cz
Musik und Theater

KINDER-, JUGENDBÜHNEN
Nationales Marionetten-
theater (Narodní divadlo
marionet)
Praha 1, Žatecká 1
Tel. 2 24 81 93 22
http://mozart.cz/de
(▶Baedeker Wissen, S. 130/131)

Spejbl und Hurvínek
(Divadlo Spejbla a Hurvinka)
Praha 6, Dejvická 38
Tel. 2 24 31 67 84
www.spejbl-hurvinek.cz
Marionettentheater (auch deutschsprachige Aufführungen)
(▶Baedeker Wissen, S. 130/131)

KINO
Lucerna Kino
Wenzelsplatz, Václavské náměstí 38, Tel. 602329906, www.lucerna.cz/kino.php/
Der Kinosaal (454 Plätze) ist die Hauptattraktion im 1908 vom Großvater des Präsidenten Havel erbauten Jugendstilpalastes. Balkon, Decke – herrlich. Da wird der Film zur Nebensache – nostalgische Gefühle sind garantiert.

Essen und Trinken

»Dobrou chut« ...

... heißt »Guten Appetit« auf Tschechisch, und in Prag sollten Sie Appetit reichlich mitbringen: Die klassische böhmische Küche boomt in den verschiedensten Variationen. Großmutters Rezepte werden neu aufgelegt. Beim Ambiente wetteifern die Designer um Originalität. Kunst meets Kitsch, hypermodernes Ambiente versus nostalgisches Interieur, Luxus und Pracht in der gehobeneren Klasse. Und das Prager Panorama krönt die kulinarischen Arrangements wie ein Sahnehäubchen.

Traditionell ist die böhmische Küche für ihre deftigen, schmackhaften Gerichte und die vielen Mehlspeisen bekannt. Auf Gemüse und Salate wurde lange Zeit weniger Wert gelegt, weshalb Josef Lada, der Illustrator der Schwejk-Bücher, sich schon vor 100 Jahren um die Volksgesundheit sorgte: Berge von Knödeln, das Fleisch zu fett, dazu Sahnesoße satt. Auf einer seiner Karikaturen rennt ein Schwein aus der Küche, aus dem Topf flattern die Enten und Gänse davon: Rette sich, wer kann! Gnadenlos aber rennt ihnen der Koch mit dem Schlachtmesser hinterher ... Während Lada die böhmische Küche zeichnend auf die Schippe nahm, gab der Schriftsteller **Karel Čapek** literarisch seinen Senf dazu: »Herrlich«, sei die böhmische, Küche, aber auch »Selbstmord mit Messer und Gabel«.

Selbstmord mit Messer und Gabel?

Jetzt kommt die gute Nachricht: Diese typische Traditionsküche gibt es auch neu & gut: **Potrefená Husa** (Die getroffene Gans) heißt etwa eine moderne Restaurantkette der Prager Brauerei **Staropramen** (Altquelle), auf deren Lokale man in der Innenstadt an vielen Ecken stößt. Die Einkehr lohnt allemal. Es mundet landestypisch. Biertheken, Lederbänke und grobe Ziegelwände ergeben eine trendige, aber auch gemütliche Standardeinrichtung. Als Konkurrenz dazu geht die **Kolkovna Group** mit einem Trumpf ins Rennen: In ihren Lokalen wird Pilsner Urquell ausgeschenkt. Hinzu kommt als Spezialität ein naturtrübes Bier, im eigenen Kessel gebraut. Zur Traditionsküche gesellt sich hier ein nostalgisches Ambiente mit Messing, Chrom und Werbeplakaten der Gründerzeit.

Neu & gut: Moderne Restaurantketten

Nicht verschweigen sollte man an dieser Stelle, dass etliche Altstadtgassen und Laubengänge zwischenzeitlich zu penetrant riechenden Fressmeilen verkommen sind, die das Prager Welterbe mit Billig-Menü-Aushängen und vergilbten Speisefotos verschandeln. Auf einen solchen Kulturschock sollte man sich einstellen – und die Lokale

Massenabfertigung im Welterbe

Süße Verführung: im Jugendstilcafé des Repräsentationshauses

Typische Gerichte

Herzhaft muss es sein, damit es so richtig schmeckt und »der Bauch sich freut«. Die Soßen sind köstlich, die Obstknödel unschlagbar, und vom Prager Schinken schwärmen sogar die Italiener.

Česnečka (Knoblauchsuppe): Die starke Knolle weckt sämtliche Lebensgeister. Deshalb löffelt der Prager den starken Eintopf am Morgen gern gegen den Kater. Verdickt mit Käse, Kartoffeln und Zwiebeln dringt später das Aroma aus allen Poren. Knoblauch ist hierzulande sehr beliebt: Spitzenköche garen die würzigen Zehen in feinem Olivenöl und servieren sie als Appetizer – knusprig und resch.

Gulasch: Das klassische Thema »Rindfleisch in Würfeln« kommt in der tschechischen Küche in vielen Variationen vor. In einer schweren Soße – aber bitte mit Sahne! – wird daraus ein echtes Karlsbader Gulasch. Bei der Znaimer Version werden die berühmten kleinen süßsauren Gürklein hineingeschnitten. Gulasch auf Pilsener Art mit Bier aufgekocht, hinterlässt einen würzigen Geschmack auf der Zunge.

Von einem »Zigeunergulasch« zu sprechen, wäre politisch nicht mehr korrekt – das entsprechende Rezept ist aber keineswegs von der Speisekarte verschwunden: scharfe Paprika, Speck und Zwiebel machen hier den besonderen Geschmack. Wie das Ganze dann heißt, bleibt dem Wirt überlassen.

Karpfen: Über das ganze Jahr begehrt seien »Ente, Schwein und Hase«, weiß der Volksmund, doch als »König in der Küche« regiere »der Karpfen mit Anmut«. Ob paniert oder blau, auf Müllerin Art oder »auf Schwarz«, also mit dunklem Bier, zubereitet – am besten schmeckt der Karpfen nach altem Fischerrezept: Zunächst in Schlamm und Blätter gepackt, danach unter die Feuerglut gelegt, wird anschließend die Kruste aufgebrochen und das weiße Karpfenfleisch mit den Fingern gegessen.

Mehlspeisen: Nur Prag (und von dort aus nach Wien gelangt) kann sie in dieser Vielfalt bieten: Buchteln, Cremerollen, Golatschen, Liwanzen, Palatschinken, Strudel, Windbeutel. Es geht weiter mit Tortentürmen, Blechkuchen und Schnitten, gefüllt mit Quark, Nuss und Mohn. Doch die (kalorienreiche) Krönung kommt erst noch: Die warmen Powidltascherl – Teigtaschen mit Zwetschgenmus – sind einfach köstlich für jeden, der wirklich zu genießen versteht!

Obstknödel: Als die Völker von Gott ihre Nationalspeisen erhielten, blieb für die Tschechen nur eine Teigrolle übrig. »Aber da ist ja nichts drin«, jammerten sie, worauf sich Gott erbarmte und ihnen noch einen Obstgarten dazu schenkte. Seitdem füllen sich die Tschechen ihre Knödelkugel aus Kartoffel- oder Quarkteig mit Marillen, Zwetschgen, Erdbeeren. Mit zerlassener Butter beträufelt, Zucker, Zimt oder Mohn bestreut, setzt der Streusel aus leicht salzigem Hirtenquark dem Ganzen dann noch das i-Tüpfelchen auf.

Prager Schinken: Nicht gekocht, sondern in Salzlake gepökelt und mit Pfeffer, Koriander sowie einigen Lorbeerblättern gewürzt. So erhält diese Spezialität ihren milden Salzgeschmack und das rauchige Aroma. Traditionell wird der Prager Schinken kalt mit Meerrettich und sauren Gurkenschnitten serviert. Warm gibt es ihn entweder in Brot eingebacken oder als dicke Scheibe pur, dazu eine milde Senfkornsoße und Kartoffelpüree.

Svíčková (»Kerzenbraten«): Der Name dieses Nationalgerichts leitet sich davon ab, wie das zu ihm gehörende Rinderfilet geschnitten wird, nämlich kerzengerade. In der Konsistenz butterweich wie ein Tafelspitz, wird es traditionell von luftigen Serviettenknödeln flankiert, die in süßsaurer Gemüsesahnesoße schwimmen: Nicht zu schwer, nicht zu wässrig, nicht fett und nie fad – darin liegt das Geheimnis. Ein Löffel Preiselbeeren gibt dem Gaumenschmaus zusätzlich Pfiff.

Utopenci: Als »Ertrunkene« werden dicke, in einer Tunke aus Öl und Essig eingelegte Speckwürste bezeichnet. Man findet sie in jeder Kneipe, jedem Vorstadtlokal, meist gleich an der Theke in einem großen Einmachglas aufgestellt. Oft bedient man sich auch selbst. Reichlich mit Zwiebeln bedeckt, dazu eine Scheibe Brot, schätzen die Bierfreunde die »Abgesoffenen« als beste Grundlage für den Durst. Na dann: Prost!

Eine königliche Schaumkrone

»Pivo« ist ein Zauberwort: So heißt »Bier« auf Tschechisch, und in den Prager Bierburgen, Kneipen und Schenken ist Frischgezapftes nach wie vor Trumpf. Doch es ändert sich etwas: Eine junge Bierbrauergeneration rebelliert gegen die Tradition der Väter. Neue Sorten erobern die Stammtische: Cool Grep, Escape Limetka, Goldquelle Citrón. Zwar ist das legendäre Pilsner Urquell immer noch der Exportschlager Nummer eins, doch die Auswahl an nicht pasteurisierten, ungefilterten, charakterstarken Hopfentropfen wächst. Qualitätsbewusste Minibrauereien schießen förmlich aus dem Boden: Prag erlebt ein neues Bierwunder ...

Seinen **Weltruf** verdankt das **tschechische Bier** vor allem dem einzigartigen Hopfen, der heute in Nordböhmen um Saaz, Raudnitz, Auscha und Dauba als »Böhmischer Hopfen« angebaut und in alle Welt exportiert wird. Die meisten tschechischen Biere sind **untergärig**. Vom Grundsätzlichen her unterscheidet man **helle** (»světlé«) und **dunkle** (»tmavé«) Biere. Die **Gradangaben** (»Grad Plato«) beziehen sich nicht auf den Alkoholgehalt, sondern auf die **Dichte** des Biers, den Anteil der löslichen Stoffe in der Würze vor der Gärung (ähnlich der Stammwürze bei deutschen Bieren).

Rituale der Bierseligkeit

Zum Bier gehört die Optik. Zuerst die Farbe und den Glanz (die Tschechen sprechen vom **»Funken«**) beobachten, so beginnt das Trinkritual. Dann geht es um die Standfestigkeit der Schaumkrone: Diese prüft man am besten mit einem Ein-Cent-Stück. Bleibt es obenauf liegen, beherrscht der Schankwirt sein Handwerk perfekt. **Lukáš Svoboda** aus dem Restaurant **Lokál** in der Altstadt wurde im Jahr 2010 offiziell zum Weltmeister in dieser Disziplin gekürt. Für Kollegen und

fachinteressierte Gäste gibt er auch Kurse (Anmeldung direkt bei ihm an der Theke).

Aus dem Fass kommt das flüssige Gold heute nicht mehr. Stattdessen verwendet man **Biertanks aus Edelstahl**, die vielerorts gleich als Blickfang mit zum Ambiente gehören. In den stylischen Bierbars neueren Datums begegnen einem Dosen und Flaschen – bunt wie in einem Alchemistenlabor. Da werden auch **exotische Biercocktails** kredenzt, mit einer Ananasscheibe darin. Auf den Mix kommt es an, aber wohl auch auf die Geschlechterpräferenz: Umfragen zufolge landet das, was die Herren der (Bier-)Schöpfung so lieben und schätzen – neben dem weltberühmten **Pilsner Urquell** und dem **Budweiser** vor allem den **Großpopowitzer Bock** (Velkopopovický kozel) – bei den Damen auf den letzten Plätzen. Testsieger bei der holden Weiblichkeit wurde das **Chipper Grapefruit Beer** der Marke **Primátor** aus dem ostböhmischen Städtchen Náchod.

Flüssiges Gold

Im 19. Jh. gab es allein in der Hauptstadt rund 120 Brauereien. Heute dampfen noch gut zwei

Dutzend kupferne Sudkessel in nostalgisch-urgemütlichen Wirtschaften vor sich hin. Der **Trend** wendet sich nicht zuletzt gegen die globalisierten Industriebiere. Selbst das **Pilsner Urquell** gehört inzwischen zum südafrikanisch-US-amerikanischen Konzernmulti **SAB Miller**. Nur im südböhmischen **České Budějovice** sind die heimischen Budvarmeister noch Herr im eigenen Hause – noch.

Der große Wurf

Die Legende vom Pilsner Urquell ist übrigens bayerischen Ursprungs: 1842 kam der junge Braumeister **Josef Groll** aus Vilshofen nach Pilsen als Retter, um die schlechte Bierqualität zu verbessern. Lange experimentierte er mit den verschiedensten Kombination der Grundzutaten (**Wasser**, **Gerstenmalz**, **Hopfen**) herum, bis ihm der große Wurf gelang. Sein völlig neuartiges, untergäriges Bräu, das bald darauf in ebenfalls neu gestylten Gläsern mit Tulpenform den Siegeszug um die Welt antrat, erhielt seinen Namen nach dem Ursprungsort – **Pils**.

In der Flasche gereift

Ein Pragbesuch ohne ausgedehnten Zug durch die traditionellen Bierbastionen wäre wie Liebe ohne Kuss. Auf die Stärke kommt es an: auf den Anteil der Stammwürze. 12 Grado Plato enthält das **Pilsner Urquell**, 10, 11 sind es beim **Prager Staropramen** (Altquelle).

Die Familienbrauerei **Bernard**, deren Stammbaum sich bis ins 16. Jh. zurückverfolgen lässt, führte einen »**Champagnertyp**« ein: Bier, gereift in Flaschen. Den Erfolg beförderten auch der originelle Bügelverschluss und ausgeklügelte Marketingkampagnen. Auf diese Weise formulieren sich auch gleich die Bierphilosophien neu: »Bernard«, das ist in Tschechien einer, der sich zur roten Perücke noch eine runde Pappnase aufsetzt und zu Bernard-Musikfestivals mit schrägen Rockbands pilgert. Aristokratisch tritt dagegen die Marke **Lobkowicz** auf: Ein echter Fürst lässt dieses edle Lagerbier mit Charakter brauen. Zum Verköstigen lockt sein Palast am Hradschin, mit Panoramablick: einfach königlich!

Hat gut lachen: Tschechen sind Weltmeister beim Bierverbrauch pro Kopf.

entlang des »Königswegs« samt Altstädter Ring besser meiden. Wer hier mal schnell eben einkehren will, nur weil das Gewölbe so einladend wirkt, kann schnell ein kulinarisches Desaster erleben.

Grandioses Ambiente

Kulinarische Highlights gibt es allerdings zur Genüge, und der gute Tipp ist halb so teuer: An der Moldau lässt es sich immer noch günstiger tafeln als in den Gourmettempeln an der Seine. Prags ambitionierte Gastronomen greifen nach den Michelin-Sternen, und viele Restaurants hätten zumindest eine Auszeichnung in der Kategorie »romantisches Panorama« verdient. Bei einem goldenen Hasenrücken, unter dem Kronleuchter glänzend oder bei Kerzenschein serviert, von Mozarts klassischen Weisen begleitet, muss man einfach ins Schwärmen geraten. Und: So ein Hradschinblick tröstet doch auch über so manche kulinarische Enttäuschung hinweg.

TRADITIONELLE SPEISEN

Fleisch und Fisch

Die bevorzugte **Fleischart** ist Schweinefleisch, das auf die unterschiedlichsten Weisen zubereitet wird. Ein Nationalgericht ist der mit Kraut und Knödeln servierte Schweinebraten. Bei feierlichen Anlässen ersetzt eine knusprig gebratene Gans oder Ente den Schweinebraten, die Beilagen bleiben gleich. Vorzüglich sind die Wildgerichte, seien es nun Rehkeule oder ein gespickter Hase. Zu den wichtigsten Spezialitäten gehören ferner gedünstetes Rindfleisch, Wellfleisch, Lungenbraten (österreichisch: Filet) und diverse Würstchensorten (Brat- und Speckwürste, Prager Würstchen, Selch- und Knackwürste). Zu Recht weltberühmt ist der gekochte Prager Saftschinken. Seltener auf dem Speisezettel sind **Fischgerichte**. Allerdings verzichtet kaum eine Familie zu Weihnachten auf den traditionellen Karpfen.

Deftige Soßen

Bei allen Hauptspeisen kommt den **Soßen** ein großer Stellenwert zu. Manchmal ist es gewürzter Bratensaft, der mitunter zu einer Rahmsoße verfeinert wird. Sowohl zum Fleisch als auch zum Gemüse gibt es häufig eine weiße Soße, der Majoran und Kümmel einen ganz besonderen Geschmack verleihen.

Knödel & Co.

Aus der böhmischen Küche nicht wegzudenken sind die **Knödel** (▶Baedeker Wissen, S. 102/103). Sie sind in den verschiedensten Variationen. Neben Nockerln und Nudeln sind Kartoffel- oder Semmelknödel die wichtigste Beilage zu Hauptgerichten. Speckknödel, ähnlich den Thüringer Klößen, mit Kraut oder Spinat und gerösteten Zwiebeln gefüllt, werden gern als Hauptmahlzeit gegessen. Höhepunkt der böhmischen Knödelspezialitäten sind aber zweifelsohne die aus einem Hefeteig zubereiteten Obstknödel, denen Franz Werfel in seinem Roman »Barbara oder die Frömmigkeit« mehr als 1000

Prager Köstlichkeit: Apfelstrudel mit Vanille-Schokoladen-Spiegel

Worte gewidmet hat. Sie werden mit Kirschen, Aprikosen (Marillen), Äpfeln, Heidelbeeren und vor allem Pflaumen gefüllt. Man überstreut die Knödel mit geriebenem, hartem Quark oder mit Mohn und übergießt sie mit zerlassener Butter.

Breit ist die Palette weiterer Mehlspeisen. Wirken schon der Apfelstrudel, die diversen kleinen Kuchen und Krapfen ausgesprochen verführerisch, die Palatschinken übertreffen sie alle. Diese mit Quark, Marmelade oder Schokolade gefüllten Eierpfannkuchen sind nicht so hauchdünn wie die französischen Crêpes, aber bestimmt ebenso lecker.

Mehlspeisen

TRADITIONELLE GETRÄNKE

»Wo es eine Brauerei gibt, braucht man keinen Bäcker«, weiß ein Prager Trinkspruch. Und wenngleich die Tschechen eine **Biernation** sind, so behaupten sie doch: »In den Kopf, da gehört Wein rein, im Bauch aber soll das Bier allein sein« (▶Baedeker Wissen S. 98).

Bier

Wussten Sie, dass die Tschechen die drittälteste **Weinkultur** Europas pflegen? Landesvater Kaiser Karl IV. ließ Mitte des 14. Jh.s Rebstöcke aus Burgund ins Land bringen und anbauen. Unter den Habsburgern produzierten die böhmischen Weingüter der Lobkowiczer die edelsten Tropfen für die Tafel der Kaiser in Wien. Berühmt wurden die Anbaugebiete in Mělník, Litoměřice, Lovosice und Žernoseky. Als hervorragende Weingüter im Rang der französischen Rothschilds gelten die südmährischen Regionen von Valtice, Lednice und Mikulov. Diese stolzen Ergebnisse wurden aber erst in den letzten Jahren er-

Wein

Böhmische Leibspeise

Einmal in Prag wird man sie mindestens genießen können: böhmische Knödel, die klassische Beilage zum Prager bzw. böhmischen Leibgericht, dem Schweinebraten. Nicht wundern, wer sie noch nie gegessen hat: Sie kommen in Scheiben auf den Tisch und werden mit Hefe zubereitet – nur eine von vielen Varianten von Knödeln, Klößen, Nocken ...

▶ **Herstellung böhmischer Knödel** (český knedlík)
Bei der klassischen Variante der böhmischen Knödel werden Weizenmehl, Eier, Wasser, Salz und Hefe zu einem Teig verarbeitet.

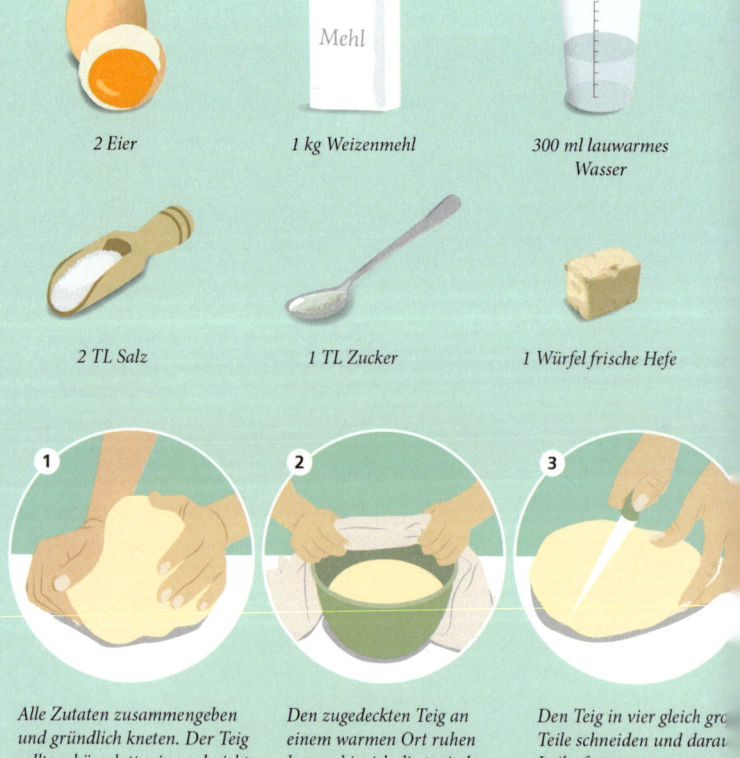

2 Eier

1 kg Weizenmehl

300 ml lauwarmes Wasser

2 TL Salz

1 TL Zucker

1 Würfel frische Hefe

1 *Alle Zutaten zusammengeben und gründlich kneten. Der Teig sollte schön glatt sein und nicht kleben.*

2 *Den zugedeckten Teig an einem warmen Ort ruhen lassen, bis sich die typischen Luftblasen im Teig bilden.*

3 *Den Teig in vier gleich gro[ße] Teile schneiden und darau[s] Laibe formen.*

nödelvielfalt

Kartoffelknödel
Marillenknödel
Thüringer Klöße
Halbseidene Klöße
Buchweizenklöße
Mohnknödel
Gnocchi di patate

Knödel mit Brötchen
Semmelknödel
Serviettenknödel
Käseknödel
Spinatknödel
Speckknödel

Quarkknödel
Zwetschgenknödel
Topfenknödel
Marillenknödel

Knödel aus Mehl
Germknödel
Dampfnudeln
Apfelknödel
Klüten

Knödel aus Grieß
Grießklößchen
Grießnockerl

Knödel aus Matze
Matzeknödel

EDEKER

leicht gesalzenem Wasser *– 25 Min. in einem ausrei-* *end großen Topf kochen.*

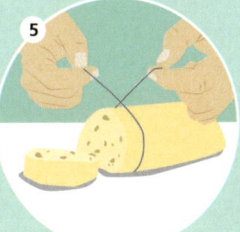

Die heißen Knödel mit einem *Faden in fingerdicke Scheiben* *schneiden.*

Knödel sind die ideale Beilage *zu Gerichten mit viel Soße.*

Kein Schlankmacher
Semmelknödel 200g = 340 kcal
Serviettenknödel 200g = 390 kcal
Germknödel 330g = 850 kcal

Der Magenbitter des Präsidenten

Klatschmäuler behaupten, Miloš Zeman habe 2013 die Wahl zum Staatspräsidenten nur deshalb gewonnen, weil er sich zuvor selbst outete: »Ich trinke Bier immer mit **Becherovka**.« Dabei handelt es sich um einen – auch als »Karlsbads 13. Quelle« – bezeichneten Kräuterlikör, der im Volk ebenso beliebt ist wie das Bier selbst. Erfunden wurde die Spirituose von dem Apotheker Josef Vitus Becher (1740–1840), die Rezeptur ist geheim. Gelblich in der Farbe, klebrig-zähflüssig in der Konsistenz, schmeckt das Ganze ein bisschen nach Hustensaft, räumt aber durchaus den Magen auf. Nach einem Schweine- oder Sauerbraten wird er in etlichen Prager Wirtshäusern und Kneipen automatisch auf den Tisch gestellt – »geht aufs Haus!«, lautet die Maxime. Heute wird Becherovka auch in Cocktails gemixt. Mit Tonic Water kombiniert, heißt der Drink »Beton«.

reicht. Nachdem die Traubenzucht unter den Sozialisten vorwiegend in Missernten verkümmerte, wurde der Wiederaufbau zur Frage des nationalen Weinprestiges.

Auf dem böhmisch-mährische Boden gedeihen sowohl die weißen als auch die roten Sorten. Kenner streiten, wem die Landeskrone gebührt: der »hl. Ludmila« aus Mělník oder dem Muskateller aus dem südmährischen Bzenec. Was dem Italiener sein Chianti, ist dem Prager sein **Frankovka** (Blaufränkisch): dunkelrot-erdig, häufig auch vom Fass ausgeschenkt. Wer in die Villa Richter unterhalb von Hradschin einkehrt, kann eine Kostprobe von jenem Riesling oder Pinot Noir nehmen, der seit dem Jahr 2008 unmittelbar vor der Haustür kultiviert wird. Die Gründung dieses Weinbergs schreibt die Legende dem Landespatron zu, dem Heiligen Wenzel. Bis heute als *Supremus magistrum vinum* verehrt. Mit diesem Qualitätssiegel liefert Prag den hl. Wenzelswein auch nach Vatikan.

Spirituosen   Zu den harten **Spirituosen** einheimischen Ursprungs zählen Slivovice (Pflaumenbranntwein) aus der Mährischen Slowakei, Meruňkovice (Marillengeist), Žitná oder Režná (Korn) und Jalovcová bzw. Borovička (Wacholderschnaps) und nach einem üppigen Essen schwören viele auf den Karlsbader Becher-Bitter (Becherovka ▶Baedeker Wissen) – auch gerne kultig pur, »on the rocks« getrunken.

Kaffee, Tee …   Mag sein, dass die ganz große Kaffeehauskultur in Prag inzwischen vorbei ist – allgegenwärtig sind inzwischen auch hier die Pappbecher der globalen Starbucks-Kette –, aber die **Kaffeemania** schäumt noch immer in der Stadt. Latte, Latte macchiato, Cappuccino überall. Als Espresso bekommt man einen starken »Schwarzen«, meist sehr bitter. Die früher geläufige Zubereitung auf türkische Art, also mit Kaffeesatz in der Tasse, ist verschwunden. Dabei war dieser »Turek« einst nach dem Bier das zweite Nationalgetränk. Die Zeiten ändern sich eben. Auch Tee (čaj), Milch (mléko) und Säfte (»juice«) werden allenthalben angeboten.

Empfohlene Bierlokale, Restaurants und Cafés

Mit Michelin-Sternen kann man die meisten Prager jagen. Der Gourmetmaßstab ist und bleibt das Bier, das weiß man nicht nur in den vielen Bierlokalen. Prags neue Gastronomie aber entsteht im alten Prunk. Junge Köche machen Großmutters böhmische Rezepte wieder modern, mit Fleisch, Fisch und Geflügel wie eh und je als Hauptdarstellern, jetzt aber in veredelter Form und: »böhmisch light«. In den Prager Kaffeehäusern kommt das auf den Tisch, was auch Pariser Bistros und Wiener Konditoreikunst berühmt gemacht hat: gehobene Speisen, und die Desserts sind einfach allererste Sahne. Auch das Auge soll nicht darben: Der Stuck an der Decke ist gerne prächtig, das Gewölbe vielleicht schlicht, aber in jedem Falle stimmig.

Neue Prager Küche: Artischocken und Art déco

❶ etc. Karte S. 106/107
Randziele liegen außerhalb.

Preiskategorien
für ein Hauptgericht
€   15–20 €
€€   20–30 €
€€€   30–50 €
€€€€   50–100 €

BIERLOKALE
**❶ Kolkovna
(Stempelstelle) €€**
Josefstadt, V Kolkovně 8
Tel. 2 24 81 97 01
www.kolkovna-restaurant.cz
Mo.–So. 11.00–24.00 Uhr
Ein Retro-Brauereilokal mit
Knödelparadies. Pilsner Urquell ist
der Hausherr, als starker Bock

Nostalgische Mikro-Brauerei mit Messing und Mahagoni: Kolkovna

Essen, Übernachten und Ausgehen

Patočkova
Keplerova
★★ HRADČANY
Nový Svět
Königs- garten
Schloss Belvedere
Chotkova
Hanauer Pavillon

Erzbischöfliches Palais
Veitsdom
Villa Richter

Kapuziner-kloster
★★ Loreto-heiligtum
★ Palais Sternberg
Hradčanské nám.
18
Palais Fürstenberg
9 **15**

Palais Cernin
Palais Schwarzenberg
Prager Burg
Palais Palffy
Valdštejnská

Loretánská
Ka Hradu
10
Palais Waldstein

Palais Thunn-Hohenstein
Malo-stranské nám.
11
Letenská

Úvoz
Nerudova
Mánesův most

3
Palais Liechtenstein
Vlašská
8
Palais Vrtba
St. Niklas ★★★
Zu den drei Straußen
20
3

★ Kloster Strahov
Strahovská
★ Laurenziberg
Kleinseitner Brückentürme
Mostecká
★★ Karlsbrücke

St. Maria de Victoria
Karmelitská
Altstädter Brückenturm
4

Karlovy Vary, Bílá Hora
Flughafen Ruzyně,
Petřín-warte
Palais Nostitz
1
Harantova
26
Kampa
Smetana-museum

Stadion
Vaničkova
Seilbahn Lanovka
14
Kampa
Vltava
Smetanovo nábř.

Chaloupeckého
Vítězná
Střelecký ostrov
27

Šermířská
28
Most legií
National-theater
Laterna Magika

MALÁ STRANA
Kinskygarten
Újezd
nám. Sovět tankistů
Sophien-insel
8

Na Hřebenkách
Holečkova
Mánes-haus

Kinský-villa
Viktora Huga
21

Švédská
Pestově
Zborovská
13
Jiráskův most
★ Tanzendes Haus
Resslova

Holečkova
Lustschloss Dietzenhofer
Matoušova
St. Wenzel am Zderaz

Grafická
Plzeň, Karlštejn, Křivoklát
Plzeňská
Kartouzská
Zborovská
Palackého most

Villa Bertramka
Mozartova
Radlická
Plzeňská
Lidická
Emmaus-kloster

Na Věnečku
Goldener Engel
Vltavská
Vltava
Hlejší
Rašínovo nábř.

7
©BAEDEKER
Karlštejn, Zbraslav, Slapy ↓

1 Zur schwarzen Mutter Gottes
2 Haus zur Minute
3 Husdenkmal
4 Palais Clam-Gallas
5 Karolinum
6 Repräsentationshaus

Essen

Bierlokale

1 Kolkovna
2 U medvidků
3 Klášterní pivovar Strahov
4 Pivovarský dům
5 Novoměstský pivovar
6 Staroměstský pivovar/ U tří růží
7 Pivovar Staropramen
8 U Fleků
9 U zlaté tigra
10 U hrocha

Restaurants

11 Art Nouveau
12 La Degustation Bohême Bourgeoise
13 La Terrassa
14 Lokál
15 Pálffy Palast
16 Potrefená husa
17 Sahara Café & Restaurant
18 U zlaté studně

Cafés

19 Grand Café Orient
20 Louvre
21 Montmartre
22 Café de Paris
23 Kavárna dům
24 Imperial
25 The Globe Bookstore & Café
26 Zukrkávalimonada
27 Slávia
28 Café Savoy

Übernachten

1 Mandarin Oriental
2 Hilton Prague
3 Park Inn
4 Grand Hotel Evropa
5 Le Palais
6 The Mosaik House
7 Kempinski Hotel Hybernská
8 Aria Hotel
9 U Zlaté Studně
10 U Prince
11 The Augustin
12 Four Seasons
13 Esplanade
14 Roma
15 Paříž
16 Boscolo Hotel Carlo IV
17 Ikon
18 Kings Court
19 Maximilian
20 Zu den drei Straußen
21 Eurostars David
22 Czech Inn
23 Purpur
24 STEP
25 Pivovar

Ausgehen

1 Bar and Books Old Town
2 Duplex
3 Hergetova cihelna
4 Klub lávka
5 Radost FX
6 SaSaZu
7 Cloud 9 Sky Bar & Lounge
8 Solidní jistota

schäumt das Master Bier im Krug – ein halbdunkles »13er«, dessen Rezept von den Wikingern stammen soll. Der Schaum ist cremig, die Aromen, so scheint es, explodieren förmlich im Mund.

❷ U medvídků (Zu den Bärchen) ©

Altstadt, Na Perštýně 7
Tel. 2 24 22 09 30
www.umedvidku.cz
Mo.–So. 11.00–23.00 Uhr
Schon mal was vom Bier-Eis gehört? Hier kann man's probieren. Wer sich traut, kann HIER auch den stärksten Gerstensaft der Welt testen, das goldbraune X-Beer33: ein Rouge-Bier – also Rot mit einer rosa Schaumkrone. Die Kirschnote muss man aber mögen.

U Fleků: das Hofbräuhaus der Goldenen Stadt

❸ Klášterní pivovar Strahov (Klosterbräu Strahov) ©

Hradschin, Strahovské nádvoří 10
Tel. 2 33 35 31 55
www.klasterni-pivovar.cz
Mo.–So. 10.00–22.00 Uhr
Naturtrüb, wie es die Benediktinermönche schon um 1505 brauten, ist das hauseigene Kellerbier. Das Rezept stammt aus Bayern. Neben dem hl. Norbert als Lager- und Weizenbier wird noch traditionstreu Budvar (Budweiser) ausgeschenkt.

❹ Pivovarský dům (Brauhaus) ©

Neustadt, Ječná/Lipová 15
Tel. 2 96 21 66 66
www.gastroinfo.cz
Mo.–So. 11.00–23.00 Uhr
Auf der Suche nach einem noch nie getrunkenen Bier überrascht diese Mikrobrauerei jeden Monat neu. Als Zutaten kommen Sauerkirschen, Banane, Heidelbeeren, Brennnesseln, Kaffee, Schokolade oder Chili ins Malzgetränk. In Reinheit gesegnet bleibt nur das hauseigene Stephan als Pils, ebenfalls naturtrüb.

❺ Novoměstský pivovar (Neustädter Brauerei) ©

Neustadt, Vodičkova 20
Tel. 2 22 23 24 48
www.npivovar.cz
Mo.–So. 10.00–23.30 Uhr
Die erste Wirtschaft in Prag, die nach der Wende wieder damit anfing, das gebraute Bier ungefiltert zu lassen. Die Bezeichnung Levák (»Linker«) ist historischen Ursprungs und ganz profan zu verstehen: Der Abfluss aus dem Kessel lag links. Als er verstopfte,

ergab sich ein neues Braurezept: Seitdem bleibt die Hefe drin, wie anno 1434, als diese »Braupanne« passierte.

❻ Staroměstský pivovar/ U tří růží (Altstädter Brauerei/Zu den drei Rosen) ⊖

Altstadt, Husova 10
Tel. 2 25 22 66 50
www.u3r.cz
Mo.–Do. u. So. 11.00–23.00,
Fr. u. Sa.11.00–24.00 Uhr
Es war eine der letzten Amtshandlungen des Altpräsidenten Václav Klaus, diese im Altprager Stil eingerichtete Wirtschaft zu eröffnen. Zum dunklen Bier passt ein Mohnstrudel mit Zwetschgenröster ausgezeichnet – Klaus' »Leibspeise«.

❼ Pivovar Staropramen ⊖

Smíchov, Nádražní 84
Tel. 2 57 19 11 11
www.staropramen.cz
Mo.–Sa. 10.00–18.00 Uhr
Wer eine große Bierfabrik erleben will, ist hier an der richtigen (Alt-)Quelle der Prager Braukunst. Im Museum erfährt man nicht nur die Geschichte, sondern bekommt bei einer Kostprobe auch gleich eine Inspiration, was man beim Schankkellner bestellen sollte.

❽ U Fleků / Bei den Flek's ⊖

Altstadt, Křemencova 11
Tel. 2 24 93 40 19
http://de.ufleku.cz/
tgl. 10.00–23.00 Uhr
Ein Denkmal der Prager Biergeschichte: Seit 1499 ohne Unterbrechung und in der Rezeptur unverändert wird hier das dunkle »13er« (Flekovské pivo) gebraut. Hundertjährige Platanen beschatten den Biergarten, in dem es einen 22 m tiefen Brunnen gibt. Kein echter Prager geht hier vorbei, ohne auf die Schnelle eine Halbe zu leeren – im Stehen direkt an der Schenke. Das ist auch genau der richtige Ort, um einen Eindruck von den internationalen Trinksitten zu bekommen: Die Deutschen grölen mit den Holländern um die Wette, die Japaner bringen ihre Karaokekoffer mit, die Italiener singen im Chor unisono, die Schweden vierstimmig. Die Engländer übertönen alle – wenn keine Iren da sind.

❾ U zlaté tigra (Zum goldenen Tiger) ⊖

Altstadt, Husova 17
Tel. 6 02 23 85 02
www.uzlatehotygra.cz
Mo.–So. 15.00–23.00 Uhr
So sieht eiserne Disziplin aus: Bei Wind und Wetter, ob's stürmt oder schneit – der tschechische Bier-Hemingway Bohumil Hrabal kam täglich um Punkt sechs in diese Stammkneipe der Dissidenten, Literaten, Filme- und Liedermacher, in der ihn auch Václav Havel seinem US-Amtskollegen Bill Clinton vorstellte. An langen Tischen unter einem mächtigen Gewölbe sind von zehn Zechern immer noch neun Stammgäste. Wenn ein Fremder zehn Krüge schafft, wird er als neuer Freund akzeptiert. Aber den damit einhergehenden mystisch-psychedelischen Rausch wird er wohl nicht so schnell vergessen. Genausowenig wie die gegrillten Koteletts im Kartoffelpuffer und den würzigen Bierkäse – das nährt den (und bleibt noch lange im) Bauch. Das

kühle Prazdroj 12° lagert in einem tiefen Keller des 13. Jh.s, deshalb schmeckt es hier so einmalig.

⑩ U hrocha (Zum Nilpferd) €
Kleinseite, Thunovská 10
Tel. 2 57 31 68 90
Mo. – So. 11.00 – 23.00 Uhr
Zwei Zimmer, durch einen Gewölbegang voneinander getrennt: Der Wirt richtete diese Schenke für die Prager ein, um sie als »štamgast« (so heißt es auch im Tschechischen) wie in einem Reservat zu schützen. Jetzt lugen die Touristen doch durch die Tür hinein, um »echte Prager zu sehen«. Wer von ihnen wagt es wohl, sich zwischen diese archetypischen Gestalten zu setzen? Neben Mut braucht man dazu auch Glück: Hier ist es nämlich immer gerammelt voll. Schräg gegenüber der Kneipe befindet sich das tschechische Parlament. Die Abgeordneten haben einen Schlüssel für den Hintereingang. Man merke: Pilsner Urquell eint alle Parteien.

RESTAURANTS
⑪ Art Nouveau €€€
Französisch-tschechische Küche
Altstadt, im Gemeindehaus
Náměstí republiky 5
Tel. 2 22 00 27 70
Mo. – So. 12.00 – 23.00 Uhr
www.franzouskarestaurace.cz
Luxus anno 1912: Mehr echtes Art déco bietet nicht mal Paris. Räumlich im XXL-Format, durch hohe Fenster lichtdurchflutet, stehen die Servietten stramm wie Pinguine. Die nobel arrangierten Speisen werden pfiffig mit Honig-Senf-Soßen, Walnussdressing, Thymian, Koriander und karamellisierten Jungzwiebeln bedacht.

Gedreht wurden hier die Filme »Ich habe den englischen König bedient« und Szenen aus Edith Piafs Leben »La Vie En Rose«. Reservierung nicht vergessen!

⑫ La Degustation Bohême Bourgeoise €€€€
Tschechische Küche (Haute Cuisine), Altstadt
Haštalská 18
Tel. 2 22 31 12 34
Mo. – So. 18.00 – 23.00 Uhr
www.ladegustation.cz
Mit »goldenen Rezepten«, aus der monarchischen Zeit wiederentdeckt, stieg Küchenchef Oldřich Sahajdák zum führenden Starkoch Prags auf. Serviert werden neu interpretierte Klassiker mit echter böhmischer Bodenhaftung, man hat die Wahl zwischen vier- bis siebengängigen Menüs. Und im schön designten Gewölbeinterieur kommt auch die Behaglichkeit nicht zu kurz.

⑬ La Terrassa €€
Spanische Küche mit viel Fisch und Fleisch, Smíchov
Janáčkovo nábřeží, Dětský ostrov (Kinderinsel)
Tel. 6 04 30 03 00
Mo. – So. 12.00 – 24.00 Uhr
www.laterrassa.cz
Die Moldau rauscht, man sitzt man über der Staustufe – Inselgefühl pur. Durch die Schleuse fahren die Dampfer dicht am Tisch vorbei. Serviert werden Tapas, katalanische Butifarra (Presssack), gegrillte Sardinen in Salsa Verde, Spanferkel aus Salamanca und natürlich Crema Catalan als Dessert. Gut zu wissen: Ein paar Sonnenliegen für danach gibt's auch.

Letzte Vorbereitungen für einen gelungenen Abend: im Pálffy Palast

⑭ Lokál €€
Traditionell böhmische Küche
Altstadt, Dlouhá 33
Tel. 2 22 31 62 65, Mo.–Sa. 11.00
bis 1.00, So. 12.00–22.00 Uhr
www.ambi.cz
Weiße Gewölberäume, dunkel-
braune Holztäfelung, Panzerglas
für die Regale und Biertanks aus
Edelstahl bestimmen das Bild.
Sauerbraten (svíčková), Blutwurst
mit Linsen, original böhmischer
Schweinebraten mit Dampfkraut
und Serviettenknödeln sind so
beliebt, dass man trotz der insgesamt 330 Plätze oft auf einen
freien Tisch warten muss.

⑮ Pálffy Palast €€€
Crossover, Kleinseite
Valdštejnská 14
Tel. 2 57 53 05 22
tgl. 11.00–23.00 Uhr
www.palffy.cz

Don Giovanni kommt gleich? Man
könnte den Eindruck haben: Kronleuchter, Kerzenlicht, Tafelsilber
und teures Porzellan erwecken
diese Illusion. Seit 1994 werden
hier feine Menüs inszeniert. Fisch,
Hase, Fasan und Perlhuhn trägt
man im Sesammantel und mit
Rotkrautkragen auf, das Zarteste
vom Fleisch adeln exotische Kräu-
tertitel. Die Sommerterrasse be-
rauscht mit dem Zauber der Kleinseitner Gärten. Harfenklänge
begleiten die Vogelarien – nur ob
Don Giovanni wirklich kommt,
bleibt ungewiss.

⑯ Potrefená husa €
Regionale Küche
Josefstadt
Bílkova 5
Tel. 2 22 32 66 26
tgl. 11.00–24.00 Uhr
www.potrefenahusa.com

Wo die »getroffene Gans« über der Tür hängt, werden auch Ente, Schwein und Speckknödel deftig serviert, sind die Soßen lecker. In diesen Räumlichkeiten mit der bemerkenswerten kubistischen Balkenarchitektur begann der Siegeszug dieser Restaurantkette – eine Art »Starbucks für urböhmische Hausmannskost« im trendigen Designambiente.

🔵17 Sahara Café & Restaurant ⊕⊕⊕
Mediterran-arabische Küche
Vinohrady, Náměstí míru 6
Tel. 2 22 51 49 87, Mo.–Fr. 11.00 bis 0.30, Sa. 12.00–0.30, So 12.00 bis 23.00 Uhr, www.saharacafe.com
Tausendundeine Nacht im Prager Jugendstil: Haremsgardinen, Sultansthrone, Puffkissen, Messing und Mahagoni. Die kulinarische Karawane zieht über Spanien und Marokko gen Libanon. Empanadas, Humus, Kebab, köstliche Lammgerichte und ein Couscous zum Anbeten. Den stimmungsvoll (be)rieselnden Saharasound kann man als Music-CD mitnehmen.

🔵18 U zlaté studně (Zum goldenen Brunnen) ⊕⊕⊕⊕
Exquisite Gourmetküche auf der Kleinseite, U Zlaté studně 4
Tel. 2 57 53 33 22
Mo.–So. 12.00 –23.00 Uhr
www.terasauzlatestudne.cz
Nicht weitersagen, es soll ein Geheimtipp bleiben: Das hier im Preis inbegriffene Panorama der 100 Türme verzauberte schon Barack und Michelle Obama. Feinschmecker wissen Ente auf Feigenmousse, Shrimps in Mangosauce und Stubenküken mit Kastanienpüree zu schätzen – serviert werden die Kreation auf edelster Glaskunst. Küchenchef Pavel Sapík greift nach den höchsten Gourmetsternen, ohne dass der Gast angesichts der Rechnung gleich in irdische Ohnmacht fällt.

CAFÉS
🔵19 Grand Café Orient ⊕
Altstadt, Ovocný trh 19
Tel. 2 24 22 42 20
www.grandcafeorient.cz
Mo.–Fr. 9.00–22.00
Sa./So. 10.00–22.00 Uhr
Kubismus pur: Tassen, Tische, Lampen, Spiegel – alles bis zum Aschenbecher stilecht. Nicht zuletzt harmonieren die weiß-grün gestreiften Stoffe des Cafés auch mit den hier servierten Spinatcrêpes. Das ganze Haus U Černé Matky Boží (Zur schwarzen Madonna) steht als Museum samt Café unter Denkmalschutz.

🔵20 Louvre ⊕
Neustadt, Národní 20
Tel. 2 24 93 09 49
www.cafelouvre.cz
Mo.–Fr. 8.00 –23.3,0
Sa./So. 9.00 –23.30 Uhr
Literarisches Déjà-vu in rotgoldener Tapete: Brod, Werfel, Kisch, Kafka – sie alle erstehen hier im Geist (und Ambiente) der vorletzten Jahrhundertwende. Auf den Tischen liegen Stifte und kleine Notizblöcke, falls einem mal eben ein Gedicht einfallen sollte. Der Connaisseur aber schweigt und

Louvre: Fixpunkt für Schwärmer und Literaten in der Prager Nacht

genießt die stille Poesie der hier servierten Palatschinken mit cremiger Quarkfüllung und rumgetränkten Rosinen – auch ein Gedicht!

㉑ Montmartre €

Altstadt, Řetězová 7
Tel. 2 22 22 01 12
Mo.–Fr. 8.00–23.30,
Sa./So. erst ab 12.00 Uhr
Auch hier saßen einst Kisch, Brod, Werfel, Hašek und andere Literaten zwischen Halbweltdamen mit Federboas. Einige alte Möbelstücke aus dieser Zeit sind noch da – wer für die alten Zeiten schwärmt, der kann hier seine Fantasie spielen lassen.

㉒ Café de Paris €€

Altstadt, im Hotel Pařížˇ
U Obecního domu 1
Tel. 2 22 19 58 16

Ägyptisches Dekor im Imperial

www.hotel-paris.cz
Mo.–So. 10.00–22.00 Uhr
In hohen Fenstern spiegelt sich dunkel getönter Jugendstil und weckt nostalgische Sehnsüchte: Belle Époque zum Träumen bei Apfelstrudel und Wiener Melange.

㉓ Kavárna Obecní dům €

Neustadt
Náměstí republiky 5
Tel. 2 22 00 27 63
www.kavarnaod.cz
Mo.–So. 7.30–23.00 Uhr
Im Repräsentationshaus erreichte der überbordende Prager Jugendstil seinen Höhepunkt: Marmorreliefs, Deckenstuck und Kristallleuchter rauben einem fast den Atem. Schwach wird man beim Anblick der Tortenberge, die die Kellner an einem vorbeischieben.

㉔ Imperial €€

Neustadt, Na Poříčí 15
Tel. 2 46 01 16 00
www.hotel-imperial.cz
Mo.–Sa. 9.00–24.00,
So. 9.00–23.00 Uhr
Zurück ins Jahr 1914: Auf Majolikakacheln halten Grazien vom Nil mit den Löwen Assyriens dekorativen Einzug. Die Menükarte orientiert sich von pragwienerischem Schnitzel und Strudel bis zu asiatischer Aromaküche. Abends spielt Schrammelmusik.

㉕ The Globe Bookstore & Café €

Neustadt, Pštrossova 6
Tel. 2 24 93 42 03
www.globebookstore.cz
So.–Mi. 9.30–24.00,
Do.–Sa. nur bis 23.00 Uhr
Zwei Amerikaner in Prag setzten

in einem ehemaligen Kino ihre Philosophie um: »In Büchern die Wahrheit, im Kaffee das Leben.« Darüber wölbt sich eine fabelhaft schöne Jugendstildecke.

26 Zukrkávalimonada €
Kleinseite, Lázeňská 7
Tel. 2 57 22 53 96
www.zukrkavalimonada.com
Mo.–So. 9.00–19.00 Uhr
Mit dieser Patisserie (samt kleinem Bio-Bistro) präsentiert sich eine neue Generation: heimelig wie eine Puppenstube unter blau-weiß bemalter Balkendecke – nur einen Steinwurf von einem touristischen Trampelpfad entfernt, aber trotzdem lauschig und ruhig. Die Kuchen zum Niederknien, eine Bedienung wie im Film »Chocolat«. Ein süßes Glück.

27 Slávia €
Neustadt, Smetanovo nábřeží 2
Tel. 2 24 21 84 93
www.cafeslavia.cz
Mo.–Fr. 8.00–24.00,
Sa./So. erst ab 9.00 Uhr
Pflichtbesuch mit Wermutstropfen: Das giftgrüne Bild des nachdenklichen Absinthtrinkers, das Lichtdesign der 1930er-Jahre, die Marmortische und die Ledergarnitur – all das hat literarisches Flair, doch überdeckt wird dieses vom hektischen Trubel; es geht zu wie in der Straßenbahn. Kommen, gehen, schauen. Es riecht nach Gulasch und Schweinebraten. Mitunter erwischt man noch die »Särglein« in der Vitrine – Rakvičky, ein knuspriges Zuckergebäck, das seinen Namen von der Form bekam: Innen hohl, obenauf liegt die Sahne wie ein Trauerkranz. Das Reinbeißen wird zur Philosophie: Man macht sich über den Tod lustig, indem man ihn verspeist. Hilfreich ist es, wenn man etwas Tschechisch kann. Sláviatypisch ist nämlich, wenn am späten Abend fünf Psychiater an einem Tisch über ihre Praxisfälle fachsimpeln und die Umsitzenden gespannt mitlauschen. In der Ferne leuchtet der Hradschin unwirklich, das Nationaltheater gegenüber wirft mystische Schatten, die Tram schleicht geisterhaft vorbei – in einer solchen Stimmung muss man einfach im Café Slávia sein.

28 Café Savoy €€€
Smíchov, Vítězná 5
Tel. 2 57 31 15 62
www.ambi.cz
Mo.–Fr. 8.00–22.30,
Sa./So. 9.00–22.30 Uhr,
Der Gegenpol zum Café Slávia auf der anderen Moldauseite: Paris lässt grüßen. Erst mal ein Blick hinauf zur Kassettendecke – üppig vergoldet, ornamental bemalt von František Ženíšek, der auch das Foyer des Nationaltheaters ausstattete. Über ein halbes Jahrhundert war dieser Schatz unter Gips versteckt. Anfang der 1950er-Jahre hatte die kommunistische Partei hier ihr Anmeldungsbüro für neue Mitglieder: Ironie pur in diesem einstigen Treff der Bourgeoisie. Daran erinnert der schon beim Anblick hungrig machende, warm mit Kartoffelpüree servierte Prager Schinken. Die Obstknödel schweben fast über dem Teller, so leicht sind sie. Mit Vanille- und Schokosoße bedeckt, fliegen sie dann doch nicht weg. Zum Glück!

Feste feiern

Was mit einem Burgfest für Kaiser Karl IV. begann, ist heute als »Prager Frühling« das älteste Musikfestival Europas. So lange schon bedient Prag einen ungewöhnlichen Kulturfahrplan. Die historische Kulisse verleiht den Events eine besondere Qualität. Und selbst in New York weiß man, wo Europas Hauptstadt für Jazz liegt – an der Moldau.

Prag als Eventhauptstadt Europas? – Wenn nicht in der Größe, so doch in der Anzahl der Veranstaltungen mag dieses ehrgeizige Ziel bereits erreicht sein. Die Stadtväter sind großzügig, wenn es etwa darum geht, den Wenzelsplatz für ein Volksfest freizugeben oder den Altstädter Ring in ein Tanzparkett zu verwandeln – kaum eine Idee, die im Rathaus nicht auf offene Ohren stößt.

Eventhauptstadt Prag

Auch für die Freunde kultureller Nischen bietet die Stadt eine ganze Menge. So können etwa spirituell veranlagte Gemüter auf ihrem Weg in die östlichen Himmelssphären beim Prager **Esoterikfestival** haltmachen. Unter dem Motto »Liebe dein Leben« (Miluj svůj život) vergeistigt man sich im international gleichgesinnten Kreis am richtigen Ort: Für Geister, Dämonen und Gespenster war Prag schon in der Kaiserzeit Rudolfs II. ein Magnet.

Kulturelle Nischen

Die unangefochtene Nummer eins in der Eventhauptstadt Prag aber ist die Musik, ob klassisch oder modern, ob Leoš Janáček oder Iva Bittová. Der **Prager Frühling** wird längst nicht mehr nur mit den politischen Ereignissen im Jahr 1968 assoziiert, sondern ist zugleich der Name des bekanntesten Musikfestivals Tschechiens im Mai. Unter Jazzfans nicht minder bekannt: das **AghaRTA Prague Jazz Festival** im März. Und für viele Musiker, gleich welcher Stilrichtung, gilt, was etwa Kaspar Zehnder, in den Jahren 2005 bis 2008 Chefdirigent der Prager Philharmoniker und inzwischen auf allen großen Bühnen der Welt zu Hause, vor seinem Festivalgastspiel im Jahr 2013 meinte: »In Prag zu spielen, ist eine Herzenssache.«

Musik, Musik, Musik

Cineasten kommen in der Goldenen Stadt ebenfalls auf ihre Kosten: Das **Internationale Film Festival Prague** (Febiofest im März) bringt Erstlingswerke, mutige Experimental- und sozialkritische Autorenfilme auf die Leinwand, die man in großen Multiplexkinos nie, im Fernsehen allenfalls auf Spartenkanälen nach Mitternacht sehen kann. Bis zu 125 Filme stellen sich alljährlich im Wettbewerb einer

Filmfestival

Kleinseitner Brückentürme: Prags Historie als Gegenwartsevent

kompetenten Jury. Dabei kommen stets auch Überraschungssieger aufs Podium, aus ansonsten eher weniger beachteten Filmländern wie der Türkei, Finnland, Serbien, Kasachstan. Individueller Charme statt Hollywood, das engagierte Prager Publikum weiß es zu schätzen.

Offizielle Feiertage 1. Januar (Neujahr), Ostermontag, 1. Mai (Tag der Arbeit), 8. Mai (Tag der Befreiung 1945), 5. Juli (Tag der Slawenapostel Kyrill und Method), 6. Juli (Todestag von Jan Hus: Feuertod auf dem Scheiterhaufen in Konstanz, 1415), 28. September (Tag des böhmischen Landespatrons Wenzel), 28. Oktober (Gründungstag der Tschechoslowakei, 1918), 17. November (Tag des Kampfes für Freiheit und Demokratie), 24. Dezember (Heiligabend), 25. und 26. Dezember (Weihnachten)

Veranstaltungskalender

Guter Überblick Tickets für alle möglichen Veranstaltungen sowie einen guten Überblick über aktuelle Events bekommt man im Internet u. a. unter **www.pragueeventscalendar.com**, **www.pragtickets.de** und **www.praguecityline.com**.

BAEDEKER TIPP

Der König kommt

Im historischen **Clam-Gallas-Palast** steigen während des Carnevale Prague drei rauschende Themenfeste: **Crystal Ball, Amoretto, Bellaria**. Wer als reicher Fürst, Herzog, Prinzessin oder Madame Pompadour auftreten möchte, lässt beim königlichen Hofschneider Franzis Wussin nach Maß nähen. (Tel. 2 20 51 42 39, www.wussin.cz). Das »gewöhnliche Volk« kann sich die Kostüme direkt im Palastverleih besorgen. Ein Kindersonntag und ein üppiges Bankett im Hof runden das Programm ab.

JANUAR
Neujahrskonzert
Gleich zum Jahresauftakt gibt es einen ersten musikalischen Höhepunkt: Kenner schwärmen vom Neujahrskonzert der Prager Symphoniker im Repräsentationshaus.

Carnevale Praha
Jecken, Narren und Pappnasen ziehen durch Adelspaläste, Jugendstilsäle und Theaterbühnen. Klassischer Faschingsauftakt am 31. Januar ist eine Aufführung von Smetanas »Pražský karneval«, dem noch wenige Monate vor seinem Tod im Herbst 1883 komponierten ersten Teil einer unvollendet gebliebenen symphonischen Suite.

FEBRUAR
Masopust (Karneval auf Tschechisch)
Als Masopust (wörtlich »fleischlos«) gelten nur die drei letzten Festtage vor dem Aschermittwoch. Nun erfasst der Maskenreigen die Altstadt. Prag schickt sich an, mit seinem Fastnachttrubel ein zweites Venedig zu werden.

MÄRZ
Matějská pout – die Prager Matthäuskirmes

Prags ältester Rummelplatz lebt wieder auf. Karussells, Schießbuden, Geisterbahnen auf dem »Výstaviště«, dem Ausstellungsgelände im authentischen Jugendstil (www.matejskapout.cz).

AghaRTA Prague Jazz Festival

Die Synkopensaison beginnt! Bis Ende Oktober gastieren Weltstars sowie Newcomer in der mittelalterlichen Unterwelt Prags auf den verschiedensten Bühnen, veranstaltet vom Jazzclub AghaRTA (www.agharta.cz).

Febiofest – Internationale Filmtage

Für den Oscar nicht nominiert? In Cannes nicht aufgeführt? Für Berlin zu schräg? Dann wird die Filmpremiere wohl in Prag sein. Mit Charme statt Starrummel à la Hollywood (www.febiofest.cz).

APRIL
Hervis 1/2 Marathon Prague

Zum Vorwärmen für den großen Marathonlauf im Mai kann man im April schon mal auf der halben Strecke üben: 21 Kilometer, Start und Ziel am Rudolfinum (www.praguemarathon.com).

MAI
Prager Frühling (Pražské Jaro)

Musik liegt in der Luft: Zum Finale des weit über die Landesgrenzen hinaus bekannten Festivals wird traditionell Beethovens Neunte Sinfonie mit Schillers Ode an die Freude, »Alle Menschen werden Brüder«, vorgetragen – von der Tschechischen Philharmonie im Rudolfinum (www.festival.cz).

Kurz vor dem Konzertbeginn während des Musikfestivals Prager Frühling im Smetanasaal des Repräsentationshauses

In der Hauptrolle: die Goldene Stadt

Prag gilt als das Hollywood des Ostens. Warum alle Filmwelt in die Stadt an der Moldau kommt, hat einen einfachen Grund: Prag ist eine Verwandlungskünstlerin, die mit ihrem gut erhaltenen historischen Altstadtkern auch vergangene Zeiten höchst anschaulich machen kann.

Tom Cruise liebt Prag. Die Drehortsuche übernimmt er gern selbst. So schlenderte er durch Prags Altstadt, als die vierte Fortsetzung von **»Mission Impossible«** (»Ghost Protocol«) anstand. Im Univiertel beim Karlsplatz fand er, wonach er für seinen Film suchte: die Straßen von Moskau – in Prag gedreht, doch im Film dem Moskauer Vorbild täuschend ähnlich. Beispiele solcher Verwandlungskünste Prags gibt es viele.

Hollywood des Ostens

Doch die tschechische Filmindustrie boomt nicht erst seit der Wende. Mit der Gründung der Barrandovstudios entstand bereits in den 1930er-Jahren zu Füßen der Burg eine regelrechte Filmindustrie. Während der Besatzung durch die Nazis wurden vermehrt Propagandastreifen für das Dritte Reich in Prag produziert, nach dem Zweiten Weltkrieg folgten sowjetische Produktionen. Mitte der 1960er-Jahre entglitt den zensurfreudigen kommunistischen Kulturfunktionären die Kontrolle: Die »jungen Wilden« von der Prager Filmakademie hatten Mut, das real existierende, sozialistische Leben als Alltagshorror zu entlarven. **Forman, Chytilová, Juráček, Němec, Passer, Schorm** – so lauten wichtige Namen der »Neuen Welle«, die mit regimekritischen Inhalten international Aufsehen erregte; auch in Hollywood: 1966 ge-

wann dort Regisseur Jiří Menzel mit seiner Verfilmung von Bohumil Hrabals Roman **»Liebe nach Fahrplan«** den Oscar. 1983 öffnete sich überraschend für **Barbra Streisand** der Eiserne Vorhang: Als erste US-Produktion im kommunistischen Ostblock konnte sie in Prag das Musical **»Yentl«** um ein jüdisches Mädchen verfilmen. Ein Jahr nach ihr kam ein Exiltscheche aus New York, Absolvent der Prager Filmakademie, um in der Stadt den pragerischsten aller Prager Filme zu drehen: Miloš Forman fand hier für seinen mit gleich sieben Oscars prämierten Film **»Amadeus«** die authentischen Ecken, um das Prag der Mozartzeit wieder aufleben zu lassen.

Nach der Wende

Der erste US-amerikanische Film nach der Wende war 1991 Steven Soderberghs **»Kafka«**. Seitdem wurden über 100 große internationale Produktionen in den verwinkelten Gassen, auf den romantischen Plätzen, Burgstiegen und unter den Laubengängen gedreht. Sogar Bollywood entdeckte das romantische Panorama Prags: Für das indische Kinopublikum wirken die Kulissen der Traumstadt wie aus einem Märchen.

Top 10: Prags Drehorte

1 Rudolfinum, Haus der Künstler: Den monumentalen Treppenaufgang, das Balkonportal, die gusseisernen Säulen mit Laternenkranz und Musenstaffage am Sims gab es u. a. zu sehen in »Mission: Impossible«, »Die Liga der außergewöhnlichen Gentlemen«, »Der Illusionist« und »Das Omen«.

2 Hradschinplatz: Das Burgportal und der Eingang zur Präsidentenkanzlei waren schon Schauplätze für »Yentl«, »Amadeus«, »Les Misérables« und die Bollywood-Produktion »Rockstar«.

3 Kloster Strahov: Unter dem prächtigen Deckenfresko der Bibliothek grübelten die Mönche in »Das Omen«. Johnny Depp als Inspektor Abberline agierte in »From Hell«, James Bond in »Casino Royale«.

4 Karlsbrücke: Die Steinheiligen akzentuieren die Dramaturgie für »Kafka«, »Omen«, »Van Helsing«, »Blade II«, »Mission: Impossible«.

5 Moldau: Wellenschlag beim Countdown in »Triple XXX«, in »Shanghai Knights« stand Prag für die »Verbotene Stadt«.

6 Altstädter Ring: Tom Cruise sprengte hier für »Mission: Impossible« ein riesiges Hummeraqua-rium. Vor der astrologischen Uhr tötete Nicolas Cage als Auftragskiller sein erstes Opfer in »Bangkok Dangerous«. Durch die mittelalterlichen Ringarkaden fegte Wesley Snipes als eine Art Vampir-Terminator in »Blade II«.

7 Nationalmuseum: Diplomatenball in »Mission: Impossible«, Hotellobby für James Bond in »Casino Royale«, Opernfoyer für »Das Omen« und Londoner Medizinfakultät für »From Hell«.

8 Repräsentationshaus: Für »La vie en rose« wie für Bohumil Hrabals »Ich habe den englischen König bedient« verströmten die Kristalleuchter stilecht Pariser Charme.

9 Insel Kampa: Der Liechtensteiner Palast diente in »Mission: Impossible« als amerikanische, bei »The Bourne Identity« als Züricher Botschaft in Prag.

10 Vítkov-Berg: Das Prager Nationaldenkmal wird zum Tatort in »Casino Royale«, als James Bond den Doppelspieler Dimitrios killt (im Film: im Miami Museum). Mord im Mausoleum – passt bestens!

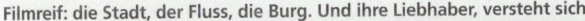

Filmreif: die Stadt, der Fluss, die Burg. Und ihre Liebhaber, versteht sich.

Prague Volkswagen Marathon (früher PIM)

Ein Stadtlauf für alle Sinne. Zu den Klängen von klassischer Musik gestartet, treiben schließlich Trommler das Tempo an, bestimmt Dixie den Rhythmus. Start und Ziel am Altstädter Ring (www.praguemarathon.com).

Das Navalisfest (Svatojánské Navalis)

Zu Ehren des hl. Nepomuk, des Schutzpatrons der Karlsbrücke, gibt's eine festliche Regatta mit geschmückten Gondeln, allegorischen Drachenbooten, Schiffen der Barockzeit – nachts mit Laternen und Lampions magisch beleuchtet (www.navalis.cz)

Khamoro

Das weltgrößte Festival der Roma und Sinti, 1999 von Václav Havel initiiert: Jazz, Flamenco, Sitar, Klezme –, einfach alles, was die faszinierende Gypsykultur ausmacht (www.khamoro.cz).

Prager Buchmesse

Internationale Verleger präsentieren ihre neuesten Erzeugnisse. Zugleich findet das vom Goethe-Institut, dem Österreichischen Kulturforum Prag und Schweizerischen Botschaft – mit Unterstützung der Kulturstiftung Pro Helvetia – veranstaltete literarische Programm »Das Buch« statt (www.svetknihy.cz).

JUNI
Prague Proms

Nach einem grandiosen Open-Air-Auftakt am Wenzelsplatz gibt's einen Monat lang ein Superpaket aus Klassik, Pop und Jazz – im goldenen Saal des Žofín-Palais besonders eindrucksvoll anzuhören (www.pragueproms.cz).

United Islands

Schützeninsel, Insel Kampa und Jazz Dock gemeinsam bei Freiluftkonzerten vereint, das bedeutet Woodstock-Feeling an der Moldau. Auch ein Heimspiel für die tschechischen Beat-Veteranen (www.unitedislands.cz).

JUNI/JULI
New Prague Dance Festival

Ob klassischer oder zeitgenössischer Tanz, Hip-Hop oder Experimentelles: Freunde des Tanzes wird beim jährlichen Tansfestival eine ganze Menge geboten (www.praguedancefestival.cz).

JULI
Prager Folkloretage

Trachtler, Jodler, Dudler, Schuhplattler aller Welt, vereint euch! Ein großes Straßenfest der Volksmusik unter dem freien Himmel in der Prager Altstadt (www.praguefestival.cz).

AUGUST
Lávka River Stage

Akrobaten, Jongleure, Tänzer, Magier im Licht, Rauch und Sound. Der Cirque Garuda macht eine schwimmende Bühne vor der Karlsbrücke zum zirzensischen Las Vegas (www.lavkariverstage.cz).

Opera Barocca

Wenn die Götter tanzen: Ein szenisches Musikprojekt mit prachtvollen Kostümen versetzt in die Zeit des Sonnenkönigs. Im pompösen

Barockpalast Clam-Gallas
(www.operabarocca.cz).

Verdi-Festival
Die Prager Staatsoper feiert den
Bell Canto. Junge Opernstars und
Regisseure stellen sich vor. Erfreu-
lich unprätentiös für ein Publikum
ohne Smoking und Promi-Schau-
lauf (www.sop.cz).

SEPTEMBER
The Strings of
Autumn Festival
»Herbst-Saiten« mit Jazz, Klassik,
Traditionellem und Experimentel-
lem in internationaler Besetzung.
Verschiedene Konzertsäle, im
Lichthof des Museums für tsche-
chische Musik klingt es besonders
reizvoll (www.strunypodzimu.cz)

Dvořákova Praha
(Dvořáks Prag)
Als Komponist und Dirigent
machte Dvořák die tschechische

Musik weltberühmt. Das Festival
zu seinen Ehren nutzt Prags großartige Architektur als Konzertpo-
dium: Rudolfinum, St.-Veits-Ka-
thedrale, Spanischer Saal der
Burg, Musiksalon im Pálffy-Palast
(www.dvorakovapraha.cz)

OKTOBER
Internationales Jazzfestival
Praha
Auf zu neuen Jazzufern im traditionellen Gewand: Avantgarde
und Retro, Freestyle und Sinatra
oder Stevie Wonder swingend ar-
rangiert, diese Mischung geht ins
Ohr und ist in Prag seit mehr als
30 Jahren Kult (im Club Reduta
und in der Lucerna-Music-Bar,
www.jazzfestivalpraha.cz).

NOVEMBER
Perlen der Musik
Konzerte an außergewöhnlich
stimmungsvollen Orten: im Palais
Lobkowicz, der St.-Niklas-Kirche

**Für den (gut) klingenden Nachwuchs in der Stadt sorgt die im Palais
Liechtenstein auf der Kleinseite untergebrachte Prager Musikakademie.**

Umsonst & draußen: Straßenmusikerständchen in idyllischer Umgebung unterhalb der Burg

wie der Jakobskirche, der Barockbibliothek des Clementinums und im Café Mozart (www.pragueexperience.com).

DEZEMBER
Weihnachtsmarkt am Altstädter Ring
Am Christbaum der Republik: Budenzauber mit viel Glühwein, Zimt und Sternen. Die Adventslieder singt Gott persönlich – mit der Stimme von Karel.

»Hey, steh auf, Meister«
Unter der Barockkuppel von St. Niklas und der Salvatorkirche ertönt die festliche Pastoralmesse des tschechischen J. S. Bach, des Komponisten Jan Jakub Ryba (www.ticketpro.cz).

Silvestergala in der Oper
Feiern mit der Fledermaus: zur Straußoperette, begleitet von Austern, Kaviar, Champagner und livrierten Dienern ins Neujahr gleiten (www.eventsbohemia.cz).

Sportevents

Eishockey Aus Kanada und den USA übernommen, gehören die Tschechen zu den europäischen Pionieren bei der sportlichen Jagd nach dem schwarzen Puck. Bereits bei der Olympiapremiere 1920 in Antwerpen mit einer Bronzemedaille gekürt, stand die tschechoslowakische Mannschaft zuletzt (Stand: 2013) auch auf der ewigen Liste der erfolgreichsten Eishockeynationen auf dem dritten Platz, nach Russland und Kanada. Wobei die Tschechen stolz behaupten, dass *sie* es gewesen seien, die den Russen beigebracht hätten, »wie man Eishockey spielt«. Was auch damit zu begründen wäre, dass die Sowjetunion 1956 mit einem tschechischen Trainer Weltmeister wurde. Während der bleiernen Zeit der kommunistischen Diktatur betrachtete man die Spiele gegen die Sowjets als verkappten »Widerstand«. Zweimal gelang es der damaligen ČSSR-Mannschaft, die russische »Zbornaja kommanda« zu besiegen und damit sowohl die WM 1972 in Prag als auch 1985 in Moskau (!) zu gewinnen. Seit 1993 gibt es eine **tschechische Nationalmannschaft**, die gleich ihr erstes Spiel gegen das Team Russland mit 6:1 für sich entschied und damit eine höchst beeindruckende Erfolgsserie begründete: 1998 holte man **olympisches Gold**, 1999, 2000 und 2001 wurde die Mannschaft dreimal in Folge **Weltmeister**. Zwei weitere Weltmeistertitel, 2005 und 2010, sowie Olympiabronze 2007 stehen auf der Habenseite der Mannschaft, die sich zuletzt 2011 und 2012 mit zwei dritten WM-Plätzen »zufriedengeben« musste. In der **EHL** (Extraliga ledního hokeje) kämpfen 14 Vereine um die tschechische Meisterschaft.

Fußballfans haben ihre Pragreisen längst auf dem Plan: **Sparta**   Fußball
Praha ist das tschechische Gegenstück zum Münchner FC Bayern und alljährlich bei der Champions League dabei. Der ewige Rivale **Slavia** dümpelt dagegen meist im Mittelfeld der ersten Liga, die im Land der Biere nach dem Pilsner Gambrinusbräu benannt ist. Der einstige Armeeklub **Dukla Praha** aus sozialistischen Tagen besteht heute nicht mehr aus Berufssoldaten, hat seinen Namen aber behalten. Für die legendären, in die Regionalliga abgetauchten Prager Clubs Viktoria (Viktorka) und Bohemia (Bohemka) schlägt nach wie vor das Herz der Fußballfans in den Vorstädten. Insgesamt hat Prag 125 in verschiedenen Wettbewerben registrierte Fußballvereine. Dass man dennoch nie Weltmeister wurde, schmerzt die Nation sehr. Immerhin waren die Tschechen schon zweimal **Vize-Weltmeister**, auch wenn das schon eine Weile her ist: 1934 und 1962. Doch so mancher Kickerfan würde alle Goldmedaillen im Eishockey für einen Fußball-WM-Titel hergeben.

EISHOCKEYADRESSEN
HC Sparta Praha
(Tesla aréna)
Praha 7 Za Elektrárnou 419
Tel. 2 66 72 74 54
www.hcsparta.cz

HC Slavia
Praha, 10 Vladivostocká 10
www.hc-slavia.cz

O2 aréna
Praha 9, Vysočany »Zelený ostrov«
(Grüne Insel) Ocelářská 460/2
Karten-Tel. 266 121 122
www.sazkaticket.cz
Rund wie ein Kochtopf: Die modernste Mehrzweckhalle Europas, für die Eishockey-WM 2004 in der Rekordzeit von nur zwei Jahren erbaut. Die Eisfläche kann über Nacht in eine Theaterbühne verwandelt werden.

FUSSBALLADRESSEN
AC Sparta Praha
Praha 7
Milady Horákové 98
Tel. 296 111 336 oder
2 96 11 14 00
www.sparta.cz

FK Viktoria òiôkov
Praha 3, Seifertova
Tel. 2 22 21 06 85
www.fkvz.cz Mit Kosenamen »Viktorka«, der volkstümliche Verein aus dem Arbeiterstadtteil Žižkov. Meist im Kampf gegen den Abstieg.

SK Slavia Praha
Praha 10, Vladivostocká 2
Tel. 7 31 12 61 04
www.slavia.cz Der Rivale von Sparta rangiert ebenfalls unter den fünf Tabellenbesten.

Mit Kindern unterwegs

Spannung, Spaß und Spiel

Städtereisen sind anstrengend, und in der Regel ist ein pausenloses Besichtigungsprogramm für Kinder kein Vergnügen. Aber Prag ist relativ familienfreundlich ausgelegt, auch für die Kleinen gibt es manches zu sehen, und von den Strapazen des Sightseeings erholt man sich rasch auf einer der drei Moldauinseln mitten in der Stadt.

Eines dieser Eilande (bei der Legienbrücke) heißt passenderweise **Kinderinsel**. Dort fahren Dampfer in eine Schleuse hinein, was zu beobachten bestimmt Spaß macht. Über eine Fußgängerbrücke gelangt man zu Spielplätzen, die im Sommer von mächtigen Kastanien angenehm beschattet werden. Verschiedene Klettergeräte, Skateboardrampen und ein kleiner Fußballplatz für die Größeren

Ein ungezwungenes Vergnügen

Groß und Klein bietet Prag zudem die Gelegenheit für eine **Zeitreise**. Bei einer Spazierfahrt in einer kaiserlichen Kutsche durch das bestens erhaltene historische Zentrum oder während einer Moldaufahrt auf einem über 100 Jahre alten Schiff fühlt man sich selbst wie in ein altes Bilderbuch versetzt. Und, was selten genug ist, dabei ergeben sich ganz ungezwungen »Bildungsmomente«: Wie war es früher? Wie lebten die Menschen in den alten Zeiten? In Prag meint man die Vergangenheit hautnah zu spüren, aber auch, was die Zukunft bringt, lässt sich in dieser Stadt in Erfahrung bringen: im Prager Observatorium nämlich, das, mysteriös genug, hoch über der Stadt auf dem ehemaligen Galgenberg thront. Zurück im historischen Zentrum, sollte man sich und den Kindern beim Spaziergang auch im-

> **BAEDEKER TIPP** !
>
> *Vom Zahn der Zeit*
>
> Auf der Letná-Hochebene sticht eine rote, eiserne Nadel in den Himmel: Das **Metronom**, ein im Jahr 1991 von Vratisláv Novák an der Stelle des ehemals größten, 1962 gesprengten Stalindenkmals errichtet, sollte ursprünglich die Vergänglichkeit der Zeit symbolisieren. Das macht es auch, nur anders als vom Künstler gedacht: Vom Zahn der Zeit lahmgelegt, rostet es still vor sich hin, während das Uhrwerk längst stehengeblieben ist. Das macht aber nichts, denn so konnten es die Prager Jugendlichen für ihre eigenen Zwecke entdecken: Über einem zwischen einem Sockel und dem Metronom gespannten Drahtseil werden nun gerne alte Turnschuhe und sonstiges, mit den Schnürsenkeln aneinandergebundenes Laufwerk geworfen: eine Geschicklichkeitsübung – und ein Heidenspaß, wenn die Schuhe über dem Seil hängen bleiben. Also nicht vergessen: Alte Latschen mit nach Prag nehmen!

Wer hätte nicht Lust dazu, wie hier am Altstädter Ring vor den imposanten Türmen der Teynkirche mal ein paar Blasen blubbern zu lassen?

mer genügend Zeit geben, um den vielen Straßenmusikern, Gauklern und Jongleuren zuzusehen, die die verkehrsbereinigten Gassen und Plätze im Sommer zur offenen Bühne machen.

Tipps für Kids

SPASS IM MUSEUM
Technisches Nationalmuseum
Národní technické muzeum
Prag 7 (Letná), Kostelní 42
Tel. 2 20 39 91 11, www.ntm.cz
Di.–So. 9.00–17.00 Uhr, Eintritt
50 Kč, Kinder 20 Kč
Im Dunstkreis des Metronoms erlebt man eine spannende Zeitreise in die Wunderwelt der Technik mit über 18 000 Exponaten: Oldtimer, Loks, plüschige Waggons, bunte Postkutschen und fliegende Kisten an der Decke …

Graffiti an der John-Lennon-Mauer (Kleinseite)

Spielzeugmuseum
Muzeum hraček, Hradschin
Burggrafenamt, Jířská 6
(am Südtor), Tel. 2 24 37 22 94
tgl. 9.30–17.30 Uhr
Eintritt 50 Kč, Kinder 30 Kč
Alles Blech: Huhn, Hund, Katze, Käfer und der Opa auf dem Motorrad auch. Das Schneewitt-

chen schmollt, Aladins Wunderlampe leuchtet. Hinzu kommen Barbiepuppen, Teddybären und Roboter (das Wort leitet sich übrigens vom russischen »rabota« für »Arbeit« ab). Gründer dieser zauberhaften Kinderstube ist der 1968 emigrierte Cartoonist Ivan Steiger; seine Sammlung, eine der umfangreichsten ihrer Art in der Welt, ist ein altersloses Vergnügen.

Karel-Zeman-Museum
Kleinseite, Saská 3
(neben der Karlsbrücke)
Tel. 7 24 34 10 91, www.muzeum
karlazemana.cz, tgl. 10.00–17.00
Uhr, Eintritt 200 Kč; für Kinder, die weniger als einen Meter groß sind, Eintritt frei
Der erfinderische Karel Zeman war der tschechische Trickfilmkönig, ein Pionier der Animation. Er ließ den Baron Münchhausen auf einer Kanonenkugel fliegen, verfilmte Jules Vernes Roman »20 000 Meilen unter dem Meer«. Wie das funktionierte, erlebt man in diesem Museumsatelier. Auch zum Mitmachen auf einem U-Boot im Sturm.

STERNENGUCKER
Sternwarte am Laurenziberg
Štefánika hvězdárna, Petřín
Tel. 2 57 32 05 40, www.observa
tory.cz, tgl. 11.00 – 19.00, April
bis Sept. auch 21.00 – 23.00 Uhr
Eintritt 65 Kč

Mit dem Superteleskop die Planeten studieren, dann bei einer Computeranimation anschaulich über die Notwendigkeit des Klimaschutzes informiert werden.

IMMER IN BEWEGUNG
Mit der Bimmelbahn
Abfahrt vom Altstädter Ring, April bis Okt. zwischen 9.00 und 18.00 Uhr zu jeder vollen Stunde, Dauer 50 Minuten, Fahrpreis: 180 Kč, Kinder bis 12 Jahre frei
Prag als Disneyland erleben bei einer Fahrt durch das jüdische Viertel, über die Moldau hinweg auf die Kleinseite und wieder zurück.

Mit der Nostalgietram 91
April–Nov., Sa, So und an Feiertagen von 12.00 bis ca. 17.30 Uhr auf einer verkürzten Strecke der Linie 22 unterwegs vom Ausstellungsgelände bis zum Karlsplatz an allen historischen Highlights der Stadt vorbei; Fahrkarte 35 Kč.

Mit der Kutsche
Die Droschken stehen in langer Reihe seitlich beim Altstädter Rathaus. Die Route führt durch die Gassen der Josephsstadt und an Prags Prachtboulevard, der Pariser Straße, entlang. Ab 800 Kč pro halbe Stunde für die ganze Familie. Im Winter hat der Kutscher auch warme Decken.

Mit dem Schiff
Schifffahrtsgesellschaft in der Altstadt, Křížovnické náměstí 3 Tel. 7 76 77 67 79, www.prazske benatky.cz, Okt.–März tgl. 10.30 bis 17.00 (letztes Schiff), April bis Juni u. Sept. nur bis 19.00, Juli u. Aug. bis 21.30 Uhr; Anlegestellen: Judita beim Altstädter Karlsbrückenturm, Bootssteg beim Hotel Four Seasons, Altstadt, Platnéřská ulice, Teufelsbach (Čertovka), beim Kleinseitner Karlsbrückenturm. Mánes, Kleinseitner Moldauufer, Komárkovo nábřeží; Fahrpreise: Erwachsene 290 Kč, Kinder 145 Kč; Dauer 45 Minuten. Historische Schiffe originalgetreu restauriert.

SPEKTAKEL FÜR ALLE
Wachablösung auf der Burg
Hradschin
Hradčanské náměstí
www.hrad.cz
Filmreif: Punkt 12.00 Uhr mittags tritt die Burgwache am Matthiastor zur großen Wachablösung an, mit Fanfaren und Parademarsch. Der »kleine Wechsel« erfolgt stündlich an allen Eingängen
Mai–Sept. tgl. 7.00–20.00
Okt.–April nur bis 18.00 Uhr

»Magical Tour«
Altstadt, St. Michal's Mysterium
Michalská 27, tgl. 10.00–20.00 Uhr, Einblick in die Geschichte Prags als Multimediashow mit Spezialeffekten
Daue: 45 Minuten

Wilde Reiter GmbH: auf dem Letná-Hügel

Aus Holz, aber mit Herz und Seele

Marionettentheater haben in der Stadt an der Moldau eine lange Tradition: Populär machten das Spiel mit den Puppen deutsche, englische, holländische und italienische Spieler, die bereits im 18. Jh. durch Böhmen zogen und das Publikum mit handgefertigten Marionetten und fantasievoll erzählten Geschichten unterhielten.

In der Regel besaßen diese fahrenden Gesellen einen Satz mit zwölf hölzernen Marionetten am Draht – sechs Männer-, drei Frauenrollen, Kaspárek, Tod und Teufel –, denen sie mit ihren geschickten Händen Herz und Seele einzuhauchen wussten. Im 19. Jh. entwickelte sich Prag zu einem der wichtigsten Zentren des Marionettentheaters, bis heute ist die von Generation zu Generation weitergegebene Tradition hier ungebrochen. Eine der bekanntesten Figuren ist der von **Matěj Kopecký** entworfene, bauernschlaue **Honza** (Hans). Mochte er auf den ersten Blick auch noch so trottelig erscheinen, so war er doch klüger als die Habsburger Obrigkeit. Diese Marionettenfigur ist auch ein Vorläufer des **Schwejk**, der es bald von der Literatur auf die Bühne schaffte: ins Marionettentheater. Die erste Schwejk-Verfilmung erfolgte 1955 ebenfalls mit Marionetten. Der Regisseur Jiří Trnka gilt als tschechischer Walt Disney. Zu den Prager Barrandov-Studios gehören auch Trickfilmateliers. Neben dem Schwejk wuchsen zwei hölzerne Gestalten zu nationalen Kultfiguren heran: **Spejbl** und **Hurvinek**, Vater und Sohn. Der Große ist dumm und der Kleine klug. Josef Skupa, der Schöpfer dieser beiden Figuren, schnitzte sie Anfang 1920, um das Bürgertum in seiner Spießigkeit, Beschränktheit und Sturheit zu parodieren. Während der deutschen Besatzung wurden Spejbl und Hurvinek zu Wiederstandskämpfern, bis im Jahr 1944 die Gestapo den Puppenspieler Skupa verhaftete. Sogar seine Marionetten kamen unter Verschluss.

Der Hölle Rache

Im Kommunismus durften Spejbl und Hurvinek »durch die Blume« sachte Kritik am realsozialistischen Alltag üben. Die Krönung der Tradition erfolgte nach der Wende, als 1991 in der Prager Altstadt das **Nationale Marionettentheater** gegründet wurde. Nicht entgehen lassen sollte man sich in Prag die Puppenversion der »Zauberflöte«. Wenn die Königin der Nacht, an den Strippen gezogen, losschmettert »Der Hölle Rache kocht in meinem Herzen«, bekommt wohl auch Mozart im Himmel Gänsehaut.

Bis heute pflegt man in Prag die Tradition der Puppenspieler. In Werkstätten wie hier der von Pavel Trulhar werden die Marionetten von Hand gemacht.

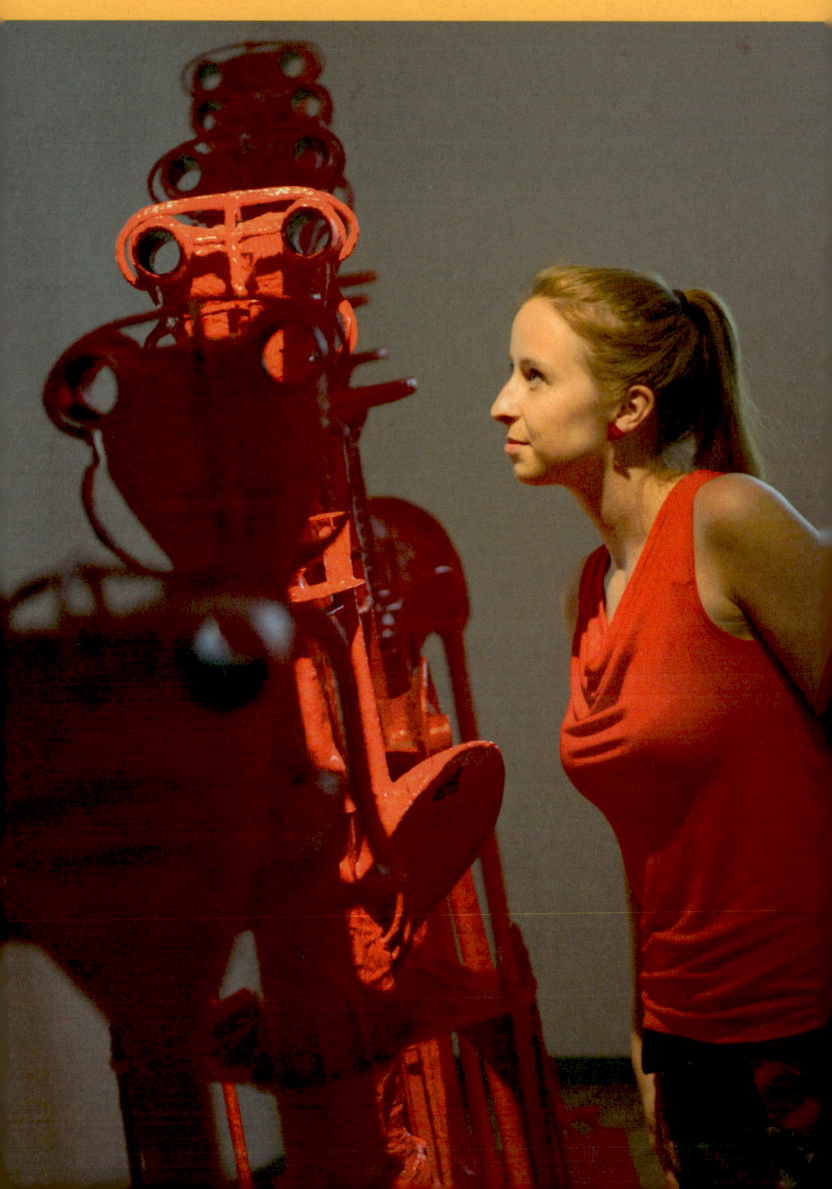

Kaleidoskop der Künste

Wo die ganze Altstadt einem (Freilicht-)Museum gleicht, da braucht man sich über die enorme Bandbreite der hier zu besichtigenden Kunstschätze kaum zu wundern. Viele davon werden zudem in den schönsten historischen Bauten der Stadt präsentiert, was den Prager Museumsbesuch zusätzlich zu einem Erlebnis werden lässt.

Ob Alte Meister oder Avantgarde – für alle hat Prag in seinen Palästen ein Plätzchen. Beginnend mit den zahlreichen Dependancen des Nationalmuseums und der Nationalgalerie, über das Jüdische Museum bis hin zu den museal gestalteten Hommagen an bedeutende Künstler und andere Koryphäen des kulturellen Lebens bietet Prag für jeden Geschmack, für jedes Interesse etwas. — **Enorme Vielfalt**

In der Regel haben die **Prager Museen** Di. bis So. 10.00 bis 17.00 Uhr geöffnet. Das Jüdische Museum ist montags geöffnet, dafür samstags geschlossen. Erwachsene zahlen den vollen Eintritt, Studenten und Senioren (ab 60) die Hälfte. Für Familien gibt es einen Paketpreis (zwei Erwachsene und zwei Kinder bis 15 Jahre). Für eine Fotografiererlaubnis werden zwischen 40 bis 80 Kč mehr verlangt. — **Öffnungszeiten**

Jedes Jahr im Juni öffnen rund 29 Prager Museen ihre Türen für eine lange Nacht: ein **Kunstmarathon** über 50 Örtlichkeiten mit Karl IV. und Rabbi Löw als mentale Begleiter. Eine Programmvorschau gibt's auf www.prazskamuzejninoc.cz – englisch, über Navigation »my museum« und »my night« kann man sich einen individuellen Fahrplan vorbereiten), der Eintritt ist (noch) frei, nur eine kleine Spende im Nationalmuseum am Wenzelsplatz obligatorisch. Wegen des enormen Andrangs mit bis zu einer Viertelmillion Besucher wird über eine zukünftige Pflichtspende nachgedacht. Zu besichtigen sind Altarbilder, Dinoskelette, Oldtimer und vieles mehr, von Sonnenuntergang bis zur Geisterstunde. — **Lange Nacht**
Im **Agneskloster** spürt man die Magie der Nacht besonders intensiv. Bei Fackelschein beginnt dort die Zeitreise mit Christi Geburt – der Gemäldezyklus ist stimmungsvoll illuminiert. Um halb neun trifft man sich dann im biblischen Garten Gethsemane – dem nächsten mittelalterlichen Bild als Etappenziel. Für Kinder ist eine Werkstatt geöffnet, mit Stift, Pinseln und Farbe. Ganz Prag scheint in dieser Nacht auf den Beinen zu sein. Shuttlebusse verbinden die Museen

---

»Family« nannte der tschechische Künstler Karel Nepras (1932–2002) sein im Kampa-Museum zu betrachtendes Exponat.

und Galerien auf neun Routen. Die Museumsumgebung ist für den Verkehr gesperrt, Kaffee, Pizza, Hot Dog oder Limonade gibt es an den Kiosken. Erst eine Stunde nach Mitternacht ist der fröhliche Spuk vorbei. Doch bevor das letzte Licht ausgeht, steht für die meisten Besucher schon fest: Im nächsten Jahr sind sie wieder dabei.

Prags Museen

KUNST

Galerie der Hauptstadt Prag
▶S. 204

Galerie Portheimka
▶S. 308

Galerie Rudolfinum
Altstadt, Alšovo nábřeží 12
Di., Mi., Fr.–So. 10.00–18.00,
Do. bis 20.00 Uhr,
www.galerierudolfinum.cz
Zeitgenössische Kunst und Werke
der klassischen Moderne

Haus »Zur steinernen Glocke«
▶S. 189

Kampa-Museum
▶S. 249

Kunstgewerbemuseum
▶S. 268

Lapidarium
▶S. 193

Mánes-Ausstellungssaal
▶S. 276

Mucha-Museum
▶S. 281

Museum der Hauptstadt Prag
▶S. 282

Nationalgalerie
▶S. 282

Nationalmuseum
▶S. 283

Reitschule des Palais Waldstein
▶S. 300

Strahover Bildergalerie
▶S. 316

KULTURGESCHICHTE/ GESCHICHTE
Jüdisches Museum
▶S. 235

Museum des Kommunismus
▶S. 191

BAEDEKER TIPP

! *Museum zum Nulltarif*

In der **Nationalgalerie** gibt's an jedem ersten Mittwoch des Monats ab 15.00 Uhr freien Eintritt bis zur Schließung um 20.00 Uhr freien Eintritt. Das gilt für alle Dauerexpositionen: Wer in seinem Besichtigungsplan die Orte geschickt bündelt, kann in den fünf verfügbaren **Gratisstunden** bis zu drei Ausstellungen »abhaken«. Dafür muss man sich aber ganz schön beeilen!

Náprstekmuseum
Praha 1, Betlémské náměstí 1
Di. – So. 9.00 – 12.15, 13.00 bis
17.30 Uhr, jeden 1. Fr. im Mo. frei
Ethnologische Sammlung asiatischer, afrikanischer und amerikanischer Kulturen

Nationale Gedenkstätte für die Opfer der Heydrichiade in der Krypta der Kirche St. Kyrill und Method
▶S. 258

LITERATUR, THEATER, MUSIK
Dvořák-Museum in der Villa Amerika
▶S. 321

Franz-Kafka-Museum in der ehemaligen Hergets-Ziegelfabrik
▶S. 204

Mozart-Museum in der Villa Bertramka
▶S. 324

Smetana-Museum am Smetana Kai
▶S. 306

MILITÄR
Armeemuseum
Praha 3, U památníku 2 Nov.
bis April Mo. – Fr. 9.30 – 17.00;
Mai – Okt. Di. – So. 10.00 – 18.00
Uhr, www.militarymuseum.cz

SONSTIGE MUSEEN
Museum des Prager Jesuskindes
▶S. 313

Spielzeugmuseum
▶S. 229

Technisches Nationalmuseum
▶S. 318

Wachsfigurenmuseum
Praha 1, Melantrichova 5
www.waxmuseumprague.cz
tgl. 9.00 – 20.00 Uhr
Smetana, Dvořák, Mucha und andere illustre Persönlichkeiten aus Politik, Sport, Musik und Showbiz.

In den Tempeln der Warenlust

Böhmisches Kristall, Holzspielzeug und antiquarische Bücher – das waren einmal die beliebtesten Mitbringsel von Prag. Heute weiß man vor lauter Einkaufsmöglichkeiten kaum noch, wo man zuerst hingehen soll: In eines der neuen Shoppingcenter? In eine Edelboutique am Prachtboulevard? Oder darf es auch ein Schnäppchen sein? Sollen wir unser Glück vielleicht mal auf einem Flohmarkt versuchen?

Jede Weltstadt hat ihre berühmte Luxusmeile: In Prag heißt sie Pařížská – Pariser Straße. Angelegt wurde sie nach dem Vorbild der Haussmann'schen Grands Boulevards anlässlich der Sanierung des ehemaligen jüdischen Gettos gegen Ende des 19. Jahrhunderts. Heute findet man in den Prachtbauten zu beiden Seiten dieser Straße alles, was gut – und sündhaft teuer – ist. Objekte der Begierde sind die It-Bags, Booties, Pumps und Outfits global verbreiteter Nobelmarken wie Gucci, Dior, Chanel, Prada, Boss und Cartier. *Champs-Élysées an der Moldau*

Eine Tasche, die kein Vermögen kostet, lässt sich eher in den – vom Prachtboulevard nach Pariser Muster abgehenden – Seitenstraßen der Josefstadt auftreiben. In den verschachtelten Gassen hinter der Teynkirche (speziell in der Týnská ulička) findet man auch viel Kurioses: altes Blechspielzeug, robuste Uhren zum Beispiel. Die Läden sind oft nur wenig größer als eine Telefonzelle, aber bis zur Decke vollgestopft mit skurrilen Dingen. Hier zu stöbern, macht Spaß. *Lohnende Abstecher*

Das Shoppingzentrum der Stadt ist der Wenzelsplatz. Im unteren Teil »goldenes Kreuz« genannt, reihen sich hier die vertrauten Kettenläden heutiger Großstädte aneinander. Attraktiv macht sie vor allem das Ambiente: Säulen in Art déco, Deckenstuck in Neorenaissance. Im Prager Retro-Rahmen, wirken die gleichen Rollkragenpullis aus Kaschmir doch gleich ganz anders als in Hamburg oder Berliun. *Im merkantilen Herzen der Stadt*

Typisch für Prag sind die verschachtelten Einkaufspassagen in der Altstadt: Labyrinthe mit hohen Decken, Arkaden und großzügigen Treppenaufgängen. Einem Bazar nachempfunden, verzweigt sich die Lucerna-Passage im gleichnamigen Palais – einem in den Jahren 1907 bis 1921 nach Entwürfen von Václav Havels Großvater errichteten siebenstöckigen Mehrzweckbau an der Westseite des Wenzelsplatzes, dessen Insignie eine Laterne (lat. Lucerna) ist (Neustadt, drei Eingänge: Štěpánská 61, Vodičkova 36, Václavské náměstí 38 über Pasáž Rokoko). Keine zehn Minuten zu Fuß in nördlicher Richtung entpuppt sich *Prager Passagen*

Schaufensterbummel in der Pariser Straße, Prags Pracht- und Nobelmeile

die Černá-růže-(Schwarze Rose)-Passage als – ästhetische – Beton-konstruktion (Neustadt, Na Příkopě 12). Auf dem Weg dorthin kommt man am Koruna-Palast vorbei, dessen Atrium – *nomen est omen* – eine Krone (tschechisch: Koruna) aus bunten Glasmosaiken trägt (Václavské náměstí 1, www.koruna-palace.cz). In der Neustadt überrascht die Spiegelpassage des Adriapalastes mit dem seltenen Stil des Rondokubismus, einer »halbrunden Version« des Art déco (Národní 40).

Souvenir, Souvenir

Das weltberühmte böhmische Kristallglas, einst mit kunstvollem Schliff versehen und in prächtigen Farben erhältlich, türmt sich noch immer in den Altstadtgassen – zum Touristenköder auf Ausverkaufs-niveau degradiert. Doch zum Glück gibt es immer mehr junge Glas-

Begehrtes Souvenir: böhmisches Kristallglas, hier im Moser-Shop in der Černá-růže-Passage

künstler, die dem flimmernden Bleiglas mit gewagten Formen und viel Fantasie jenseits vom klassischen Schliff mit Eisblumenmustern neues Leben einzuhauchen vermögen. Auch die Porzellankunst ist im Wandel. Statt Nippes gibt es nun beispielsweise Porzellanstiefel als Dekor. Ganz vorn in der Gunst der Souvenirkäufer bleiben die tschechischen Puppen und Marionetten, bleiben Holzspielzeug und Modeschmuck (Gablonzer Bijouterie); neu hinzu kamen massenweise bedruckte T-Shirts, Narrenkappen, Filzhüte, Scherzartikel. Gern schaut man auch noch bei Swarovski vorbei: Immerhin stammten die Vorfahren dieser heute für den (patentierten) Kristallschliff auf der ganzen Welt berühmten Familie aus Böhmen.

Antiquitäten & Flohmärkte

Experten sind enttäuscht, die wilden Zeiten nach der Wende längst vorbei: In Prag gibt es heute keine Art-déco-Lampe mehr für einen Appel, keinen Expressionisten für ein Ei. Allenfalls lassen sich noch Milieustudien auf den Prager Flohmärkten betreiben, kann man dort sozialistische »Held der Arbeit«-Auszeichnungen und Tellermützen der Rotarmisten erstehen. Was an wertbeständigen Antiquitäten übrig blieb, lassen sich professionelle Händler mit Gold aufwiegen.

Öffnungs-zeiten

»Mein Geschäft ist mein Zuhause« – nach diesem alten jüdischen Sprichwort sind die Läden entlang der Touristenpfade im Sommer oft bis 22.00 Uhr geöffnet; das Gleiche gilt auch für die großen Einkaufs-zentren. In den Shoppingmeilen ist der Kunde auch sonntags König. Hier gelten in der Regel die folgenden Öffnungszeiten: Mo. – Fr. 10.00 – 20.00, Sa. 9.00 – 17.00 oder 19.00, So. 10.00 – 20.00 Uhr.

Shoppingadressen

ANTIQUARIAT
Pražský Almanach (Prager Almanach)
Kleinseite, Újezd 26
Tel. 2 24 81 22 47, Mo.–Fr. 11.00
bis 18.00 Uhr, Sa./So nach Termin-
vereinbarung, www.artbook.cz
Eine Fundgrube für Bildbände, Il-
lustrationen und alte Fotoblätter.

ANTIQUITÄTEN
Antik Mucha
Altstadt, Liliová 12
Tel. 2 22 22 15 23, Mo.–Sa. 10.00
bis 18.00 Uhr
Was von der Belle Epoque noch
übrig blieb: bronzene Tänzerin-
nen, bunte Porzellankatzen und
dergleichen mehr

BIO-DROGERIE
Botanicus
Altstadt, Ungelt, Týnský dvůr 3
Tel. 2 34 76 74 46, tgl. 10.00 bis
18.30 Uhr, www.botanicus.cz
Die wunderbar »grüne« Welt der
Wellnesskosmetik. Naturprodukte
für Schönheit, Pflege, Heilkuren.

BUCHHANDLUNG
Vitalis
Burg Hradschin, Zlatá ulička 22
Tel. 2 57 18 16 60, tgl. 10.30 bis
19.00 Uhr, www.vitalis-verlag.com
Der Kafkaspezialist präsentiert
sein Angebot authentisch im Gol-
denen Gässchen Nr. 22. In dieses
Zwerghäuschen zog sich Franz
Kafka gern zum Schreiben zurück.

DELIKATESSEN
U Paukerta
Neustadt, Národní 17
Tel. 2 24 22 26 15

www.janpaukert.cz, Mo.–Fr.
9.00–19.00, Sa. 10.00–18.00 Uhr
Der »Käfer« von Prag. Die traditionellen Prager »dekorierten
Brötchen« (obložené chlebíčky)
liegen in den Glasvitrinen wie
Schmuckstücke. Sollte man unbedingt probieren!

DESIGN
Qubus
Altstadt, Rámová 3
Tel. 2 22 31 31 51, Mo.–Fr. 10.00
bis 18.00 Uhr, www.qubus.cz
Hier wurde die alte Designregel
»Form follows function« (die Form
folgt der Funktion) auf den Kopf
gestellt: Es gibt Porzellanstiefel als
Vase, Barockuhren mit digitalem
Display und manch Kurioses mehr.

FLOHMARKT
Bleší trhy Praha
Vysočany (Prag 9), Kolbenova 9
Metrolinie B, Station: Kolbenova
Tel. 7 77 12 13 87, Sa. u. So. 7.00
bis 14.00 Uhr, www.blesitrhy.cz
Auf dem Gelände stand im Sozialis-
mus die größte Straßenbahnfabrik
der Welt. Längst stillgelegt, wird
dort heute auf gut 5000 qm
Fläche ein Allerweltsangebot aus-

Auf dem Flohmarkt Bleší trhy Praha

gebreitet, zu dem auch Lenin-Orden und Marx-Büsten für Ostalgiker gehören. Interessant vor allem als Panoptikum verschiedenster Typen und Temperamente.

GESCHENKE
Artěl
Kleinseite, U Lužickeho semináře 7
Tel. 2 51 55 40 08 oder
Altstadt, Celetná 29 (Eingang von Rybná 1), Tel. 2 24 81 50 85
www.artelglass.com
tgl. 10.00 – 19.00 Uhr
Karen Feldman aus Chicago entwirft mit Abstand die originellsten und witzigsten Sachen. Glas im Retro-Design, Vintage-Taschen der Golden Twenties, Blechspielzeug.

Palladium: Hier gibt es alles unter einem Dach

Moser
Altstadt, Na Prikope 12
Černá-růže-Passage
Tel. 2 24 21 12 93
www.moser-glass.com
tgl. 10.00 bis 20.00 Uhr (im Winter Sa./So. 10.00 – 19.00 Uhr)
Edelste Gläser, Vasen etc. mit Goldrand und kunstvollen Gravuren – nicht billig, aber es ist auch zweite Wahl im Angebot.

KAUFHÄUSER
Anděl City
Praha 5, Smíchov, Radlická 1/b
tgl. 7.00 – 24.00 Uhr
Trendige Ecken mit Cappuccino, Sekt und Sushi – hippes shoppen gleich neben dem spektakulärsten Neubau im boomenden Smíchov: Jean Nouvels »Goldener Engel« – der Name bezieht sich auf ein früher hier stehendes »Haus zum Goldenen Engel« – zeigt an seiner Glasfassade die Umrisse eines überdimensionalen Engels – genauer: des Schauspielers Bruno Ganz in Wim Wenders Film »Engel über Berlin«, der in der US-amerikanischen Neuverfilmung »Wings of Desire« hieß. Direkt an der Metro: Linie B, Anděl.

Tesco
Praha 1, Národní třída 26
Mo. – Fr. 8.00 – 21.00, Sa. 9.00 bis 20.00, So. 10.00 – 19.00 Uhr
Direkt an der Metrostation Národní třída kann man hier noch schnell etwas einkaufen, insbesondere Lebensmittel.

Palladium
Praha 1, Náměstí republiky 1
www.palladiumpraha.cz
Supermarkt: tgl. 9.00 – 20.00,

So. bis 21.00, Einkaufsgalerie:
So.–Mi. 9.00–21.00, Do. bis
Sa. 9.00–22.00 Uhr
Das Einkaufszentrum in der Stadt-
mitte lockt mit rund 170 Mode-
geschäften, Cafés und Restaurants.

KUNST
Kunstkomora
Kleinseite, Lázeňská 9,
Tel. 2 46 02 80 19
www.kunstkomora.cz
Di.–Sa. 11.00–19.00 Uhr
Als würde man im Reich des
spleenigen Kaisers Rudolf II.
landen. Skurriles und Exotisches
im schaurig-gruseligen Kabinett.

Gambra
Hradschinviertel, Černínská 5
Tel. 2 20 51 47 85, Nov.–Feb.
Sa./So. 12.00–17.30, März bis
Okt. Mi-So 12.00–17.30
www.gambra.jex.cz
Der König der bissigen Satire.
Sensible Gemüter sollten lieber
draußen bleiben. Was Jan Švank-
majer in seiner surrealistischen
Galerie ausstellt, ist Horror pur.

KUNSTHANDWERK
Marionety pod lampou (Ma-
rionetten unter der Laterne)
Kleinseite, U Lužického semináře 5
Tel. 6 02 68 99 18, www.marionetty
com, tgl. 10.00–19.00 Uhr
Billig ist das Angebot nicht. Gut
150 Euro muss man schon anlegen, um eine Marionette zu erstehen. Dafür hat aber auch jede
eine eigene Persönlichkeit.

Studio Šípek
Altstadt, Valentinská 11
Tel. 6 02 32 21 69
www.boreksipek.cz, Mo.–Fr.

10.00–18.00, Sa./So. 11.00
bis 17.00 Uhr
Der Prager Designer Borek Šípek,
1968 nach Deutschland emigriert,
wurde 1990 von Václav Havel zu-
rückgeholt, um den Hradschin innen neu zu beleuchten. Auch bei
Lagerfeld in Paris geht Šípeks
Licht auf. Der Prager Shop bietet
auch Glas und Designdekor.

Kubista
Altstadt, Haus zur schwarzen
Madonna, Ovocný trh 19
Tel. 2 24 23 63 78, www.kubista.cz
Di.–So. 10.00–18.30 Uhr
Kubismus zum Mitnehmen:
Ansichtskarten, Bilder, Bücher,
Geschenkpapier, Glas, Keramik,
Möbel, Plakate, Porzellan,
Schmiedekunst, Wohntextilien.

MÄRKTE
Havelský trh (Havelmarkt)
Altstadt, Havelská, Mo.–Fr.
10.00–19.00, Sa. 8.00–19.00,
So. 8.00–18.00 Uhr
Seit 1260 durch den König ausgewiesene Marktstätte unter frei-
em Himmel. Stände mit Allerlei –
von Zimtplätzchen bis Fanartikeln.

MODE
Klára Nademlýnská
Boutique
Altstadt, Dlouhá 3
www.klaranademlynska.cz
Tel. 2 24 81 87 69, Mo.–Fr. 10.00
bis 19.00, Sa. 10.00–18.00 Uhr
Eine Erfolgsstory: von der einfachen Verkäuferin in Paris zur
Stardesignerin in Prag. Madame
Nademlýnská (Frau Obermüllerin)
entwirft Seidenkleider mit Art-
déco-Print, zarte Tops mit schönen Barockmustern.

Prag entdecken

Prag für Einsteiger. Mit einer Sightseeing-Tour ist man schnell auf dem richtigen Weg. Ohne lange zu suchen, kann man sich spontan entscheiden: Am Altstädter Ring stehen Kutschen und Oldtimer bereit, auch vor dem Repräsentationshaus starten Rundfahrten. Trendbewusste wählen zwischen einer Tour mit dem Fahrrad oder dem Segway. Und nicht vergessen: Auf der Moldau schippern Dampfer mit Musik an Bord. Da swingt das Pragpanorama gleich mit im Takt.

Prag ist ein Paradies für Fußgänger, wenngleich einem schnell die Füße schmerzen können. Das liegt an den leicht nach oben gerundeten **Katzenköpfen**, wie hier das Kopfsteinpflaster genannt wird. Da empfiehlt es sich in jedem Fall, gut beschuht unterwegs zu sein. Die **Orientierung** fällt dagegen leicht: Man muss sich nur einprägen, wo der Altstädter Rathausturm, Teynkirche, Pulverturm, St.-Niklas-Kirche liegen. Überragt wird das Stadtpanorama von der gotischen Spitze des St.-Veits-Doms. Dorthin führen letztlich auch alle Weg in Prag: zum Burghügel, Hradschin, hinauf …

Prag per pedes: zu Fuß durch die Fußgängerstadt

Hat man nicht bis vor Kurzem noch stets behauptet, Radfahren in Prag sei nur etwas für Verrückte? Inzwischen muss die halbe Stadt verrückt sein. Denn Radfahren ist »in«, Prag wandelt sich zum Amsterdam an der Moldau. Und zwar nicht nur für Kiffer, die von der liberalen Drogenpolitik des Landes profitieren, sondern auch für die unmotorisiert-naturnahen Zweirad-freunde: Immer mehr Radwege werden als solche markiert, vielfach in gänzlich autofreien Zonen. Ein Hindernis bereiten allein die immer mal wieder im Weg stehenden Stiegen und Stufen. Da muss man dann halt den Drahtesel zwischendurch schultern. Bei **Citybike** hat man die Wahl zwischen 60 verschiedenen Fahrradmodellen (tschechisch: kolo), es werden auch geführte Touren angeboten. Sturzhelm, Sicherheitsschloss, Stadtkarte plus ein Getränk sind im Preis inbegriffen. MP3-Audioführer gibt es auch auf Deutsch.

Mit dem Rad

> **? | BAEDEKER WISSEN**
>
> *Zur Orientierung: Fass dich kurz!*
>
> Was meint der Prager, wenn er sagt: »U koně« (tschechisch: »beim Pferd«)?« – Dass man sich bei der Reiterstatue des hl. Wenzel am Wenzelsplatz treffen könnte. Denn die Prager Art ist schnoddrig kurz. Der Altstädter Ring (Staroměstské náměstí) heißt »Staromák«, der Karlsplatz (Karlovo náměstí) »Karlák« und der Wenzelsplatz (Václavské náměstí) schlicht »Václavák« …

Auch per Boot lässt sich die Goldene Stadt an der Moldau erkunden.

Ganz schön trendy: mit dem Segway

Eine relativ neue Art von schnellem Sightseeing heißt Segway: Auf »selbst balancierten Rollern« mit zwei Rädern brausen trendbewusste Touristen durch die Altstadt und die Kleinseite. In den mittelalterlichen Gassen nehmen sich die behelmten Fahrer wie Comicfiguren aus. **Leicht** und **elegant** sieht das aus, trotzdem fragt sich so mancher: Schaffe ich das auch? Die Antwort kann nur lauten: Yes, you can! Das Gleichgewicht auf dem Stehroller zu halten, ist ein Kinderspiel. Die Elektronik hat alles im Griff, man muss nicht einmal »Gas geben«. Durch die Verlagerung des Gewichts regelt sich die Fortbewegung automatisch. Kippt man den Körper ein bisschen nach vorne, fährt man schneller; kippt man ihn ein bisschen nach hinten, fährt man langsamer. Ein »Ruck zurück« bedeutet: stopp! Und siehe da: Der schicke Straßengleiter hält auch sogleich. Nun sollte man aber sofort wieder eine aufrechte Haltung einnehmen, sonst rollt das Elektrogerät rückwärts. Das hört sich doch ein klein wenig kompliziert an? Ist es aber nicht: Beim Ausleihen weist einen der Instruktor in die Fahrkunst ein, dann geht es auch schon los: Die Rock 'n' Roller kommen. Mühelos geht es die steilen Gassen hinauf, über Parkwege wieder hinunter; dabei ziehen die Sehenswürdigkeiten an einem vorbei wie in einem opulent ausgestatteten Historienfilm.

Wachablösung per Segway?

Gut zu wissen: Bei einer Cafépause braucht man sich keine Sorgen zu machen: Einen Segway klaut so schnell keiner. Wird der Info-Key-Controller herausgezogen, tut sich nämlich gar nichts mehr – eine perfekte Diebstahlsicherung. Und: Der Antrieb ist **umweltfreundlich**. Die Akkus reichen immerhin für etwa 38 km Fahrt, beim Bremsen oder bei einer Bergabfahrt wird elektrische Energie gewonnen. Das Tempo ist auf **20 km/h** begrenzt – schnell genug, um von hier nach da zu kommen, aber auch langsam genug, um für das Betrachten der Schönheiten Prags genügend Zeit – und dabei viel Spaß! – zu haben.

Im Oldtimer-Cabrio durch die Stadt an der Moldau

Ledersitze, Teppichboden, Beinfreiheit wie in einem Teesalon: Es hat schon was, in einem automobilen Klassiker aus den »goldenen Zwanzigerjahren« durch die Straßen von Prag zu rollen. Liebevoll restauriert und auf Hochglanz poliert, führt uns eine solche nostalgische Stadttour ganz bequem zu den wichtigsten Sehenswürdigkeiten, und wenn der Fahrer merkt, dass man daran Interesse hat, erzählt er einem auch mehr als nur den üblichen Standardtext.

Lust auf Oldtimer?

Die Anlegestelle der **Moldaupersonenschiffe** befindet sich bei der Palackýbrücke (Palackého most) am Kai Rašínovo nábřeží. Von hier werden von Mai bis September alle halbe Stunde Schiffsrundfahrten von der **Prager Dampfschifffahrtsgesellschaft** (Pražská paroplavební společnost) angeboten, bei denen sich der Besucher einen guten Überblick über Prag verschaffen kann (Tel. 2 24 93 10 13, www. paroplavba.cz). Ferner fahren von der Palackýbrücke Schiffe zu den Naherholungsgebieten der Prager Umgebung ab, etwa zum landschaftlich reizvollen Slapy-Stausee der Moldau oder zum Schloss von Roztoky. Neben den konventionellen Schiffsausflügen auf der Moldau bietet die **EVD** (Evropská Vodní Doprava) mit ihrer Anlegestelle an der Čech-Brücke (Čechův most), gegenüber dem Hotel Intercontinental, nächtliche Kreuzfahrten sowie die Möglichkeit, Schiffe für besondere Tourarrangements, Firmenausflüge und/oder private Partys zu chartern (Tel. 2 24 81 00 30, www.evd.cz).

Alles im (und auf dem) Fluss

SPAZIERGÄNGE MIT PRAGEXPERTEN
Prague Walks
Altstadt
Jungmanovo náměstí 20
Tel. 6 08 33 90 09
www.praguewalks.com
Nach Themen zusammengestellte Touren, bei denen nicht nur die wichtigsten Sehenswürdigkeiten der Stadt sachkundig vorgestellt werden, sondern auch Zeit bleibt für Hintergründe und Legenden. So erfährt man in der Josefstadt einiges über Golem & Co., und bevor man sich auf die Spuren des Kommunismus macht, singt der Tourguide erst einmal die »Internationale«. Abends findet man zielsicher zum Geisterhaus oder in die gemütlichsten Kneipen. Ab 300 Kč pro Person, Anmeldung am Vortag notwendig.

FAHRRADTOUR
Citybike Verleih
Altstadt
Králodvorská 5,
Tel. 7 76 18 02 84
www.citybike-prague.com
April–Okt. Mo.–So.
9.00–19.00 Uhr
Die ersten zwei Stunden werden mit 300 Kč berechnet, danach kommen je weitere angefangene Stunde 50 Kč hinzu. Ein (24-Stunden-)Tag kostet 650 Kč, eine Themenetappe wie die geführte »Burgtour« 550 Kč. Sturzhelm, Sicherheitsschloss, Stadtkarte plus ein Getränk sind im Preis inbegriffen. MP3 Audioführer auch in Deutsch erhältlich.

SELBSTROLLER-TOUR
Prague Segway Tours
Kleinseite
Maltézské náměstí 7

Prag by boat: In der »blauen Stunde« ist eine Moldau-Kreuzfahrt durch die Goldene Stadt be sonders stimmungsvoll.

Tel. 724 280 838
www.prague-segway-tours.com
Mo.–So. 9.30–22.00 Uhr
Individuelle Fahrt ab € 49, Grup-
pentour ab € 39 pro Person.
Der Malteserplatz ist ein guter
Startort, um als Anfänger den
Selbstbalance-Roller in den Griff
zu bekommen. Man braucht nur
eine lebhafte Straße zu überqueren, und schon geht die Fahrt ins
Grüne. Laurenziberg, Kloster
Strahov, Hradschinplatz ergeben
ideale Rollstrecken. Bald bewegt
man sich wie ein Segwayprofi,
kurvt sicher durch die Kleinseitner Gassen.

OLDTIMER-TOUR
3 Veterani
Tel. 6 03 52 17 00
www.3veterani.cz

Prague by Oldtimer
Tel. 7 20 31 48 94
www.praguebyoldtimer.com
Standorte: Altstädter Ring
(Staroměstské náměsti)/Ecke
Pařížská, Kleiner Ring (Malé
náměsti), Kleinseitner Ring
(Malostranské náměsti)
Wie fabrikneu warten die Oldtimer von Kultmarken wie Škoda
und Praga, Baujahr 1928 bis
1932, auf die Fahrgäste. Welche
Beinfreiheit man auf dem Rücksitz
einer solchen Limousine hat! Da
kann kaum ein modernes Auto

mithalten. 40 Min. kosten 1200
Kč, eine Stunde 1500 Kč, zwei
Stunden 3000 Kč. Angeboten
werden auch eine Tour »Prag
bei Nacht« (20.00–22.00 Uhr, ab
2.000 Kč) und ein Ausflug
bis zur Burg Karlstein (Dauer
ca. 5 Stunden, 6000 Kč).

MOLDAU-KREUZFAHRT
Prague Steamboat
Company (Pražská paropla-
vební společnost)
Ankerplatz: Rašínovo nábřeží
(Jirásek- und Palackého-Brücke)
Tel. 2 24 93 10 13, 2 24 93 00 17
www.paroplavba.cz

Prague Boats
Ankerplatz: Bei den Franzis-
kanern (Na Františku), Czech-
Brücke (Čechův most)
Tel. 2 24 81 00 30
oder 2 24 81 00 32
www.evd.cz
Schiff ahoj! Es wimmelt von
Boten, Raddampfern, Ausflugs-
boten jeder Ausstattung und
Kategorie an der Moldau (Vltava).
Abends gibt es Partys auf dem
Deck mit Jazz, Dancefloor oder
Volksmusik – und jeder Menge
guter Stimmung. Übrigens: Man
kann auch Silvester auf einem
der Schiffe feiern, also ins Neue
Jahr nicht rutschen, sondern
»gut rüberschwimmen«!

Lust auf einen Palast?

Patrizierhäuser, Jugendstilfassaden, wohin das Auge blickt: Die Prager Hotelszene gleicht einer Filmkulisse. Unter verwinkelten Dächern locken romantische Zimmer, in altertümlich anmutenden Türmchen warten herrliche Suiten. Am liebsten würde man ständig umherziehen, vom einen Domizil zum nächsten – und träumen, man sei ein Fürst, Kardinal oder gleich Mozart persönlich: Prager Hotelnächte laden dazu ein.

Prag ist aber auch die Stadt des Franz K., in der eine Hotelnacht schnell mal albtraumhafte Züge annehmen kann. Was im Internet noch ganz romantisch aussieht, hat in der Realität dann manchmal so seine **Tücken**. Da donnert der Verkehr vor dem haus vorbei, dass die Wände wackeln. In etlichen Hotels wird man ganztägig von Aufzügen gestört, die wie Höllengefährte rasseln. Generatoren, die sich nach Mitternacht krachend einschalten, sind genauso lästig, wie scheppernde Ventilatoren, die in einem engen Innenhof in Sturmstärke blasen. Mancherorts dringen gar Küchendämpfe ins Bad, beim Duschen versiegt plötzlich das Wasser, weil auch andere unter der »Rain Shower« stehen. Derlei **Pannen** haben damit zu tun, dass immer mehr ehemalige Bürgerhäuser hastig in neue Hotels verwandelt werden. Der Tourismus boomt, Zeit ist Geld, und da spart man sich halt mal eben die Schallisolierung – demzufolge zeichnen sich viele der neuen minimalistischen Designerhotels nicht nur durch ihre gewagten Farbmischungen, sondern auch durch ihre Hellhörigkeit aus.

Albtraum oder Romantik?

Bei **Buchungen im Internet** sollte man unbedingt auch die Kommentarseiten lesen und die – oft von den Hoteleignern selbst stammenden – Lobeshymnen von den teils vernichtenden Urteilen notorischer Miesmacher unterscheiden. Die Wahrheit liegt wie stets eher in der Mitte. »Traumhaft gute Lage, zuvorkommend im Service, individuell«? Dazu Fotos von Möbeln, die jeden Palast schmücken würden: Hört sich gut an, sieht gut aus und stimmt auch alles – nur, dass der Ausblick doch sehr zu wünschen übrig lässt, erfährt man erst vor Ort. Wenn man Pech hat, geht der Ausblick auf eine wilde Partygasse wie hinter der Teynkirche, also »eigentlich« in bester Lage. Dort sitzt man dann im Boutiquehotel vor kostbaren Antikmöbeln und blickt auf mexikanische Tequillakneipen und schräge Hardrockclubs. Die halbe Nacht macht man wegen dem Gegröle auf der Straße kaum ein Auge zu – hat aber wenigstens genügend Zeit, die schönen Deckengemälde zu studieren.

Nepp oder Schnäppchen?

1912, als das Hotel Evropa noch »Erzherzog Stephan« hieß, las Kafka hier »Das Urteil« vor, in seiner ersten und einzigen öffentlichen Lesung.

Nepp oder Schnäppchen? Auch die Preise sollte man aufmerksam betrachten. Die Tarife im Internet scheinen nämlich unberechenbar zu sein und können im Extremfall von 1000 Euro pro Nacht am einen zu 200 Euro am nächsten Tag fallen. Wohlgemerkt: für dasselbe Zimmer. Wissen sollte man auch, dass über Silvester und Neujahr bis zum Vierfachen des Hochsaisonpreises verlangt wird und die meisten Zimmer dann oft nur im Paket für mindestens drei Nächte zu haben sind. Dennoch braucht niemand zu verzagen, der online nach dem Last-Minute-Deal fahndet: Mit etwas Glück kann man immer noch mal auch ein Traumzimmer über den Dächern von Prag erwischen, für 35 Euro.

Camping Die Prager Campingplätze liegen in der Regel zwischen 5 und 10 km außerhalb der Stadt. Infos unter www.camp.cz oder beim Prager Informationsdienst (www.praguewelcome.cz).

Empfehlenswerte Unterkünfte

❶ etc. Karte S. 106/107

Preiskategorien

€	bis 80 €
€€	80 bis 120 €
€€€	120 bis 250 €
€€€€	über 250 €

Übernachtung mit Frühstück im Doppelzimmer

? BAEDEKER WISSEN

Unterkunftsportale im Internet

Hotels
wwww.booking.com
www.prag-cityguide.de
www.agoda.de
www.praguewelcome.cz
www.visitprague.cz

Bed and breakfast
www.wimdu.de
www.airbnb.de
www.praguebedand
   breakfast.com
www.pragunterkunft.de
www.housetrip.com

LUXUS

❶ Mandarin Oriental €€€€
Kleinseite, Nebovidská 1
Tel. 2 33 08 88 88
www.mandarinoriental.com
Das ehemalige Kloster der Benediktiner wurde unter Kaiser Joseph II. säkularisiert, dann als Hospital genutzt. 1870 zog die »Prager Zeitung« samt Redaktion und Druckerei ein. Nach 1948 rollte von den Offsetmaschinen kommunistisches Propagandamaterial. Was vom Volkseigentum übrig blieb, wurde für rund 100 Millionen Euro prächtig restauriert. Heute wird man unter den hohen Bögen des Kreuzgangs immer noch spirituell berührt, im – in einer ehemaligen Kapelle eingerichteten – Spa setzen sich die andächtigen Momente fort. Mit einem aromatischen Ingwertee empfangen, begibt man sich in die einstigen Mönchsklausen zu den »Time rituals«: So heißen hier die Massa-

gen und Treatments. Die Lazarus-Suite wurde von seiner Heiligkeit, dem Dalai-Lama eingeweiht. Angelina Jolie war auch schon da. Vor der Tür warten die malerischen Gassen der Kleinseite.

❷ Hilton Prague ❸❸❸❸
Praha 8, Pobřežní 1
Tel. 224 84 11 11
www.hilton.com
Abheben zum Chill-out, wie im guten alten New York: Am Feierabend wird die Sky Bar Cloud 9 gestürmt, die Partywolke auf dem Hilton-Dach. Zur Cocktailstunde glitzert das hunderttürmige Panorama Prags wie magisch in die Nacht. Gläserne Aufzüge gleiten an der Innenfassade entlang, zwei Restaurants und ein Lounge-Café verteilen sich über mehrere Ebenen. Mit dem Bau (ein tschechisch-französisches Joint Venture) wurde in realsozialistischer Zeit begonnen. Mitterand und Havel durchschnitten 1991 das Eröffnungsband, Bill Clinton war der nächste Staatsgast. Für Barack Obama war die Kapazität entscheidend, 780 Zimmer, da konnte er seine ganze Crew unterbringen. Um 6.00 Uhr früh kraulte er bereits im Indoor-Pool, mit 12 m die längste Schwimmbahn der Prager Hotels. Helle Farben, edles Naturholz und feines Leder in den Zimmern: ein gläserner Wohlfühlpalast östlich der Altstadt.

❼ Kempinski Hotel Hybernská ❸❸❸❸
Hybernská 12, Tel. 2 26 22 61 11
www.kempinski.com/en/prague/
Als die Bahnhöfe noch wie Tempel für Götter gebaut wurden, fühlte

Tischleindeckdich: im Kempinski

sich auch die Prager Bahndirektion zur Repräsentation verpflichtet. Das ehemalige Kloster der Hybernianer, irischer Franziskanermönche, erwies sich dafür als geeignet. Auf den alten Fundamenten und Gemäuern wuchs der Umbau damals revolutionär modern in die Höhe. Gradlinig und grafisch strukturiert, im Kontrast zum Barockprofil bis zum ersten Stock, ein außergewöhnlicher Ort auch für ein außergewöhnliches Hotel: Das Kempinski Hotel in Prag vereint Ästhetik, Design und Kunst. 61 von 75 Suiten verfügen über getrennte Schlaf- und Wohnbereiche sowie begehbare Kleiderschränke. Was nicht fehlen darf: die Nespresso-Maschine. Und sollte George Clooney höchst persönlich auftauchen – in diesem noblen Ambiente würde selbst er kaum auffallen. Zum Pulverturm, dem Repräsentationshaus wie zum Shoppingparadies Palladium sind es von dieser Luxusherberge nur 200 m. Und schon ist man mittendrin im Touristentrubel.

⓫ The Augustin ❸❸❸❸
Kleinseite, Letenská 12
Tel. 266 112 233
www.theaugustine.com

! *High Life in Prag*

Rooftop-Hotels erheben sich wie bunte, von Sonnenschirmen beschattete Inseln aus dem Stadtpanorama. Nachts gleichen ihre Dachterrassen beleuchteten Decks von Traumschiffen, die durch das Häusermeer pflügen. Zum faszinierenden Ausblick gesellt sich gehobene Gastronomie. Die Botschaft ist somit klar: Oben ist immer die erste Klasse, und das sind die besten drei Prager Rooftop-Hotels:

⑧ Aria Hotel €€€€
Tržiště 9, Tel. 2 25 33 47 61
www.codarestaurant.cz
Italienisches Star-Design, kunstvolles Dinieren auf Augenhöhe mit der St.-Niklas-Kirche.

**⑨ U Zlaté Studně
(Zum Goldenen Brunnen)** €€€€
U Zlaté studny 4, Tel. 2 57 01 12 13
www.goldenwell.cz
Sagenhafter Panoramablick schon beim Frühstück auf der Terrasse.

⑩ U Prince (Zum Prinzen) €€€
Altstädter Ring, 29
Tel. 2 24 21 38 07
www.hoteluprince.com
Der Star unter den Prager Dachterrassen (Abb. unten): Altstädter Rathaus, Teynkirche zum Greifen nah.

Hier gibt es eine der zehn exklusivsten Suiten der Welt: Im Turm des Rocco-Forte-Hotels nimmt sie drei Stockwerke ein. Eine Etage nur fürs Bad, vom Schlafzimmer öffnet sich ein 360-Grad-Panorama über Prag. Vom Bett aus sieht man den ganzen Hradschin, ohne aufstehen zu müssen. Kostenpunkt: umgerechnet etwa 4000 € pro Nacht. In den normalen Doppelzimmern wohnt man auch nicht schlecht – aber ungleich günstiger (ab 250 ¶).

⑫ Four Seasons €€€€
Praha 1, Veleslavínova 2 a
Tel. 2 21 42 70 00
www.fourseasons.com
Drei Gebäude aus Gotik, Renaissance und Barock sind durch eine zeitgenössische Bauweise miteinander verbunden. In zentraler Lage direkt an der Moldau und unweit der Karlsbrücke und der Prager Altstadt. Zum Hotel, das über 162 Zimmer und Suiten verfügt, gehört das Restaurant Allegro, das italienische Kochkunst mit tschechischen Spezialitäten verbindet und im Sommer auf die Terrasse an der Moldau einlädt.

BELLE EPOQUE
④ Grand Hotel Evropa €/€€
Praha 1, Václavské náměstí 25
Tel. 2 24 21 53 87
www.evropahotel.cz
Wer in diesem klassischen Jugendstilhotel absteigt, sollte nicht den Komfort vergangener Tage erwarten: An den 115 Zimmern hat die Zeit ihre Spuren hinterlassen. Robuste Nostalgiker mag das nicht abschrecken, allen anderen sei al-

lenfalls ein Besuch des Jugendstil-
cafés empfohlen.

⓭ Esplanade ⬤⬤⬤⬤

Praha 1, Washingtonová 19
Tel. 2 24 50 11 11
www.esplanade.cz
Besonders das gute französische
Restaurant animiert in dem exklu-
siven 64-Zimmer-Hotel zum Besuch. Das im Stil der 1930er-Jahre
renovierte Haus liegt recht ruhig
gegenüber einem Park in der
Nähe des Hauptbahnhofs.

⓯ Paříž ⬤⬤⬤⬤

Praha 1, U Obecního domu 1
Tel. 2 22 19 51 95
www.hotel-pariz.cz
Das hinter dem Repräsentationshaus gelegene Luxushotel aus dem
Jahr 1907 bietet neben 100 großzügigen Zimmern und zwei
Konferenzräumen auch ein stilvol-
les Restaurant.

DESIGN

❸ Park Inn ⬤⬤

Neustadt, Svobodova 1
Tel. 2 25 99 52 25
www.parkinn.com
Industriebau mit Art-déco-Fassade
von 1907, ehemalige Druckerei.
Die Ostalgiker freuen sich: In der
Halle empfängt der sowjetische
Kosmonaut Juri Gagarin als riesige
Druckplatte die Gäste. Die Kom-
munistenzeitung »Rudé Pravo«
(Rotes Recht), einst hier gedruckt,
feierte ihn am 13. April 1961 auf
dem Titel. Dunkelrot dominiert als
Raumfarbe, zum funktionellen
Design fügt sich Retro-Stil. Der
Vyšehrad vor der Tür lädt mit Fes-
tungsruinen ein, Prags Grün-
dungslegenden nachzuspüren.

⓰ Boscolo Hotel Carlo IV. ⬤⬤⬤

Praha 1, Senovážné náměstí 13,
Tel. 2 24 59 30 33
www.boscolohotels.com
Ursprünglich ein Bankpalast, in
Pracht und Dimension könnte es
mit dem Nationalmuseum wetteifern. Von der römischen Luxus-
hotelgruppe Boscolo veredelt, stehen in der Halle wuchtige
Ledergarnituren. Säulenpracht,
Kristallleuchter und Art déco vom
Feinsten schaffen eine erhabene
Atmosphäre. Die geräumigen Zimmer sind mit Antiquitäten möbliert.
Schlafen wie in der Schatzkammer
des Königs. Gourmetküche mit italienischer Note.

⓱ The Icon Hotel & Lounge ⬤⬤⬤

Neustadt, V Jámě 6
Tel. 2 21 63 41 00
www.iconhotel.eu
Über dem Eingang des 120 Jahre
alten Patrizierhauses wacht eine
Madonna, die sich auch von der
in lichtem Kardinalslila gestriche-
nen Fassade des Baus nicht von
ihrer Funktion als Schutzpatronin
ablenken lässt. Alle 31 Zimmer
wurden mit den großen, von
Hand gefertigten Betten der
schwedischen Firma Hästens ausgestattet. Kleine Feinheiten wie
Skype-Telefonie, iPod-Docs und
biometrische – auf einen Finger-
druck reagierende – Safes machen
die Räumlichkeiten zum Wohl-
fühlareal. Gut ausgeruht und ge-
stärkt durch das À-la-carte-Früh-
stück macht man sich auf den
Weg, die Stadt zu erkunden –
den Wenzelsplatz erreicht man
durch die Lucernapassage.

⑱ Kings Court
Altstadt, U Obecního domu 3
Tel. 2 24 22 28 88
www.hotelkingscourt.cz
Diesen imposanten Jugendstilpalast bezog im Jahr 1900 die Prager Industrie- und Handelskammer. Die Zimmer sind räumlich an Großzügigkeit kaum zu übertreffen, von den meisten Zimmern blickt man auf den lebhaften Platz der Republik. Spafreunde werden von dem Kellerversteck allerdings eher enttäuscht sein.

BOUTIQUE

❺ Le Palais €€€/€€€€
Praha 2, Vinohrady, U Zvonařky 1
Tel. 2 34 63 41 11
www.palaishotel.cz
Um das Jahr 1897 erbaut, schmücken Stuck, Kartuschen und Schnörkel die durch wuchtiges Gesims und Pilaster sowie einen Eckturm gegliederte Fassade dieses Patrizierpalasts. Die Innenausstattung entwarf der Maler Ludwig Marold, berühmt für das größte Gemälde der Welt, die Hussitenschlacht 1434 bei Lipany. Farbenfroh-gemütlich gestaltete Zimmer in der Prestigeklasse der »Leading Small Hotels of the World«, Bar, Spa, Restaurant. Auf der Terrasse öffnet sich ein ungewohnter Weitblick, zum Wenzelsplatz ist es nur ein Katzensprung.

⑲ Maximilian €€€
Praha 1, Haštalská 14
Tel. 2 25 30 31 11
www.maximilianhotel.com
Das Hotel liegt nahe dem Agneskloster. Die 72 Zimmer sind exquisit eingerichtet – für Tagungsgäste gibt es Seminarräume – und eine hoteleigene Tiefgarage. Die Sehenswürdigkeiten der Altstadt lassen sich von hier aus bequem zu Fuß erkunden.

⑳ Zu den drei Straußen (U tlí pštrosǎ) €€€
Praha 1
Dražického náměstí 12
Tel. 2 57 28 88 88
www.utripstrosu.cz
Nur wenige Meter von der Karlsbrücke entfernt liegt dieses hübsche Hotel. Um eines der 18 begehrten romantischen Zimmer zu ergattern, muss man sich meist schon sehr früh bemühen.

KOMFORTABEL

⑭ Roma €€
Praha 1, Kleinseite
Újezd 24
Tel. 2 22 50 02 22
www.hotelroma.cz
Bei der Kampa-Insel: ein sonniges Hotel aus der Mozartzeit. Es steht unter Denkmalschutz und wurde akribisch renoviert. Dazu kamen ein modernes Atrium und ein Designertrakt. Insgesamt 87 Zimmer, davon acht antik möbliert.

㉑ Eurostars David €€
Neustadt, Náplavní 6
Tel. 2 22 51 51 50
www.eurostarsdavid.com
Unweit von der Moldau: außen im Neorenaissance-Stil geprägt, innen palastartig mit Stuck und Schnörkel ausgestattet. Zimmer in Sand- und Brauntönen, Hirschleder am oberen Ende des Betts. Hinzu kommen orangefarbene Goliathlampen und schwarze Davidkopien.

ECONOMY

❻ The Mosaic House ⓔ/ⓔⓔ
Neustadt, Odborů 4
Tel. 2 46 00 83 24
www.mosaichouse.com
Wohnen in kühlen Farben: In den minimalistischen Etagen beschleicht einen ein Retro-Gefühl. So stellte man sich wohl in den 1920er-/1930er-Jahren die Zukunft vor. Wirkt heute brandaktuell.

❷❷ Czech Inn ⓔ/ⓔⓔ
Vinohrady, Francouzská 76, Tel. 2 67 26 76 00 oder 2 67 26 76 12
www.czech-inn.com
Gestern Backpacker, heute Flashpacker: Die sind zwar durchaus mit Geld, Laptop und Rucksack de luxe unterwegs, aber deswegen noch lange keine Konformisten. Dieses weiße Patrizierhaus, eines der besten Hostels Europas, bietet skandinavisch gestylte Schlafräume für acht bis zwölf Personen sowie Private rooms in schwarz-weißem Design. Im Café Kavárna verschmilzt dann ohnehin alles: Müsli-Grüne, Absinthtrinker, Bierschlucker, Weinkenner, DJs, Livebands, globale Traveller, junge Prager.

❷❸ Purpur ⓔ
Neustadt, Řeznická 15
Tel. 7 31 11 81 13
www.purpurhotel.com
Der Name ist Programm – und Purpurrot die vorherrschende Farbe: bei der Bettwäsche, den Vorhängen und Wänden. In den ansonsten angenehm puristisch gestalteten Zimmern wohnt man transparent: Die Dusche ist vom Bett nur durch eine Glaswand getrennt. Im vierten Stock gibt es terrassenartige Balkone mit Blick auf das Neustädter Rathaus.

❷❹ STEP ⓔ
Vysočany, Malletova 1141
Tel. 2 72 17 83 50
www.hotelstep.cz
Der orange-weiß gestreifte Betonbau erinnert ein bisschen an einen riesigen, acht Stockwerke hohen Brotkasten. Einst als Sporthotel für real existierende Sozialisten entstanden und 2007 renoviert, ist man bis heute auch für ein Warmup bestens eingerichtet: Schwimmhalle, Whirlpool, Fitnessstudio, Squash, Indoor-Golf, Bowling, Billardsalons. Mitten im ehemaligen industriellen Herz von Prag gelegen, ostalgisch anregend.

❷❺ Pivovar ⓔ
Vysočany, Freyova 1
Tel. 2 83 89 21 50
www.hotel-pivovar.cz
Eine ehemalige Brauerei, schlicht renoviert, spartanisch eingerichtet, aber nicht ohne Charme. Im Keller gibt es Gewölbe, dicke Mauern und hohe Decken. Die postsozialistische Umgebung liefert ein Zeitdokument: Das hier war also mal das Arbeiterparadies.

TOUREN

Unsere Tourenvorschläge führen Sie auf die geschichtsträchtige Kleinseite, zu den wichtigsten Sehenswürdigkeiten der Neustadt, zeigen Ihnen die Highlights rechts und links der Moldau, führen Sie in Kafkas literarische Welt und schlagen Ihnen auch ein paar Ausflüge über die Stadtgrenzen hinaus vor – bis hin zum kaiser-ichen Domizil auf der Burg Karlstein (links).

Lustschloss Stern
Weißen Stern
★ ★ HRADČANY
Königs...
Schloss Belvedér
Hana...
Pavi...
Villa Richter
Chotec-Park
★ ★ Hradschin
Erzbischöfliches Palais
Veitsdom
★ ★
Königsgarten
Kapuziner-kloster
★ Palais Sternberg
Hradčanské nám.
Prager Burg
Palais Fürstenberg Palffy
Palais
Palais Černin
Prager Burg
★ Hradschiner Platz
Klárov/Malostranská
† ★ Loretoheiligtum
Loretánské
Palais Thun-Hohenstein
★ Palais Waldstein
Waldsteingarten
Schwarzen-berg
Úvoz
Nerudova
Malo-stranské nám.
Kleinseitener Ring
Nerudagasse
Palais Liechtenstein
Zu den drei Straußen
Kloster Strahov
Vlašská
★ ★ St. Niklasdom
Palais Vrtba
Kleinseitner Brückentürme
★ ★ Karlsbrü...
Altstäd... Brückentu...
★ Laurenziberg
St. Maria de Victoria
†
Harantova
Palais Nostitz
Kampa
Smetana-museum
Laurenziberg
Petřin-warte
Tyršhaus
Kampa
Vltava

Touren durch Prag

Drei Spaziergänge und eine Fahrt mit der Tram zeigen Ihnen das ganze Spektrum der Stadt.

Tour 1
Kleinseite (Malá Strana)
Vom Kleinseitner Ring zum Laurenziberg
Seite 161

Tour 2
Prager Neustadt (Pražské Nové Město)
Vom Nationaltheater zum Vyšehrad
Seite 163

Tour 3
Mit der Tram durch Prag
Die bequemste Form der Stadtbesichtigung
Seite 164

Tour 4
Auf Kafkas Spuren
Literarisches Prag – auf Schritt und Tritt
Seite 168

Střelecký ostrov
National-theater
National-theater
...at... ...Ma...
Sophien-insel
Máneshaus
★ Mánes-Ausstellungssaal
Jiráskův most
...ess...
...va...
★ Tanzendes Hau...
St. We... am Zo...
Palackého most
Emmauskloс...
Vltava
Rašínovo nábř.
...štejn, Zbraslav, Slapy ↓

1 Zur schwarzen Mutter Gottes   2 Haus zur Minute   3 Husdenkmal   4 Palais Clam-Gallas   5 Karolinum   6 Repräsentations-haus

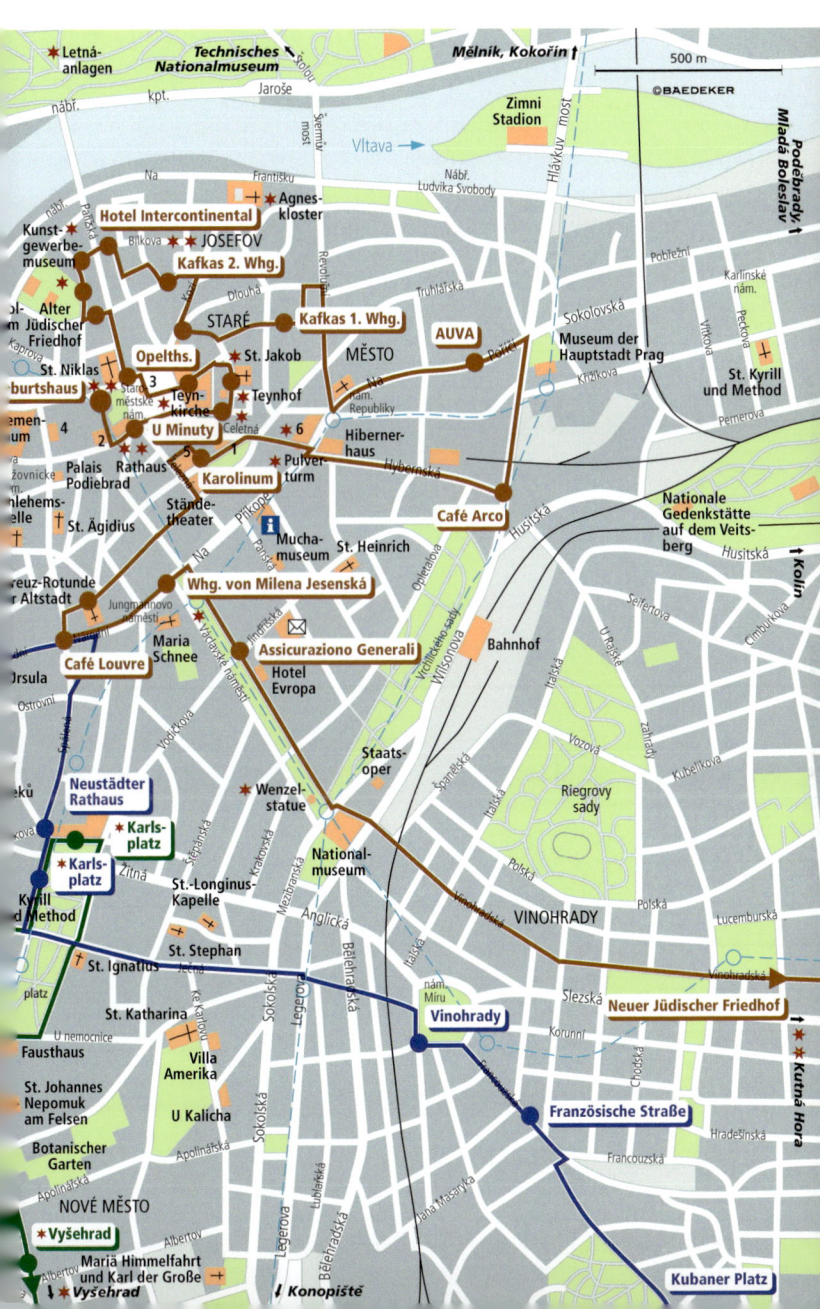

Unterwegs in Prag

Alles ganz zentral

Ein Trip nach Prag lohnt sich schon übers verlängerte Wochenende. Die meisten Pragbesucher bleiben im Schnitt drei bis vier Tage, dann hat man in der Regel das Wichtigste gesehen. Die Attraktivität der modernen Metropole beruht nicht zuletzt darauf, dass seine Sehenswürdigkeiten alle sehr zentral gelegen und **gut zu Fuß erreichbar** sind. Die Orientierung (auch an den markantesten Türmen) ist einfach: Hradschin, Karlsbrücke und Altstädter Ring sind das Pflichtprogramm. Die bequemste Art, einen wirklich guten und umfassenden Eindruck von den wichtigsten Attraktionen der Stadt zu bekommen, ist eine Fahrt mit der Straßenbahnlinie 22 (►Tour 3). Mit der **Metro** kommt man noch schneller ans Ziel, sieht aber nicht so viel. Trotzdem ist die Prager Metro oftmals eine lohnende Alternative.

Um in einen der Prager Außenbezirke zu gelangen, nimmt man am besten den **Bus**. Sich in Prag mit dem Auto fortzubewegen, lohnt sich nicht. Die Parkplatzsuche ist mühsam, mit den öffentlichen Verkehrsmitteln kommt man überallhin. Da steigt man besser noch ins Taxi – idealerweise lässt man sich an der Hotelrezeption ein Funktaxi bestellen und, für den Rückweg, Auskunft über die Standorte seriöser Taxiunternehmen wie AAA, City Taxi oder Taxi Praha geben.

BAEDEKER TIPP !

Auf königlichen Pfaden

Von Albrecht II. von Habsburg (1438) bis Kaiser Ferdinand I., der Gütige (1836) gingen die tschechischen Könige auf dem traditionellen **Königsweg** zur Krönung: Am alten Königspalast beim Pulverturm (dort, wo heute das Repräsentations- oder Gemeindehaus steht) nahm die Prozession ihren Ausgang, verlief dann durch die Zeltnergasse (Celetná) und quer über den Altstädter Ring weiter bis zur Karlsbrücke sowie hinauf zum Veitsdom auf dem Hradschin. Dort blickten sie dann hinab in die Ebene – ein königliches Gefühl.

Die grünen Lungen der Stadt

Am intensivsten erlebt man die Stadt aber nach wie vor als Fußgänger. Und wem auf dem Prager Kopfsteinpflaster schnell die Füße schmerzen, der sollte zwischendurch auch mal ein Päuschen im Grünen einlegen. Möglichkeiten dazu gibt es genug, denn Prag ist nicht nur ein Fußgängerparadies, sondern auch eine »grüne Stadt«: Die Hälfte der urbanen Flächen ist naturbelassen. Auen, Parks, Gärten, dicht bewachsene Hügel laden zur Erholung ein, und dabei trifft man auch garantiert nicht immer nur Touristen, wie man selbst einer ist, sondern auch »echte Prager«. Denn auch die lieben die grünen Lungen der Stadt. Zu den beliebtesten davon zählen der **Franziskaner-Garten**, ein ehemaliger Klostergarten nahe dem Wenzelsplatz, in dem auch die älteste, rund 500 Jahre alte Linde der Stadt steht, den **Alten Botanischen Garten** (Stará botanická zahrada) gleich hinter der Karlsuniversität, der **Kampa-Park** als Prags »Klein-Venedig«

Atmosphärisch stimmungsvoll, auch im Winter: der Prager Veitsdom

auf der gleichnamigen Moldauinsel und der **Waldsteingarten** (Valdštejnská zahrada) unterhalb des Hradschin. Meditative Ruhe verströmt auch der **Katharinengarten** (Kateřinská zahrada): Kinderwagen schaukelnde Mütter weilen hier ebenso gerne wie Studenten der benachbarten Karlsuniversität. Die einen schaukeln ihre Babys, die anderen sitzen vor ihren Prüfungen tief über ihren Laptop gesenkt: Wer diesen Ort kennt, ist ein wirklicher Pragkenner.

Kleinseite (Malá Strana) Tour 1

Tourdauer: 1 Tag
Start: Kleinseitner Ring
Ziel: Laurenziberg (Petřín)

Beginnen sollte man seinen Pragbesuch am besten mit der Besichtigung der Kleinseite, die den Hradschin einschließt, Prags unbestrittenes Highlight, für das man schon allein einen halben Tag veranschlagen sollte. Mit Kleinseitner Ring, Loreto und Kloster Strahov kann man gut und gerne einen Tag für die Besichtigung einplanen.

Idyllischer Beginn

Am linken Ufer der Moldau erstreckt sich die idyllische Kleinseite (Malá Strana). Die imposante Kirche **St. Niklas** am zentralen ❶***Kleinseitner Ring (Malostranské náměstí)** gilt als Musterbeispiel des Hochbarock. Nach Jan Neruda, dem tschechischen Erzähler der »Kleinseitner Geschichten«, ist die in westlicher Richtung verlaufende und von prachtvollen spätbarocken Bürgerhäusern gesäumte ❷***Nerudagasse (Nerudova)** benannt, durch die man bis zur Abzweigung »Ke Hradu« hinaufschlendert, der Schlossstiege zur Prager Burg. Den Höhepunkt der Stadtbesichtigung bildet der eindrucksvolle ❸****Hradschin (Hradčany**, hier befindet sich seit 1918 der Amtssitz des Präsidenten der Republik), zusammen mit dem Königspalast, dem St.-Veits-Dom, der St.-Georg-Basilika und der wertvollen Sammlung böhmischen Manierismus und Barocks in dem angrenzenden Benediktinerinnenkloster und dem berühmten Goldenen Gässchen. Von dem ❹***Hradschiner Platz (Hradčanské náměstí)**, den auf der einen Seite das Erzbischöfliche Palais (Arcibiskupský palác) und auf der anderen Seite das ehemalige Palais Schwarzenberg (Schwarzenberský palác) mit dem Museum für Heeresgeschichte flankieren, können Unermüdliche abschließend noch einen kurzen Abstecher durch die Loretogasse (Loretánská ulička) zum Wallfahrtsbezirk des ❺****Loretoheiligtums (Pražská Loreta)** am Loretoplatz einplanen. Wer immer noch nicht genug gesehen hat, dem sei noch der Abstecher zum ❻***Kloster Strahov (Strahovský**

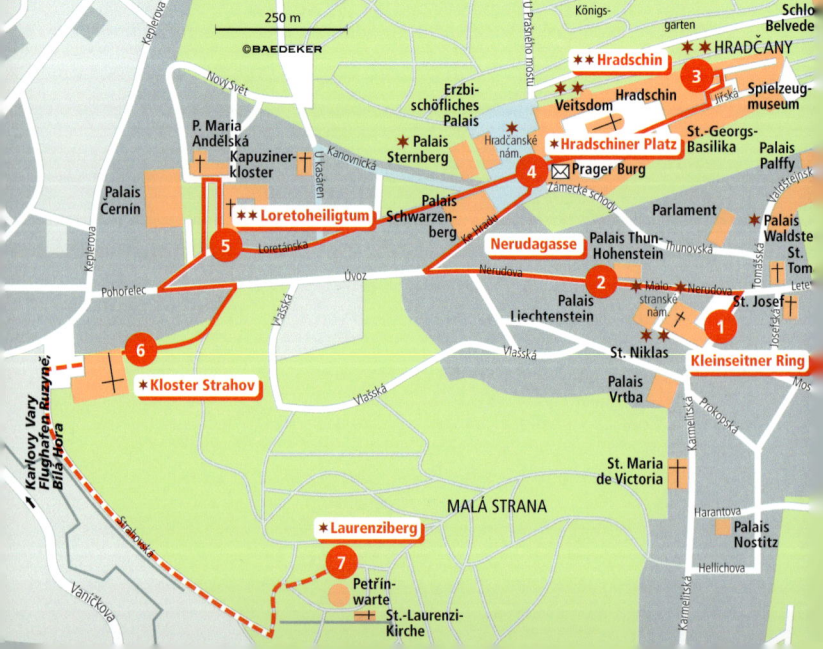

kláštĕr) ans Herz gelegt, das wegen der beiden Bibliothekssäle überaus sehenswert ist. Stehen mehrere Tage für einen Pragbesuch zur Verfügung, so sollte man den oben beschriebenen Rundgang am ersten Tag in verkürzter Form bewältigen. Die Besichtigung des **Hradschin (Hradčany)** sowie den Besuch der Wallfahrtsstätte **Loreto** sollte man sich dann für den Vormittag des zweiten Tages aufheben. Für den Nachmittag bieten sich ein Besuch der berühmten Bibliothek des **Kloster Strahov (Strahovský kláštĕr)** und ein anschließender Spaziergang durchs Grüne auf dem ❼***Laurenziberg (Petřín)** an. Vom Prager Eiffelturm (Petřínwarte) kann man noch einmal über das Gesehene blicken.

Prager Neustadt (Pražské Nové Město)

Tour 2

Tourdauer: ein halber Tag
Start: Nationaltheater
Ziel: Vyšehrad

Nachdem man die Kleinseite und die Altstadt erkundet hat, hat man schon einen Großteil der Hauptsehenswürdigkeiten von Prag gesehen, die alle nahe beieinander liegen. Der dritte Spaziergang ist etwas ausgedehnter, jedoch nicht minder interessant und trotzdem an einem halben Tag zu schaffen.

Der Rundgang beginnt am ❶**Nationaltheater (Národní divadlo)**. Hier sollte man gegebenenfalls die Zeit für die Besichtigung der Innenausstattung einplanen, an der sich alle in Prag lebenden führenden Künstler des 19. Jh.s beteiligt hatten. Anschließend folgt man der Moldau in südlicher Richtung und kommt zunächst an der Sophieninsel (Slovanský ostrov), die im 18. Jh. durch Anschwemmung entstanden ist, und am ❷**Mánes-Ausstellungssaal (Mánes)** mit dem Šítka-Wasserturm vorbei. In dem funktionalistischen Gebäude finden heute Ausstellungen moderner Kunst statt. Das ❸***Tanzende Haus (Ginger & Fred)** der Architekten Frank O. Gehry und Vlado Miluniĕ ist die nächste Station auf dem Spaziergang, ein Juwel zeitgenössischer Architektur in Prag. Hier sollte man kurz haltmachen, bevor man östlich in die Resslova einbiegt, dort an den beiden Kirchen St. Wenzel am Zderaz (gotischer Bau aus dem 14. Jh.) und St. Kyrill und Method (Barockkirche von Kilian Ignaz Dientzenhofer, Nationale Gedenkstätte) vorbeikommt und dann auf den ❹**Karlsplatz (Karlovo námĕstí)** stößt. Dieser größte der Prager Plätze, Verkehrsknotenpunkt und mit seinen Grünanlagen einem Park ähnli-

Rundgang

cher als einem Platz, bietet einige interessante Sehenswürdigkeiten; so sind das Fausthaus, die barocke Kirche St. Ignatius von Carlo Lurago – vor allem in ihrem Inneren – sowie das Neustädter Rathaus sehenswert, das heute nicht mehr als solches, sondern vor allem repräsentativen Zwecken dient. Die Vyšehradská führt von hier weiter nach Süden, vorbei am **❺Emmauskloster (Emauzy)**, St. Johannes von Nepomuk am Felsen und dem Botanischen Garten. Man kann dann noch einen Blick auf das kubistische Mietshaus von Josef Chochol am Vyšehrad werfen. Der sagenumwobene **❻*Vyšehrad (Prager Hochburg)** bietet nicht nur einen herrlichen Blick über die Stadt und das Moldautal, sondern mit der romanischen Rundkapelle St. Martin, der Kapitelkirche St. Peter und Paul und dem Ehrenfriedhof einige Sehenswürdigkeiten.

Tour 3 Mit der Tram durch Prag

Tourdauer: 2 Stunden
Start: Kleinseitener Ring, 9 Uhr
Ziel: Kleinseitener Ring, 11 Uhr

Ein Klassiker: Die Fahrt mit der Straßenbahnlinie 22 führt durch alle Epochen der Stadtgeschichte. Um die Fahrt richtig genießen zu können, sollte man sie vormittags absolvieren. Je später, umso voller wird es.

Im richtigen Gleis
Es klingt englisch: Tramvaj – so heißt die Straßenbahn auf Tschechisch. Die Linie 22 kommt alle fünf Minuten. Steht man an der Haltestelle **❶Kleinseitner Ring (Malostránské náměstí)** mit Frontalblick auf die mächtige Kuppel der St.-Niklas-Kirche, steigt man in Fahrtrichtung rechts ein. Über eine enge Straße geht die gemütliche Fahrt an einer blinden Feuermauer vorbei. Dahinter verbirgt sich die Pracht des **❷Waldsteingartens (Valdštejnská zahrada)**. Ab der

Station ❸**Klárov (Klárov/Malostranská)** wirkt die Strecke fast alpin. Die Tram kriecht über eine Haarnadelkurve hinauf. Der dichte Baumbestand erinnert an jene Zeiten, als an diesem bewaldeten Hügel mit dem Hirschgraben die Könige auf die Jagd gingen. An der Station ❹**Chotekpark (Chotkové sady)** kann man aussteigen, den ❺**Königsgarten (Královská zahrada)** mit dem singenden Brunnen besichtigen. Eine märchenhafte Überraschung wartet dann hinter dem ❻**Lustschloss Belvedére (Letohrádek královny Anny)**: Verwunschen sieht es dort aus. Farn und Unkraut wuchert. Riesige Steinblöcke »irrwandern« herum. An einem kleinen Teich mit Schwänen, in einer Grotte, stehen Statuen – Gestalten aus den Romanen von Julius Zeyer, dem dieser Märchenpark im Jahr 1913 gewidmet wurde.

Noch vor der Endstation der Linie 22 heißt es aussteigen: ❼**Lustschloss Stern (Obora hvězda)**. Bei diesem sternförmigen Lustschlösschen am ❽**Weißen Berg (Bílá hora)** wurde 1620 die Schicksalsschlacht der Tschechen geschlagen. Bei dieser Niederlage verloren sie ihre Selbstständigkeit und damit auch ihre nationale Identität. Der weitläufige Park ist bei den Pragern sehr beliebt. Für die Rückreise sichert man sich einen Sitzplatz in Fahrtrichtung rechts. In den nächsten 40 Minuten werden wie Prags bedeutende Baumonumente wie in einem Kinofilm an einem vorbeiziehen: die ❾**St.-Veits-Kathedrale (Svatovítská katedrala)**, die Kirchen der Kleinseite – dann über die Moldaubrücke gelangt, grüßt gleich das ❿**Nationaltheater (Národní divadlo)** an der Ecke. Die Straßen der Neustadt sind mit bereits überwiegend restaurierten Jugendstilhäusern bestückt. Im Stadtteil Weinberge (Vinohrady) erweitert sich die Perspektive. Nächste Station: ⓫**Friedensplatz (Náměstí Míru)**.

Lust auf Schloss?

Erscheinung: Maria in der Tram

Dank Prags wirtschaftlichem Aufschwung zum Ende des 19. Jh.s zu voller Blüte gebracht, gibt es in diesem Stadtteil etliche architektonische Besonderheiten zu bewundern. Die Hauptstraße, über die nun die 22 braust, heißt ⓬**Französische Straße (Franzouská)** und erinnert auch wirklich an Paris. Im Kontrast dazu tauchen nun realsozialistische Plattenbauten auf. Die Station ⓭**Kubaner Platz (Kubánské náměstí)** wurde noch nicht umbenannt. Aber im Gegensatz zu Havanna sieht man hier überall westliche Firmenschilder. Prag hat den Wandel geschafft, sogar die tristen Trabantenstädte bekamen neue Farbe. Und, wie man hört, lieben die Prager ihre »Platte«.

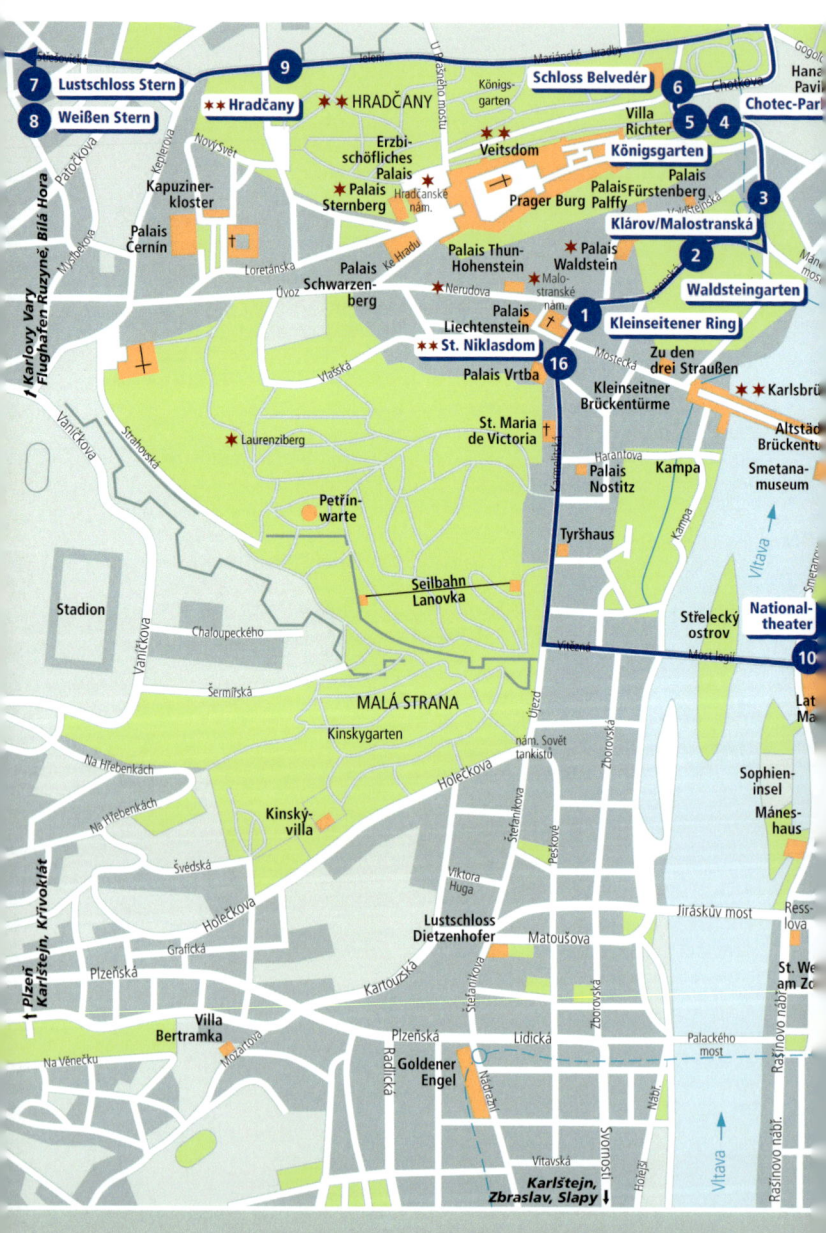

7 Lustschloss Stern
9
8 Weißen Stern
★★ **Hradčany**   ★★ **HRADČANY**

Schloss Belveder **6**
Villa Richter **5** **4** Chotec-Park

↑ Karlovy Vary Flughafen Ruzyně, Bílá Hora

Kapuziner-kloster
Palais Černin

Nový Svět
Erzbi-schöfliches Palais
★ Palais Sternberg   Hradčanské nám.
Veitsdom ★★
Prager Burg
Palais Fürstenberg
Palais Palffy
Königsgarten
Palais ... **3**

Palais Schwarzen-berg
Loretánská Úvoz
Palais Thun-Hohenstein
★★ Nerudova
★ Palais Waldstein
Malo-stranské nám.
Klárov/Malostranská

Palais Liechtenstein
1 Kleinseitner Ring   **2**   Waldsteingarten

★★ **St. Niklasdom**   **16**
Palais Vrtba
Zu den drei Straußen

★ Laurenziberg
St. Maria de Victoria
Kleinseitner Brückentürme
★★ Karlsbrü

Petřín-warte
Harantova
Palais Nostitz
Kampa
Altstä Brückentü

Stadion
Tyršhaus
Smetana-museum

Seilbahn Lanovka

MALÁ STRANA
Kinskygarten
nám. Sovět tankistů
Střelecký ostrov
National-theater **10**

Na Hřebenkách
Holečkova
Sophien-insel
Mánes-haus

Kinský-villa
Švédská

↑ Plzeň, Křivoklát Karlštejn

Holečkova
Viktora Huga
Jiráskův most
Ress-lova

Grafická
Lustschloss Dietzenhofer
Matoušova
St. We am Zo

Plzeňská
Villa Bertramka
Kartouzská
Palackého most

Na Věnečku
Plzeňská
Lidická
Goldener Engel
Radlická

Vltavská
Karlštejn, Zbraslav, Slapy ↓

1 Zur schwarzen Mutter Gottes

2 Haus zur Minute
3 Husdenkmal

4 Palais Clam-Gallas
5 Karolinum

6 Repräsentations-haus

Im Blick zurück nach vorn Mit diesem Eindruck kehrt man zurück: wieder mit der Linie 22, um noch einmal alles aus einem anderen Blickwinkel zu sehen. Am ⑭**Karlsplatz (Karlovo náměstí)** werden die Liebhaber der Freiluftkunst wohl gerne aussteigen. Mit 80 000 m² Fläche – etwa 15 Fußballfelder – ist er der größte Stadtplatz der Republik; und zugleich der Ort mit den meisten Statuen, Skulpturen, Büsten, Denkmälern in Prag. Die Stirnseite dominiert das ⑮**Neustädter Rathaus (Novoměstská radnice)** – berühmt durch den Ersten Prager Fenstersturz. Von den Hussiten im Jahr 1419 gestürmt, wurden der Bürgermeister, zwei Stadträte und der Richter aus ihren Amtsstuben auf die Straße befördert. Danach entbrannte ein Religionskrieg, der halb Europa erschütterte. Davon unbeeindruckt zeigt sich die Gegenwart mit ihren Cafés, Galerien und Theaterszenen: Rund um den Karlsplatz pulsiert das Studentenleben. Doch wir wollen der Linie 22 treu bleiben und die Fahrt am **Kleinseitner Ring (Malostranské náměstí)** beenden: Jetzt erst, wenn man von Prags anderem Ende kommt, atmet man den unwiderstehlichen Zauber des Barock so richtig ein. Schnell Karten für ein Bachkonzert in der ⑯**St. Niklas-Kirche (Chrám sv. Mikuláše)** sichern. Was Sie da hören und sehen, wird ihnen noch lange in Erinnerung bleiben. Bestimmt.

Tour 4 # Auf Kafkas Spuren

Tourdauer: ein halber Tag
Start: Náměstí Franze Kafky (Kafkaplatz)
Ziel: Neuer Jüdischer Friedhof oder Karls Hungermauer

Der Dichter der Melancholie streifte gern durch die Prager Altstadt und das jüdische Viertel. Was er dort sah und hörte, ging in seine Texte ein. So prägte die Stadt das Schreiben des Dichters ebenso wie dessen Texte immer noch im heutigen Prag zu verorten sind. Sein Leben sowieso. Eine Spurensuche.

Umzüge Ja, es gibt ihn wirklich, den ❶**Kafkaplatz (náměstí Franze Kafky)**. Wo Kafkas Geburtshaus stand, wird durch eine an der Ecke angebrachte Gedenkbüste markiert. Als Kind verbrachte er seine ersten Jahre in dem nach seinem Besitzer benannten Renaissancebau ❷**U Minuty**. Die schwarz-weißen Sgraffiti an der Fassade erinnern an alte Buchillustrationen. Die weiteren Umzüge der Familie Kafka blieben alle im Umkreis des Altstädter Rings. Gleich zweimal wechselte man die Adresse in der Zeltnergasse (Celetná ulice). Das ebenfalls reichlich verzierte Patrizierhaus ❸**Zum Sixt (Sixtův dům)** baute sich einst der mächtige Prager Stadtrat Sixt, ein Vorfahre des gleichnamigen Autoverleihers in München. In der nächsten Woh-

nung im gegenüberliegenden spätgotischen Haus ❹»Zu den drei
Königen« (U tří králů) führten die
Fenster in den düsteren Pfarrhof
der **Teynkirche (Týnsky chrám)**.
Unheimlich kam Kafka der Blick
vor, er glaubte in der Dunkelheit
Schatten zu sehen, fürchtete, es
könnte der Teufel sein. Man kann
es ihm nachempfinden, wenn man
in der Dunkelheit den Weg hinter
der Teynkirche einschlägt.

Im ❺**Palast Goltz-Kinsky (Palác
Kinských)** am Altstädter Ring hatte
Kafkas Vater, Hermann, unter dem
Eingangsgewölbe eine Zeit lang sei-
nen Galanterieladen (heutzutage be-
findet sich hier ein CD-Shop). Im
Hinterhaus war damals das deut-
sche Gymnasium untergebracht, das

»Beschreibung eines Kampfes«: Kafkadenk-
mal von Jaroslav Róna (Spanische Synagoge)

Kafka besuchte. Zuletzt mit seinen Eltern zusammen wohnte Kafka im
❻**Oppelthaus (Oppeltův dům)**. Über den Ausblick schwelgte er in
mehreren Briefen an seine Schwester Ottilie (»Ottla«), deren Zimmer
er übernahm, als sie auf eine Landschule ging. Der Dachstuhl brannte
in den letzten Kriegstagen im Mai 1945 aus. Von den einstmals prachtvollen Giebeln und Türmen ist deshalb heute nichts mehr zu sehen.
Doch hier, bei diesem Eckhaus, beginnt Prags Luxusmeile – die
Pařížská. Hier reihen sich die Edelboutiquen der Prestigemarken nebeneinander wie in Paris. Davon wollen wir uns heute aber nicht ablenken lassen, sondern links in die Široká (Breite Gasse) abbiegen. Ein
Zwischenstopp im ❼**Café Franz Kafka (Café Franze Kafky)** stimmt
literarisch ein, auch wenn die Räumlichkeiten nicht authentisch sind:
Kafka hat sie niemals betreten, nur seine Zitate an der Wand verge-
genwärtigen seinen Geist. Über die ❽**Maislova-Gasse (Maislova)**
setzen wir die Spurensuche fort, erinnern uns daran, wie Kafka sich
in seinem Tagebuch über das Nebeneinander von Bordellen und Synagogen wunderte. Auch in der ❾**Altneusynagoge (Staronová
synagoga)** spürte er wenig religiöse Ehrfurcht. Stattdessen kamen
ihm das Gedränge wie das Stimmengewirr eher wie an einer Börse
vor. Trotzdem erschien er jeden Samstag (Sabbat) zum Gottesdienst
mit seinem Vater – er selbst wohnte auch gleich in der Nähe, wo heute
das ❿**Hotel Intercontinental** steht.

Unweit in der ⓫**Bílková 10** stößt man auf die nächste Gedenktafel: **Arbeitsweg**
Kafka wohnte (auch) hier. So können wir nun Schritt für Schritt sei-

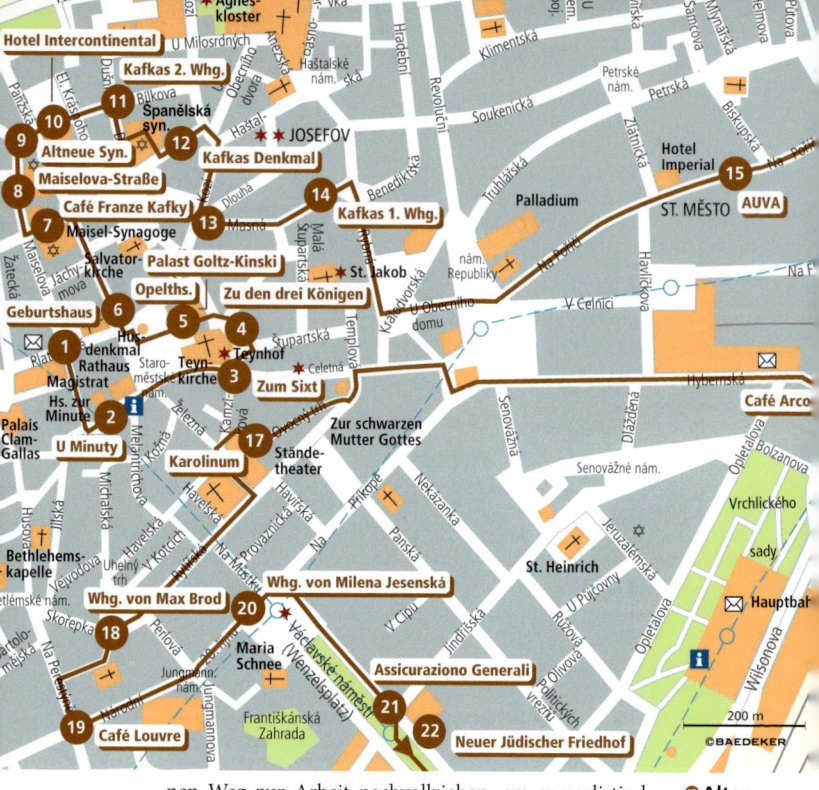

Map labels (top to bottom, left to right):

Agnes-kloster
Hotel Intercontinental
Kafkas 2. Whg.
11 Špan̆elská syn.
10
9 Altneue Syn.
12
Kafkas Denkmal
Haštal. ✝ JOSEFOV
8 Maiselova-Straße
7 Café Franze Kafky
13 Maisel-Synagoge
14
Kafkas 1. Whg.
Palladium
Hotel Imperial
15 ST. MĚSTO AUVA
Salvator-kirche
Palast Goltz-Kinski
Geburtshaus
6 Opelths.
Zu den drei Königen
✝ St. Jakob
nám. Republiky
5 **4**
1 Rathaus
Magistrat **3** Teynhof Teyn-kirche
Hs. zur Minute **2** ℹ️ Zum Sixt
Palais Clam-Gallas
U Minuty
17 Ständetheater
Zur schwarzen Mutter Gottes
Karolinum
Senovážné nám.
Café Arco
Vrchlického sady
Bethlehems-kapelle
St. Heinrich
Whg. von Milena Jesenská
Whg. von Max Brod **20**
Hauptbah
Maria Schnee
Assicuraziono Generali
18
ℹ️
19 Café Louvre
Františkánská Zahrada
21
22 Neuer Jüdischer Friedhof
200 m
©BAEDEKER

nen Weg zur Arbeit nachvollziehen, am surrealistischen **⑫Alter-Ego-Denkmal** vorbei zum reich verzierten Jugendstilbau **⑬»Zum goldenen Hecht« (U zlaté štiky)**, wo er ebenfalls eine Zeit lang wohnte. In der **⑭Masnágasse** gleich um die Ecke besuchte Kafka die Grund- und Handelsschule. Die **⑮Arbeiter-Unfallversicherung**, in der er bis zu seiner vorzeitigen Pensionierung beschäftigt war, beeindruckt mit pompösem Art déco. Leider schläft das **⑯Arco Café** in einem Dornröschenschlaf: Der einstige Treffpunkt der deutsch-prager Literaturszene findet offenbar keinen neuen Betreiber. Also eilen wir schnurstracks zur Karlsuniversität. Im **⑰Karolinum** hat Kafka als Jurist promoviert. Von hier aus ging er häufig ins **⑲Café Louvre**, holte auf dem Weg dortin auch gern seinen Freund Max Brod in seiner Wohnung in der **⑱Skořepka-Gasse** ab. Auf dem Rückweg konnte er bei seiner Freundin Milena Jesenská vorbeischauen, die in der **⑳Gasse des 28. Oktobers (ulice 28. října)** 13 wohnte. Auch ohne das zu wissen, bleiben die meisten vor dem burgähnlichen Palast stehen, so überwältigend baut sich die Fassade dort auf. Jetzt sind es noch 20 Schritte bis zum Wenzelsplatz grüßt. Dort trat Kafka seine erste Stelle bei den **㉑Assicurazioni Generali** an, einem italienischen Versicherungskonzern. Den feinen Duft, der einem hier in die Nase weht, verströmt die Luxusparfümerie Sephora im Erdgeschoss. Vor der Tür befindet sich eine U-Bahnstation. Eingefleischte Kafkafans pilgern mit der Linie A zu Kafkas Grab am ❷Neuen Jüdischen Friedhof (von der Station Želivského mit der Tram 11, 19, 26 bis zur Station Vinohradské hřbitovy). Wer sich mehr für Kafkas Schreibexil interessiert, der nimmt einfach die gleiche U-Bahn-Linie, aber in die entgegengesetzte Richtung Malostranská. Die Adresse: Hradschin, ❷Goldene Gasse (Zlatá ulička), das winzige Häuschen Nr. 22. Dorthin zog Kafka sich gern zum Schreiben zurück. Uns bleibt nun auf der Kleinseite noch der ❷Schönbornpalast (heute die US-Botschaft, Na tržišti 15) als Kafka-Memorabilia: In dieser feuchtkalten Bleibe hat sich damals des Dichters Gesundheitszustand verschlimmert. Dennoch sammelte er tapfer seine Kräfte, um entlang der ❷Hungermauer (Hladová zed') von Kaiser Karl IV. zu spazieren. Dabei ging ihm Satz für Satz seine Erzählung »Beim Bau der Chinesischen Mauer« durch den Kopf. Auf dem Papier ist sie nicht ganz fertig geworden, aber die Botschaft gleichwohl unmissverständlich: Ob Peking oder Prag, Machtmissbrauch ist – immer – unmenschlich.

Ausflüge

Schließlich kann man auch einige lohnenswerte Ausflüge in die Umgebung von Prag unternehmen, z. B. nach **Schloss Troja**, in dem heute tschechische Malerei des 19. Jh.s gezeigt wird, zum barocken **Benediktinerkloster Břevnov** oder zur berümtesten der mittelalterlichen Burganlagen Böhmens, der **Burg Karlstein**. Am **Weißen Berg**, wo 1620 die Schlacht stattfand, die für das weitere Schicksal der böhmischen Länder entscheidend war, liegt das sehenswerte **Lustschlösschen Stern** in einem Naturpark.

In die nähere Umgebung

In einem Umkreis bis 70 km um Prag gibt es sehr lohnenswerte Ausflugziele, Burgen und Festungsanlagen, in wunderschöner Landschaft gelegen, UNESCO-Weltkulturerbe oder Gedenkstätten. *****Schloss Konopiště (Zámek Konopiště)** liegt ca. 44 km südlich von Prag. Die nach französischem Muster errichtete Burg wurde im spätgotischen Stil rekonstruiert und durch einen Renaissancepalast erweitert. Im 18. Jh. traten barocke Elemente hinzu. 1887 kam Konopiště in den Besitz des späteren österreichischen Thronfolgers Erzherzog Franz Ferdinand d'Este. Er ließ das Schloss in einen Prunkpalast umgestalten. Aus jener Zeit stammt die kostbare Inneneinrichtung einschließlich der Kunstgegenstände des kuriosen St.-Georgs-Museums mit zahlreichen Darstellungen des Heiligen. Die malerische Bergstadt **Kutná Hora, die durch ergiebige Silberfunde einst zu Ansehen und Wohlstand gelangte, liegt ca. 70 km öst-

Etwas weiter weg

lich von Prag gehört zum Welterbe der UNESCO. Der Silberbergbau bildete einst die Grundlage für den ab dem Jahr 1300 in der Kuttenberger Münze geprägten **Prager Silbergroschen**, die stabilste und bekannteste böhmische Münze des Mittelalters.

Einzigartige Meisterwerke

Die Zeit wirtschaftlicher Blüte hat ihre Spuren in einzigartigen Meisterwerken gotischer Baukunst hinterlassen wie dem **»Steinernen Haus«** (**»Kamenný dům«**), das heute das Städtische Museum beherbergt. Das barocke **Ursulinenkloster** entstand nach Entwürfen von Kilian Ignaz Dientzenhofer, die barocke Kirche **St. Johann von Nepomuk (Kostel svatého Jana Nepomuckého)** realisierte František Maximilian Kaňka. Der um 1300 erbaute **Welsche Hof (Vlašský dvůr)**, die nach den aus Florenz kommenden ersten Münzprägern benannte ehemalige Münze, fungierte später als königliche Residenz. Das **Kastell (Hrádek)** wurde kurz nach seiner Fertigstellung als zweite Münze eingerichtet. Die spätgotische Kirche **St. Barbara (Chrám svaté Barbory)** wurde von Peter Parlers Bauhütte begonnen und 1585 vollendet. Der eindrucksvolle Kirchenraum enthält an dem schon Renaissanceeinflüsse zeigenden Netzgewölbe viele Wappen. Die Silhouette von **Mělník**, das 38 km nördlich von Prag gelegene Zentrum des böhmischen Weinbaus, beherrschen die gotische Propsteikirche **Peter und Paul** und eine ausgedehnte Schlossanlage. Rund 7 km nordwestlich liegt am rechten Elbufer der von Weinbergen umgebene Ort **Liběchov** mit einem **Schloss** aus dem 16. Jahrhundert. 17 km nordöstlich erhebt sich über dem von der Pšovka zwischen zerklüfteten Kalkfelsen durchflossenen reizvollen Kokoříntal (Kokořínský důl) die von dichtem Wald umgebene romantisch-neugotische **Burg Kokořín**.

Theresienstadt

Die von Maria Theresia bzw. Joseph II. erbaute Festungsstadt **Terezín (Theresienstadt)** entstand als böhmisches Paradebeispiel für einen geplanten Stadtgrundriss des Klassizismus und Empire. Während des Zweiten Weltkriegs wurde die Bevölkerung von den deutschen Nationalsozialisten vertrieben und die Stadt in das »Getto Theresienstadt« umgewandelt. Ab 1940 wurden über 140 000 Juden aus ganz Europa in dieses Konzentrationslager deportiert. Vor dem Eingang der Festung erstreckt sich ein großer Nationalfriedhof.

Schloss Zbraslav

In der zweiten Hälfte des 13. Jh.s ließ Ottokar II. am Zusammenfluss von Moldau und Beraun ca. 10 km südlich von Prag einen Jagdhof mit Kapelle errichten, **Schloss Zbraslav (Zámek Zbraslav)**, das unter König Wenzel (Václav) II. zu einem Zisterzienserkloster umgebaut wurde. Anfang des 18. Jh.s erfolgte der Neubau des während der Hussitenkriege zerstörten Klosters, das zu Beginn des 20. Jh.s zu einer dreiteiligen Schlossanlage umgebaut wurde. Als Außenstelle der Nationalgalerie beheimatet Schloss Zbraslav die Sammlung asiati-

Nach französischem Vorbild errichtet: die St.-Barbara-Kirche in Kutná Hora, dessen historisches Zentrum zum UNESCO-Welterbe zählt

scher Kunst (Di. – So. 10.00 – 18.00 Uhr, U-Bahn: Smíchovské, Bus: 129, 241, 243, 360, 255, www.ngprague.cz).

Nur etwa 30 km südwestlich von Prag thront in einem Seitental der Beraun die in den Jahren 1348 bis 1355 für Karl IV. wohl nach Entwürfen des französischen Architekten und Prager Dombaumeisters Matthias von Arras errichtete Burg Karlstein (Hrad Karlštejn) auf einem 320 m hohen Kalksteinfelsen. Schon die – beim Bau von Burgen durchaus unübliche – feierliche Grundsteinlegung durch Ernst von Pardubitz, dem ersten Prager Erzbischof, weist darauf hin, dass Karl IV. mit dieser sich in drei selbstständige Komplexe gliedernden Anlage »Höheres« im Sinn hatte: Tatsächlich war sie weder zu militärischen Zwecken noch als herrschaftliche Wohnstätte gedacht, sondern diente allein dazu, die Kleinodien des Heiligen Römischen Reiches Deutscher Nation, die böhmischen Kroninsignien sowie die stattliche Reliquiensammlung des Kaisers aufzubewahren. 1422 während der Hussitenstürme stark beschädigt und anschließend restauriert, wurde die Anlage 1648 von den Schweden erobert. Ihr heutiges Erscheinungsbild geht zurück auf eine im 19. Jh. unter Kaiser Franz II. und seinem Sohn Ferdinand I. erfolgte Regotisierung.

Burg Karlstein

SEHENSWERTES VON A BIS Z

Prag ist reich an Geschichte und Geschichten, an Kunst und Kultur, an architektonischen Sehenswürdigkeiten und modernen Zeugnissen einer quicklebendigen Metropole im Herzen von Europa. Davon zeugt auch die mehr als 500 Meter lange Karlsbrücke, die nicht nur die älteste erhaltene, sondern auch die schönste der die Moldau im Stadtgebiet überquerenden Brücken ist.

* Agneskloster (Anežský kláster)

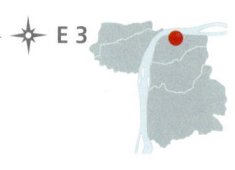

E 3

Lage: Praha 1, Staré Město, U milosrdných 17
Metro: Staroměstská (A)
Straßenbahn: 5, 8, 14
❶ Di.–So. 10.00–18.00 Uhr
Eintritt: 150 Kč
www.ngprague.cz

Nationales Kultur-denkmal

Das Kloster gehört zu den historisch bedeutsamsten Bauwerken Prags und wurde zum nationalen Kulturdenkmal erklärt. Der Besuch lohnt sich aber nicht nur, weil sich dem Besucher ein großartiges Beispiel frühgotischer Baukunst darbietet. Im Inneren ist zudem mit der Sammlung mittelalterlicher Kunst eine sehenswerte Abteilung der Nationalgalerie ausgestellt. Nach dem Vorbild der Ordensgründung der hl. Clara von Assisi wurde das Agneskloster 1234 für den Orden der Klarissen (Franziskanerinnen) von Prinzessin Agnes, einer Schwester König Wenzels I., gegründet. Agnes trat später in den Orden ein und wirkte seit 1235 als erste Äbtissin des Klosters; 1989 wurde sie heiliggesprochen. Bis zum Jahr 1240 entstand das Männerkloster der Minoriten, das dem Frauenkloster angeschlossen wurde. In der Folgezeit wurden im Stil der burgundischen Zisterziensergotik die Kirchen St. Barbara (1250–1280), St. Franziskus (um 1250) und das Franziskanerkloster errichtet.

Böhmische Frühgotik

Die Salvatorkirche (1275–1280) gilt als bedeutendstes Beispiel der böhmischen Frühgotik. Untersuchungen belegen, dass die Kirche wahrscheinlich als Grablege der Přemyslidendynastie diente (Kapitell-

---

BAEDEKER TIPP

!

Nicht versäumen

- Meister Theoderich: Berühmt für »schöne Madonnen« (1. Trakt)
- Meister von Hohenfurth: Tafelbilder (eigener Saal)
- Meister von Wittingau (Třeboň): Altarbilder mit neun Flügeltafeln (eigener Saal)
- Albrecht Altdorfer: »Martyrium des hl. Florian« (letzter Saal)

plastiken der Přemyslidenherrscher). Aus dem 14. Jh. stammen das Presbyterium und die St.-Barbara-Kirche, die 1689 barock umgestaltet wurde. Bei archäologischen Forschungsarbeiten fand man im Presbyterium das Grab König Wenzels I., das der Klostergründerin Agnes († 1282) und weitere Přemyslidengrabmäler.

NÁRODNÍ GALERIE / SAMMLUNG

Die »Ausstellung mittelalterlicher Kunst vom 13. bis zum 16. Jh. aus Böhmen und Mitteleuropa« wird hier sehr sehenswert präsentiert. Die Plastiken und Tafelbilder stammen größtenteils aus böhmischen Kirchen. Die namentlich unbekannten Künstler werden jeweils nach ihrem Werk und nach dem Ort benannt, an dem ihre Arbeit gefunden wurde. Die Mutter Gottes erscheint in der mittelalterlichen Kunst Böhmens als häufigstes Motiv.

Ausstellung mittelalterlicher Kunst

Der erste Teil der chronologisch gegliederten Ausstellung ist im Kloster zu sehen: Er zeigt die Entwicklung von Tafelbild und Skulptur bis zur Mitte des 14. Jahrhunderts. Nach einigen frühgotischen Madonnenfiguren ist dem Zyklus des **Meisters von Hohenfurth** (Mistr Vyšebrodského oltáře) ein eigener Saal gewidmet. Dort ist der um 1330 – 1350 entstandene, aus neun Tafeln bestehende Altar des ehemaligen Zisterzienserstiftes von Hohenfurth ausgestellt. Der Zyklus mit der Darstellung von Szenen aus dem Leben Christi, den der Meister von Hohenfurth mit mindestens zwei weiteren Gehilfen schuf, steht für eine neue Auffassung von Räumlichkeit durch Komposition und Plastizität der Figuren und der Landschaft sowie eine differenzierte Erzählweise, beeinflusst durch die italienische Trecentomalerei, besonders der sienesischen. Bis dato herrschte in Böhmen ein anglofranzösisch beeinflusster Stil vor. Anschließend kommt man in den Saal mit Werken des **Meisters Theoderich**. Der einzige namentlich bekannte Künstler, der hier vertreten ist, gilt als Repräsentant des Schönen oder Weichen Stils der gotischen Malerei Böhmens. Er schuf für Karl IV. auf der Burg ▸Karlstein Wandgemälde und 128 Tafelbilder, von denen hier sechs (hl. Elisabeth, hl. Veit, hl. Hieronymus, hl. Matthäus, Papst Gregor, hl. Lukas; Mitte 14. Jh.) zu sehen sind. Auch hier wirkte die italienische Malerei der Zeit stilbildend. Über diesen Weichen Stil hinaus geht das Votivbild des Prager Erzbischofs Johann Očko von Vlašim (um 1370) mit porträtähnlichen Darstellungen von Karl IV. und Wenzel IV.

Tafelbild und Skulptur bis zur Mitte des 14. Jh.s

Der nächste Saal ist dem nur fragmentarisch erhaltenen Zyklus des Meisters von Wittingau (Mistr Třeboňského oltáře) gewidmet. Die drei beidseitig bemalten Tafeln des **Flügelaltars** (der nur an Feiertagen geöffnet wird) stellen auf der frei stehenden Seite Christus am

Meister von Wittingau

Ölberg, die Grablegung und die Auferstehung Christi dar, auf der Rückseite befindet sich ein Zyklus von Heiligenbildern, der ebenfalls aus der Werkstatt des Meisters von Wittingau stammt (er selbst malte nur die Köpfe). Es folgen Bilder und Skulpturen, die die Entwicklung der spätgotischen Kunst in Böhmen unter besonderer Berücksichtigung des Weichen Stils belegen. Dieser hauptsächlich zu Beginn des 15. Jh.s verbreitete Stil ist z. B. in der kindhaft wirkenden Madonna von Český Krumlov (Krumau; um das Jahr 1400) oder der Madonna aus dem Franziskanerkloster in Pilsen vertreten.

Eine Wende in der böhmische Malerei
Der Meister des Altars von Raigern (Mistr Rajhradského oltáře, Anfang 15. Jh.) leitete mit einer fast karikaturistischen Verzerrung der Figuren in seiner Kreuzigungsdarstellung eine Wende in der Malerei Böhmens ein. Während Böhmen und insbesondere Prag im 14. Jh. als wichtige eigenständige europäische Kunstzentren galten, hat sich im 15. Jh. zunehmend der **Einfluss Mitteleuropas** ausgewirkt. Die Werke des Meisters des Altars von Leitmeritz (Litoměřice, er ist auch für die Ausschmückung des oberen Teils der Wände in der Wenzelskapelle des St.-Veits-Doms mit der Legende des Heiligen verantwortlich) verdeutlichen dies ebenso wie die »Madonna mit Kind« des Monogrammisten I W, der einer der bedeutendsten Schüler von Lucas Cranach d. Ä. war. Die Ausstellung endet mit den Arbeiten des Meisters der »Beweinung Christi« von Žebrák und dem holzgeschnitzten Altarschrein des Meisters I. P. (um 1520), der den Einfluss Albrecht Dürers erkennen lässt und dessen Arbeit sich zusammen mit dem »Martyrium des hl. Florian« von Albrecht Altdorfer im letzten Raum der Ausstellung befindet.

** Altstädter Ring (Staroměstské náměstí)

E 4

Lage: Praha 1, Staré Město, Staroměstské náměstí
Metro: Staroměstská (A)
Straßenbahn: 17, 18

Zentraler Marktplatz
Der Altstädter Ring ist neben dem ▶Hradschin der historisch bedeutendste Ort Prags. Der 9000 m² große Platz, in dessen Mitte das monumentale Denkmal für den Reformator **Jan Hus** steht, entstand im 11. und 12. Jh. als zentraler Marktplatz der Kaufleute. Im Verlauf der Jahrhunderte erlebte der Platz jedoch nicht nur ruhmreiche, sondern auch tragische Momente, die in die Geschichte eingegangen sind. Er

Der Altstädter Ring mit der gotischen Teynkirche im Hintergrund

diente als Station auf dem traditionellen Krönungsweg der böhmischen Könige vom Pulverturm (▶S. 304) zum ▶Hradschin als Krönungsplatz und als Hinrichtungsstätte. 1621 wurden auf dem Altstädter Ring die Anführer des ständischen Aufstandes hingerichtet, worauf eine Bronzetafel mit den Namen der 27 Hingerichteten am Altstädter Rathaus hinweist. In der jüngeren Geschichte demonstrierten hier die Prager für eine eigenständige Tschechoslowakei (1918), 1945 empfing eine jubelnde Menge die siegreiche Rote Armee. Der Altstädter Ring war auch Schauplatz der Geschichte, als der Prager Frühling durch den Einmarsch von Truppen des Warschauer Pakts 1968 ein gewaltsames Ende fand. 1988 protestierten am 20. Jahrestag des Prager Frühlings Tausende auf einem Zug durch die Altstadt für Freiheit und Bürgerrechte.

Bebauung

Ende 1987 wurde die groß angelegte Restaurierung des Altstädter Rings und seiner prachtvollen Gebäude beendet, zu denen das Altstädter Rathaus, die Teynkirche und die Teynschule, das Palais Goltz-Kinsky und St. Niklas in der Altstadt gehören. Rund um den Platz zeigen die Fassaden nun vornehmlich Pastelltöne. Eine Messingplatte mit lateinischer und tschechischer Aufschrift kennzeichnet auf dem Altstädter Ring den Verlauf des einst für die Zeitrechnung in Prag verwendeten Meridians.

Jan-Hus-Denkmal

Das monumentale Denkmal beherrscht die Mitte des Platzes. Es wurde im Jahr 1903 gestiftet und 1915 anlässlich des 500. Todestages von Jan Hus enthüllt. **Ladislav Šaloun** (1870 – 1946) hat die Skulptur, die den Reformator inmitten von Verfolgten und Vertriebenen zeigt, entworfen.

✶✶ ALTSTÄDTER RATHAUS (STAROMĚSTSKÁ RADNICE)

Geschichte

Im ehemaligen Rathaus der Altstadt finden heute kulturelle und gesellschaftliche Veranstaltungen (z. B. Hochzeiten) statt, seinen Namen »Altstädter Rathaus« hat es jedoch behalten. Die Geschichte dieses Rathauses – seine ältesten Teile gehen bis auf das 11. Jh. zurück – ist eine Geschichte einzelner Bürgerhäuser und fortwährender Bautätigkeit. Im Jahr 1338 erteilte König Johann von Luxemburg den Altstädtern die Genehmigung zum Bau eines Rathauses als eigenes Verwaltungszentrum. Stammhaus wurde das **Stein'sche Eckgebäude**, an das im Jahr 1364 ein viereckiger Turm angebaut wurde. Die Erkerkapelle an der Nordostseite des Turms wurde im Jahr 1381 eingeweiht, 1945 erheblich beschädigt, aber wieder instand gesetzt. Die in das Mauerwerk eingelassene Kassette enthält Erde vom Duklapass, wo Tschechen und Russen im Jahr 1944 die deutschen Truppen zurückdrängten. An der Ostseite hängt eine bronzene **Gedenktafel** für die im Jahr 1621 hingerichteten Anführer des tschechisch-protestantischen Aufstands, im Pflaster sind zwei gekreuzte weiße Schwerter mit Dornenkranz, das Datum der Hinrichtung und 27 kleine Kreuze eingelassen. Eine Büste von Karel Lidický erinnert an den hussitischen Prediger Jan Želivský, der 1422 hingerichtet wurde. Bis 1480 war das gotische Portal auf der Südfront als Haupteingang fertiggestellt. Um das Jahr 1360 herum wurde das **Křížhaus** hinzugekauft. Die Aufschrift »Praga Caput Regni« (»Prag, Hauptstadt des Königreichs«) über dem Renaissancefenster stammt aus dem Jahr 1520. Als drittes Gebäude kam 1458 das Mikešhaus dazu (1878 im Neorenaissancestil umgebaut).

! Sie wollen heiraten?

BAEDEKER TIPP

Im **Altstädter Rathaus** befindet sich auch das **Standesamt**. Die Vorfahrt in geschmückten Kutschen oder blank polierten Oldtimern und Zeremonien mit Konfettiregen aus den alten Bleiglasfenstern wirken sehr stimmungsvoll. Eine Aufgebotsfrist gibt es nicht mehr, Pass und Geburtsurkunde genügen. Wer an einem Samstag im Alten Rathaus heiraten will, sollte allerdings mindestens zwei Monate vorab einen Termin vereinbaren (Tel. 2 21 09 74 69).

❶ Mo. 11.00 – 18.00, Di. – So. ab 9.00, Turm: Mo. 11.00 – 22.00, Di. – So. ab 9.00 Uhr, Eintritt: 75 Kč (großer Rundgang mit Besichtigung der 12 Apostel im astronomischen Uhrwerk), Turm (extra) 105 Kč

Im Haus »Zum Hahn« (»U Kohouta«), das ab 1830 in den Rathauskomplex einbezogen wurde, ist im Keller ein romanischer Saal erhalten. Beachtenswert sind auch die Renaissancedecken und Wandgemälde im ersten Stock. Zum Stillstand kam die bauliche Weiterentwicklung erst Ende des 19. Jahrhunderts. Stark beschädigt wurde das Rathaus am vorletzten Tag des Zweiten Weltkriegs, als restliche Einheiten der deutschen Wehrmacht den Turm unter Beschuss nahmen: Die neugotischen Erweiterungsbauten (Ost- und Nordflügel) und das Stadtarchiv wurden vernichtet. Heute erstreckt sich an dieser Stelle eine kleine Parkanlage. Der Südflügel wurde in den Jahren 1978 – 1981 vollkommen restauriert. Der Ratssaal im zweiten Stock ist noch in seiner ursprünglichen gotischen Gestalt (1470) erhalten. Im großen Sitzungssaal hängen zwei Gemälde des tschechischen Historienmalers Václav Brožík: »Jan Hus vor dem Konstanzer Konzil« und »Die Wahl Georgs von Podiebrad zum böhmischen König«. Den Trauungssaal zieren Malereien von Cyril Bouda (1901 – 1984). Im Kreuzgang ist die Galerie der Stadt Prag untergebracht. Vom dritten Stock aus kann man den 69 m hohen **Rathausturm** mit dem Fahrstuhl erreichen oder über Treppen besteigen. Den Rundblick von der Aussichtsgalerie über die Prager Altstadt sollte man sich nicht entgehen lassen.

Haus zum Hahn

Stadt der 100 Türme …

… heißt nur einer der vielen Beinamen Prags, von denen »Goldene Stadt« sicher der bekannteste ist. Die Grafik zeigt die markantesten der aus der Stadtsilhouette herausragenden Bauten, ob alt oder neu, Turm oder Denkmal.

1) TV-Turm Žižkov
Höhe: 216 m

2) Petřín (Aussichtsturm)
Höhe: 60 m

3) City Tower Pankrác
Höhe: 109 m

4) City Empiria Pankrác
Höhe: 104 m

5) St.-Veits-Dom
Höhe: 96,5 m

6) Panorama Hotel
Höhe: 79 m

7) Petřín (Laurenziberg)
Höhe: 327 m

©BAEDEKE

▶ TV-Turm Žižkov	
Baujahr	1985 – 1992
Aussichtsplattform	100 m
Funktion	Sendeturm
Material	Stahl, Beton
Gewicht	11 800 t

▶ Pulverturm	
Baubeginn	1475
Dachaufbau	1886
Funktion (ehemals)	Lager für Schwarzpulver
Material	Sandstein, Ziegelstein
Auftraggeber	König Vladislav Jagiello

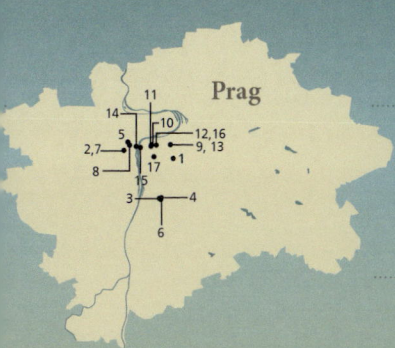

Höhe über NN: 450 m

400 m

St.-Niklas-Kirche
he: 74 m

Mausoleum am Vítkov-Hügel
ne: 31,5 m

Teynkirche
he: 80 m

Altstädter Rathaus
ne: 69,5 m

Pulverturm
ne: 65 m

13) Jan Žižka
Höhe mit Sockel: 22 m

14) Karlsbrückenturm (auf der Kleinseite)
Höhe: 45 m

15) Altstädter Karlsbrückenturm
Höhe: 47 m

16) Gemeindehaus (Kuppel)
Höhe: 45 m

17) Heiliger Wenzel
Höhe mit Sockel: 15,6 m

350 m

300 m

250 m

eiterdenkmal Jan Žižka		▶ Reiterdenkmal Hl. Wenzel	
jahr	1930/1950	Baujahr	1912–1913
e der Figur	9 m	Höhe der Figur	7,2 m
wurf	Bohumil Kafka	Entwurf	Josef Václav Myslbek
erial	Bronze	Material	Bronze (?)
cht	16,5 t	Gewicht	5,5 t

»An dieser Uhr waren zu sehen des Himmels Lauf durch das ganze Jahr mit der Zahl der Monate, Tage und Stunden. Auf- und Niedergang der Sterne, der längste und der kürzeste Tag, die Aequinoctia, die Feste durchs ganze Jahr, die Länge der Nacht und des Tags, der Neu- und Vollmond neben den Vierteln, die drei unterschiedlichen Schlagstunden nach der ganzen und halben Uhr.« So beschrieb 1650 der Maler, Kupferstecher und Kunstverleger Merian die Uhrenscheibe des Horologiums auf der Südseite des Altstädter Rathausturms. Seit 500 Jahren hat sich hier fast nichts verändert. Die ursprüngliche Fassung der Uhr wird auf 1410 datiert. Im Jahr 1490 baute der Magister Hanuš von der Karlsuniversität die Uhr um. Es heißt, dass die Ratsherren Hanuš blenden ließen, damit er für keine andere Stadt ein derartiges Kunstwerk bauen könne. Kurz vor seinem Tod stieg der Blinde auf den Turm und hielt das Uhrwerk an, bevor sich der Apostelumzug in Bewegung gesetzt hatte. Die Uhr stand still, bis Jan Táborský, und hier endet die Sage, in den Jahren 1552 – 1572 den Mechanismus wiederherstellte.

**Astronomische Uhr (Orloj)

Die Astronomische Uhr besteht aus **drei Teilen:** Apostelumzug, Uhrenscheibe und Kalendarium.
Hauptattraktion ist der von 9.00 bis 21.00 Uhr jeweils zur vollen Stunde stattfindende Apostelumzug mit den Figuren aus dem 19. Jh.: Der **Knochenmann Tod** reißt mit einer Hand am Seil der Sterbeglocke, mit dem anderen hebt er die Sanduhr hoch. Die Fenster öffnen sich, **Christus und die zwölf Apostel** ziehen vorbei. Sind die Fenster wieder geschlossen, flattert und kräht in der Nische ein Hahn, und die volle Stunde wird geschlagen. Dieses allegorische Spiel ergänzen ein **kopfschüttelnder Türke** neben der Uhr, ein Geiziger, der auf seinen Säckel starrt, und ein Eitler, der sich im Spiegel betrachtet.
Die Uhrenscheibe ist in zwei Kreise unterteilt. Die obere Scheibe zeigt den Umlauf der Sonne, des Mondes sowie die Uhrzeit an. Die untere ist in 24 Felder unterteilt und gibt mit ihren arabischen Ziffern auch die böhmische Zeit (von Sonnenaufgang bis Sonnenuntergang) an.
Die Szenen für das **Kalendarium** schuf der Historienmaler Josef Mánes (1820 – 1871). Neben den zwölf Rundbildern mit den Tierkreiszeichen, die um das Prager Wappen gruppiert sind, zeigen sie Szenen aus dem Landleben entsprechend den jeweiligen Monaten. Die Originale hängen im ▶Museum der Hauptstadt Prag.

Apostelumzug, Uhrenscheibe, Kalendarium

HAUS »ZUR MINUTE«

Das südwestlich anschließende Haus »Zur Minute« (U Minuty) mit Figurensgraffiti biblischer sowie mythologischer Szenen entstand um

Figurensgraffiti

Allegorien für Vergänglichkeit und Begierde schmücken die Astronomische Uhr am Altstädter Rathaus.

Haus »Zur Minute« mit Figurensgraffiti

1600, die Sgraffiti kamen erst um 1615 bzw. noch später hinzu. Die an der Ecke angebrachte Löwenfigur geht auf das 18. Jh. zurück. In den Arkaden gibt es einen Durchgang zum Kleinen Ring. Das Haus **»Na Kamenci«** auf der Südseite des Platzes geht auf einen romanischen Bau mit gotischen Erweiterungen zurück; sein spätgotisches Portal stammt aus dem 16. Jh., die Frühbarockfassade aus dem 17. Jahrhundert. In dem benachbarten frühbarocken Haus **»Zum blauen Stern«** (U Modré hvězdy; Nr. 25) wird bereits seit dem 16. Jh. Wein ausgeschenkt. Das Haus **»Zum goldenen Einhorn«** (U Zlatého jednorožce; Nr. 20) wuchs im 14. Jh. über seinen romanischen Kern hinaus und wurde 1496 spätgotisch umgestaltet; dem 18. Jh. entstammt die spätbarocke Fassade. Eine Gedenktafel am Haus erinnert an den Komponisten Bedřich Smetana, der hier seine erste Musikschule gründete. Am Ende der prachtvollen Barockhäuser an der Südseite des Platzes steht das **Storchhaus** (Nr. 16) im Stil der Neorenaissance. Ursprünglich befand sich dort ein Gebäude aus gotischer Zeit (14./15. Jh.), das 1897 durch den heutigen Bau nach Entwürfen von Friedrich Ohmann ersetzt wurde. Das Fassadengemälde des hl. Wenzel zu Pferde stammt von Mikoláš Aleš.

TEYNSCHULE (TÝNSKÁ ŠKOLA)

Ursprünglich gotisch
Dieser ursprünglich gotische Bau mit einem Rippengewölbe im Laubengang an der Ostseite wurde Mitte des 16. Jh.s erweitert, im Stil der venezianischen Renaissance umgebaut und mit einem doppelten Giebel verziert. Seit Beginn des 15. Jh.s bestand hier über vier Jahrhunderte die Teyn-Pfarrschule, an der u. a. Mitte des 15. Jh.s der große Baumeister Matthias Rejsek von Prostějov unterrichtete.

* TEYNKIRCHE (KOSTEL PANNY MARIE PŘED TÝNEM)

Wahrzeichen
Die gotische Teynkirche (»Mutter Gottes vor dem Teyn/Zaun«) am Altstädter Ring gilt als Wahrzeichen der Prager Altstadt. Sie ist durch die vorgelagerte Teynschule leicht nach hinten versetzt. Dennoch

beherrschen ihre beiden Türme die Ostseite des Platzes. Dreischiffig wurde sie 1365 an Stelle einer romanischen Kirche errichtet. Der Chor wurde 1380 vollendet; die Fassade mit dem hohen Giebeldach hat König Georg von Podiebrad 1460 ausführen lassen. Zur Zeit der hussitischen Reformbewegung war die Teynkirche das Zentrum der böhmischen Utraquisten in Prag.

Architektur

Der goldene Kelch, den König Georg von Podiebrad neben seinem Standbild zum Andenken an seine Krönung im Giebel aufstellen ließ, wurde nach der Niederlage der Protestanten am ▶Weißen Berg (1620) durch ein Marienbild ersetzt, für dessen Strahlenkranz man das Gold des Kelchs verwendete. Die 80 m hohen Türme, deren Helme mit zierlichen Ecktürmen versehen sind, wurden 1463 – 1466 (Nordturm) und 1506 – 1511 (Südturm) errichtet. Beachtenswert ist auch das Nordportal mit gotischem Baldachin und Tympanon aus Peter Parlers Bauhütte (»Das Leiden Christi«, Kopie).

**Innen-
ausstattung**

Der Kirchenraum wirkt trotz des hohen gotischen Chors etwas düster. Am Ende des Mittelschiffs fällt der **Hochaltar** mit den prachtvollen Gemälden »Himmelfahrt Mariä« und »Hl. Dreifaltigkeit« von Karel Škréta (1649) ins Auge. In der Kapelle nördlich des Chors befindet sich eine schöne gotische **Kalvarienberggruppe** aus dem 15. Jh.; den Abschluss des südlichen Seitenschiffs zieren gotische Konsolen aus der Parlerhütte, Büsten eines unbekannten Herrscherpaars und die Marmorgruppe **»Kyrill und Method«** von Emanuel Max (1847). Ferner steht hier ein schönes gotisches Taufbecken aus Zinn, das auf 1414 datiert wird. Das Altarbild des hl. Adalbert am ersten Mittelpfeiler des nördlichen Seitenschiffs stammt ebenfalls von Škréta, der nach 1660 auch die Gemälde für den Verkündigungs- und den St.-Barbara-Altar sowie 1664 das Bild für den St.-Josef-Altar schuf. Ein **spätgotisches Tabernakel** (1493) des Meisters Matthias Rejsek von Prostějov überwölbt den neugotischen St.-Lukas-Altar (19. Jh.); sein Altarbild stammt von Josef Hellich. Am südlichen Chorpfeiler befindet sich das rotmarmorne **Grabmal des dänischen Astronomen Tycho Brahe** (▶Berühmte Persönlichkeiten), der am Hof Rudolfs II. tätig war; die beiden lateinischen Sprichworte über dem Bildnis lauten sinngemäß:

Teynkirche

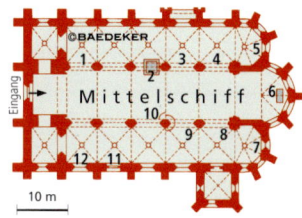

1 St.-Adalbert-Altar
2 Spätgotischer Baldachin
3 St.-Josef-Altar
4 Verkündigungsaltar
5 Kalvarienberggruppe
6 Hochaltar
7 Gotische Konsolen, Zinntaufbecken
8 St.-Barbara-Altar
9 Marmorgrab Tycho Brahe
10 Gotische Madonna
11 Renaissancealtar
12 St.-Wenzel-Altar

Auch für St. Niklas zeichnet ein Dientzenhofer verantwortlich.

»Mehr sein als scheinen« und »Nicht Macht, nicht Reichtum, nur die Kunst ist ewig«. Der einstige Hofastronom ist in voller Rüstung dargestellt, der für das Grabmal verantwortliche Künstler ist nicht bekannt. Die gotische Madonna in der zweiten Kapelle des südlichen Seitenschiffs entstand um 1400. Anfang des 17. Jh.s wurde das Relief der Taufe Christi für den Renaissancealtar hergestellt, Ende des 17. Jh.s das Bild des St.-Wenzel-Altars (A. Stevens).

❶ Di. – Sa. 10.00 – 13.00 und 15.00 – 17.00, So. 10.30 – 12.00 Uhr, Spende 25 Kč obligatorisch

Zur steiner- Neben der Teynschule steht das Haus »Zur steinernen Glocke« (»U
nen Glocke Kamenného zvonu). Die Vorderseite mit den hoch aufstrebenden gotischen Fenstern« wurde bis zu den Arbeiten zur Instandsetzung, die in den 1960er-Jahren durchgeführt wurden, von einer neubarocken Fassade von 1899 verdeckt. Ihren Anfang nahm die Baugeschichte dieses Hauses in der zweiten Hälfte des 13. Jh.s, der Name »Zur steinernen Glocke« ist 1417 erstmals urkundlich belegt. Bauherrin war vermutlich **Königin Elisabeth**, die Gemahlin Johanns von Luxemburg. Ende des 15. Jh.s erfolgten bauliche Veränderungen, und nach 1685 sorgte ein Umbau dafür, dass von der Palaisgestalt des einst königlichen Wohnsitzes kaum etwas übrig blieb. Im Zuge einer umfangreichen Rekonstruktion erhielt das Gebäude bis 1987 seine alte gotische Gestalt zurück.

Im Haus »Zur steinernen Glocke« veranstaltet die **Galerie hlavního města Prahy** (Galerie der Hauptstadt Prag) Ausstellungen, Konzerte und Vorträge.

❶ Di.–So. 10.00–18.00 Uhr, Eintritt 120 Kč, www.ghmp.cz

PALAIS GOLTZ-KINSKY (PALÁC GOLTZ-KINSKÝCH)

Im ehemaligen Palais Goltz-Kinsky (Nr. 12), unmittelbar neben dem Haus »Zur steinernen Glocke«, werden Dauerausstellungen der Nationalgalerie gezeigt. Derzeit ist dort die Dauerausstellung zu asiatischer und antiker Kunst zu sehen. Im Untergeschoss ist in 18 Aquarien das tierische Leben der Moldau zu bewundern. Der Spätbarockbau mit den eindrucksvollen Rokokoelementen entstand auf den Grundmauern eines romanischen und eines frühgotischen Hauses (Reste im Souterrain des Westflügels). Die Pläne für den Palast, der 1755 von Johann Arnold Graf von Goltz in Auftrag gegeben worden war, stammen von **Kilian Ignaz Dientzenhofer**; sein Nachfolger **Anselmo Lurago** vollendete den Bau 1765. Bereits drei Jahre später ging das Palais in den Besitz des Fürsten Rudolf Kinsky über. Knapp 80 Jahre später wurde hier Bertha von Suttner geboren. Die fast klassizistische Platzfront mit reicher Stuckatur von G. Campione de Bossi und pilastergesäumten Risaliten besitzt zwei dreieckige Giebel. An der breiten Fassade verläuft ein von zwei Säulenportalen getragener Balkon. Vier stehende und vier liegende mythologische Plastiken von **Ignaz Franz Platzer d. Ä.** schmücken die Attika. Im Rokokostil sind die fein gegliederten Einfassungen der Fenster mit dem typischen Motiv der Steinchenrocaille gehalten. Die drei Seitenflügel im Empirestil wurden später angefügt.

Národní galerie

❶ Di.–So. 10.00–18.00 Uhr, Eintritt 150 Kč, www.ngprague.cz

> **! BAEDEKER TIPP**
>
> *Kafkas Prag*
>
> Westlich der Kirche St. Niklas, am »náměstí Franze Kafky« (Nr. 5), lag das **Geburtshaus** des Prager Schriftstellers. Hier hängt zur Erinnerung eine Bronzetafel. Gegenüber von St. Niklas befand sich sein **Gymnasium**, Kafkas Eltern besaßen ein **Galanteriegeschäft** im Palais Kinsky. Kein anderer Autor ist so eng mit der Stadt verbunden (▶Tour 4, S. 168).

ST. NIKLAS IN DER ALTSTADT (KOSTEL SVATÉHO MIKULÁŠE)

Die Kirche des einstigen Benediktinerklosters (▶Emmauskloster) dient heute als Gotteshaus der tschechischen Hussitischen Kirche. Der prächtige helle Sakralbau an der Nordwestecke des Altstädter Rings wurde 1732–1735 nach Plänen von **Kilian Ignaz Dientzen-**

hofer mit der monumentalen Südfront, dem langen Hauptschiff mit Seitenkapellen und der Kuppel im Barockstil errichtet. Der Skulpturenschmuck stammt von **Anton Braun**, das reiche Stuckwerk von Bernardo Spinetti, die Deckengemälde (Leben des hl. Nikolaus und des hl. Benedikt) von **Cosmas Damian Asam**, der auch die Fresken im Presbyterium und in den Seitenkapellen schuf. Der Kristallleuchter im Hauptschiff wurde Ende des 19. Jh.s von der Glashütte in Harrachov geliefert. Im Jahr 1906 kam die St.-Nikolaus-Statue von B. Šimonovský an der seitlichen Fassade hinzu. Da Kloster und Kirche 1787 säkularisiert wurden, sind der Hochaltar, das Kirchengestühl und viele der sich ursprünglich hier befindlichen Gemälde heute in anderen Kirchen untergebracht.

❶ Mo. – So. 10.00 – 16.00 Uhr

Am Graben (Na Příkopě)

✦ E 4

Lage: Praha 1, Staré Město (Fußgängerzone)
Metro: Můstek, Náměstí republiky

Belebteste Straße der Stadt

Die Straße Na Příkopě (Am Graben) gilt als die belebteste der Stadt. Sie verbindet das untere Ende vom ▶Wenzelsplatz mit dem Platz der Republik (Náměstí republiky). Am Graben, Wenzelsplatz und Národní třída mit ihren Nebenstraßen und -gassen bilden das **»Goldenes Kreuz«** genannte Prager Geschäftszentrum mit Verwaltungs-, Bank- und Bürogebäuden, Passagen, Läden, Hotels, Restaurants und Kaffeehäusern. In der Fluchtlinie des heutigen Fußgängerbereichs Am Graben verlief einst der bereits im Jahr 1760 zugeschüttete Stadtgraben zwischen den Befestigungen von Altstadt und Neustadt. Vom Wenzelsplatz aus gesehen erstreckt sich linker Hand die Altstadt, rechts die Neustadt.

Die schönsten Häuser

An der Ecke Na Příkopě/Na Můstku liegt das markante, Ende der 1970er-Jahre errichtete frühere Verwaltungsgebäude der Maschinenfabrik **ČKD Praha**. Den Giebel des modernen Stahlbaus krönt eine große Uhr des Vorgängerbaus. In dem komplett renovierten Gebäude sind Geschäfte und Büroräume untergebracht. Gegenüber an der Ecke zum Wenzelsplatz steht das **Haus Koruna** (Krone), das 1911 nach einem Entwurf von Antonín Pfeiffer gebaut wurde. Die drei unteren Geschosse werden von gläsernen Schaufensterflächen dominiert. Eine weiträumige Passage verbindet die beiden Straßen miteinander. Es wurde zum Vorbild für die späteren Gebäude in der Nachbarschaft. Nur wenige Schritte entfernt liegt das **Palais Sylva-Taroucca**

(Nr. 10). In diesem Kleinod böhmischen Spätbarocks sind ein Museum sowie ein Fast-Food-Restaurant untergebracht. **Anselmo Lurago** erbaute den Barockpalast in den Jahren 1743 bis 1751 nach Plänen von Kilian Ignaz Dientzenhofer für den Fürsten Ottavio Piccolomini. In Anlehnung an den französischen Klassizismus entstanden zwei Höfe, ein Garten mit Reitschule und eine Säulendurchfahrt. An der Fassade lassen sich die Besonderheiten des Spätstils Dientzenhofers ablesen: Neben dem Dreiecksgiebel, der die drei Hauptachsen der neunachsigen Fassade bekrönt, überspannen zwei Segmentgiebel die beiden äußeren Gebäudeteile, dort aber nur die jeweils mittleren Achsen. Dientzenhofer hat sich hier wohl vom Rokoko beeinflussen lassen. Das Dekor der architektonisch reich gegliederten Fassade mit mythologischen Plastiken sowie der Schmuck des Rokokotreppenaufgangs stammen von **Ignaz Franz Platzer d. Ä.**, das Stuckwerk im Inneren von Carlo Bossi. Die Fresken am Treppengewölbe (»Wagen des Helios«, »Allegorien der vier Jahreszeiten«) schuf Václav Bernard Ambrozzi. Das benachbarte neuromanische Haus **»Zur schwarzen Rose«** (»U Černé růže«) gehörte früher der Prager Universität. Hier trafen sich seit 1411 deutsche Anhänger des großen Reformators Johannes (Jan) Hus. Schüler dieser »Schwarzen Rose« (u. a. Draendorf und Turnow) trugen wesentlich zur Verbreitung des Hussitentums in Deutschland bei. Mitte des 20. Jh.s entstand hier eine Nobelpassage; heute befinden sich in dem rekonstruierten Palais luxuriöse Geschäfte, Büros und Wohnungen. Die einzige Empirekirche Prags, die **Hl.-Kreuz-Kirche** (Kostel svatého Kříže), wurde in den Jahren 1819 bis 1821 von J. Fischer für den Piaristenlehrorden erbaut. Die ehemaligen Schulgebäude des Piaristenkonvents befinden sich in der Panská.

> **!** **BAEDEKER TIPP**
>
> *Vergangenheitsbewältigung …*
>
> … auf Tschechisch: Das **Museum des Kommunismus** im Palais Savarin (Na Příkopě 10) lädt zu einem Rundgang durch die jüngste Geschichte des Landes ein. Wie ein roter Faden zieht sich das Motto der Ausstellungsmacher durch das Museum: Kommunismus – Der Traum, Die Realität, Der Alptraum. Gegründet wurde es von dem US-amerikanischen Geschäftsmann Glenn Spicker (tgl. 9.00 – 21.00 Uhr, www.muzeum komunismu.cz, Eintritt 190 Kč).

Das Haus **»Am Graben«** Nr. 20, im Stil der böhmischen Renaissance gehalten, schmücken allegorische Mosaiken nach Entwürfen von Mikoláš Aleš und Reliefs aus den Werkstätten von Celda Klouček und Stanislav Sucharda.

Das 1695 bis 1700 von Graf Jean B. Vernier de Rougemont erbaute Barockpalais Příchovských, als »Deutsches Haus« von 1875 bis 1945 Treffpunkt der Prager Deutschen, wurde nach dem Zweiten Weltkrieg in **»Slawisches Haus«** (Slovanský dům) umbenannt. Das klassizistische Aussehen erhielt das Gebäude durch eine Umgestaltung gegen Ende des 19. Jh.s, heute befinden sich in dem renovierten Ge-

»Deutsches Haus«

bäude ein Einkaufszentrum mit Restaurants, Cafés und einem Garten und ein Multiplexkino (www.slovansky-dum.cz). Das Haus »Am Graben« Nr. 28 ist der 1935 bis 1942 errichtete **Palast der Tschechischen Staatsbank**. Hier befanden sich einst die Gewerbebank und die berühmten Hotels »Zum blauen Stern« und »Zum schwarzen Ross«, wo im 19. Jh. Europas Prominenz logierte (u. a. Liszt und Chopin). Im Hotel »Zum blauen Stern« wurde 1866 der Prager Frieden zwischen Österreich und Preußen unterzeichnet.

Baumgarten (Stromovka)

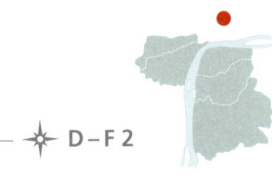

D – F 2

Lage: Praha 7, Holešovice
Straßenbahn: 5, 12, 17

Park und Lustschloss

Nördlich der Letnáhöhe (►Letnáanlagen) erstreckt sich bis zur Moldau der Baumgarten (Stromovka), ein prächtiger Park. An seiner Südwestseite befindet sich das Lustschloss im neogotischen Stil. König Vladislav Jagiello ließ es Ende des 15. Jh.s als Jagdschloss erbauen, Anfang des 19. Jh.s wurde das Schloss stilistisch dem Englischen Garten angepasst.

AUSSTELLUNGSGELÄNDE (VÝSTAVIŠTĚ)

Eisenkonstruktion

An der Südostseite des Parks wurde für die Jubiläumsausstellung 1891 und die Ethnografische Ausstellung 1895 nach Plänen von **Antonín Wiehl** ein Ausstellungsgelände angelegt; seit 1918 fanden hier die Prager Mustermessen statt. Anfang der 1950er-Jahre wurde das Gelände zu einem Erholungspark erweitert. Sehr imposant wirkt die Eisenkonstruktion des um das Jahr 1900 von **Bedřich Münzberger** und **Josef Fanta** entworfenen **Industriepalasts** (Průmyslový palác).

Beeindruckend: der alte Industriepalast mit seinem Springbrunnen

Bis zur Eröffnung des Kulturpalasts am ►Vyšehrad fanden hier Kongresse und Tagungen statt. 2008 brannte der linke Flügel nieder, er wird zurzeit rekonstruiert. Die Fassade des Pavillons von Prag, ebenfalls ein Bauwerk des späten 19.

bzw. frühen 20. Jh.s, zeigt historische Persönlichkeiten der böhmischen Geschichte von G. Zoula sowie allegorische Plastiken von F. Hergesell. Heute birgt der Pavillon das **Lapidarium** des ▶Nationalmuseums mit sehenswerten Exponaten aus Architektur und Bildhauerei vom 11. bis 19. Jahrhundert. Viele Skulpturen in und um Prag, die im Lauf der Zeit durch Kopien ersetzt wurden, um sie vor Verwitterung zu schützen, sind hier im Original zu bewundern, so etwa die Statuen der Karlsbrücke von Braun und Brokoff (wegen Sanierungsarbeiten seit Ende 2010 geschlossen). Der kreisförmige **Pavillon** (Maroldovo panorama) mit dem Panorama der »Schlacht bei Lipany« wurde 1908 von J. Koula entworfen. Im Inneren stellt ein Gemälde von L. Marolds (1898) die Hussitenschlacht vom 30. Mai 1434 dar. Das **Planetarium** wurde 1960 – 1962 nach einem Entwurf von J. Fragner auf kreisrundem Grundriss erbaut. Um dieselbe Zeit wie das Planetarium entstand aus dem ehemaligen Maschinenbau-Ausstellungspavillon (1907) die **Sporthalle** mit 18 500 Zuschauerplätzen. Um 1990 wurden die abends eindrucksvoll angestrahlte **Křižíksfontäne**, ein Amphitheater und mehrere Pavillons errichtet.

Lapidarium: Mai – Okt. Mi. 10.00 – 16.00, Do. – So. 12.00 – 18.00 Uhr Eintritt 50 Kč

Maroldovo panorama: April – Okt. Sa., So 10.00 – 17.00 Uhr, Eintritt 25 Kč Mo. – Fr., So. 9.00 – 18.00, Sa. 9.00 – 20.00 Uhr, Eintritt 120 Kč

Belvedere – Lustschloss der Königin Anna

——————————————— ✳ **D 3**

Lage: Praha 1, Hradčany
Metro: Malostranská, Hradčanská
Straßenbahn: 22
Eintritt: 110 Kč, zu besichtigen nur bei Ausstellungen

Ferdinand I. ließ das Lustschloss (1538 – 1563) gleichzeitig mit dem Königsgarten für seine Gemahlin Anna erbauen. Von **Paolo della Stella** entworfen, ist das königliche Lustschloss eines der schönsten Beispiele für die Umsetzung der italienischen Renaissance nördlich der Alpen. Eine Loggia, deren Rundbögen auf schlanken Säulen mit Volutenkapitellen ruhen, läuft rings um das Gebäude. Die Arkadenbögen sind mit Rankenfriesen und Reliefs mit Szenen aus der griechischen Mythologie geschmückt, aber auch Jagd- und Genreszenen werden dargestellt. An der westlichen Stirnwand findet sich zwischen dem zweiten und dritten Bogen eine interessante Darstellung: Ferdinand I. überreicht seiner Frau einen Feigenzweig. Die neuartige Konstruktion des geschwungenen Längsdachs in Form eines Schiffs-

Letohrádek královský Anny

Schloss Belvedere mit dem Singenden Brunnen im Vordergrund

rumpfes ist an der Schiffbautechnik orientiert. Das Schloss wurde Ende des 18. Jh.s der Armee zur Verfügung gestellt und bis 1838 sogar als Artillerielaboratorium genutzt, sodass spätere Umbauten das Aussehen der Innenräume nicht unwesentlich veränderten. Gegenwärtig werden im Lustschloss Wechselausstellungen präsentiert.

Singender Brunnen

Westlich vom Schloss Belvedere steht der »Singende Brunnen«. Er wurde in den Jahren 1564 bis 1568 von **Tomáš Jaroš** entworfen und in Bronze gegossen. Die Bronzeschale mit resonierenden Hohlräumen wird durch fallende Wassertropfen zum Klingen gebracht. Diese akustische Besonderheit lässt sich mit am Brunnenrand angelegtem Ohr deutlich vernehmen.

Ballhaus

Das Ballhaus entstand zwischen 1567 und 1569 unter der Leitung von Bonifaz Wohlmut. Die Sgraffiti an den Außenseiten zeigen Allegorien der Elemente, Tugenden und freien Künste. Vor dem Ballhaus steht die Statuengruppe »Die Nacht« von **Matthias Bernhard Braun** (um 1730), deren Pendant (»Der Tag«) kurz nach Entstehung während der preußischen Bombardierung Prags zerstört wurde.
❶ zu Besichtigen nur bei Ausstellungen

Chotekanlagen

Südlich vom Schloss Belvedere breiten sich die Chotekanlagen (Chotkovy sady) aus. In den Jahren 1833 – 1841 wurde durch eine Initiative des Statthalters Graf Chotek eine öffentliche Parkanlage errichtet, die zweite in Prag.

Bethlehemskapelle (Betlémská kaple)

—————————— ✦ E 4

Lage: Praha 1, Staré Město, Betlémské n.
Straßenbahn: 6, 9, 18, 21, 22, 23
Metro: Národní třída

Die schlichte, ursprünglich gotische Bethlehemskapelle wurde von 1950 bis 1953 anhand alter Drucke, Beschreibungen und Veduten originalgetreu nach Entwürfen des Architekten Jaroslav Fragner wiederaufgebaut. Der Sakralbau, 1962 zum Nationalen Kulturdenkmal erklärt, gehört zu den bedeutendsten religiösen Denkmälern der tschechischen Geschichte.

Originalgetreu rekonstruiert

❶ April – Okt. Di. – So. 10.00 – 18.30, Nov. – März Di. – So. 10.00 – 17.30 Uhr, Eintritt: 60 Kč

Im Jahr 1391 wollten Prager Bürger eine Kirche gründen, in der die Messe auf Tschechisch gelesen werden sollte. Die katholische Obrigkeit gestattete jedoch nur den Bau einer gotischen Kapelle; diese Kapelle allerdings fasste 3000 Menschen, und nicht der Altar war das Zentrum, sondern die Kanzel. Von 1402 bis 1413 predigte hier der tschechische Reformator **Jan Hus**. Auch nach seinem Tod 1415 blieb die Kapelle geistiger Mittelpunkt der Hussitenbewegung.

Messe auf Tschechisch

Im Jahr 1521 setzte sich der deutsche Bauernführer Thomas Müntzer von der Kanzel aus für einen auf Gleichheit und Gütergemeinschaft beruhenden Gottesstaat ein und gab sein Prager Manifest heraus. Zwischen 1609 und 1620 gehörte die Kapelle der Gemeinde der Böhmischen Brüder. Hier wirkte u. a. Senior Jan Cyrillus, der spätere Schwiegervater des großen Volkserziehers Jan Amos Comenius. Nachdem Ferdinand II. 1620 in der Schlacht am Weißen Berg den »Winterkönig« Friedrich V. von der Pfalz besiegt hatte und ab 1627 nur noch der katholische Glaube erlaubt war, kauften die Jesuiten die Kapelle. 1773 wurde der Orden aufgelöst, 1786 riss man die Kapelle bis auf die Grundmauern ab. An den **Kirchenwänden im Inneren** sind Fragmente von Traktaten der Magister Jan Hus und Jakoubek ze Stříbra zu sehen. Nach Miniaturen des Jenaer Codex, der Richenthal'schen Chronik und der Velislavbibel wurden die Wände in jüngster Zeit von Schülern der Akademie der bildenden Künste

! BAEDEKER TIPP

Lektüre und Snacks

Der **Klub architektů** ist eine Mehrzweckoase in der Altstadt mit Blick auf die gotische Bethlehemskapelle, in der einst Jan Hus predigte. Die Fachbuchhandlung bietet geistige, der mittelalterliche Keller leibliche Kost. Eine Reservierung ist empfehlenswert (tgl. 11.30 – 24.00 Uhr, Tel. 2 24 40 12 14, www.klubarchitektu.com).

mit Wandgemälden ausgestattet. Neueren Datums sind auch die rekonstruierte hölzerne Kanzel, der Chor und das Oratorium. Im **Predigerhaus von Jan Hus** über der Kapelle sind Dokumente über Leben und Werk des Reformators sowie über die Baugeschichte der Kapelle ausgestellt.

ST. ÄGIDIUS (KOSTEL SVATÉHO JILJÍ)

Prächtiges Deckengemälde

Vom Bethlehemsplatz aus in nördlicher Richtung zweigt die Husova třída ab. Nach einigen Metern stößt man auf der rechten Seite auf die Kirche St. Ägidius. Der romanische Bau wurde 1339 – 1371 gotisiert. Ursprünglich im Besitz der hussitischen Utraquisten, wurde die Kirche nach der Schlacht am Weißen Berg von Ferdinand II. den Dominikanern im Jahr 1625 geschenkt. Anno 1733 erfolgte die Barockisierung, die wahrscheinlich nach Plänen von **Kilian Ignaz Dientzenhofer** geschah. Wenzel Lorenz Reiner schuf das Deckengemälde »Verherrlichung des Dominikanerpredigerordens«. Das Thema gab ihm die Möglichkeit, sein Können in vollem Umfang anzuwenden: Er schuf eine fantastische Scheinarchitektur mit Kuppel und Dreiecksportikus, die im Einsturz begriffen ist, jedoch vom hl. Dominicus gestützt wird. Reiner realisierte auch das Altarbild in der Kapelle des linken Seitenschiffs. Sein Grabmal befindet sich ebenfalls hier. Die prunkvollen Beichtstühle stammen aus der Werkstatt von Richard Prachner. In St. Ägidius finden regelmäßig Kirchenkonzerte statt.
❶ Mo., Mi., Fr. 16.00 – 18.00 Uhr

Kloster Břevnov (Klášter Břevnov)

✦ Ausflug

Lage: Praha 6, Břevnov, Markétská 28
Bus: 108, 174, 180
Straßenbahn: 15, 22
Besuch nur mit Führung am Wochenende: Okt. – April um 10.00 und 14.00, Mai – Sept. 10.00, 14.00 und 16.00 Uhr
Eintritt: 50 Kč
www.brevnov.cz

Das älteste Mönchskloster Böhmens

Fährt man von der Stadtmitte in Richtung Karlovy Vary (Karlsbad; Straße Nr. 6), so erreicht man nach rund 5 km den Stadtteil Břevnov, in dem sich das gleichnamige Benediktinerkloster befindet. Es wurde 993 von Fürst Boleslav II. und dem hl. Adalbert (später Bischof von Prag) gegründet und ist die zweite Benediktinerabtei und das älteste

Mönchskloster Böhmens. Von der ursprünglich romanischen Klosterkirche, die im 11. Jahrhundert erbaut wurde, blieb nur die Krypta im Chor erhalten. Der heutige Barockkomplex entstand unter der Leitung von **Christoph Dientzenhofer**; zunächst wurde die Kirche St. Margareta (bis 1716), vier Jahre später das Kloster vollendet. Der Besuch des Klosters ist nur mit einer Führung möglich, die ausschließlich am Wochenende angeboten wird, Reisegruppen können auch während der Woche eine Führung buchen. Leider finden die Führungen nur in tschechischer Sprache statt, zur Information bekommt der interessierte Besucher jedoch eine ausführliche Broschüre in deutscher Sprache zur Verfügung gestellt.

Man betritt den Klosterhof durch ein schönes Portal (1740), das **Kilian Ignaz Dientzenhofer** schuf. Es ist mit einer Statue des hl. Benedikt (von Karl Josef Hiernle) geschmückt. Die barocken Klosterbauten wurden 1708 von **Paul Ignaz Bayer** begonnen und bis etwa 1715 von Christoph Dientzenhofer vollendet. Im Inneren ist vor allem der Prälatensaal beachtenswert, dessen Deckenfresko (»Pfauenwunder des hl. Günther«, 1727) von Cosmas Damian Asam stammt; die Stuckaturen entwarf Bernardo Spinetti. Schöne Malereien von A. Tuvora findet man im Empfangssaal und im Chinesischen Salon.

Klosteranlage

Mittelpunkt der Klosteranlage ist die Margaretenkirche (Kostel svaté Markéty). Sie wurde ebenfalls von **Christoph Dientzenhofer** erbaut (bis ca. 1720). Ihre Deckenfresken schuf Johann Jakob Steinfels, ihre Altarbilder Peter Brandl. Die hl. Margarete auf dem Hauptaltar ist eine Arbeit von Matthias Wenzel Jäckel. Vor der Kirche erinnert ein Johannes-von-Nepomuk-Standbild (von Karl Josef Hiernle) an den böhmischen Landespatron. Vom Kloster Břevnov aus erreicht man auf dem direkten Weg mit der Straßenbahnlinie 22 das Schloss Stern am ▶Weißen Berg.

Margaretenkirche

Carolinum (Karolinum)

✦ E 4

Lage: Praha 1, Staré Město,
Železná 9 (Fußgängerzone)
Metro: Můstek

Am 7. April 1348 gründete Karl IV. das nach ihm benannte Carolinum – die erste Universität Mitteleuropas. Als Kernstück des Kollegiums stiftete Wenzel IV. 1383 das Rothlev'sche Haus (1370) mit dem heute noch erhaltenen gotischen Prunkerker. Die Architektur der anderen Gebäude der Karlsuniversität reicht von der Gotik bis zum 20. Jahrhundert. Bereits 1409 schien die Geschichte des Karlskollegi-

Erste Universität Mitteleuropas

Der Bibliothekssaal des Clementinums mit seiner umlaufenden Empore gilt als einer der schönsten Barockräume Prags.

ums als universale Universität – Lehrende und Studierende kamen aus ganz Europa – zu Ende zu sein: König Wenzel beschnitt auf Betreiben von Magister Jan Hus die Rechte der Deutschen. Rund 2000 Studenten und viele Professoren wanderten aus. Von nun an wirkte der Reformator Hus als Rektor (Bronzestatue von K. Lidický im Ehrenhof), bis sich im Jahr 1412 die katholische Fakultät gegen ihn aussprach und er nach Südböhmen fliehen musste. Nach der Zerschlagung der böhmischen Adelsrevolte übernahmen die Jesuiten die Leitung der Universität. Von dem ursprünglichen Gebäude sind außer dem Erker zwei Kreuzrippengewölbefelder des ehemaligen Laubengangs und einige erst in jüngerer Zeit freigelegte gotische Elemente erhalten. Die Barockisierung der Anlage wurde 1718 von **František Maximilian Kaňka** durchgeführt. Das Herz des Carolinumgebäudes bildet die durch zwei Stockwerke gehende große **Aula** aus dem 17. Jh., die 1946 – 1950 durch Jaroslav Fragner erweitert wurde. Nur wenige Meter vom Carolinum entfernt befindet sich das ▶Ständetheater.

❶ Kreuzgang zugänglich bei Ausstellungen Mo. – So. 10.00 – 18.00 Uhr, Eintritt 120 Kč

St. Gallus Die St.-Gallus-Kirche (Kostel svatého Havla), in der Havelská südwestlich des Carolinums gelegen, wurde 1232 gleichzeitig mit der süddeutschen Kolonie »Gallistadt« gegründet und bis 1263 als eine der vier Altstädter Pfarrkirchen fertiggestellt. Ein Umbau erfolgte 1353 im Stil der Hochgotik. Einem erneuten Umbau im 18. Jh. verdankt sie die wellenförmige Fassade sowie die beiden Türme. Das barocke Innere enthält wertvolle Altargemälde, linker Hand eine holzgeschnitzte Pietà, vermutlich von **Ferdinand Maximilian Bro-koff**. In der rechten Seitenkapelle ist der Maler **Karel Škréta** beige-setzt. Ab 1363 wirkte in St. Gallus auf Wunsch Karls IV. der österrei-chische Reformprediger Konrad von Waldhausen, ein Vorgänger des großen tschechischen Reformators Jan Hus.

❶ Mo.–So. 11.30–13.00 Uhr

Clementinum (Klementinum)

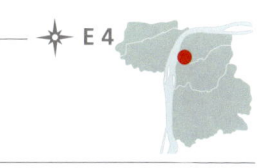

✳ E 4

Lage: Praha 1, Staré Město, Křižovnická,
Platnéřská, Karlova
Metro: Staroměstská
Straßenbahn: 17, 18

Das ehemalige Jesuitenkolleg zwischen Kreuzherrenplatz und Mari-enplatz ist heute Sitz der Staatlichen Bibliothek der Tschechischen Republik. In ihrem Besitz befinden sich über 5 Mio. Bände, 6000 Handschriften – darunter der Codex Vyšehradiensis – und mehr als 4000 Inkunabeln.

Staatliche Bibliothek

Nachdem Ferdinand I. 1526 über seine Frau zum Herrscher von Böhmen und Ungarn geworden war, versuchte er seine Erblande ohne allzu rigorose Maßnahmen zu rekatholisieren; 1556 rief er die Jesuiten nach Prag. Sie übernahmen das Kloster und die Kirche St. Clemens der seit 1232 ansässigen Dominikaner. Ein ganzes Alt-stadtviertel mit über 30 Bürgerhäusern, drei Kirchen und mehreren Gärten wurde niedergerissen und ab 1578 unter der Leitung von **Francesco Caratti** und später von **František Maximilian Kaňka** durch die Bauten des Clementinums ersetzt, das neben dem ▶Hrad-schin den größten Gebäudekomplex Prags darstellt. 1622 wurde die Karlsuniversität (▶Carolinum) angeschlossen.

Der Bereich des Clementinums umfasst fünf durch Zwischentrakte getrennte Innenhöfe, die Kirchen St. Clemens und St. Salvator (▶Kreuzherrenplatz), die der italienischen Gemeinde gehörende Welsche Kapelle und eine Sternwarte (1751). Die Hauptfassade des Kollegiengebäudes gegenüber der Franziskuskirche wurde Mitte des 17. Jh.s errichtet. Sie schmücken reich gegliederte Stuckaturen in Form von Muscheln, Lorbeer, Teufelsfratzen und Büsten römischer Kaiser. Beachtenswert sind die Innenräume des **Bibliothekssaals** (»Barocksaal«) der Jesuiten in der ersten Etage, der nach Entwürfen von František Maximilian Kaňka gebaut wurde und mit Deckenfres-ken von Johann Hiebl ausgestattet ist, auf denen die Musen und bib-lische Themen dargestellt sind. Die Mitte bildet der Blick in eine gemalte Domkuppel, die mit ihrer Tiefenillusion für das barocke Bildempfinden schlechthin steht. Sehenswert ist ferner der Mozartsaal mit Rokokomalereien und Bücherschränken aus derselben Epoche. Die ehemalige Spiegelkapelle wurde ebenfalls 1724 von František Maximilian Kaňka eingerichtet und mit einem Deckengemälde (Marienbilder) von Hiebel ausgeschmückt. Heute finden hier Kammerkonzerte und Ausstellungen statt. Interessant ist auch der Mathematische Saal mit seiner Globen- und Tischuhrensammlung. Im Südwesthof erinnert die Statue »Prager Student« an den Einsatz der Studenten, als am Ende des Dreißigjährigen Kriegs (1648) die Karlsbrücke gegen die anstürmenden Schweden verteidigt wurde.

❶ Jan. – März tgl. 10.00 – 17.00, April, Okt. – Dez. tgl. bis 18.00, Mai – Aug. tgl. bis 20.00 Uhr, Eintritt für Bibliothek und Sternwarte 150 Kč, mit Spiegelkapelle 220 Kč, Rundgang plus Konzert 650 Kč

*St. Clemens Die Barockkirche St. Clemens (Kostel svatého Klimenta) gehört zum Clementinum und ist durch ein Eisengitter mit der Welschen Kapelle verbunden. Die Kirche entstand zwischen 1711 und 1715. Die Plastiken im Inneren zählen zu den Kostbarkeiten des böhmischen Barocks. **Matthias Bernhard Braun** schuf die acht Skulpturen der Evangelisten und Kirchenväter; von ihm stammen auch die Holzschnitzereien an den Seitenaltären, der Kanzel und dem Beichtstuhl. Das Altarbild stammt von Peter Brandl und stellt den hl. Linhart dar. Die Kirche St. Clemens dient heute der griechisch-katholischen Gemeinde als Gotteshaus.

Emmauskloster (Emauzy)

✦ E 6

Lage: Praha 2, Nové Město, Vyšehradská
Metro: Karlovo náměsti
Straßenbahn: 3, 4, 7, 10, 14, 16, 17 18, 21, 24
❶ April – Okt. Mo. – Fr. 11.00 – 17.00, Mai – Sept. Mo. – Sa. 11.00 – 17.00, Nov. – März Mo. – Fr. 11.00 – 14.00 Uhr
Eintritt: 20 Kč

Das Emmauskloster (Kloster bei den Slawen, Klášter na Slovanech) – die Benediktinerabtei wurde 1949 aufgehoben – die Marienkirche befinden sich erst seit 1990 wieder im Besitz des **Benediktinerordens.** Karl IV. gründete das Kloster 1347 (mit Genehmigung des Papstes) für die Benediktiner des slawischen Ritus, für Kroaten, Serben, Tschechen und Russen. Durch die altslawisch gelesene Messe suchte die Kirche Zugriff auch auf den wenig erschlossenen Osten zu gewinnen. Das Kloster war im 14. Jh. ein bedeutendes Kultur- und Bildungszentrum; bis 1546 wurde hier der glagolitische Teil des sogenannten **Reimser Evangelienbuchs** aufbewahrt, auf das die Könige Frankreichs bei der Krönung ihren Eid leisteten. Im Jahr 1945 brannte das Gebäude nach einem US-amerikanischen Luftangriff aus. Erst 1967 konnte die Wiederherstellung der gotischen Klosterkirche beendet werden, als sie an Stelle der ursprünglichen Türme ihre zwei modernen, sich durchdringenden Betontürme erhielt, die wie ein Flügelpaar gen Himmel streben. Im Inneren stößt man auf grobe Betonwände und unverputztes Gemäuer.

Die Fresken des mehrfach restaurierten gotischen Kreuzgangs zählen zu den Hauptdenkmälern der alten Prager Malerschule: Nach Art der spätmittelalterlichen Armenbibeln sind wichtige Heilstatsachen des Neuen und Ereignisse aus dem Alten Testament auf insgesamt 26 Wandtafeln dargestellt (datiert: ca. 1360). Ihr Erhaltungszustand ist jedoch nicht besonders gut. **Kreuzgang**

Die Marienkirche des Emmausklosters wurde 1348 – 1372 im gotischen Stil erbaut. Sie besteht aus drei gleich großen Schiffen. Der Barockisierung im 17. Jh. folgte eine neugotische Umgestaltung. Die konkaven Spitztürme von 1967 sind ein Werk des Architekten **František M. Černý** und stellen einen Kompromiss zwischen Barocktürmen und gotischem Hochgiebel dar. **Marienkirche**

Schräg gegenüber vom Emmauskloster liegt St. Johannes von Nepomuk am Felsen (Kostel svatého Jana Nepomuckého na Skalce, Vyšehradská 18). Der um 1730 von **Kilian Ignaz Dientzenhofer** errichtete Zentralbau mit zwei Türmen und einer doppelarmigen Freitreppe ist einer der schönsten Kirchenbauten des Spätbarocks. Das Fresko von Karel Kovář (1748) stellt die Himmelfahrt des hl. Johannes von Nepomuk dar. Johann Brokoff schnitzte die Holzstatue des Heiligen auf dem Hauptaltar. Die bronzene Ausführung des Holzmodells steht auf der ▶Karlsbrücke. Die Kirche ist zum Gottesdienst zugänglich. **St. Johannes von Nepomuk am Felsen**

Die Vyšehradská geht in südlicher Richtung in die Straße Na Slupi über, in der sich der Eingang zum Botanischen Garten (Botanická zahrada) befindet. Die Gartenanlage hat eine 600-jährige Tradition vorzuweisen und bietet eine entsprechende Vielfalt einheimischer und exotischer Pflanzen, u. a. einen Japanischen Garten und eine Königsrosenwiese. Der florentinische Apotheker Angelo legte ihn unter der Herrschaft Karls IV. an. Der 1775 in Smíchov gegründete Universitätsgarten wurde im Jahr 1897 hierher verlegt. **Botanischer Garten**

❶ April tgl. 9.00 – 18.00, Mai – Sept. tgl. bis 19.00, Okt. und März tgl. bis 17.00, Nov. – Febr. tgl. bis 16.00 Uhr, Eintritt 50 Kč, www.botanicka.cz

Die Stadt K. – Franz Kafka und Prag

Sieht man von einigen Reisen, Sanatorienaufenthalten und einer Zeit in Berlin gegen Ende seines Lebens ab, dann kam Kafka kaum aus seiner Geburtsstadt heraus. Als »Mütterchen mit Krallen« bezeichnete er die Stadt, mit der ihn Hassliebe verband: Ähnlich wie sein Beruf und seine Familie symbolisierte sie für ihn die Zwänge eines Alltags, der ihn davon abhielt, sich ausschließlich seiner Literatur zu widmen. Zugleich bot ihm Prag aber auch vielfach Inspiration: Nicht zufällig bildet die Stadt die Kulisse für die Handlung einiger seiner wichtigsten Werke.

Blick in die Ausstellung (links ein Bild von Dora Diamant, Kafkas letzter großer Liebe)

Bei den Kommunisten galt Kafka als persona non grata, mittlerweile wurde er wiederentdeckt. Im Sommer 2005 eröffnete am Kleinseitner Moldauufer ein ihm und seinem Werk gewidmetes Museum, dessen Ausstellung in zwei Teile gegliedert ist, die **Existenzieller Raum** und **Imaginäre Topografie** überschrieben sind. Im ersten Teil geht um den Einfluss der Stadt auf den Autor, auf sein Schreiben; darum, welche Spuren Prag in seinem Werk hinterlassen hat. »Die Stadt steuert den Mythos bei, den düsteren Zauber, das großartige Bühnenbild«, heißt es dazu in der Ausstellung, die dem Einfluss der Stadt auf den Dichter in dessen Tagebüchern wie in seiner umfangreichen Korrespondenz mit Verwandten und Freunden, Verlobten und Verlegern nachspürt.

Im zweiten Teil geht es darum, wie Kafka selbst seine Stadt in seinem Werk porträtiert: Was schon deshalb ein spannendes Unterfangen ist, weil Kafka bis auf wenige Ausnahmen keinen der von ihm beschriebenen Prager Orte und Szenerien exakt benennt. Zwar kann man einige der von ihm verwendeten Kulissen gut erkennen – so wird die St.-Veits-Kathedrale üblicherweise als Vorbild für den anonymen Dom in einem Schlüsselkapitel des Romans »Der Process« genannt, der Fluss Qual in »Das Urteil« als die Moldau. Aber Kafka scheint an einer realitätsnahen Darstellung wenig interessiert gewesen zu sein. Stattdessen ging es ihm, so die **Ausstellungsmacher**, darum, Prag in eine »imaginäre Topografie« zu verwandeln, in der dann nichts (mehr) das ist, was es zu sein scheint. Mit anderen Worten: Es ging ihm um eine Metamorphose seiner Stadt – in Literatur.

Untergebracht ist das Museum in einer ehemaligen Ziegelei am Kleinseitner Moldauufer.

Franz-Kafka-Museum

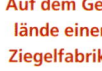 **D 4**

Lage: Praha 1, Malá Strana, Cihelná 2b
Straßenbahn: 1, 8, 12, 18, 20, 22
Metro: Malostranská
❶ tgl. 10.00 – 18.00 Uhr
Eintritt: 180 Kč, erm. 120 Kč
Telefon: 2 57 53 53 73
www.kafkamuseum.cz

Auf dem Ge-
lände einer
Ziegelfabrik

Nahe dem Kleinseitner Ende der Karlsbrücke wurde im Sommer 2005 auf dem Gelände der ehemaligen **Hergets Ziegelfabrik (Hergetova Cihelna)** ein Museum eingerichtet, das sich dem Leben und Werk des berühmtesten Prager Schriftstellers widmet (▶Baedeker Wissen S. 202). Die zuvor sechs Jahre lang in Barcelona und New York gezeigte Ausstellung geht zurück auf die Privatinitiative des argentinischen Künstlers Juan Insua, der mit diesem Projekt aus Wort, Bild, Licht und Musik eine »sinfonische Gesamtheit« schaffen wollte. Inwieweit ihm das gelungen ist, überprüft man am besten selbst vor Ort: Sehenswert sind die zusammengetragenen historischen Fotografien und Filmaufnahmen, Manuskripte, Zeitungsausschnitte, Originalbriefe und Publikationen in jedem Fall.

Černýs
»Proudy«

Das Gleiche gilt auch für David Černýs vor dem Museum aufgestellte Skultpur »Proudy« (2004): Diese zeigt zwei bewegliche nackte urinierende Bronzemänner in einem Bassin, dessen Umrisse die Form der Tschechischen Republik hat.

Galerie der Hauptstadt Prag

❶ Mo. – So. 10.00 – 20.00 Uhr
Eintritt: 120 Kč
www.citygalleryprague.cz

Auf
verschiedene
Orte verteilt

Die Galerie der Hauptstadt Prag (Galerie hlavního města Prahy) mit ihrer Sammlungspräsentation und regelmäßig wechselnden Ausstellungen legt den Schwerpunkt auf die **tschechische Kunst des 19. und 20. Jahrhunderts**. Die Ausstellungen sind an verschiedenen Orten Prags zu sehen: Im **Schloss Troja** gibt es eine permanente Präsentation der böhmischen Kunst des 19. Jh.s in Bezug auf die europäische Entwicklung und die nationale Vergangenheit. In der **Bílek-Villa** (Bílkova vila, Praha 6, Mickiewiczova 1) wird das Werk des Bildhauers František Bílek (1872 – 1941) gezeigt. Der Vertreter des Symbolismus und des Jugendstils hat die Villa aus dem Jahr 1911 selbst entworfen. Das **Haus »Zum goldenen Ring«** (U Zlatého prstenu, Praha 1, Týnská 6) präsentiert die tschechische Kunst des 20. Jahrhunderts. Wechselnde Ausstellungen werden im Haus »Zur steinernen Glocke« und im Altstädter Rathaus am ▶Altstädter Ring gezeigt.

Großpriorsplatz (Velkopřevorské náměstí)

D 4

Lage: Praha 1, Malá Strana
Straßenbahn: 12, 22

Der Großpriorsplatz ist durch das Gegenüber von zwei hochbarocken Palais bestimmt: dem Großpriorspalais und dem Palais Buquoy. Nördlich vom Großpriorspalais befindet sich die Kirche St. Maria unter der Kette. Folgt man der Prokopská in südlicher Richtung, so gelangt man zum Palais Nostitz an der Südseite des Malteserplatzes.

GROSSPRIORSPALAIS

Das Großpriorspalais des Souveränen Malteser Ritterordens (Palác maltézského velkopřevora) auf der Kleinseite ist heute mit dem Gebäude des ehemaligen Ordenskonvents in der Lázeňská 4 wieder Sitz des Ordens und Residenz des Malteser Großpriors. Die eindrucksvollen Barocksäle sind mit Holzsockeltäfelungen, kunstvollen Barocköfen und schönen Intarsienfußböden ausgestattet. Im Auftrag des Malteser Großpriors Gundaker Poppo Graf Dietrichstein errichtete der italienische Architekt **Bartolomeo Scotti** das zweiflügelige Eckpalais zwischen 1724 und 1728, indem er das ursprüngliche Renaissancegebäude umbaute und ein neues Ordensportal, Ziersimse und Erkerfenster anfügte. Die Vasen und Lichtträgerstatuen im Treppenhaus gehen auf die Werkstatt von Matthias Bernhard Braun zurück.

Imposante Barocksäle

PALAIS BUQUOY

Das Palais Buquoy (Nr. 486, Buquoyský palác) gegenüber ist heute Sitz der französischen Botschaft. Es wurde 1719 im Auftrag von Marie Josefa von Thun (geb. Waldstein) nach Plänen von **Giovanni Santini-Aichl**, wahrscheinlich unter Mitwirkung von **František Ma-**

Sehenswerte Gobelins

ximilian **Kaňka**, erbaut und 1735 erweitert. Den plastischen Schmuck führte **Matthias Bernhard Braun** aus. Nachdem das Palais in den Besitz der Familie Buquoy gelangt war, erhielt die Inneneinrichtung ihren neobarocken Stil. In den Jahren 1889 – 1896 wurden der Treppenaufgang und der Rückflügel, in dessen großem Saal zwei sehenswerte Gobelins hängen (16. und 18. Jh.), von J. Schulz im Stil der Neorenaissance gestaltet. Ein weiterer Umbau erfolgte 1904. Der alte, natürlich belassene Palastgarten reicht bis zur Insel ▶Kampa.

ST. MARIA UNTER DER KETTE

Eine der ältesten Kirchen auf der Kleinseite

Nördlich vom Großpriorspalais liegt St. Maria unter der Kette (Kostel Panny Marie pod Řetězem, Lázeňská). Sie ist eine der ältesten Kirchen auf der Kleinseite und wurde 1169 mit dem ehemaligen Malteserkloster als **Verwaltungszentrum** der böhmischen Provinz dieses Ordens gegründet. Reste der **romanischen Basilika,** die 1420 abbrannte, sind in der rechten Mauer des Vorhofs zu sehen. Die zwei

Edel und gediegen: die Ausstattung des Palais Nostitz, eines der frühesten Profanbauwerke des Prager Barocks

massiven Türme wurden im Jahr 1389 fertiggestellt. **Carlo Lurago** gab dem Presbyterium im 17. Jh. seine jetzige Barockgestalt. Von der barocken Innenausstattung sind besonders das Gemälde am Hochaltar (»Himmelfahrt Mariä«) und ein Gemälde der hl. Barbara, die beide von Karel Škréta stammen, sehenswert. Die Kanzel stammt aus der Hand von Johann Georg Bendl.

PALAIS NOSTITZ

Das vierflügelige Palais Nostitz (Nostický palác) am Malteserplatz (Maltézské náměstí 1, südwestlich vom Großpriorsplatz gelegen) – heute Sitz von verschiedenen Abteilungen des Kulturministeriums – bildet die Südseite der Platzanlage. Der Palast wurde in den Jahren 1658 bis 1660 für Johann Hartwig von Nostitz (vermutlich nach Plänen von **Francesco Caratti**) im Barockstil erbaut, 1720 um die Dacherker und Imperatorenstatuen aus der Brokoffwerkstatt (heute Kopien) und nach 1765 um das Säulenportal im Rokokostil von Anton Hafenecker bereichert. Beachtenswert sind der Hof und die um das Jahr 1757 herum von Wenzel B. Ambrozzi geschaffenen Deckenfresken mit mythologischen Motiven in den Sälen.

Beachtenswerte Deckenfresken

❶ zugänglich bei Ausstellungen

Hl.-Kreuz-Rotunde (Rotunda svatého Kříže)

—————————————— ✦ E 5

Lage: Praha 1, Staré Město, Karoliny Světlé/Ecke Konviktská
Straßenbahn: 6, 9, 17, 18, 22
Zugänglich nur bei Gottesdiensten

Die Hl.-Kreuz-Rotunde, nur wenige Schritte vom Moldauufer entfernt, ist eine der drei noch bestehenden Rotunden (Rundkapellen) Prags aus romanischer Zeit. Sie wurde um 1100 errichtet. Ein geplanter Abriss scheiterte am Einspruch des Tschechischen Künstlervereins; stattdessen erfolgte in den Jahren 1863 – 1865 die Renovierung durch den Architekten **Vojtech Ignaz Ullmann** und den Maler **Bedřich Wachsmann**, der auch den Entwurf für den neuen Altar lieferte. Reste gotischer Wandfresken im Inneren der Kapelle, die die Krönung Marias darstellen, wurden durch **Soběslav Pinkas** und František Sequens ergänzt. Das Eisengitter stammt von **Josef Mánes**, die Malereien für den Triumphbogen und die Apsis sind von **Peter Maixner**.

Romanisches Kleinod

✶✶ Hradschin (Hrad, Burg)

✴ C/D 4

Lage: Nordwestlich oberhalb der Moldau
Metro: Malostranská, Hradčanská
Straßenbahn: 22
Eintritt: 350 Kč (großer Rundgang: Alter Königspalast, Exposition Prager Burggeschichte, St.-Georgs-Basilika, Goldenes Gässchen, Burggalerie, Pulverturm, Rosenbergpalast, St.-Veits-Kathedrale), 250 Kč (kleiner Rundgang: Alter Königspalast, St.-Georgs-Basilika, Goldenes Gässchen, St.-Veits-Kathedrale), nur Burggalerie 150 Kč
🕐 April – Okt. tgl. 9.00 – 18.00, Nov. – März tgl. 9.00 – 16.00 Uhr
www.hrad.cz

Amtssitz des Präsidenten

Die **Prager Burg**, der **Hradschin**, ist wie die ▶Karlsbrücke und die ▶Josefstadt eine der Hauptattraktionen der Stadt. Seit 1918 ist sie Amtssitz des Präsidenten der Republik. Der Hradschin wurde Ende des 9. Jh.s von den **Přemysliden** als eine dreiteilige hölzerne Burgstatt gegründet, die ein Lehmwall umgab. Zu Ehren des hl. Veit ließ Wenzel der Heilige zwischen 926 und 929 an der Stelle der heutigen Wenzelskapelle eine romanische Rotunde erbauen. Ab 973 residierte auf dem Hradschin außer dem Fürsten auch der Bischof der neu gegründeten **Diözese Prag**. Unter **Břetislav I.** wurde die Burg 1042 mit einer 2 m dicken Ringmauer umgeben, im Osten und Westen wurden Türme angefügt, im Süden kam später ein Tor hinzu. Nach 1135

BAEDEKERTIPP

! Nicht versäumen

- Ablösung der Burgwache zu jeder vollen Stunde und Punkt 12.00 Uhr mit Fanfaren und Fahnenritual (1. Burghof, Matthiastor)
- St.-Veits-Dom: das prächtigste Gebäude auf dem Hradschin
- Vladislavsaal: Netzgewölbe, der schönste Großraum der Prager Gotik (Königspalast)
- »Stiertreppe«: Moderne der 1920er-Jahre von Architekt Josip Plečnik (3. Burghof)
- »Kafkas Haus«: Zwerghäuschen im Goldenen Gässchen Nr. 22 (3. Burghof)

baute Sobieslav I. die Burg zu einer fürstlichen Pfalz im romanischen Stil aus. Der 30 m hohe »Schwarze Turm« diente als Gefängnis. Unter **Ottokar II.** begannen erste Arbeiten am Mittelteil des ehemaligen Königspalasts. Nach Ende der Hussitenkriege erfolgten Umbauten unter den Jagiellonen sowie unter den Königen **Vladislav** (ab 1471) und **Ludwig II.** (ab 1516). In diesen Phasen zeigten sich erste Renaissanceelemente in Verbindung mit der Spätgotik. Sowohl Ferdinand I. (Kaiser ab 1556), der Künstler aus Italien, den Niederlanden und Deutschland nach Prag berief, als auch Rudolf II. bereicherten Burg und nächste Umgebung durch prachtvolle Renaissancebauten. Ein Großbrand im Jahr 1541 machte weitere Erneuerungen notwendig. 1614 ließ Kaiser Matthias den ersten profanen Barockbau Prags errichten, das frei stehende Tor im Westen. Auf Wunsch von Maria Theresia wurde dieser Turm im 18. Jh. in die Stirnseite des neu angelegten Ersten Burghofs einbezogen. Durch diesen Umbau wuchs der Hradschin zu einer baulichen Einheit, die im Prager Stadtbild als bestimmendes Element verankert ist. Nach dem Umsturz 1918 und der Befreiung 1945 wurde der Hradschin für Repräsentationszwecke und kulturelle Veranstaltungen hergerichtet.

ERSTER BURGHOF (PRVNÍ NÁDVOŘÍ)

Ehrenhof

Den auch als Ehrenhof bezeichneten ersten und jüngsten der drei Burghöfe erreicht man vom ▶Hradschiner Platz (Hradčanské náměstí) durch ein Gittertor, auf dem die »Kämpfenden Giganten« (1786; seit 1912 Kopien) von **Ignaz Franz Platzer d. Ä.** thronen. Hier steht auch die Burgwache, deren stündliche Wachablösung stets Scharen von Neugierigen anzieht. Der Erste Burghof entstand 1756 bis 1774 unter Maria Theresia nach Plänen des Wiener Oberhofarchitekten **Nikolaus Pacassi**. Die bauliche Leitung hatte Anselmo Lurago. Ebenfalls Kopien sind die Trophäenskulpturen (Platzer) an den Attiken der Gebäude. Die letzten Umgestaltungen führte in den 1920er-Jahren der slowenische Architekt **Josip Plečnik** durch. Er wurde von Tomáš G. Masaryk beauftragt, alle Renovierungsarbeiten auf der Burg auszuführen – schlicht, aber nobel –, die die Unabhängigkeit des Staates symbolisieren und dem Herrschersitz das Bedrohliche nehmen sollten.

Matthiastor

Kaiser Matthias ließ das nach ihm benannte Matthiastor (Matyášova brána) 1614 als frei stehenden Westeingang zum Hradschin von **Giovanni Maria Philippi** bauen. Im Jahr 1760 wurde der Turm von **Pacassi** mit der neu errichteten Stirnseite der Burg verbunden. Von dem Tor führt ein 1765/1766 ebenfalls von Pacassi geschaffener Treppenaufgang zu den Repräsentationssälen der Burg: Thronsaal, Saal mit Gemälden von Václav Brožík, Spiegel-, Musik- und Gesellschaftssaal. In diesem Trakt befindet sich auch die Wohnung des Präsidenten der Republik Tschechien. Die Flaggenmasten vor dem Matthiastor sind Föhrenstämme aus den tschechischen Grenzwäldern – eine Idee **Josip Plečniks.**

ZWEITER BURGHOF (DRUHÉ NÁDVOŘÍ)

Brunnen Durch das Matthiastor betritt man den Zweiten Burghof. Die Architektur wurde mit der Zeit im Renaissance- und Spätbarockstil umgebaut und die Fassaden von **Pacassi** entsprechend denen im Ersten Burghof gestaltet. In der Mitte steht ein von **Francesco della Torre** im Jahr 1686 erbauter, mit Plastiken von **Hieronymus Kohl** geschmückter Barockbrunnen. Das schmiedeeiserne Ziergitter für den Ziehbrunnen stammt aus dem Jahr 1702. Die Nüchternheit dieses Burghofs versuchte man 1967 durch einen modernen Löwenbrunnen (V. Makovský) und das schimmernde Granitpflaster (J. Fragner) zu beleben.

Plečniksaal An der Nordfront des zweiten Burghofs entstand in den Jahren 1927 bis 1931 durch Umbau älterer Gebäudeteile der Plečniksaal, der zusammen mit dem sogenannten Treppensaal in eine Eingangshalle zum Spanischen Saal und zur Rudolfsgalerie umgewandelt wurde. Vom Zweiten Burghof gelangt man über die Staubbrücke (darunter der Hirschgraben) durch die Marienschanze (Mariánské hradby) am **Königsgarten** (nur im Frühjahr zugänglich) und dem ehemaligen Ballhaus vorbei zum Schloss ▶Belvedere.

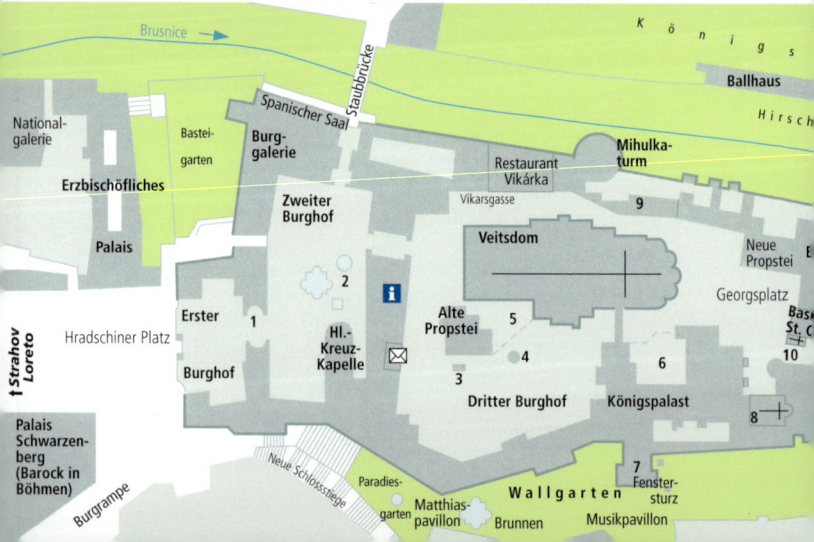

Hradschin (Prager Burg)

Durch den Umbau der zuvor im Nordflügel untergebrachten Mar-ställe und des Erdgeschosses im Westflügel wurde 1965 die **Burggalerie** (Obrazárna Pražského hradu) geschaffen und nach umfangreicher Sanierung 1997 der Öffentlichkeit zugänglich gemacht. In sechs Sälen befinden sich u. a. Gemälde und Skulpturen der einstigen Rudolfsgalerie und der später entstandenen, dann wieder aufgelösten Burggalerie Ferdinands II. Zu den hervorragendsten Werken dieser Sammlung europäischer und tschechischer Kunst zählen das um 1612 von **Hans von Aachen** gemalte Porträt des Kaisers Matthias, **Tizians** »Junge Frau bei der Toilette«, (1512 bis 1515), **Tintorettos** »Ehebrecherin vor Jesus«, **Veroneses** »Hl. Katharina mit dem Engel« und **Rubens'** »Die Versammlung der olympischen Götter« (um 1602). Ferner sind hier Bilder der böhmischen Barockkunst (Jan Kupecký, Peter Johann Brandl)

Burggalerie

> **BAEDEKER TIPP**
>
> ### Shakespeare auf der Burg
>
> Ein Balkon für Julia, Romeo steht im Hof – im mittelalterlichen Amtssitz des Burggrafen werden Werke von Shakespeare aufgeführt. Alljährlich lockt das sommerliche Shakespearefest tausende Zuschauer auf die Burg. Die Vorstellungen finden von Ende Juni bis Mitte September täglich ab 20.30 Uhr im Areal des Burggrafenamts und im Palais Lichtenstein statt (www.shakespeare.cz).

und die Kopie einer Plastik von **Giovanni Battista Quadri** (»Anbetung der Könige«) ausgestellt. Im Raum der Gemäldegalerie wurden Überreste einer Marienkirche aus dem 9. Jh. gefunden, des ersten Sakralbaus auf der Prager Burg.

1 Matthiastor
2 Brunnen
3 Obelisk
4 St. Georg
5 Romanische Reste
6 Palasthof
7 Böhmische Kanzlei
8 Allerheiligenkapelle
9 Mladotahaus (Alte Dechanei)
10 Johannes-von-Nepomuk-Kapelle

N

50 m

©BAEDEKER

Hl.-Kreuz-Kapelle

In der Südecke des zweiten Burghofs befindet sich die Hl.-Kreuz-Kapelle (Kaple svatého Kříže). Sie dient seit 1961 als Schatzkammer des St.-Veits-Doms. Hier sind kostbare liturgische Geräte aufbewahrt, so u. a. Messgewänder, Monstranzen und Reliquien sowie das Kettenhemd des hl. Wenzel und das Schwert des hl. Stephan. Die Hl.-Kreuz-Kapelle entstand in den Jahren 1756 – 1763 unter der Leitung von **Anselmo Lurago**. Die klassizistische Strenge versuchte man in der Zeit des Biedermeiers durch einen Umbau aufzulockern (1852 – 1858). **Emanuel Max** entwarf 1854 die Statue des hl. Johannes von Nepomuk im Inneren sowie die Statuen der hll. Petrus und Paulus in den Nischen. Aus der Werkstatt von **Franz Ignaz Platzer** stammen die Skulpturen am Hoch- und an den Seitenaltären, das mittlere Gemälde des Gekreuzigten am Hochaltar ist ein Werk von Franz Xaver Balko.
❶ Eintritt: 300 Kč

DRITTER BURGHOF (TŘETÍ NÁDVOŘÍ)

Ehemaliges Zentrum des Burglebens

Der dritte Burghof war früher das Zentrum des Burglebens. Hier begann der Hauptverkehrsweg der alten slawischen Siedlung. Im Norden begrenzt der St.-Veits-Dom den Dritten Burghof. An der Südseite des Doms sind die 1920 bis 1928 freigelegten Grundmauern einer romanischen Bischofskapelle zu besichtigen. Zwischen 1750 und 1770 wurden die älteren Bauten der Königssiedlung von **Nikolaus Pacassi** mit einer einheitlichen Fassade versehen (der ehemalige Renaissancepalast Rudolfs II., der frühbarocke Königinnenpalast und der Palast Maximilians II.). Unter dem Balkon mit den Lichtträgerstatuen von **Ignaz Platzer** liegt der Eingang zur Kanzlei des Präsidenten der Republik. Der von **Josip Plečnik** 1928 entworfene Obelisk aus Mrákotín-granit an der Südseite der Alten Propstei erinnert an die Opfer des Ersten Weltkriegs. Die Reiterstatue des hl. Georg (Kopie; das Original steht im St.-Georgs-Kloster) ist ein Werk der Bildhauer **Georg und Martin von Klausenburg** von 1373. Tomáš Jaroš restaurierte die frühgotische Skulptur nach dem Burgbrand von 1541. Den jetzigen Sockel schuf Josip Plečnik 1928. Vom südlichen Gebäudetrakt des

Hl. Georg: Meisterwerk der Brüder Martin und Georg von Klausenburg

Königspalasts verbindet die sogenannte »Stiertreppe« (Býčí schodiště) Plečniks den Dritten Burghof mit dem Paradiesgarten. Treppe und Gang sind durch die griechische und ägyptische Mythologie angeregt.

An die Westseite des St.-Veits-Doms schließt die Alte Propstei (Staré proboštství) an. Ursprünglich war sie eine romanische Bischofspfalz und erhielt ihre jetzige Barockgestalt nach einem Umbau im 17. Jahrhundert. Die Statue des hl. Wenzel lieferte **Johann Georg Bendl** 1662. | **Alte Propstei**

** ST.-VEITS-DOM (CHRÁM SVATÉHO VÍTA)

Der St.-Veits-Dom (▶Baedeker Wissen S. 216) ist die **Metropolitankirche** des **Erzbistums Prag**. Er erhebt sich an der Stelle einer Rundkapelle, die Herzog Wenzel der Heilige 925 dem hl. Veit gewidmet hatte. Herzog Spytihněv II. stiftete 135 Jahre später eine romanische Basilika mit Doppelchor. 1344 begann Karl IV. mit dem Bau der gotischen Kathedrale. | **Prachtvollster Bau auf dem Hradschin**

Den Ostteil entwarf der französische Baumeister **Matthias von Arras** in Anlehnung an den älteren Stil der Gotik in Südfrankreich (Kathedralen von Narbonne und Toulouse). Von ihm stammt der 47 m lange und 39 m hohe Chor, der bei seinem Tod (1352) erst in den unteren Teilen fertiggestellt war. **Peter Parler** bereicherte den Dom als Nachfolger des Matthias von Arras um die frei aufstrebenden Formen der deutschen Gotik. Danach leiteten **Parlers Söhne Wenzel und Johann** die Bauarbeiten (1399 – 1420); in dieser Zeit entstand der gesamte Chor mit dem Kapellenkranz und dem Grundstock des Hauptturms. Nach den Hussitenkriegen setzten **Bonifaz Wohlmut** und **Hans von Tirol** 1560 – 1562 diesem 99 m hohen Turm eine Renaissancehaube mit Brüstung auf; 1770 erhielt er das barocke Zwiebeldach (Entwurf von Nikolaus Pacassi). Erst zu Beginn des 20. Jh.s konnte der Veitsdom vollendet werden. Ab 1872 leitete **Josef Mocker** in Anlehnung an die Pläne von Peter Parler die Arbeiten am Dom und begann am neugotischen Westteil mit dem Hauptportal, das 1929 unter Kamil Hilbert fertiggestellt wurde. Der St.-Veits-Dom ist nicht nur die imposanteste Kirche Prags und der prachtvollste Bau auf dem Hradschin, sondern mit seiner Außenlänge von 124 m, seiner Breite von 60 m im Querschiff und seiner Höhe von 33 m im Mittelschiff auch die größte Kirche in Prag. Der in den Sommermonaten zugängliche Südturm – mit gotischen, barocken und Renaissanceelementen eine architektonische Seltenheit – birgt die größte Kirchenglocke Böhmens: die 1549 aus Bronze gegossene Sigismundglocke. | **Architektur**

Man betritt den Dom gewöhnlich durch das Westportal. Den oberen Teil des Südportals, auch **»Goldene Pforte«** (»Zlatá brána«) genannt, | **Äußeres**

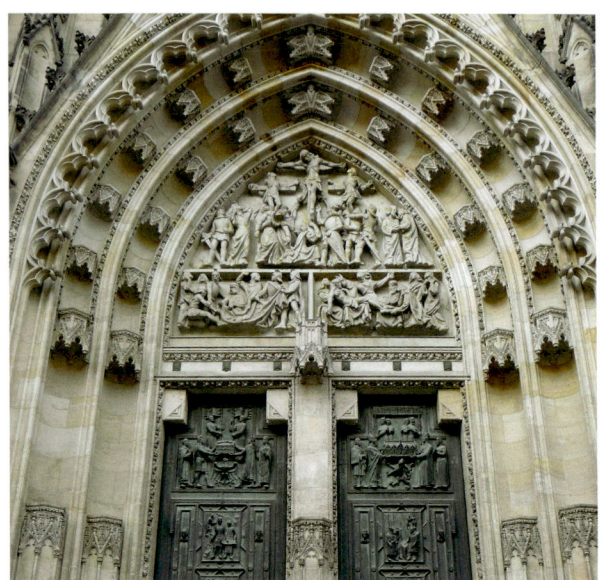

Imposant: das Westportal des St.-Veits-Doms

nimmt ein (restauriertes) Glasmosaik aus dem 14. Jh. mit dem Jüngsten Gericht ein. Zuoberst ist Christus als Weltenrichter in einer Mandorla dargestellt, flankiert von Maria und Johannes. Darunter sind in zwei Dreiergruppen die sechs Landespatrone zu sehen: Prokop, Sigismund und Veit sowie Adalbert, Ludmilla und Wenzel. Wiederum darunter finden sich Porträts Karls IV. und der Elisabeth von Pommern. Seitlich lassen sich Apostel ausmachen, darunter die Gerechten und die Verdammten. Darüber befindet sich ein aus 40 000 Einzelgläsern zusammengesetztes Maßwerkfenster von **Max Švabinský** (1934), ebenfalls eine Darstellung des Jüngsten Gerichts.

Ausstattung Zwischen Pfeilerarkaden und Chorfenstern verläuft die **Triforiumsgalerie**. Im äußeren Triforium stehen Büsten der Dombaumeister, der Familie Karls IV. und anderer Zeitgenossen. Die Porträtgalerie, größtenteils in der Parler'schen Dombauhütte gefertigt, ist kunsthistorisch von großer Bedeutung: Wenngleich der Kaiser nach wie vor die zentrale Position einnimmt, so zeugen die Darstellungen der Dombaumeister neben geistlichen und weltlichen Herrschern ebenso vom neuen Selbstbewusstsein des Künstlers der Spätgotik wie die Individualisierung der Gesichtszüge der Porträtierten die Renaissance bereits vorwegnimmt. Das Triforium selbst ist nicht zugänglich und war auch früher schon den Blicken der meisten Kirchenbesucher entzogen.

Gegenüber dem Südportal liegt die zweigeschossige Orgelempore **Bonifaz Wohlmuts** aus den Jahren 1557 – 1561. Nach der Fertigstellung des Doms wurde sie von ihrem ursprünglichen Platz an der Westfassade an ihren jetzigen Standort ins nördliche Querschiff versetzt. Die gewaltige Orgel (1757) besitzt 6500 Pfeifen.

Orgelempore

In der Mitte des Chors steht vor dem Hochaltar das von einem Renaissancegitter umgebene, schwer zugängliche Kaisergrabmal aus weißem Marmor von Alexander Collin. Es wurde 1566 in Innsbruck als Denkmal Ferdinands I. und seiner Frau Anna Jagiello begonnen und unter Rudolf II. bis 1589 umgestaltet. Die Figuren auf der Deckplatte stellen dar: Anna Jagiello, Ferdinand I. (Mitte) und ihr Sohn Maximilian II. Auf den seitlich angebrachten Medaillons sieht man die böhmischen Herrscher und ihre Frauen, die in der Gruft unter dem Grabmal beigesetzt sind, am unteren Ende die Figur des auferstandenen Christus.

Habsburger-mausoleum

An der nördlichen und südlichen Innenwand des Chorumgangs befindet sich ein zweiteiliges Holzrelief des Hoftischlers **Caspar Bechterel**. Es zeigt die Ausplünderung des Doms 1619 durch die Hussiten und die Flucht des »Winterkönigs« Friedrich V. von der Pfalz nach der vernichtenden Niederlage in der Schlacht am Weißen Berg (1620). Zudem findet man eine Ansicht des damaligen Prager Stadtbilds.

Holzreliefs

Im südlichen Chorumgang befindet sich das prunkvolle silberne Hochgrab des hl. Johannes von Nepomuk, das 1733 bis 1736 in Wien nach einem Entwurf von **Joseph Emanuel Fischer von Erlach** durch **Antonio Corradini** und **Johann Joseph Würth** ausgeführt wurde. Auf einem Marmorsockel, dessen Seiten mit Reliefs aus der Vita des Heiligen geschmückt sind, knien lebensgroße Engel, die die girlandengeschmückte, reich verzierte Tumba des Heiligen stützen. Nepomuk selbst kniet auf seinem Sarkophag und ist – auf das Kruzifix in seinen Händen blickend – dem Geschehen entrückt. Spätere Ergänzungen sind die vier aufgesetzten Silberfiguren (1746), die die Allegorien der Verschwiegenheit, Weisheit, Kraft und Gerechtigkeit darstellen, und der ebenfalls von Engeln getragene rote Damastbaldachin, der im Jahr 1771 hinzugefügt wurde.

Hochgrab des hl. Johannes von Nepomuk

Das königliche Vladislavoratorium wird dem Frankfurter **Hans Spieß** zugeschrieben. Es ist ein reicher spätgotischer Einbau, an der Frontseite von naturalistisch durchflochtenem Astwerk geziert. Der Grundriss beruht auf zwei gekreuzten Bogen mit einem herabhängenden Schlussstein. Ein Gang verbindet das Oratorium mit dem königlichen Palast, sodass der Herrscher den Gottesdienst auf direktem Weg besuchen konnte. An zwei Pfeilern erinnert die Darstellung von Bergleuten an die Quelle des Reichtums, der die Finanzierung des Oratoriums ermöglichte.

Vladislav-oratorium

✱✱ *St.-Veits-Dom*

Obwohl der Grundstein bereits im Jahr 1344 gelegt wurde, ist der Dom erst Anfang des 20. Jh.s vollendet worden. Besonders dem mit 23 Jahren zum Dombaumeister berufenen Peter Parler aus Schwäbisch Gmünd sind die architektonischen Highlights zu verdanken.

❶ Nov.–Feb. tgl. 9.00–16.00,
März–Okt. tgl. 9.00–18.00 Uhr
großer Südturm geschl.
Zutritt zum Kirchenraum frei
www.mekapha.cz/de

❶ Fensterrosette
Die westliche Stirnwand wird von einer mächtigen Fensterrosette beherrscht, deren Durchmesser über 10 m beträgt.

❷ Holzreliefs
Ein zweiteiliges Holzrelief von Kaspar Bechteler im Chorumgang zeigt »Die Flucht des Winterkönigs Friedrich von der Pfalz« aus Prag nach der verlorenen Schlacht am Weißen Berg. Sehenswert ist das Panorama der Moldaustadt von vor 1635, das viele interessante Details offenbart.

❸ Grabmal von Graf Leopold Schlick
Das marmorne Grabmal des Feldmarschalls Graf Leopold Schlick schuf

Franz Maximilian Kaňka (1674–1766) nach einem Entwurf des Architekten Josef Emanuel Fischer von Erlach.

❹ St.-Wenzels-Kapelle
Die Wenzelskapelle ist der wertvollste Ort im Dom. Ein Sterngewölbe Peter Parlers krönt den quadratischen Grundriss. Hier werden die sterblichen Überreste des Heiligen aufbewahrt. Bedeutend ist die Ausschmückung der Kapelle. Die Wände wurden mit über 1300 Edelsteinen belegt. Darüber befindet sich ein Passionszyklus. Ein weiter Zyklus stellt 31 Szenen aus dem Leben des hl. Wenzel dar und wird dem Meister des Leitmeritzer Altars zugeschrieben.

❺ Goldene Pforte
Die Stirnwand des Domeingangs ist mit einem Mosaikbild des Jüngsten Gerichts verziert, in dessen Mitte Jesus Christus in einer Mandorla thront.

❻ Südlicher Domvorraum
Drei spitze Torbögen der Goldenen Pforte öffnen sich in den südlichen Domvorraum, der zu den schönsten im ganzen Bau gehört. Peter Parler entlastete die gotischen Gewölberippen und ließ sie sogar frei im Raum schweben.

Alfons Mucha schuf das Jugendstilfenster »Kyrill und Method« in der dritten Kapelle des St.-Veits-Doms.

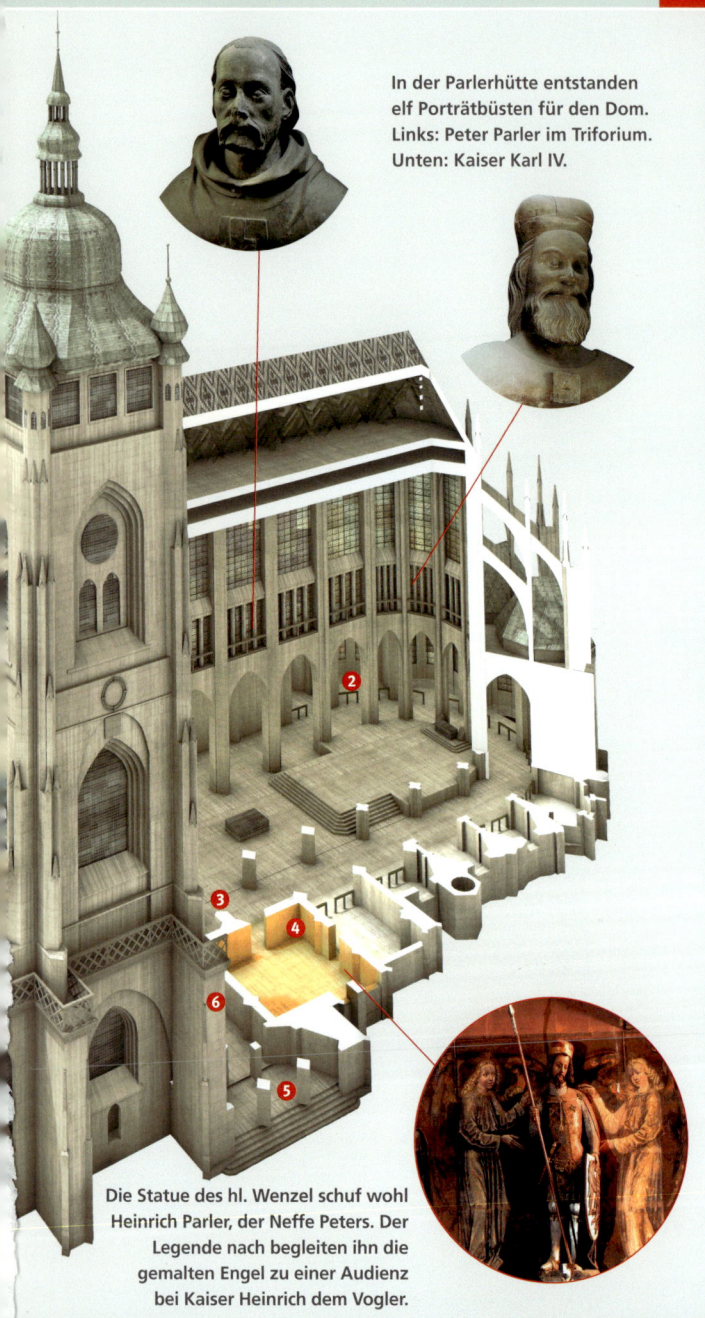

In der Parlerhütte entstanden elf Porträtbüsten für den Dom. Links: Peter Parler im Triforium. Unten: Kaiser Karl IV.

Die Statue des hl. Wenzel schuf wohl Heinrich Parler, der Neffe Peters. Der Legende nach begleiten ihn die gemalten Engel zu einer Audienz bei Kaiser Heinrich dem Vogler.

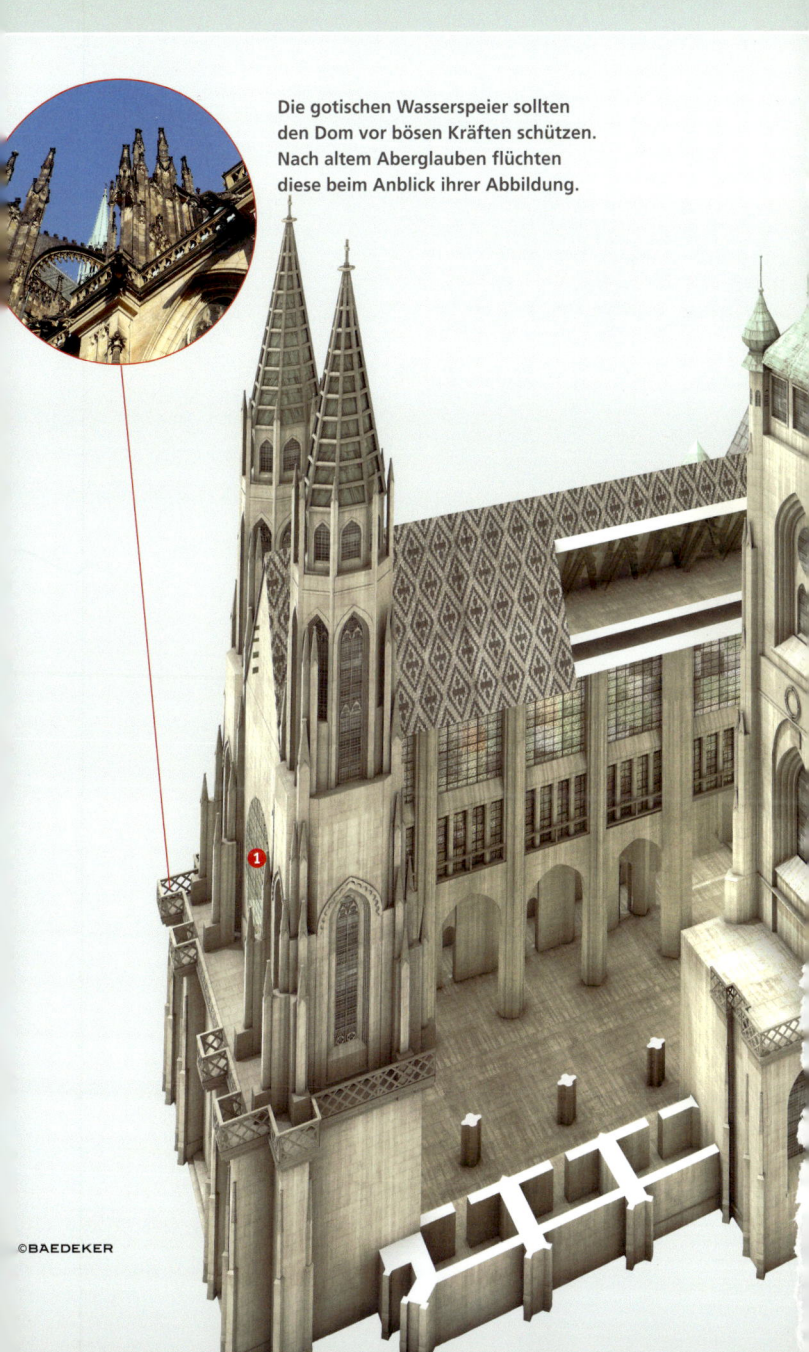

Die gotischen Wasserspeier sollten
den Dom vor bösen Kräften schützen.
Nach altem Aberglauben flüchten
diese beim Anblick ihrer Abbildung.

❶

©BAEDEKER

Königsgruft Der Eingang zur Königsgruft befindet sich in der Kapelle rechts des Oratoriums. In den Gängen sind archäologische Funde aus der vorromanischen Rotunde und der romanischen Basilika ausgestellt. An der Wand hängt ein Grundriss der alten romanischen Kirche. In der Gruft ruhen in der oberen Reihe Georg von Podiebrad (Jiří z Poděbrady, 1420 – 1471, links), Karl IV. (1316 – 1378, Mitte) und Ladislav Postumus (1440 – 1457, rechts). In der zweiten Reihe befinden sich die Särge Wenzels IV. (1361 – 1419), seines Bruders Johann von Görlitz († 1396) und der gemeinsame Sarkophag der vier Frauen Karls IV.; im Hintergrund der Sarg Maria Amalias, der Tochter Maria Theresias. In dem Renaissancezinnsarg ist Rudolf II. beigesetzt (1552 – 1612), in dem Granitsarkophag ruhen die Kinder Karls IV. In den Jahren 1928 – 1935 wurde die Königskrypta neu gestaltet. Man verlässt die Gruft über eine Treppe, die vor die Chorschranken führt.

Grabmal des Grafen Schlick Am ersten Pfeiler gegenüber der Wenzelskapelle liegt das Barockgrabmal des Feldmarschalls Graf Schlick (gest. 1723); es wurde von **Matthias Braun** nach einem Entwurf **Joseph Emanuel Fischer von Erlachs** ausgeführt. Das 1723 entstandene Grabmal zeigt Anklänge an die römischen Vorbilder Berninis. Der Obelisk wird von Minerva (Weisheit) und Mars (Tapferkeit) flankiert. Putten halten das gekrönte Wappen, Fama verkündet den Ruhm des Toten. Die Büste des Verewigten zeigt das in sich gekehrte menschliche Antlitz.

Wenzelskapelle Die schönste der Chorkapellen ist die bis in den Südteil des Querschiffs reichende gotische Wenzelskapelle. **Peter Parler** errichtete sie in den Jahren 1358 bis 1367 an Stelle des ursprünglichen romanischen Rundbaus, in dem der hl. Wenzel beigesetzt war, auf einem quadratischen Grundriss und stattete sie mit einem Sterngewölbe aus. Die Kapelle enthält den Reliquienschrein des 935 von seinem Bruder Boleslav I. in Altbunzlau (Stará Boleslav) ermordeten Herzogs Wenzel, des Schutzpatrons von Böhmen. Wenzel soll der Legende nach bei seiner Ermordung den hier angebrachten Türgriff mit dem Löwenkopf umklammert haben. Dieser wird jedoch in die Wende des 12./13. Jh.s datiert und kann so dem Heiligen nicht als Halt in der Todesstunde gedient haben. Das untere Viertel dieser Kapelle schmücken 1300 böhmische Halbedelsteine.
Die beispiellose Ausstattung findet sich im 14. Jh. nur noch in Karlstein. Von den Wandgemälden stammt die untere Reihe (Passionszyklus) von dem Prager **Meister Oswald** (1373), die obere Reihe mit der Wenzelslegende aus der Werkstatt des **Meisters des Altars von Leitmeritz** (um 1509). Es werden jedoch auch zeitgenössische Personen dargestellt (Vladislav II. und seine Gemahlin Anna auf der Ostwand). Die Ausstattung der Kapelle steht stilistisch auf einem hohen Niveau und verweist bereits auf die Renaissance. Wichtigstes Werk ist jedoch die Statue des Heiligen selbst. Wahrscheinlich ausge-

Im königlichen Renaissancemausoleum: Der auferstandene Jesus wacht stehend über die als Liegefiguren dargestellte Familie Ferdinands I.

führt von **Heinrich Parler**, dem Neffen Peter Parlers; das Familienwappen befindet sich am Sockel der 2 m hohen Statue. Der Herzog tritt in einer Rüstung auf: In der Linken hält er das Schild mit dem Adler, in der Rechten trägt er die Lanze. Im Gegensatz dazu steht die fließende Bewegung und der abwesende, fast entrückte Blick des Dargestellten. Er verkörpert so das Idealbild des Heiligen.

Von der Wenzelskapelle gelangt man zur Kronkammer über dem Südportal, in der die böhmischen Kroninsignien – Krone, Zepter, Reichsapfel, Königsmantel und Stola – aufbewahrt werden. Sie sind durch sieben Schlösser gesichert und werden nur sehr selten zur Schau gestellt.

Kronkammer

** KÖNIGSPALAST (KRÁLOVSKÝ PALÁC)

Der Fürsten- und Königspalast (▶Baedeker Wissen S. 222), an dem die historische Bauentwicklung abgelesen werden kann, steht an der Ostseite des dritten Burghofs. An Stelle eines ersten Fürstenhofs aus dem 9. Jh. wurde hier im 11. Jh. ein romanischer Palast erbaut, der 1135 im Rahmen der gesamten Umbauten der Burganlage neu gestal-

Bauentwicklung

tet wurde. Ab Mitte des 13. Jh.s fand eine umfassende Vergrößerung während der Regierungszeit von Ottokar II. statt; unter Kaiser Karl IV. erfolgten weitere bauliche Umgestaltungen. Ende des 15. Jh.s führte **Benedikt Ried** die letzten großen Veränderungen am Palast unter Vladislav Jagiello durch. Bis zum Ende des 16. Jh.s diente der Königspalast als Herrschersitz. Als sich unter den Habsburgern die eigentliche Residenz nach Westen vorschob, wurden seine Räume zu Kanzleistuben bzw. Magazinen umfunktioniert. Unter dem jetzigen Vladislavsaal sind im Erd- und im Untergeschoss Teile des romanischen Palasts erhalten, auch Reste der ursprünglichen Burgbefestigung sind zu sehen. Darüber liegen die unter Přemysl Ottokar II., Karl IV. und Wenzel IV. erbauten neuen Palastanlagen. Den Mittelpunkt des von Vladislav Jagiello durch Umbau und Erweiterung neu errichteten zweiten Stockwerks bildet der Vladislavsaal als Prunkstück der profanen Burgbauten.

Grüne Stube Durch den mittleren Eingang unter dem Balkon und rechts vom Adlerbrunnen von **Francesco della Torre** (1664) erreicht man über einen Vorraum links die Grüne Stube. Sie diente Karl IV. als Gerichtssaal und war seit dem 16. Jh. Sitz des Kammer- und Hofgerichts. An der Ostseite zieren Wappen der Ober- und Niederlausitz die Wände, zudem erinnern mehrere Wappen an die ehemaligen Beisitzer aus dem 18. Jahrhundert. 1963 wurde die Kopie des barocken Deckenfreskos »Salomonisches Urteil« aus dem ehemaligen Burggrafenamt in die Grüne Stube übertragen. Mit der Grünen Stube sind das **Vladislav'sche Schlafgemach** (auch: **Kleiner Audienzsaal**) und das Landtafeldepositorium verbunden. Der Raum hat ein schönes spätgotisches Gewölbe mit polychromen Rippen; dargestellt sind die Wappen Böhmens, Mährens, Schlesiens und Luxemburgs sowie das königliche Monogramm von Vladislav Jagiello über dem Fenster. Im Depositorium sind die Wappen der Obersten Kämmerer zu sehen.

Vladislavsaal Der auch Huldigungssaal genannte Vladislavsaal ist 62 m lang, 16 m breit und 13 m hoch. Er wurde in den Jahren 1493 – 1503 von **Benedikt Ried** aus Piesting erbaut und ist mit dem spätgotischen Netzgewölbe eines der Prunkstücke des Hradschin. Die kühn ausgearbeitete Decke, deren Rippen tief in den Raum hineinreichen, ist von einer Fragilität und Leichtigkeit, die auch durch die massiven Wandpilaster nicht aufgehoben wird. Trotz des gotischen Gewölbes deutet sich in seinen wenig überhöhten Proportionen bereits die Renaissance an. Der hölzerne Fußboden stammt wahrscheinlich vom Ende des 18. Jh.s, drei der Kronleuchter stammen aus dem 16. Jh., die anderen beiden sind Kopien. Der Saal diente hauptsächlich für Repräsentationszwecke. Hier wurden die böhmischen Könige gewählt, fanden Landtagssitzungen und Reitturniere statt. Heutzutage wird in dem Saal der Präsident der Republik vereidigt, die Wahl selbst erfolgt im

Spanischen Saal. Eine Treppe führt hinauf zu einer Empore, von der aus man in die **Allerheiligenkapelle** blicken kann.

Der an den Vladislavsaal angrenzende Ludwigsflügel wurde 1502 bis 1509 von Benedikt Ried im Auftrag der Jagiellonen errichtet. Durch eine Tür in der südwestlichen Ecke erreicht man die in Höhe des Vladislavsaals liegenden Räume der **Böhmischen Kanzlei**. Der größere Raum mit dem gotischen Gewölbe war früher Amtssitz der böhmischen Statthalter. Der kleinere Sitzungsraum ist durch ein Renaissanceportal aus dem Jahr 1509, auf dem das Monogramm Ludwigs zu sehen ist, mit dem großen Raum verbunden. Aus einem Fenster dieses zweiten Raums der Böhmischen Kanzlei wurden 1618 die kaiserlichen Statthalter Jaroslav Bořita von Martinitz und Wilhelm Slavata von Chlum mit dem Schreiber Ph. Fabricius 15 m tief in den Schlossgraben gestürzt (kamen aber »mit der Todesangst, dem Leben und ein paar Schrammen davon«). Dieser **Zweite Prager Fenstersturz** gab das Signal zum böhmischen Aufstand gegen die Habsburger und führte zum Dreißigjährigen Krieg. Über eine Wendeltreppe erreicht man die ehemalige **Kanzlei des Reichshofrats**. Hier wurde am 19. Juni 1621 den 27 Vertretern des Ständeaufstands gegen die Habsburger das Todesurteil verlesen, das auf dem Altstädter Ring vollstreckt wurde. Hier endete die Ständerevolte, die mit dem Fens-

Ludwigsflügel

Königspalast

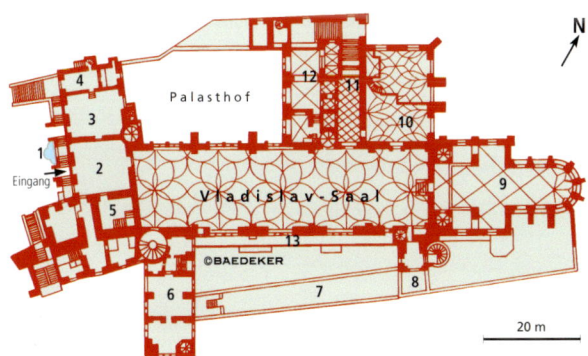

1 Adlerbrunnen
2 Vorsaal
  (Kleiner Saal)
3 Grüne Stube
4 Vladislav-Schlafstube

5 Romanischer Turm
6 Böhmische Kanzlei
7 Theresianischer
  Flügel
8 Aussichtsterrasse

9 Allerheiligenkapelle
10 Landtagssaal
11 Reitertreppe
12 Neues Appellationsgericht
13 Aussichtsgang

** *Königspalast*

Bis zum 16. Jh. diente der Königspalast als Herrschersitz. Die bedeutendste Sehenswürdigkeit ist der Vladislavsaal mit seinen imposanten Ausmaßen: 62 m Länge, 16 m Breite und 13 m Höhe.

❶ Nov.–März tgl. 9.00–16.00, April–Okt. tgl. 9.00–18.00 Uhr Eintritt im Preis für den großen und kleinen Rundgang inbegriffen

❶ Westliche Fassade
Nach dem Burgumbau unter Maria Theresia wurde die westliche Fassade des alten Königspalasts mit den auf dem Dritten Burghof stehenden Gebäuden in Einklang gebracht.

❷ Eingang
Man betritt den Westflügel mit den spätgotischen und Renaissancebauten vorbei am barocken Adlerbrunnen, der durch eine Fontäne von Jože Plečnik (1872–1957) ergänzt wurde.

❸ Reitertreppe
Die Reitertreppe war für die zu Pferde sitzenden Ritter bestimmt, die an Turnieren im Saal teilnahmen.

❹ Landtagssaal
Mit dem Umbau des Palasts beauftragte Vladislav II. den böhmischen Architekten Benedikt Ried (um 1454 bis 1534), der auch die Pläne für den Landtagssaal zeichnete. Nach einem Brand wurde das spätgotische Rippengewölbe in den Jahren 1559 bis 1563 von Bonifaz Wohlgemut erneuert. Offenbar zogen manche Landtagsabgeordnete angenehmere Tätigkeiten ihren Pflichten vor. So lautet eine Mahnung des Herrn von Roupow während der Regierungszeit Friedrichs von der Pfalz: »Wartet doch ein bisschen, meine Herren, und sehet zu, dass ihr beim Essen eure Heimat nicht verschwendet.«

❺ Neue Landtafelstube
Neue Landtafeln waren Bücher, in die die Verhandlungsergebnisse vor dem Landtag eingetragen wurden. Diese Eintragungen hatten den Charakter eines Gesetzes.

❻ Vladislavsaal
Dieser ebenfalls von Benedikt Ried entworfene Saal war seinerzeit der größte gewölbte Profanbau in ganz Mitteleuropa. Das kühn ausgearbeitete Sterngewölbe leitet die Drucklast in mächtigen Tragpfeilern noch zwei Stockwerke tief ab.

❼ Aussichtsterrasse
Von hier hat man einen schönen Blick auf die Hausdächer auf der Kleinseite und das Moldautal.

Der Zweite Prager Fenstersturz am 23. Mai 1618 war der Auftakt zum Dreißigjährigen Krieg.

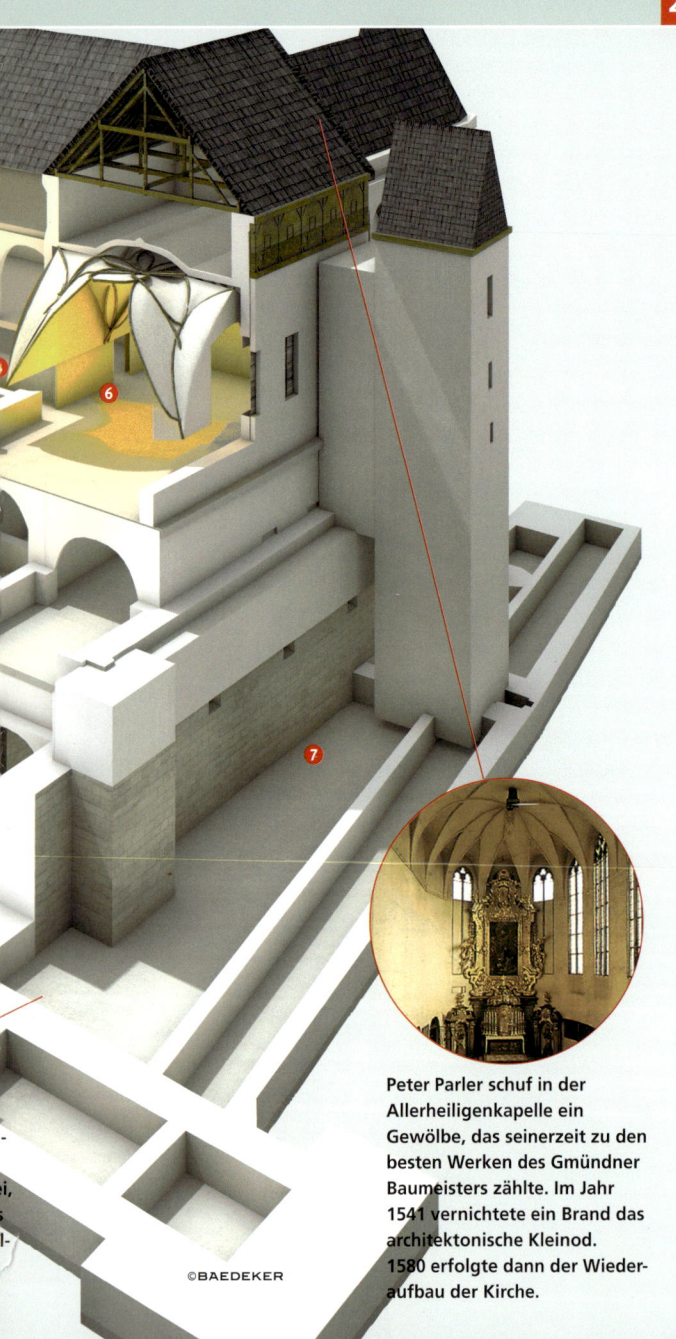

6

7

Peter Parler schuf in der
Allerheiligenkapelle ein
Gewölbe, das seinerzeit zu den
besten Werken des Gmündner
Baumeisters zählte. Im Jahr
1541 vernichtete ein Brand das
architektonische Kleinod.
1580 erfolgte dann der Wiederaufbau der Kirche.

©BAEDEKER

Karl IV. war für die Gestaltung des Königspalastes verantwortlich.

Im Ludwigsflügel befinden sich zwei Räume der Böhmischen Kanzlei, die in Abwesenheit des Königs oberstes Verwaltungsorgan des Königreichs war.

tersturz der Statthalter ein Stockwerk tiefer begonnen hatte. Die Eingangstür zieren Intarsienarbeiten aus dem 17. Jh.; der Innenraum ist im Stil der Spätrenaissance gestaltet, die Kanzleieinrichtung und der Kachelofen stammen aus dem 17./18. Jahrhundert. Das Porträt des spanischen Königs Philipp IV. links über der Tür ist die Kopie eines Gemäldes von Velázquez.

Aussichts-
terrasse

Von der Südseite des Vladislavsaals kommt man auf einen Aussichtsgang mit Blick über die südlichen Burggärten. Unterhalb liegt der theresianische Flügel, dahinter erstreckt sich der Wallgarten. Der Ausblick in westlicher Richtung wird durch den Ludwigsflügel verstellt.

Allerheiligen-
kapelle

Auf der östlichen Stirnseite des Vladislavsaals führt eine kurze Treppe zu der von Peter Parler 1370 bis 1387 errichteten Allerheiligenkapelle. Nach einem Brand im Jahr 1541 ließ Königin Elisabeth, die Tochter Maximilians II., die Kapelle 1579 bis 1580 umbauen, vergrößern und mit dem Vladislavsaal verbinden. Auch das bei dem Brand zerstörte Parler'sche Netzgewölbe wurde durch eine schlichtere Lösung ersetzt. Durch ein Renaissanceportal betritt man eine Empore mit Blick auf den Hochaltar (von Peter Prachner, um 1750), den ein Allerheiligenbild von **Wenzel Lorenz Reiner** aus dem Jahr 1732 schmückt. Leider ist das Ende des 16. Jh.s von Hans von Aachen entworfenen Engeltriptychons unter der Empore nicht einzusehen. Die geschnitzte Tumba (1739) in der nördlichen Kapelle mit den Reliquien des hl. Prokop stammt von **Franz Ignaz Weiss**. Die Kapelle war ursprünglich dem ehemaligen theresianischen adligen Damenstift (östlich anstoßendes Gebäude) angegliedert.

Stube der
Neuen Land-
tafeln

Über die erste Tür in der Nordwand gelangt man zu einer Wendeltreppe, die in den ersten Stock zur Stube der Neuen Landtafeln führt. Die Einrichtung stammt aus dem 17. Jh., Wände und Decken sind mit den Wappen der Landtafelbeamten bemalt. Übertüncht wurde lediglich das Wappen des Herrn Bohuslav von Michalowitz, der wegen seiner Teilnahme am böhmischen Ständeaufstand hingerichtet wurde. Im zweiten Raum kann man im geschnitzten Schrank aus der Zeit Rudolfs II. Nachbildungen von Landtafeln sehen, deren farbig gestaltete Buchrücken Ordnungsfunktionen hatten.

Landtagssaal

Bevor man durch das Portal der Reitertreppe den Vladislavsaal verlässt, gelangt man durch die hintere Tür an der nördlichen Stirnwand des Saals zum Landtagssaal, ebenfalls von Benedikt Ried erbaut (um 1500). Nach einem Brand wurde er in den Jahren 1559 bis 1563 von **Bonifaz Wohlmut** in Nachahmung eines spätgotischen Rippengewölbes erneuert. Büsten erinnern an den Baumeister und seinen Bauherrn Kaiser Ferdinand I. In der Nordwestecke befindet sich die in der Renaissance eingebaute Tribüne des Landesschreibers. Die Wände

Die Reste romanischer Wandmalereien in der St.-Georgs-Basilika illustrieren das Himmlische Jerusalem.

schmücken Porträts habsburgischer Herrscher. Der Kachelofen am Eingang wurde im Jahr 1836 im Stil der Neogotik angefertigt. Zwischen den Fenstern steht der ebenfalls neugotische Königsthron aus dem 19. Jh.; das Löwenwappen darüber stammt aus dem 17. Jahrhundert. Rechts vom Thron saßen die geistlichen Würdenträger und obersten Landesbeamten, gegenüber Adel und Ritterstand. Die seitliche Balustrade war den Vertretern der königlichen Städte vorbehalten. Bis zum Jahr 1847 wurden hier die Sitzungen des Obersten Landgerichts und der Ständetage abgehalten.

Für die im Vladislavsaal veranstalteten Reitturniere wurde eine Reitertreppe mit **gotischen Rippengewölben** errichtet. Über diese Treppe, die sich neben dem Zugang zur Stube der Neuen Landtafeln befindet, erreichten die Teilnehmer zu Pferd den Saal. Am Fuß der Reitertreppe liegt rechts der Ausgang zum St.-Georgs-Platz; links gelangt man über eine nach unten führende Treppe zum Gotischen Palast. **Reitertreppe**

Im nicht immer zugänglichen **Gotischen Palast** liegen der Raum der Alten Landtafeln mit von zwei niedrigen Pfeilern getragenen mächtigen Gewölben, ein Arkadengang aus der Zeit Přemysl Ottokars II., der Gotische Saal mit einem Gewölbe aus der ersten Hälfte des 14. Jh.s, der Karlssaal, die Alte Registratur (auch Palastküche) und der gotisch gewölbte Säulensaal Wenzels IV. Über eine Treppe gelangt man vom Palasthof in das Untergeschoss. Hier sind Reste der Burgbefestigungen aus dem 9. Jh. zu sehen. **Romanisches und gotisches Palastgeschoss**

ST.-GEORGS-BASILIKA (BAZILIKA SVATÉHO JIŘÍ)

Ältester Sakralbau auf der Burg

An der Nordostseite des Georgsplatzes, gegenüber dem Chorabschluss des Veitsdoms, erhebt sich die zweitürmige romanische St.-Georgs-Basilika, der älteste erhaltene Kirchenbau auf der Prager Burg und der wichtigste Prags. Die Anfänge des Klosters reichen sogar bis ins 10. Jh. zurück. Die Basilika wurde 912 von Herzog Vratislav I. begonnen und um 925 geweiht. In den Jahren 1142 und 1541 durch Brände verwüstet, wurde sie danach mehrmals umgebaut. Die jetzige Barockfassade erhielt sie um 1670. Bei den Renovierungen in den Jahren 1897 bis 1907 und 1959 bis 1962 wurde das romanische Gepräge der Kirche wiederhergestellt: Weiße, schlanke Türme im äußeren Panorama, Wechsel von Stützpfeilern und Säulen im Inneren sowie dreibogige Emporen in den dicken Mauern über den Arkaden ergeben ein harmonisches Ganzes.

❶ Im großen und kleinen Rundgang inbegriffen, Eintritt 350 Kč bzw. 250 Kč

Westfassade

Die rotfarbige Fassade ist durch Pilaster gegliedert, auf denen die Gründer der Kirche und des Klosters, Vratislav I. und die Äbtissin Mlada, dargestellt sind. Disharmonisch im Aufbau wirkt die Vorderfront durch die barocke Kapelle des hl. Johannes von Nepomuk. Die Statue des Heiligen über dem Portal der Kapelle schuf **Ferdinand Maximilian Brokoff**. Das in Richtung Georgsgasse orientierte **Südportal** (um 1500) im Frührenaissancestil stammt aus der Werkstatt des Bene-

Hinter der barocken Schauseite der St.-Georgs-Basilika verbirgt sich der bedeutendste romanische Sakralbau der Stadt.

dikt Ried; es ist geschmückt mit der Kopie eines spätgotischen St.-Georgs-Reliefs, dessen Original sich in der Nationalgalerie befindet.

Das Hauptschiff besitzt Tribünenfenster aus dem 12. Jh., die ursprünglichen Arkaden stammen aus dem 10./11. Jahrhundert. Vor dem Eingang zur Krypta umgibt ein schmiedeeisernes Barockgitter (um 1730) das Grabmal Herzog Boleslavs II. (gest. 999); rechts davon sieht man die bemalte Holztumba Vratislavs I. (gest. 921). Die Krypta wurde Mitte des 12. Jh.s angelegt; das Kreuzgratgewölbe wird von Säulen mit Würfelkapitellen getragen. Im erhöhten Chor, der durch eine zweiarmige symmetrische Barocktreppe zu erreichen ist, befinden sich Reste romanischer Deckenmalereien des »Himmlischen Jerusalems« vom Anfang des 13. Jahrhunderts. Spätrenaissancefresken (16. Jh.) an der Apsisdecke stellen die Krönung der Jungfrau Maria dar. Dem Chor schließt sich an der Südseite die **Kapelle der hl. Ludmilla** an, die durch ein Marmorgeländer und ein Gitter abgetrennt ist. Im 13. Jh. erbaut, wurde die Kapelle der Landesheiligen im 14. Jh. für die Reliquien umgestaltet. Im Renaissancegewölbe – der Anbau aus dem 14. Jh. musste nach einem Brand neu eingewölbt werden – befindet sich das von **Peter Parler** um 1380 geschaffene Grabmal der Ludmilla (921 ermordet), deren Leben an der schwer einsehbaren Westwand der Kapelle auf einem Fresko (1858) von J. V. Hellich dargestellt ist. Weitere Malereien vom Ende des 16. Jh.s zeigen Christusbilder, die Jungfrau Maria, die Evangelisten und böhmische Landesväter.

Inneres

An die Südseite der Basilika baute **František Maximilian Kaňka** von 1718 bis 1722 die Johannes-von-Nepomuk-Kapelle an, durch die man die St.-Georgs-Basilika verlässt. Zweimal ist der Heilige von **Wenzel Lorenz Reiner** dargestellt: in den Kuppelfresken in der »Apotheose des Heiligen« und im Altarbild. Um das Jahr 1730 entstanden die Statuen des heiligen Adalbert und des heiligen Norbert in den Kapellennischen.

Johannes-von-Nepomuk-Kapelle

✱ ST.-GEORGS-KLOSTER (KLÁŠTER SVATÉHO JIŘÍ)

An die St.-Georgs-Basilika stößt das Benediktinerinnenkloster zum hl. Georg an, das 973 von Herzog Boleslav II. und seiner Schwester Mlada, der ersten Äbtissin des Klosters, gegründet wurde. Der vorromanische, ottonische Bau ist der älteste Klosterbau in Böhmen, er bestand aus einem kleinen Gebäude ohne Kreuzgang. Nach Schäden durch Feuersbrünste 1142 während der Belagerung der Prager Burg und 1541 wurde das Kloster mehrmals umgebaut, vergrößert, barockisiert (1657 – 1680) und 1782 aufgehoben..

Ältester böhmischer Klosterbau

❶ Im großen und kleinen Rundgang inbegriffen, Eintritt 350 Kč bzw. 250 Kč

Dauerausstellung

Die ständige Ausstellung im St.-Georgs-Kloster beherbergt Exponate der **tschechischen Malerei**, **Bildhauerei** und der **angewandten Kunst** des **19. Jahrhunderts**. Es werden alle wichtigen Strömungen der bildenden Kunst jener Zeit – vor dem Hintergrund der europäischen Kunstentwicklung – mit ihren Vertretern präsentiert. Ein wichtiges historisches Ereignis des 19. Jahrhunderts war der Bau des ▶Prager Nationaltheaters. Es entstand in einer Epoche der nationalen Wiedergeburt. Den Bau und die Ausstattung des Theaters übernahmen zahlreiche Künstler, darunter Julius Mařák, Mikoláš Aleš, František Ženíšek, Václav Brožík, Václav Hynais und Josef Václav Myslbek. Außer Werken von diesen Künstlern findet man in der Ausstellung auch Gemälde von Josef Mánes, Adolf Kosárek und Jakub Schikaneder, restaurierte Plastiken aus dem Schloss Zbraslav, die 2002 durch Hochwasser beschädigt worden sind, und (in der Kapelle) Josef Václav Myslbeks überlebensgroße Statuen von tschechischen Heiligen vom St.-Wenzel-Denkmal am Wenzelsplatz.

❶ Di. – So. 10.00 – 18.00 Uhr

Reiterstatue des hl. Georg

Weiter im Nordgang steht das Original der Reiterstatue des hl. Georg, die ursprünglich im Dritten Burghof des Hradschin Aufstellung fand und dort durch eine Kopie ersetzt wurde. Die 1373 von **Martin und**

»… ich trage mir das Abendessen hinauf und bin dort meistens bis Mitternacht« (Franz Kafka über sein Domizil im Goldenen Gässchen)

Georg von Klausenburg in Bronze gegossene Figur wird als die erste bekannte freie Plastik nördlich der Alpen, die sich aus dem architektonischen Kontext gelöst hat, angesehen.

GOLDENES GÄSSCHEN (ZLATÁ ULIČKA)

Das Goldene Gässchen – auch Goldmachergässchen genannt – verläuft zwischen den von Vladislav Jagiello angelegten Burgmauern und dem Alten Burggrafenamt; einst reichte es bis zum St.-Georgs-Kloster. Ein Wehrgang verband den Weißen Turm mit dem Daliborkaturm. Die erhalten gebliebene nördliche Front besteht aus pittoresken Häuschen, die in die Bogen des Wehrgangs eingelassen wurden. Rudolf II. teilte sie seinen 24 Burgschützen zu, die in ihrer freien Zeit ein Handwerk betrieben. Der Name »Goldmachergässchen« oder »Alchemistengässchen« bezieht sich auf die Alchemisten Rudolfs II., die der Überlieferung zufolge hier gewohnt und versucht haben sollen, Gold herzustellen – tatsächlich befanden sich ihre Laboratorien aber nachweislich im Mihulkaturm (Alchemistenstube). Später bewohnten Handwerker und arme Leute die Häuserzeile. Im Haus Nr. 22 arbeitete Franz Kafka (▶Berühmte Persönlichkeiten) in den Jahren 1916/1917 an Prosatexten wie »Ein Landarzt«, »Auf der Galerie«, »Ein Bericht für eine Akademie« und »Eine Kaiserliche Botschaft«. Heute befinden sich in den 2010/2011 restaurierten bunten Häuschen Souvenirläden.

❶ zugänglich nur mit Ticket beim großen oder kleinen Burgrundgang Eintritt 350 Kč bzw. 250 Kč

Wo Kafka eine Dichterstube hatte

BAEDEKER TIPP

! Kindheitserinnerungen

Nicht nur für Kinder äußerst reizvoll ist das im ehemaligen Burggrafenamt hinter dem Goldenen Gässchen gelegene Spielzeugmuseum (Muzeum Hraček) – Zugang von der Georgsgasse. Alte, zerknautschte Teddybären warten dort neben über 270 Barbiepuppen, den ältesten Märklin-Lokomotiven, Flugzeugen, alten Luftschiffen und einer Fülle von Blechspielzeug auf große und kleine Besucher (tgl. 9.30–17.30 Uhr, Eintritt 60 Kč).

Von der Bastei erreicht man den großen Wallgarten. Zwei Obelisken markieren die Stellen, wo die kaiserlichen Statthalter im Jahr 1618 beim Zweiten Prager Fenstersturz in den damaligen Burggraben fielen. Oberhalb der Neuen Schlossstiege – zu Fuß der schnellste Weg hinauf zum Hradschin – liegt der Paradiesgarten mit dem Matthiaspavillon und einem Musikpavillon.

Wallgarten

Das tiefe Tal des Hirschgrabens im Norden der Burg diente einst der Zucht von Jagdwild. Nördlich des Hirschgrabens schließt sich der Königsgarten an, an dessen Westseite – im Löwenhof – Rudolf II. Löwen, Tiger und Bären halten ließ.

Hirschgraben

PALAIS LOBKOWICZ (LOBKOVICKÝ PALÁC) IN DER PRAGER BURG

Wertvolle Kunstsammlung

Die – nicht mit dem heute die d eutsche Botschaft beherbergenden ▶Palais Lobkowitz zu verwechselnde – Lobkowiczer Residenz in der Prager Burg wurde um das Jahr 1550 für **Jaroslav von Pernštejn** errichtet und war ursprünglich auch nach ihm benannt. 1623 kam es über Polyxena von Pernstštejn, Jaroslavs Nichte, an das Haus Lobkowicz, in dessen Besitz es dann bis zur Beschlagnahmung durch die Nationalsozialisten war. Bald nach dem Zweiten Weltkrieg erneut, diesmal von den Kommunisten, beschlagnahmt, wurde das Palais der Familie Lobkowicz erst nach der Samtenen Revolution zurückgegeben. Heute ist ihr Anwesen das einzige **in privatem Besitz** befindliche Palais auf dem Gelände der Prager Burg.

Viele Jahre lang restauriert, befindet sich seit dem Jahr 2007 ein Teil der Lobkowiczer Kunstsammlungen in dem Palais. Neben wertvollen Gemälden gehören dazu eine Sammlung historischer Musikinstrumente und Originalpartituren berühmter Komponisten wie **Mozart** und **Beethoven**. Zu besichtigen sind zudem eine **Waffenkammer** und die im Originalzustand des 17. Jh.s erhaltene **Hauskapelle** des hl. Wenzel.

❶ tgl. 10.00–18.00 Uhr, Eintritt 275 Kč, www.lobkowiczpalac.cz

---

! BAEDEKER TIPP

Matinee auf goldenen Stühlen

Täglich um 13.00 Uhr erklingt im Palais Lobkowicz in der Prager Burg ein **Kammerorchester**, um zur Mittagspause etwa 60 Minuten lang Werke von Bach, Corelli, Händel, Haydn, Mozart, Smetana, Dvořák, Vivaldi und Beethoven aufzuführen. Von der klassischen Musik beflügelt, fühlt man sich im Konzertsaal des Palasts auch dann ganz weit weg vom Trubel in den Burggassen, wenn man nicht in der (golden bestuhlten) ersten Reihe sitzt (Jiřská 3, am Südtor der Burg, Tel. 7 77 22 78 53, www.prague-castle-concert.cz, Eintritt 340 Kč, auf den goldenen Stühlen der ersten Reihe 440 Kč).

---

* Hradschiner Platz (Hradčanské náměstí)

✶ C 4

Lage: Praha 1, Hradčany
Metro: Hradčanská, Malostranská
Straßenbahn: 22

Barocke Pestsäule

Die Stadt Hradschin, um das Jahr 1320 als dritte Prager Stadt gegründet, war keine königliche Freistadt, sondern unterstand dem Burggrafen des Hradschin. Sie nahm anfangs nur den Raum um den Hradschiner Platz ein, bis Karl IV. sie erweiterte und mit einem Mauerring umgab. Der Hradschiner Platz mit der barocken Pestsäule von **Ferdinand Maximilian Brokoff** (1725) und einem sehenswerten gusseisernen Kandelaber aus der Zeit der Gasbeleuchtung im 19. Jh. bildet den Zugang zur Prager Burg (▶Hradschin) und war Zentrum der ehemaligen Stadt Hradschin. Über ihn führte der Krönungsweg der böhmischen Könige, der seinen Anfang beim Pulverturm nahm. Auf dem Hradschiner Platz wurden 1547 die Führer der misslungenen Ständeerhebung gegen den Habsburger Ferdinand I. hingerichtet. Er besitzt heute noch Umfang und Grundriss eines mittelalterlichen Marktplatzes, hatte allerdings nie diese Funktion. Nach dem Brand im Jahr 1541 wurde der Platz gänzlich umgestaltet. Alle bürgerlichen Häuser wurden abgetragen, um Palästen für Adel und Domherren Platz zu machen.

In dem »sächsisch-lauenburgische Residenz« genannten Haus Nr. 10 wohnte 1372 der Baumeister des Veitsdoms, **Peter Parler**, dem auch das Palais Hrzán an der ▶Loretogasse gehörte. Im 18. Jh. erhielt das Haus zusammen mit dem Nachbargebäude (Nr. 9) eine gemeinsame Fassadenverkleidung.

Parlerhaus

Das Zentrum des Hradschiner Platzes bildet die Mariensäule. Sie entstand zum Dank für das Ende der Pestepidemie im Jahr 1726. **Ferdinand Maximilian Brokoff** (1688 – 1731) hat sie entworfen. Die Figuren am Fuß der Säule sind auf zwei Ebenen gestaffelt und stellen Heilige dar: Johannes von Nepomuk, Elisabeth, Petrus, Paulus, Norbert, Florian, Karl Borromäus auf der unteren Ebene, darüber befinden sich Wenzel, Veit und Adalbert. Gekrönt wird die Säule von der Figur der Maria Immaculata (Unbefleckte Empfängnis; ein im Barock beliebtes Motiv), die erst nach seinem Tod entstanden und wahrscheinlich eine Arbeit aus der Werkstatt Brokoffs ist.

Mariensäule

ERZBISCHÖFLICHES PALAIS (ARCIBISKUPSKÝ PALÁC)

Das (nicht öffentlich zugängliche) Erzbischöfliche Palais an der Nordseite des Platzes war ursprünglich ein Renaissancehaus, das Ferdinand I. dem königlichen Sekretär Florian von Gryspek abkaufte und dem ersten katholischen nachhussitischen Erzbischof übergab. In den Jahren 1562 bis 1564 wurde es nach Plänen von Hans von Tirol umgebaut, um 1600 vergrößert und 1675 bis 1684 von dem französischen Architekten **Jean Baptiste Mathey** barockisiert und mit einem prunkvollen Hauptportal (1676) versehen. Die heutige Rokokogestalt mit der Marmorverblendung der Fassade geht auf **Johann Joseph Wirch** zurück (1763 – 1764). Zwei Eckrisalite setzen ein Ge-

Von der Renaissance zum Rokoko

gengewicht zum Mittelrisalit, der durch einen flachen Giebel nochmals eine Akzentuierung erfährt. Das Familienwappen des Fürsterzbischofs Anton Peter Graf von Přichowitz (Wurzelsdorf) krönen Plastiken des Bildhauers Ignaz Michael Platzner, von denen »Glaube« und »Hoffnung« im Jahr 1888 durch neue Arbeiten von T. Seidan ersetzt wurden. Unter Wirch wurde auch die spätbarocke Innenausstattung gefertigt. Neun von A. Desportes im Pariser Atelier Neilson gefertigte Gobelins behandeln hier die Themen »Das Alte und das Neue Indien«. Erwähnung verdienen insbesondere die reichen Holzschnitzarbeiten, Stuckverzierungen, zwei gotische Reliquienbüsten der Apostel Petrus und Paulus in der Kapelle sowie die Glas- und Porzellansammlung. Ein Durchgang im linken Portal des Erzbischöflichen Palais führt zum ►Palais Sternberg mit der Sammlung alter europäischer Kunst.

PALAIS MARTINITZ (MARTINICKÝ PALÁC)

Privatbesitz An der nordwestlichen Seite des Hradschiner Platzes steht das Palais Martinitz. Der Palast ist in Privatbesitz und öffentlich nicht zugänglich. Im Erdgeschoss ist im Sommer ein Café geöffnet. Der Renaissancebau wurde am Ende des 16. Jh.s als schlichtes Gebäude mit vier Flügeln für **Andreas Teyfl** errichtet; 1624 übernahm es Jaroslav Bořita von Martinitz, einer jener Statthalter, die durch den Zweiten Prager Fenstersturz in die Geschichte eingegangen sind. Bořita Martinitz erhöhte das Gebäude um ein Stockwerk und ließ die Renaissancegiebel und Wappen anbringen. Die östliche Hausfront schmücken figurale Renaissancesgraffiti mit Szenen aus dem Leben Samsons (nach deutschen Holzschnitten des 15. Jh.s) und aus dem Leben des Herakles (um 1634). Zudem entdeckte man ähnliche Sgraffiti aus dem 16. Jh. und der ersten Hälfte des 17. Jh.s mit biblischen Szenen auf der dem Platz zugewandten Palastfront (u. a. Josefs Flucht vor Potiphars Frau). Im Inneren sind Renaissancebalkendecken und die Palastkapelle mit einem reich geschmückten Renaissancegewölbe sehenswert.

❶ www.martinickypalac.cz

PALAIS TOSCANA (TOSKÁNSKÝ PALÁC)

Außenministerium der Tschechischen Republik Das zweistöckige, vierflügelige Palais (Nr. 5) an der westlichen Schmalseite des Platzes wurde 1689 bis 1691 von dem französischen Architekten **Jean Baptiste Mathey** für Michael Oswald Thun-Hohenstein erbaut. Von 1718 bis 1918 war es im Besitz der Herzöge von Toskana; heute gehört es zum Außenministerium der Tschechischen Republik. Die Ausgewogenheit der Proportionen erwächst aus der kühlen Distanziertheit von der Umgebung. Die frühbarocke Stirnwand ist mit zwei Säulenportalen und mit Wappen der toskanischen Herzöge auf der breiten Front über den Balkonen geschmückt; die Gebäudeattika trägt sechs Barockstatuen der freien Künste von **Johann Brokoff**, dem Vater Ferdinand Maximilians, der einer der herausragenden Prager Bildhauer des Barocks war. Die Eckplastik des hl. Michael im Kampf mit dem Drachen stammt von Ottavio Mosto von 1693.

PALAIS SCHWARZENBERG (SCHWARZENBERSKÝ PALÁC)

Das ehemalige Palais Schwarzenberg, in dem die zur ▶Nationalgalerie gehörende Ausstellung »Barock in Böhmen« untergebracht ist, bildet zusammen mit der Burg und dem Erzbischöflichen Palais die Dominante des Hradschinpanoramas. Mit den reich verzierten Giebeln, dem vorgeschobenen Lünettengesims nach lombardischem Vorbild, dem kunstvollen Sgraffitodekor in Diamantquadermanier, das 1567 nach norditalienischen, vor allem alten venezianischen, Grafikmustern geschaffen wurde, und den Darstellungen antiker Götter sowie allegorischer Figuren im Inneren ist das Palais Schwarzenberg ein **Musterbeispiel der Renaissance** nördlicher Prägung.

»Barock in Böhmen«

Der Eckpalast an der Südfront des Platzes entstand durch einen Umbau zweier Renaissancepaläste. Diese Veränderung wurde 1800 bis 1810 von F. Paviček für den Erzbischof Salm – daher die Initiale »S« über dem Portal – im Empirestil durchgeführt. Der rechte Gebäudeteil entstand 1545 – 1563 nach Plänen von Agostino Galli.

Auf drei Stockwerken des rekonstruierten Palais werden in der neuen **ständigen Ausstellung der Nationalgalerie** über 160 Plastiken und 280 Gemälde der Spätrenaissance und des Barocks (Ende des 16. – Ende des 18. Jh.s) präsentiert, die auf dem

---

? BAEDEKER WISSEN

Ein beliebter Kandidat

»Der Alte« wird Karel Schwarzenberg, Jahrgang 1937, genannt – durchaus ehrfürchtig. Denn als er im Januar 2013 als Kandidat zur ersten Direktwahl des tschechischen Präsidenten antrat, prognostizierten ihm die Meinungsforscher zunächst höchstens einen Stimmanteil von 8 %. Tatsächlich brachte er es dann aber auf knapp 46 % und unterlag seinem Rivalen Miloš Zeman erst in der anschließenden Stichwahl. Aber Schwarzenberg hat auch so eine ganze Menge erreicht. Seinen ungewöhnlichen Lebenslauf markieren die folgenden Stationen: Playboy, Bürgerrechtler der **Charta 77**, Kanzler unter Václav Havel, Senator, zweimal Außenminister, Parteigründer (von **TOP 09**), Mehrheitsaktionär beim Volkslikör Becherovka, Schlossherr und einer der größten Forstbesitzer Europas. Nur Fürst darf er sich nicht nennen: Adelstitel blieben in Tschechien auch nach der Wende verboten.

Palais Schwarzenberg am Hradschiner Platz: »Der Platz vor der königlichen Burg … ist ganz von Palästen umrahmt« (Rainer Maria Rilke).

Gebiet von Böhmen entstanden. Zu sehen sind u. a. **Plastiken** von Matthias Bernhard Braun (1684 – 1738) und Ferdinand Maximilian Brokoff (1688 – 1731), **Gemälde** von Karel Škréta (1610 – 1674), Peter Johann Brandl (1669 – 1735), Wenzel Lorenz Reiner (1689 – 1743) und Norbert Grund (1717 – 1767), des Weiteren bedeutende Werke, u. a. von Škréta, Brandl und Reiner, aus der Sammlung von A. I. Lobkowitz, kunstgewerbliche Exponate des Manierismus (Ende des 16./Anfang des 17. Jh.s) bis zum Klassizismus (Ende des 18. Jh.s), liturgische Gegenstände, Gedecke, Glas, Porzellan, Fächer, Textilien und Schmuck. **Temperafresken** (um 1580) eines unbekannten Künstlers zieren die Decke im Hauptsaal der zweiten Etage. Sie zeigen Personifikationen und Allegorien der griechischen Mythologie (»Das Urteil des Paris«, »Helenas Entführung«, »Szenen aus dem Trojanischen Krieg« und die »Flucht des Äneas aus dem brennenden Troja«). Im Nachbarraum ist die **Phaeton-Sage** dargestellt. Zwei weitere Säle sind mit Gemälden von Chronos und Persephone sowie von Jupiter und Juno ausgeschmückt.

🕐 Di. – So. 10.00 – 18.00 Uhr, Eintritt 150 Kč, erm. 80 Kč

Palais Salm (Salmovský palác) Das benachbarte, im Auftrag von Wilhelm Florentin von Salm-Salm, (1793 – 1810 Erzbischof von Prag) in den Jahren 1800 bis 1810 an der Südseite des Hradschiner Platzes errichtete Palais Salm wurde 1811 ebenfalls von der Familie Schwarzenberg erworben und wird heute von der Nationalgalerie (►S. 282) als Ausstellungsort genutzt. Bis zu seiner Emigration im Jahr 1978 lebte der Schriftsteller Pavel Kohout in dem klassizistischen Adelspalast.

🕐 Di. – So. 10.00 – 18.00 Uhr, Eintritt 150 Kč, erm. 80 Kč, www.ngprague.cz

** Josefstadt (Josefov)

— E 4

Lage: Praha 1, Staré Město, Maiselova u. a.
Metro: Staroměstská
Straßenbahn: 17, 18

Die schon seit dem 10. Jh. belegte **jüdische Gemeinde** von Prag ist eine der ältesten und bedeutendsten des gesamten Abendlandes. Seit dem 13. Jh. lebten die Prager Juden in einem eigenen Stadtviertel rund um die Altneusynagoge, das zum **Getto** wurde, als ein päpstlicher Erlass bestimmte, dass Juden nur noch in einer ummauerten Siedlung leben durften – separiert von den Christen. Heute ist von diesem mit engen Gässchen und mittelalterlichen Häusern labyrinthisch angelegten Viertel nur noch wenig zu sehen: das frühere **Jüdische Rathaus**, sechs **Synagogen** und ein Teil des **Alten Jüdischen Friedhofs**. Alles andere wurde um die Wende zum 20. Jh. abgerissen, um dem modernen Prag Platz zu machen.

(Randspalte:) **Jüdisches Museum**

Wach hält die Erinnerung an das in seiner Geschichte mehrfach von Bränden, der Pest und schrecklichen Pogromen heimgesuchte Prager Getto die heutige jüdische Gemeinde mit rund 1600 Mitgliedern. Sie betreibt auch das im Jahr 1906 von dem Hebraisten Salomon Hugo Liebern im Norden der Altstadt gegründete Jüdische Museum – eines der ältesten jüdischen Museen der Welt. Dessen Ausstellungen verteilen sich auf einen **Rundgang durch sechs historische Stätten** der ehemaligen Judenstadt: Maisel- und Klausen-, Pinkas- und Spanische Synagoge, Alter Jüdischer Friedhof und Zeremoniensaal.

❶ April – Okt. 9.00 – 18.00, Nov. – März 9.00 – 16.30 Uhr (außer Sa. und jüd. Feiertage), www.jewishmuseum.cz Eintritt für alle Sehenswürdigkeiten der Josefstadt mit einem Kombiticket: 480 Kč, Studenten 320 Kč, Familie 480 Kč, Eintritt nur für Jüdisches Museum: 300 Kč, Studenten 200 Kč, Familie 300 Kč

! **BAEDEKER TIPP**

Und ewig lockt das Weib

Kontrastprogramm zu den Judaika: Wie unterschiedlich die Prager Maler das Thema Erotik interpretieren, zeigt die kleine **Galerie La Femme**: ob romantisch oder kubistisch, mit blauen Strümpfen oder aus dem Bade steigend … (Bílkova 2, tgl. 10.00 – 18.00 Uhr, www.glf.cz).

MAISELSYNAGOGE (MAISELOVA SYNAGOGA)

Mordechaj Markus Maisel, Primas der Prager »Judenstadt« unter Kaiser Rudolf II., gründete die nach ihm benannte Maiselsynagoge als Familienbethaus; Baumeister waren **Joseph Wahl** und **Juda Goldschmied**. Nach einem Brand im Jahr 1689 wurde der Bau im Stil des Barocks erneuert; eine Umgestaltung nach neugotischen Vor-

(Randspalte:) **Primas der einstigen »Judenstadt«**

Das jüdische Prag

Wohl im 10. Jh. kamen die ersten Juden nach Prag. Über alle Jahrhunderte hinweg wurden sie immer wieder verfolgt und diskriminiert. Heute zählt die Prager Jüdische Gemeinde ca. 1600 Mitglieder.

▶ **Der jüdische Friedhof**
Jüdische Friedhöfe sind für die Ewigkeit angelegt. Die Ruhe der Toten ist unantastbar, denn sie warten auf die Auferweckung »am Ende der Tage«.
Daraus resultieren einige Besonderheiten:

Es gibt nur **Erdbestattungen**; die Gräber sind i.d.R. nach Jerusalem ausgerichtet.

Besucher legen **kleine Steine** auf den Grabstein. Dieser Brauch erinnert an die Zeit des Volks Israel in der Wüste, als Gräber mit Steinhaufen markiert wurden.

Auf allen Grabsteinen findet man folgende Inschriften:
P.N.: Poh nikbár (»Hier ruht«) bzw. Poh nitmán (»Hier ist bestattet«)
T.N.Z.W.H.: Te'hi Nischmató zrurá Bi'zrór Ha'Chajim (»Möge seine Seele gebündelt sein im Bunde des ewigen Lebens.«)

Die Gräber sind mit **Gras und Efeu** überwuchert. Darin kommt das Prinzip der **Vergänglichkeit** zum Ausdruck.

Die **Gräber werden niemals eingeebnet.** Bei Platzmangel wird eine weitere Schicht Erde aufgetragen. So findet man oftmals mehrere Gräber übereinander.

▶ **Wichtige jüdische Friedhöfe in Europa**

	seit	Bestattung
Alter Jüdischer Friedhof Wien	1877	80 000
Cimeterio ebraico am Lido, Venedig	1389	k.A.
Heiliger Sand Worms	1076	k.A.
Jüdischer Friedhof Altona	1611	8000
Berlin-Weißensee	1880	115 000
Neuer Jüdischer Friedhof Lodz	1892	180 000
Alter Jüdischer Friedhof Prag	15. Jh.	12 000

©BAEDEKER

פ
נ

תנצב"ה

Es kafkat und brodelt und werfelt und kischt … befand Karl Kraus: Für ihn war das deutsch-tschechisch-jüdische Prag »idealer Nährboden für Poesie«. Jüdische Prager Autoren:

GUSTAV MEYRINK
RAINER MARIA RILKE
MAX BROD
EGON ERWIN KISCH
FRANZ WERFEL
FRANZ KAFKA
VOSKOVEC & WERICH
FRIEDRICH TORBERG
JOHANNES URZIDIL
FELIX WELTSCH
LENKA REINEROVA

Zum Schutz der Prager Juden soll Rabbi Löw den Golem aus Lehm erschaffen haben.

Rabbis und Kaufleute
Rabbi Löw (1512/1525?–1609) Gelehrter, Philosoph, Vaterfigur des Prager Judentums. Auf ihn gehen die jüdischen Legenden in Prag zurück.

Rabbi Pinkas (1535–1618) Rabbi von Prag und Krakau. Nach ihm ist die Pinkassynagoge benannt.

Mordechai Maisel (1528–1601) Hofbankier von Kaiser Rudolf II., Mäzen, Philanthrop. Er stiftete die Maisel-Synagoge.

900

10. Jh.
Erste Erwähnung des jüdischen Viertels in Prag

1000

1096
Plünderungen durch Kreuzfahrer

1100

um 1250
Pogrom durch Kreuzfahrer

1200

um 1270
Bau der **Altneu-Synagoge**

1300

1389
Pogrom, ca. 3000 Tote

1400

1500

1535
Bau der **Pinkas-Synagoge**

1600

1695
Bau der **Klausen-Synagoge**

1700

1744
Maria Theresia befiehlt Ausweisung

1800

1851
Aus dem Ghetto wird die »Josefstadt«

1900

1939–1945
Besetzung durch Nazi-Deutschland

2000

Jüdische Gemeinde Prag www.kehilaprag.cz

1939 lebten **39 400** Juden in Prag

31 860 wurden von den Nazis ermordet

7540 überlebten

stellungen nahm 1893 – 1905 Alfred Grotte vor. Dabei blieben lediglich der dreischiffige Grundriss und die Frauenempore erhalten. Das Jüdische Museum präsentiert hier die **Geschichte der Juden in Böhmen und Mähren** vom 10. bis zum 18. Jahrhundert. Neben der Darstellung der Anfänge der jüdischen Besiedlung in Böhmen und Mähren und der Stellung der Juden im Mittelalter liegt der Schwerpunkt auf der Zeit der Renaissance – und knüpft damit an die Zeit der Gründung der Maiselsynagoge an.

SPANISCHE SYNAGOGE (ŠPANĚLSKÁ SYNAGOGA)

Wo einst die älteste Synagoge Prags stand

Die Spanischen Synagoge steht an der Stelle der ältesten Synagoge Prags (12. Jh.), der sog. Alten Schule (Stará škola), die der Zerstörung zum Opfer fiel. Der Name der Synagoge geht auf eine Gruppe von Juden zurück, die aus Spanien vor der Inquisition nach Prag flohen. In den folgenden Jahrhunderten wurde die Synagoge mehrmals niedergebrannt und immer wieder neu errichtet. Zwischen 1882 und 1893 erhielt die Spanische Synagoge von **Vojtech Ignaz Ullmann** ihre jetzige Gestalt als Zentralbau im maurischen Stil mit imposanter Kuppel und an drei Seiten offenen Galerien. Im Inneren, das der Alhambra von Granada nachempfunden ist, wurden 1882 bis 1883 Stuckaturen nach orientalischem Muster angebracht. Hier wird der zweite Teil der Ausstellung der Geschichte der Juden in Böhmen und Mähren – von der Aufklärung bis in die Gegenwart – gezeigt.

PINKASSYNAGOGE (PINKASOVA SYNAGOGA)

Ein architektonnisches Kleinod

Die Pinkassynagoge entstand auf der Südseite des Alten Jüdischen Friedhofs in einem Haus, das die führende Familie der jüdischen Gemeinde, die Familie Horowitz, im 14. Jh. dem Rabbi Pinkas abgekauft hatte. Salman Munka Horowitz ließ hier 1535 eine Synagoge im spätgotischen Stil errichten; aus dieser Zeit stammt das Netzgewölbe des Saals. Juda Goldschmied de Herz baute die Synagoge 1625 im Stil der Spätrenaissance um und erweiterte sie um Frauengalerie, Vestibül und Sitzungssaal. Die Pinkassynagoge ist neben der Altneusynagoge die älteste und architektonisch wertvollste in Prag. Archäologische Ausgrabungen haben bestätigt, dass der Bau aus dem 11. oder 12. Jh. stammt und sich hier einst ein rituelles Bad befand. In den Jahren 1950 bis 1958 wurde in der Synagoge die **»Gedenkstätte der 77 297«** errichtet – der Name bezieht sich auf die Zahl der hier namentlich aufgeführten Opfer des Nationalsozialismus. Das Gebäude wurde Ende der 1960er-Jahre für längere Zeit geschlossen, Grundwasser hatte die Namensinschriften an den Wänden beschädigt. Bei

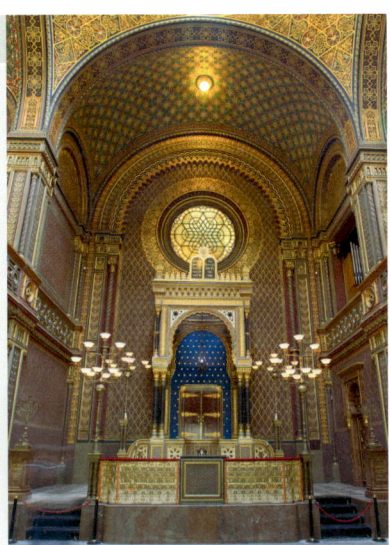

! Nicht versäumen

BAEDEKER TIPP

- Mosaiken, inspiriert von der Alhambra in Granada (Spanische Synagoge, Abb. rechts)
- 77 297 Opfernamen des Holocaust mit roter Tinte in die Wand geritzt (Pinkassynagoge)
- Grab von Rabbi Löw, Golemschöpfer, mit Sinnbildern von Löwe, Bären, Rosen (Alter Jüdischer Friedhof)
- »Tod eines Juden«, Zyklus von 15 Bildern über die Bestattungsbruderschaft (Alter Jüdischer Friedhof, Zeremonienhaus)
- Leuchtende Chronik mit Gebetsdaten für die Toten: 3. Juni: Franz Kafka (Altneusynagoge)

den Renovierungsarbeiten entdeckte man auch einen alten Brunnen und ein Ritualbad. In den 1990er-Jahren wurden die Namen der Opfer neu auf die Wände der Synagoge übertragen. In der ständigen Ausstellung befinden sich Kinderzeichnungen, Schulhefte, Tagebücher, Briefe und Lyrik aus dem nationalsozialistischen Konzentrationslager Theresienstadt (Terezín, ▶S. 172).

✳ ALTER JÜDISCHER FRIEDHOF (STARÝ ŽIDOVSKÝ HŘBITOV)

Der Alte Jüdische Friedhof wurde in der ersten Hälfte des 15. Jh.s angelegt und gehört zu den bedeutendsten erhaltenen Baudenkmälern der Josefstadt. Die letzte Beisetzung fand dort im Jahr 1787 statt. Schon zuvor hatte man, wegen der Pest im Jahr 1680, im Stadtteil **Žižkov** (▶ S. 337) einen neuen, den zweitältesten jüdischen Friedhof angelegt. (Pestopfer durften damals nicht auf dem eigentlichen Friedhof bestattet werden.) Auch Kafka, der am 3. Juni 1924 starb, liegt in Žižkov begraben, allerdings auf einem noch jüngeren, erst 1890 gegründeten jüdischen Friedhof. Under den Eschen des Alten Jüdischen Friedhofs findet man heute knapp 12 000 Grabsteine; die Zahl der tatsächlich hier Bestatteten dürfte aber deutlich höher sein: Da nach jüdischem Gesetz ein Grab nie aufgelöst werden darf (▶Baedeker Wissen S. 240), die knapp bemessene Friedhofsfläche aber selbst

Grabsteine dicht an dicht

»Haus der Ewigkeit«

Eine Umbettung oder Neube-
legung der Totenstätte wie auf
einem christlichen Friedhof wäre
auf einem jüdischen Friedhof
undenkbar: Nach der Halacha,
dem jüdischen Religionsgesetz,
dürfen jüdische Grabstätten nicht
angetastet werden. Die Gräber
wie der Friedhof als Ganzes sind
für die Ewigkeit angelegt. Auch
die Totenruhe ist unantastbar,
denn die Bestatteten warten hier
auf die »Himmelfahrt der Seelen
der Gerechten«, wie dies der jüdische Historiker Josephus Flavius
(um 37/38 – um 100) formulierte,
auf ein ewiges Leben bei Gott.

nach mehreren Erweiterungen die Zahl der Toten nicht fassen konnte,
wurde auf die bestehenden Gräber weiteres Erdreich für neue Grab-
stellen aufgehäuft, sodass nun an manchen Stellen bis zu neun Grab-
schichten übereinander liegen. Durch Hebung älterer Grabsteine in die
Oberschichten entstanden jene Gruppierungen von Grabmälern, die
für den Alten Jüdischen Friedhof in Prag charakteristisch sind.

Inschriften und Reliefs
Die hebräischen Inschriften auf den Grabsteinen nennen den Namen
des Verstorbenen und seines Vaters (bei verheirateten Frauen auch
den Namen des Ehemanns), das Datum des Todes und des Begräb-
nisses. Reliefs versinnbildlichen oft entweder den Namen des Verstorbenen (Hirsch, Bär, Karpfen, Hahn etc.) oder seinen Beruf (ärztliche
Instrumente, Schneiderscheren etc.), zuweilen zeigen sie weitere
Symbole wie segnende Hände oder Kannen (bei Mitgliedern von
Priesterfamilien), Weintrauben (Stamm Israel), Kronen, Pinienzap-
fen oder andere Motive.

Berühmte Grabstätten
Der älteste, 1439 errichtete Grabstein bezeichnet das Grab des Gelehrten und Dichters **Avigdor Kara**, der das Pogrom von 1389 mit-
erlebte und darüber eine Elegie verfasste. Das jüngste Grab ist das des
Moses Beck aus dem Jahr 1787. Ein Sarkophag im Stil der Spätrenaissance mit eingemeißelten Löwen und von Arkaden umrahmten
Schrifttafeln bezeichnet das **Grab des gelehrten Hohen Rabbi Je-
huda Löw ben Bezalel**, genannt Rabbi Löw (gest. 1609), mit dem
die Sage von der Schaffung des Golems (▶Baedeker Wissen S. 242) eng

verbunden ist. Zu weiteren bekannten Ruhestätten gehören die Tumben des Primas der Prager jüdischen Stadt, **Mordechaj Markus Maisel** (gest. 1601), des Historikers und Astronomen **David Gans** (gest. 1613), des Gelehrten **Joseph Schlomo Delmedigo** († 1655) sowie des Büchersammlers und Gelehrten **David Oppenheim** († 1736). Zu den reichsten und schönsten gehört der Grabstein von **Heudele Basševi** (gest. 1628), der Frau des Waldstein-Finanzmannes **Jakob Basševi**, der als erster Prager Jude in den Adelsstand erhoben wurde.

Die auf den Grabmälern angehäuften **Steinchen** werden von Verwandten oder Freunden niedergelegt. Dieser Brauch stammt noch aus der Zeit der Wüstenwanderung des Volkes Israel unter Moses, als die Toten mit Steinen bedeckt wurden, um sie vor dem Zugriff wilder Tiere zu schützen. In Löws Tumba werfen gläubige Besucher **Wunschzettel** in der Hoffnung auf Erfüllung durch den »wundertätigen« Rabbi. **Brauchtum**

Neben dem Ausgang des Alten Jüdischen Friedhofs steht das neoromanische, in den Jahren 1911/1912 errichtete Gebäude der Prager Begräbnisbruderschaft mit seinem kleinen Turm. Früher waren hier der Zeremoniensaal für die Trauerfeierlichkeiten und die Leichenhalle untergebracht, heute kann man darin den zweiten Teil der Ausstellung jüdischer Sitten und Gebräuche zu besichtigen; dazu gehört auch ein sich den Aufgaben der Begräbnisbruderschaft widmender, 1780 entstandener 15-teiliger Zyklus eines unbekannten Künstlers. **Zeremoniensaal**

KLAUSENSYNAGOGE (KLAUSOVA SYNAGÓGA)

Die Klausensynagoge – der Name leitet sich vom Lateinischen »clausum« (Verschluss) ab –liegt unmittelbar neben dem Ausgang des Alten Jüdischen Friedhofs und Zeremonienhauses. Das 1694 im **Hier lehrte Rabbi Löw**

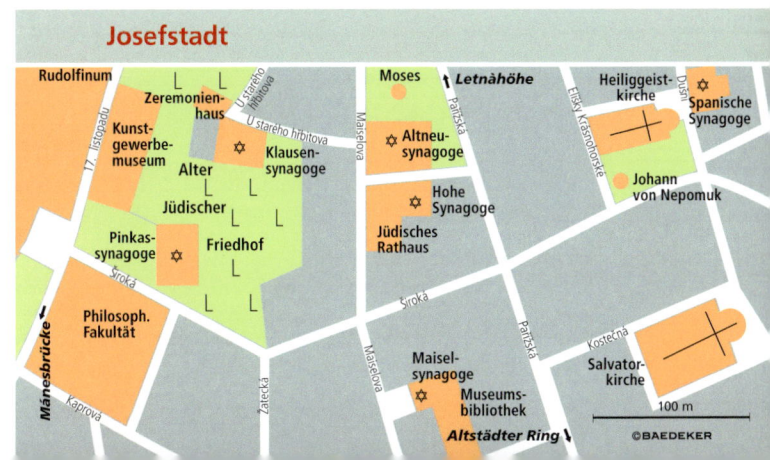

Golem, Gräber und Gelehrte

*Viel ist von dem einst von Juden bewohnten Viertel in Prag nicht
erhalten geblieben – das Rathaus, sechs Synagogen und ein Teil des
Alten Friedhofs. Alles andere wurde Anfang des vergangenen Säku-
lums abgerissen, um einem modernen Stadtteil Platz zu machen.*

In der Maiselova Nr. 10 erhebt sich die heutige Maiselsynagoge, deren prunk-
voller Vorläuferbau beim großen Stadtbrand von 1689 zerstört wurde.

Damals verschwanden die verwinkelten Gassen, in denen dicht ge-
drängt Häuser mit so vielsagenden
Namen wie »Zur kalten Herberge«,
»Zum Mäuseloch« oder »Keine
Zeit« standen. Dieser Umbau war
nicht nach jedermanns Geschmack:
Kafka etwa fand die »alte ungesun-
de jüdische Stadt ... viel wirklicher
als die neue hygienische Stadt um
uns herum«. Doch die Geschichte
des Viertels blieb lebendig, nicht
nur durch die Gemeinde von knapp
1600 Juden, die heute wieder Gottesdienste in der **Altneusynagoge**
feiert und das **Jüdische Museum**
verwaltet. Vor allem der **Alte Fried-**
hof mit seinen verfallenen Grabste-
len übt eine ungeheure Anziehungskraft aus. Wer dort vor dem
Grabmal des **Rabbi Löw** steht, wird
unweigerlich an die Legende des
hünenhaften **Golem** erinnert, den
der Rabbi gegen Ende des 16. Jh.s
aus Lehm erschaffen haben soll.

Seelenlose Materie

Nach dem Willen Gottes sollte diese »seelenlose Materie« (hebrä-
isch = Golem) dem Rabbi zur Hand
gehen und die verfolgten Juden
beschützen. Um das Wesen zu beleben, legte ihm der Rabbi ein Per-
gamentröllchen mit dem unaus-

sprechlichen Namen Gottes in den Mund. Nun arbeitete das stumme Geschöpf bis auf den Sabbat, an dem kein gläubiger Jude arbeiten darf, Woche um Woche für den Gelehrten. Doch es kam, wie es kommen musste: An einem Sabbat vergaß der Rabbi, dem Golem das Röllchen zu entfernen, um ihn ruhen zu lassen. Daraufhin begann der Hüne – im Zwiespalt zwischen seiner profanen Arbeitsbestimmung und der heiligen Sabbatruhe befangen – zu rasen.

Mit gewaltigem Getöse zerschlug er das Mobiliar des Rabbis, der zu diesem Zeitpunkt gerade seine Gemeinde in der Synagoge den **92. Psalm** singen ließ. Die Menschen stürzten aus dem Gotteshaus, doch der Golem war nicht mehr zu bremsen. Um das Schlimmste zu verhindern, warf sich der Rabbi auf sein Geschöpf, entriss ihm das heilige Röllchen und schaffte ihn fort. Wohin genau, weiß bis heute niemand; vielleicht ist er auf irgendeinem Dachboden zu Erde und Staub zerfallen. Vielleicht hat man ihn aber auch wirklich schon des Nachts in den finstersten Straßen von Prag gesehen, wie verschiedentlich behauptet wurde.

Rabbi Löw jedenfalls ließ damals nach diesem Ereignis den 92. Psalm erneut singen – und bei diesem Brauch blieb es in den Prager Synagogen bis heute.

Sündenböcke

So wenig, wie der Golem die Juden auf lange Sicht beschützen konnte, so wenig Hilfe wurde ihnen auch von anderer Seite über Jahrhunderte hinweg zuteil. Gut 100 Jahre nach der ersten jüdischen Ansied-

lung 995 auf der Kleinseite fand das erste **Pogrom** durch fanatisierte Kreuzfahrer statt.

Im 12. Jh. mussten die Juden von der Kleinseite auf das andere Moldauufer ziehen, wo ihre Siedlung entsprechend den Bestimmungen des **Dritten Laterankonzils** (1179) von einer Mauer umgeben wurde. Über Jahrhunderte hinweg ist ihre Geschichte von einer solchen Ausgrenzung geprägt. Einen Grund für ein Pogrom zu finden, fiel den Christen zu keiner Zeit schwer: So wurde den Juden die Schuld an der Pest zugeschrieben – schließlich erkrankten sie erheblich seltener an der Seuche. Dass die geringere Anfälligkeit für diese von Rattenflöhen übertragene Krankheit mit den jüdischen Reinigungsriten zu tun hatte, mit denen sie hygienischer lebten als die meisten Christen – darauf kam man nicht.

Scheinprivilegien

Selbst die sogenannten christlichen Wohltäter, die den Bewohnern des jüdischen Gettos kurze Zeiten der Sicherheit und Selbstbestimmung bescherten, taten dies bis auf sehr wenige Ausnahmen aus Gründen der persönlichen Bereicherung: So strich **Rudolf II.** (1576–1611) auf einen Schlag alle Privilegien, die er den Juden in vergangenen Jahrzehnten zugebilligt hatte – just in dem Moment, als der jüdische Geschäftsmann **Mordechaj Markus Maisel**, von dem er finanziell abhängig war, verstarb. Die angeblichen Privilegien aber, in deren Genuss die Juden bisweilen kamen, waren meist Zugeständnisse, die für andere Bevölkerungsgruppen längst selbstverständlich waren –

etwa das Recht auf »Schutz vor willkürlicher Verfolgung« oder die Erlaubnis, die Toten zollfrei von einer Provinz in eine andere zu überführen. Nur dem Habsburger Joseph II. (1765 – 1790), nach dem das Prager jüdische Getto 1861 in **Josefstadt** umbenannt wurde, ist wohl eine uneigennützige Unterstützung der Juden nachzusagen. Unter Josephs aufklärerischer Geisteshaltung wurde das Viertel als gleichberechtigter Stadtteil anerkannt und der Ausgrenzung der Juden ein vorläufiges Ende bereitet. Aber zu Beginn des 19. Jh.s riss man das ehemalige jüdische Getto dann fast vollständig ab, um Platz für neue, größere Häuser und Straßen nach Pariser Vorbild zu schaffen.

Das gewaltsame Ende für die von Pogromen, Brandschatzungen und etlichen Ausweisungen (im 16. Jh. unter **Ferdinand I.**, im 18. Jh. durch **Maria Theresia**) immer wieder heimgesuchte jüdische Gemeinde kam mit dem Rassenwahn der Nationalsozialisten und dem von ihnen begangenen Völkermord. Zwischen den Jahren 1939 und 1945 wurden 90 % der Juden aus Böhmen und Mähren ermordet. Ihre Namen sind in der »Gedenkstätte der 77 297« in der **Pinkassynagoge** verzeichnet.

Sightseeing im Getto?

Heute gehören zur **Jüdischen Gemeinde Prags** etwa 1600 Mitglieder; es gibt eine jüdische Schule, die auch Kinder aus nichtjüdischen Familien besuchen, und einen jüdischen Kindergarten. Außerdem gibt es zwei Synagogen, in denen die Gottesdienste unter der Woche gehalten werden. An hohen Feiertagen wird auch die **Spanische Synagoge** für Gottesdienste genutzt. Angesichts der Historie des Viertels sollten selbst die schnappschusswütigsten Touristen eine gewisse Pietät bewahren.

Blick in die Innenräume von Altneu- (links) und Klausensynagoge (rechts)

Barockstil errichtete, 1884 äußerlich umgestaltete Gotteshaus enthält eine Dauerausstellung zu den Themen jüdischen Brauchtums. In der Klausensynagoge lehrte Rabbi Löw als einer der wichtigsten jüdischen Philosophen des 16. Jahrhunderts. Das hohe Ansehen der Klausensynagoge war auf ihre Größe und die Tatsache zurückzuführen, dass sie der Prager Begräbnisbruderschaft vorbehalten war.

* ALTNEUSYNAGOGE (ALTNEUSCHUL, STARONOVÁ SYNAGOGA)

Gegenüber der Hohen Synagoge steht die Altneusynagoge, was sich vom Hebräischen »altnai«, zu Deutsch: »unter der Bedingung, dass« ableitet. Hinter diesem Namen steckt eine Legende: Engel brachten für den Bau der Prager Synagoge Steine von der Ruine des zerstörten Jerusalemer Tempels, allerdings »unter der Bedingung, dass« diese Steine nach Jerusalem zurückgebracht würden, wenn der Messias käme und seinen Tempel wieder aufbauen wolle. Sie ist die einzige Synagoge dieses Alters auf europäischem Boden, die noch als Gotteshaus dient. Ihr ältester Teil ist die frühgotische Südhalle, ursprünglich Hauptraum des Bethauses, an die im 13. Jh. ein zweischiffiger Saal im Stil der Zisterziensergotik angebaut wurde. Sie enthält ein für die böhmische Architektur einmaliges fünfkappiges Gewölbe. Im 17. und 18. Jh. wurden die Frauengalerien vollendet – im Hauptraum dürfen nur die Männer beten.

Die Legende von den Engeln

Die große Fahne war ein Geschenk Karls IV., der das »hohe Banner« 1358 der jüdischen Gemeinde als Zeichen ihrer Privilegien verlieh; die heutige Fahne stammt aus der Regierungszeit Karls VI. (1716). Diese rote Fahne mit sechseckigem Stern (Davidschild) und Hut galt als offizielles Banner der Prager Juden, das sich auch auf dem historischen Wappen der Hauptstadt als dritte Fahne von rechts neben dem böhmischen Löwen wiederfindet. Prag ist damit die **einzige Stadt der Welt, die eine jüdische Fahne im Wappen** trägt.

Auf der Ostseite der Synagoge befindet sich in einem Thoraschrein die Pentateuch-Pergamentrolle (die fünf Bücher Mose). In der Mitte erhebt sich die durch ein Gitter (15. Jh.) abgetrennte Kanzel. Renoviert wurde die Synagoge schon 1618, weitere umfassende Rekonstruktionen erfolgten 1883 und 1966. Auf dem Dachboden der Altneusynagoge sollen sich der Legende nach die Überreste des **Golem** (▶Baedeker Wissen S. 242) befinden. Literarisch verarbeitet wurde dessen Geschichte von Autoren wie Gustav Meyrink (»Der Golem«) und Egon Erwin Kisch (»Dem Golem auf der Spur«). Im kleinen Park nebenan steht eine Mosesstatue von František Bílek (1872 – 1941).

❶ April – Okt. So. – Do. 9.30 – 18.00, Fr. 9.30 – 17.00, Nov. – März So. – Do. 9.30 – 16.30, Fr. 9.30 – 14.00 Uhr, Eintritt 200 Kč, Studenten 140 Kč, Familie 200 Kč

Altneusynagoge und das einstige Jüdische Rathaus. Die Zeiger der Uhr am Giebel laufen – wie die hebräische Schrift – von rechts nach links.

Jüdisches Rathaus

Gegenüber der Altneusynagoge an der Maiselova 18, Ecke Pařížská, liegt das ehemalige Jüdische Rathaus (Židovská radnice). Hier haben die Prager Jüdische Gemeinde und der Rat der Jüdischen Gemeinden der Tschechischen Republik ihren Sitz. Das Rathaus ist für eine Besichtigung nicht zugänglich. Mordechaj Markus Maisel, Hofbankier und Bürgermeister der »Judenstadt« unter Kaiser Rudolf II., stiftete dieses Rathaus um 1580 der jüdischen Gemeinde. Der Bau wurde 1586 im Renaissancestil ausgeführt und 1765 von Josef Schlesinger barockisiert. Der südliche Anbau stammt aus dem ersten Jahrzehnt des 20. Jahrhunderts. Der Nordgiebel unter dem hölzernen Uhrturm besitzt eine Uhr mit hebräischen Ziffern.

Hohe Synagoge

Die ursprünglich zum Jüdischen Rathaus gehörende Hohe Synagoge (Vysoká synagóga) in der Červená 4 ist wie das Jüdische Rathaus nicht zugänglich. Die Synagoge wurde 1568 ebenfalls von Pankraz Roder als quadratischer Saal im Renaissancestil erbaut, im 19. Jh. vom Rathaus abgetrennt und mit einem eigenen Treppenhaus sowie einem Zugang zur Straße versehen. Der im ersten Stockwerk des Rathauses – daher

»Hohe« Synagoge – angelegte Innenraum wurde im 17. Jh. erweitert und im 19. Jh. im Stil der Neorenaissance umgebaut. Mit seinem prächtigen Sterngewölbe steht dieser Saal – ein Muster israelitischer Sakralbauten – im Gegensatz zum einfachen Äußeren der Synagoge.

Die ursprünglich deutsche Lutheranerkirche St. Salvator (Kostel svatého Salvátora) in der Salvátorská (von der Pařízská zugänglich) dient heute den Böhmischen Brüdern als Gotteshaus. Sie wurde 1611 bis 1614 nach Entwürfen des gebürtigen Schweizers J. Christoph im Renaissancestil errichtet, nach der Erwerbung durch den Paulanerorden (Einsiedlerorden des hl. Franziskus von Paola) um die Mitte des 17. Jh.s barock umgestaltet und im Jahr 1720 mit einem Turm versehen. Zur Finanzierung des Kirchenbaus kamen Spenden aus dem gesamten protestantischen Europa. **St. Salvator**

Jungmannplatz (Jungmannovo náměstí)

— ✴ E 4/5

Lage: Praha 1, Staré Město
Metro: Můstek
Straßenbahn: 3, 9, 14, 24

Auf dem Jungmannplatz steht das 1878 von Ludvík Šimek geschaffene Jungmanndenkmal (Jungmannův pomník). Der Schriftsteller, Philosoph und Sprachforscher **Josef Jungmann** (1773 – 1847) war ein bedeutender Vertreter der »Wiedergeburt« des tschechischen Nationalgefühls während der Romantik, verfasste ein umfangreiches deutsch-tschechisches Wörterbuch und schrieb eine Geschichte der tschechischen Literatur.

Die 1347 von Karl IV. als Krönungs- und Klosterbau in Auftrag gegebene Kirche Maria Schnee (Kostel Panny Marie Sněžné) sollte den St.-Veits-Dom (▶Hradschin) an Größe übertreffen. Bis 1397 war lediglich der 30 m hohe Chorraum fertiggestellt; an der Nordseite entstand das wertvolle gotische Portal mit seinen zahlreichen Heiligenskulpturen. Seit dem 15. Jh. verfiel der Bau, 1611 stürzte das Gewölbe ein und wurde von den Franziskanern durch eine Renaissancedecke ersetzt. Der barocke Hochaltar (1625 – 1651) ist der größte aller Prager Kirchen. Über dem linken Seitenaltar hängt das Gemälde »Mariä Verkündigung« von **Wenzel Lorenz Reiner**. Die Kirche spielte eine bedeutende Rolle in der Hussitenbewegung. Vor den Armen der Stadt predigte hier Jan Želivský gegen die päpstliche Kirche, gegen den Adel und das reiche Bürgertum. 1419 stürmte Želivský mit den **Maria Schnee** radikalsten seiner Anhänger das Neustädter Rathaus und stürzte die katholischen Ratsherren aus dem Fenster. Dieser **Erste Prager Fenstersturz** löste die Hussitenkriege aus. Auch nach der Ermordung Želivskýs (1422), der hier begraben liegt, blieb die Kirche Maria Schnee ein Zentrum der Hussiten.

Franziskaner-garten
Vor der Südseite der Maria-Schnee-Kirche liegt die **grüne Oase** des klösterlichen Franziskanergartens (Františkánská zahrada). Passagen verbinden den öffentlichen Park mit dem ▸Wenzelsplatz sowie den Straßen Jungmannova, Palackého und Vodičkova.

Kampa (Kampa)

✴ **D 4/5**

Lage: Praha 1, Malá Strana, Kampa
Metro: Malostranská
Straßenbahn: 12, 22

Moldauinsel
Getrennt von der Kleinseite durch den idyllischen (früher auch gefährlichen) **Moldauarm Čertovka** (Teufelsbach), formt die Flussinsel Kampa den grünen Streifen im Panorama des linken Moldauufers von der **Legienbrücke** bis zur **Mánesbrücke**. Über die Insel führt der westliche Teil der ▸Karlsbrücke; einige Häuschen auf der Insel stützen sich in ihren Grundfesten noch auf die Brückenbogen der ursprünglichen Judithbrücke. Nördlich der Karlsbrücke fließt die Čertovka durch zwei Häuserreihen, die häufig als **»Prager Venedig«** (Pražské Benátky) bezeichnet werden. Die Bebauung dieses anfangs sumpfigen Geländes mit einigen Gärten begann erst im 15. Jahrhundert. Die Čertovka diente dann zum Antrieb von Mühlen, deren Räder bei der Karlsbrücke und bei der Brücke zum Großpriorsplatz zu besichtigen sind.

Das große Rad der früheren Großprioratsmühle (Ende 16. Jh.) ist inzwischen restauriert worden. Auf der Insel Kampa werden nicht nur Töpfermärkte abgehalten, sondern sie lädt auch zu schönen Spaziergängen ein. Von ihr bieten sich reizvolle Ausblicke auf die Moldau mit der Schützeninsel, auf die Karlsbrücke und die Altstadt sowie auf die Gar-

---

! BAEDEKER TIPP

Moldaurafting

Warum denn nach Kanada? Fans des **Riverraftings** stürzen sich gleich hier in Prag in die dramatischen Stromschnellen. Schäumende Staustufen locken am Wochenende Kanuten an, die viel Geschick benötigen, um durch den Teufelsbach (Čertovka) zu paddeln. Die Enge bei der **Teufelsmühle** (auch Mühle des Großpriorats genannt) zu meistern, ist die beste Übung selbst für olympisches Gold – das einige Prager Kanuten schon nach Hause holten. Deren Wassersportclub liegt praktischerweise gleich hier auf der Insel Kampa.

Blick von der Insel Kampa auf die Moldau, im Vordergrund eine Installation der italienischen Künstlergruppe »Cracking Art Group«.

tenfronten einiger Kleinseitner Paläste. Die **große Parkanlage** entstand durch die Zusammenlegung früherer Palastgärten. Dicht bei der Karlsbrücke steht die 1884 von L. Simek rekonstruierte spätgotische **Rolandstatue**. Sie markierte einst die Grenze zwischen der nach Magdeburger Recht verwalteten Kleinseite und der dem Nürnberger Recht verpflichteten Altstadt.

KAMPA-MUSEUM

Die Gründung dieses Museums für Moderne Kunst geht auf eine Initiative der tschechischen Emigrantin und Kunstmäzenin **Meda Mladkova** zurück. Nach der Wende vermachte sie ihre mit ihrem Mann Jan zusammengetragene private Sammlung der Stadt Prag, der Öffentlichkeit zugänglich gemacht wurde sie im September 2003 in der über 600 Jahre alten Sovamühle auf der Moldauinsel Kampa. Neben Bildern und Zeichnungen von **František Kupka** (1871–1957), einem Vorreiter der abstrakten Kunst, und kubistischen Statuen von **Otto Gutfreund** (1889–1927) sind hier auch Werke von **Jiří Kolář** (1914 bis 2002) sowie weiterer tschechischer Künstler zu sehen, die im Kommunismus verpönt waren. Für das begehbare Dach des Museums schuf der tschechische Bildhauer Marian Karel zwei große, ineinander verwinkelte Glaswürfel. Ein Balkon aus Panzerglas scheint direkt in den Prager Himmel zu führen. Im Innenhof liegen jahrhundertealte Mühlsteine, auf der Moldaustufe steht ein überdimensionaler Stuhl – ein Thron der Fantasie.

Museum in der Mühle

 www.museumkampa.com, tgl. 10.00–18.00 Uhr, Eintritt 160 Kč

** Karlsbrücke (Karlův most)

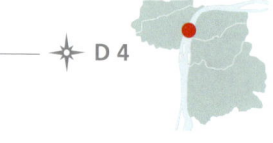

✦ D 4

Lage: Praha 1, Staré Město, Karlův most
Metro: Staroměstská, Malostranská
Straßenbahn: 17, 18

Von Peter Parler vollendet

Die Karlsbrücke ist den Fußgängern vorbehalten und verbindet die beiden Moldauseiten Altstadt (Staré Město) und Kleinseite (Malá Strana). Von ihr bietet sich ein prächtiger Blick auf das Moldautal mit den zahlreichen Brücken, der Schützeninsel und der Slawischen Insel (früher Sophieninsel), auf die Altstadt und die Kleinseite mit der Prager Burg (►Hradschin). Unter den westlichen Pfeilern liegt die Insel ►Kampa, die durch den schmalen Flussarm Čertovka (»Prager Venedig«) von der Kleinseite getrennt ist. Die im Sommer von Malern, Musikern und Kunsthandwerkern bevölkerte, auf 16 Pfeilern ruhende Brücke ist 520 m lang und 10 m breit. Sie wurde 1357 unter Karl IV. von **J. Ottl** begonnen und Anfang des 15. Jh.s unter Wenzel IV. von **Peter Parler** vollendet. Die mächtigen Brückentürme an beiden Ufern sowie die Brücke selbst dienten einst der Verteidigung. Hochwasserkatastrophen haben das Bauwerk zwar oftmals beschädigt – so mussten noch 1890 zwei Brückenbogen erneuert werden – doch niemals zum Einsturz gebracht. In jüngster Vergangenheit sind jedoch Schäden an der Statik der Brücke festgestellt worden. Zurzeit werden hier Restaurierungsarbeiten durchgeführt, wobei die Brücke jedoch begehbar bleibt. Die für die Sanierung notwendigen Kosten von rund 11 Mio. Euro wurden z. T. durch Spenden aufgebracht. Ihre Wirkung verdankt die Karlsbrücke vor allem ihrem reichen **Skulpturenschmuck**.

»Statuenallee«

Diese hauptsächlich in der Barockzeit entstandene »Statuenallee« ist eine der schönsten Kompositionen der Barockarchitektur Prags und verleiht ihr in Verbindung mit der streng gotischen Brückenarchitektur einen hohen künstlerischen Reiz. 1657 erneuerte man ein Bronzekruzifix, das hier bereits im 14. Jh. stand; zwischen 1706 und 1714 wurden 26 Skulpturen von berühmten Künstlern (**Matthias Bernhard Braun, Johann Brokoff** und **seinen Söhnen Michael Josef und Ferdinand Maximilian**) und anderen Bildhauern errichtet. Mitte des 19. Jh.s folgten fünf weitere Skulpturen (von **Josef Max** und **Emanuel Max**); 1938 wurde die Steingruppe der hll. Kyrill und Method (von **Karel Dvořák**) hinzugefügt. Die durch Zeit und Umwelteinflüsse stark angegriffenen Sandsteinfiguren sind mittlerweile fast alle durch Kopien ersetzt worden. Die einzige Skulptur aus Marmor stellt den hl. Benitius dar. Die künstlerisch wertvollste Figur ist die aus Sandstein gemeißelte hl. Luitgard, ein Abbild der Gnade und

Skulpturen der Karlsbrücke

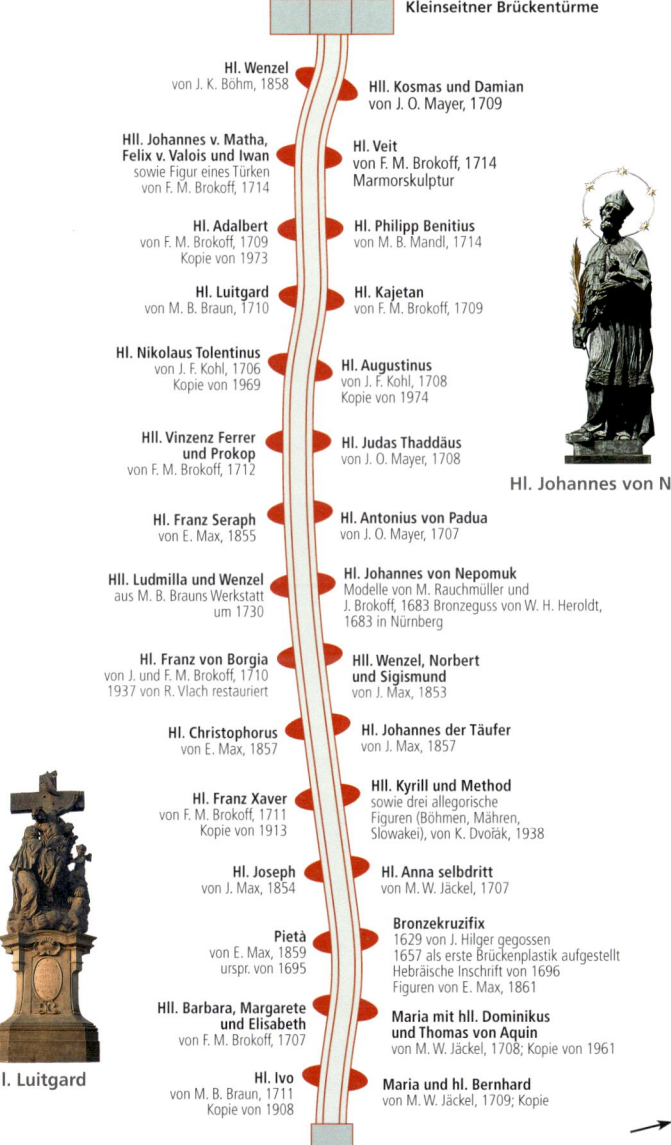

Kleinseitner Brückentürme

Hl. Wenzel
von J. K. Böhm, 1858

Hll. Kosmas und Damian
von J. O. Mayer, 1709

**Hll. Johannes v. Matha,
Felix v. Valois und Iwan**
sowie Figur eines Türken
von F. M. Brokoff, 1714

Hl. Veit
von F. M. Brokoff, 1714
Marmorskulptur

Hl. Adalbert
von F. M. Brokoff, 1709
Kopie von 1973

Hl. Philipp Benitius
von M. B. Mandl, 1714

Hl. Luitgard
von M. B. Braun, 1710

Hl. Kajetan
von F. M. Brokoff, 1709

Hl. Nikolaus Tolentinus
von J. F. Kohl, 1706
Kopie von 1969

Hl. Augustinus
von J. F. Kohl, 1708
Kopie von 1974

**Hll. Vinzenz Ferrer
und Prokop**
von F. M. Brokoff, 1712

Hl. Judas Thaddäus
von J. O. Mayer, 1708

Hl. Franz Seraph
von E. Max, 1855

Hl. Antonius von Padua
von J. O. Mayer, 1707

Hll. Ludmilla und Wenzel
aus M. B. Brauns Werkstatt
um 1730

Hl. Johannes von Nepomuk
Modelle von M. Rauchmüller und
J. Brokoff, 1683 Bronzeguss von W. H. Heroldt,
1683 in Nürnberg

Hl. Franz von Borgia
von J. und F. M. Brokoff, 1710
1937 von R. Vlach restauriert

**Hll. Wenzel, Norbert
und Sigismund**
von J. Max, 1853

Hl. Christophorus
von E. Max, 1857

Hl. Johannes der Täufer
von J. Max, 1857

Hl. Franz Xaver
von F. M. Brokoff, 1711
Kopie von 1913

Hll. Kyrill und Method
sowie drei allegorische
Figuren (Böhmen, Mähren,
Slowakei), von K. Dvořák, 1938

Hl. Joseph
von J. Max, 1854

Hl. Anna selbdritt
von M. W. Jäckel, 1707

Pietà
von E. Max, 1859
urspr. von 1695

Bronzekruzifix
1629 von J. Hilger gegossen
1657 als erste Brückenplastik aufgestellt
Hebräische Inschrift von 1696
Figuren von E. Max, 1861

**Hll. Barbara, Margarete
und Elisabeth**
von F. M. Brokoff, 1707

**Maria mit hll. Dominikus
und Thomas von Aquin**
von M. W. Jäckel, 1708; Kopie von 1961

Hl. Ivo
von M. B. Braun, 1711
Kopie von 1908

Maria und hl. Bernhard
von M. W. Jäckel, 1709; Kopie

Hl. Johannes von Nepomuk

Hl. Luitgard

Altstädter Brückenturm

→ N

©BAEDEKER

Von Ufer zu Ufer

*Auf ihrem 30 Kilometer langen Weg durch
das Stadtgebiet von Prag überqueren heute
15 Brücken die Moldau. Vier Jahrhunderte
lang gab es nur eine einzige, die Karlsbrücke,
bis das neue Verkehrsmittel Eisenbahn den Bau
einer neuen, den Erfordernissen angepassten
Brücke verlangte: das Negrelli-Viadukt entstand.*

Troja-Straßenbahnbrücke
Bj. 1977, 200 m

Holešovice-Eisenbahnbrücke
Bj. 1975, 187 m

Hlávka-Brücke
Bj. 1912, 400 m

Štefánik-Brücke
Bj. 1951, 263 m

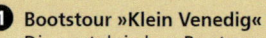 Abfahrtsstelle für Bootsfahrten

Die Insel Kampa
… entstand im 12. Jh., als man
einen Mühlbach anlegte. Hier verläuft die mit 27 m kürzeste Straße
Prags, die ul. Jiřího Červeného.

❶ **Bootstour »Klein Venedig«**
Die nostalgischen Boote aus Mahagoni
mit Messingbeschlägen pendeln von
der Altstadt zur Insel Kampa, zum
Teufelsbach Čertovka und retour.
Dabei sieht man die Karlsbrücke
auch von unten (Fahrpreis 145 Kč).

www.prazskebenatky.cz

Vyšehrad-Eisenbahnbrücke
Bj. 1901, 298 m

❷ **Ginger und Fred**
Dieses Bürogebäude bekam
seinen Spitznamen, weil sein
Aussehen an ein tanzendes
Pärchen (Ginger Rogers
und Fred Astaire) erinnert.

❸ **Vyšehrad**
Die erste Keimzelle Prags, der Sitz
der Fürstin Libussa, überragt das
rechte Ufer der Moldau. Die Kirche
St. Peter und Paul wurde
erst 1902 geweiht.

Barrandovský-Brücke
Bj. 1988, 350 m

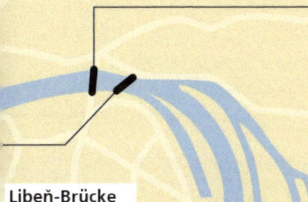

Brücke der Barrikadenkämpfer
Bj. 1928, 220 m

Die Brücke der Barrikadenkämpfer
… hieß ursprünglich Troja-Brücke nach dem Stadtteil, in den sie führt. Zum Gedenken an den Prager Mai-Aufstand von 1945 und die Kämpfer, die auf der Brücke eine Barrikade errichteten, erhielt sie ihren jetzigen Namen.

Libeň-Brücke
Bj. 1928, 400 m

Negrelli-Viadukt
Bj. 1850, 1110 m

Čech-Brücke

Die einzige in Tschechien erhaltene Jugendstilbrücke ist eine Nachbildung des Pont Alexandre in Paris.

Čech-Brücke
Bj. 1908, 170 m

Mánes-Brücke
Bj. 1914, 186 m

Die Karlsbrücke

Die »Karlův most« ist die älteste erhaltene Moldaubrücke und verbindet die Altstadt mit der Kleinseite.

Karlsbrücke
Baubeginn 1357, 516 m

Brücke der Legionen

Die »Herzader« über die Moldau verbindet die Kleinseite mit der Altstadt und bietet auch einen fabelhaften Blick auf die Karlsbrücke mit dem Hradschin im Hintergrund.

Brücke der Legionen
Bj. 1901, 360 m

Jirásek-Brücke
Bj. 1933, 310 m

Palacký-Brücke
Bj. 1878, 228 m

©BAEDEKER

▶ **Die Moldau (tschech.: Vltava)**

Quellflüsse	Warme Moldau (Böhmerwald), Kalte Moldau (Bayr. Wald)
Lauflänge	430 km
Talsperren	72
Schiffbarkeit	von Třebenice bis zur Mündung in die Elbe

Prag, ein Wintermärchen: hier auf der Karlsbrücke mit Skulpturen-schmuck und schönem Blick zum Altstädter Brückenturm

der Barmherzigkeit: Christus neigt sich vom Kreuz zur hl. Luitgard hinab und gestattet ihr, seine Wunden zu küssen. Die einzige in Bronze gegossene Statue zeigt den hl. Johannes von Nepomuk (in der Mitte der Brücke). Sie wurde nach Modellen von **Matthias Rauch-müller** und **Johann Brokoff** 1683 in Nürnberg gegossen. Zwischen dem sechsten und siebten Brückenpfeiler bezeichnet ein Relief die Stelle, an der der hl. Johannes von Nepomuk 1393 auf Befehl Wenzels IV. in die Moldau gestürzt wurde, weil er sich in einem kirchenrecht-lichen Streit gegen den König gestellt hatte. Er wurde 1729 heiligge-sprochen und gilt seither als der »Brückenheilige« des katholischen Europas. An der Kreuzigungsgruppe befindet sich eine Tafel mit he-bräischer Inschrift, deren Erstellung 1696 vom Landestribunal einem Juden wegen der Schmähung Christi als Strafe auferlegt wurde.

Altstädter Brückenturm

Der Altstädter Brückenturm (Staroměstská mostecká) bildet den öst-lichen Zugang zur Karlsbrücke und steht bereits auf dem ersten Brü-ckenpfeiler. Der Bau wurde 1357 begonnen und Anfang des 15. Jh.s unter König Wenzel IV. nach einem Entwurf des berühmten Baumeis-ters **Peter Parler** von der Dombauhütte beendet. Er gilt als einer der schönsten gotischen Türme Mitteleuropas. Der **Figurenschmuck** des Altstädter Brückenturms zählt zu den Meisterleistungen gotischer Bildhauerkunst in Böhmen (14. Jh.). Im 19. Jh. wurde der Turm von Josef Mocker restauriert und erhielt sein heutiges Dach; seine ur-sprünglich gotischen Malereien wurden von Peter Maixner renoviert.

Auf der Ostseite über dem Torbogen sind die Wappenzeichen aller von den Luxemburgern regierten Länder zu sehen, ferner die Königswappen Böhmens, das Wappen des römischen Kaisers und der königliche Eisvogel, Symbol von Wenzel IV. Die erste Etage zieren Statuen der thronenden Könige Karl IV. und Wenzel IV., in deren Mitte etwas erhöht die Figur des hl. Veit steht. Darüber zeigt ein Schild unter einem nichtheraldischen Löwen den St.-Wenzels-Adler. Zuoberst sieht man die böhmischen Schutzheiligen Adalbert und Sigismund.

❶ Jan. – April, Okt. – Dez. tgl. 10.00 – 19.00, Mai – Sept. bis 22.00 Uhr
Eintritt 75 Kč

Auf der Westseite mündet die Karlsbrücke in die beiden Kleinseitner Brückentürme, die durch einen Torbogen verbunden sind. Der niedrigere Turm (er stammt aus dem letzten Viertel des 12. Jh.s) gehörte einst zur Befestigung der ehemaligen Judithbrücke; 1591 bekam er seine Renaissancegiebel und einen Außenwandschmuck. Der höhere Turm wurde im Jahr 1464 auf Geheiß König Georgs von Podiebrad an der Stelle eines älteren romanischen Turms erbaut. Seine spätgotische Architektur ähnelt jener des gegenüberstehenden Altstädter Brückenturms, an dessen Bildhauerschmuck er anknüpft. **Kleinseitner Brückentürme**

Das schöne Renaissancehaus **»Zu den drei Straußen«** (U tří pštrosů) am Ende der Karlsbrücke auf der Kleinseite wurde 1597 erbaut; Reste alter Fassadenmalerei von Daniel Alexius von Květná (1606) sind noch erhalten. Das obere Stockwerk im frühbarocken Stil schuf der Baumeister **Cril Geer** (1657), die sehenswerten Balkendecken in den Gasthofsälen stammen aus dem 17. Jahrhundert. In dem Haus sind ein Hotel und ein inzwischen als eher mäßig eingestuftes Restaurant untergebracht.

❶ April – Okt. 10.00 – 18.00 Uhr, Eintritt 75 Kč

Karlsgasse (Karlova)

✷ E 4

Lage: Praha 1, Staré Město
Metro: Staroměstská, Můstek
Straßenbahn: 17, 18

Die Karlsgasse (Karlova) führt als ein Teilstück des historischen Krönungswegs vom ▶Altstädter Ring zur ▶Karlsbrücke. Eines der Prunkstücke der Gasse ist das Haus **»Zum goldenen Brunnen«** (Nr. 3). Dass hier ursprünglich ein romanischer Bau stand, belegen Mauerwerkreste im Untergeschoss. Die heutige Renaissancefassade ziert ein prächtiges barockes Stuckrelief von Johann Ulrich Mayer aus dem Jahr 1701, das die hll. Wenzel, Rochus, Sebastian, Ignatius von Loyola, Franciscus Xaverius und Rosalia darstellt. Im Erdgeschoss **Teil des Krönungswegs** lädt eine gemütliche Weinstube zur Einkehr. Ein hochmodernes Interieur und die älteste Prager Kaffeehausgeschichte kennzeichnen das hübsche Renaissancehaus **»Zur goldenen Schlange«** (Nr. 18). Hier wohnte einst der Armenier Deodatus Damajan, der in den Altstadtgassen Kaffee verkaufte und im Jahr 1714 auf der Kleinseite in seinem Haus das erste Prager Café eröffnete.

Im **Palais Pötting** (Nr. 8), an dessen Bauherrn ein Allianzwappen am Portal der Barockfassade erinnert, ist das Theater »Ta Fantastika« untergebracht. Im Haus Nr. 26 hat das Theater »Disk«, die Experimentierbühne des Staatlichen Konservatoriums, seine Heimstatt.

Das **erste Prager Kino** wurde ab 1907 von Viktor Ponrepo beziehungsweise Dismas Šlambor im Haus **»Zum blauen Hecht«** (Nr. 20) betrieben. Mehrere Läden an der Karlsgasse bieten böhmische Glaswaren, Klöppelarbeiten und anderes Kunsthandwerk an, während man in schönen Antiquariaten, etwa im **Palais Colloredo-Mansfeld** (Nr. 2) oder im Haus **»Zur steinernen Seejungfrau«** (Nr. 14), in seltenen Publikationen stöbern kann.

* Karlsplatz (Karlovo náměstí)

✦ E 5/6

Lage: Praha 1, Nové Město
Metro: Karlovo náměstí
Straßenbahn: 3, 4, 6, 14, 18, 22, 24

Der größte Prager Platz

Mit einer Länge von 530 m und einer Breite von 150 m ist der Karlsplatz der größte Prager Platz. Bis 1848 wurde hier der Viehmarkt abgehalten. Heute ähnelt der Platz mit seinen Grünanlagen und den Denkmälern tschechischer Wissenschaftler und Schriftsteller eher einem Park. Die Apotheke an der Südseite des Platzes wird allgemein als Fausthaus bezeichnet; an seiner Ostseite steht die Kirche St. Ignatius, an seiner Nordostecke erhebt sich der Turm des ehemaligen Neustädter Rathauses. In der in Richtung Moldau und zum ▶Tanzenden Haus führenden Resslova liegen noch zwei weitere sehenswerte Sakralbauten, St. Kyrill und Method und St. Wenzel am Zderaz.

FAUSTHAUS (FAUSTŮV DŮM)

Sagenhaftes Chemielabor

Das Fausthaus, ursprünglich ein Spätrenaissancepalais, erhielt 1606 bis 1617 während des Ausbaus der Befestigungsanlagen eine Eckbastion und wurde im 18. Jh. barock umgebaut. Unter Rudolf II. (1576 bis 1611) führte hier der englische Alchemist **Edward Kelley** Experimente zur **Goldherstellung** durch. Als im 18. Jh. mit Mladota von Solopysky (daher auch: Palais Mladota) ein weiterer Chemiker sein Laboratorium in diesem Haus einrichtete, entstand die Sage, Doktor Faust habe hier seine Seele dem Teufel verschrieben und sei durch die Labordecke in die Hölle entführt worden. Heute ist hier – in alter Tradition? – eine Apotheke untergebracht.

ST. IGNATIUS (KOSTEL SVATÉHO IGNÁCE)

Diesen barocken Sakralbau schuf der kaiserliche Baumeister **Carlo Lurago** zwischen 1665 und 1668 als Kirche des ehemaligen Jesuitenkollegs, in dem heute eine Klinikabteilung der ersten medizinischen Fakultät der Karlsuniversität untergebracht ist. Das prunkvolle Portal (1697 – 1699) mit einer am Vordergiebel aufgestellten Statue des hl. Ignatius im Strahlenkranz (1671) entwarf **Paul Ignaz Bayer**. Die anderen Statuen sind Werke von Tommaso Soldatti. Sehenswert ist vor allem das Innere der Saalkirche mit reicher Stuckatur und Heiligenfiguren von Soldatti. Der barocke Hochaltar aus Kunstmarmor (18. Jh.) zeigt die »Glorifizierung des hl. Ignatius von Loyola« (1688), eine Arbeit von **Johann Georg Heintsch**. Ihm verdankt die Kirche auch mehrere der bemerkenswerten Altarbilder. Von seinem Lehrer **Karel Škréta** stammt das Gemälde »Christus im Kerker«, von **Ignaz Raab** der »Hl. Liborius«. Die Kalvariengruppe unter dem Orgelchor schuf Johann Anton Quittainer.

Opulent ausgestattete Jesuitenkirche

Frühlingsgefühle: am Karlsplatz, mit Blick auf das Neustädter Rathaus

NEUSTÄDTER RATHAUS (NOVOMĚSTSKÁ RADNICE)

Erster Prager Fenstersturz

Der ursprünglich gotische Bau des Neustädter Rathauses an der Nordostecke des Karlsplatzes wurde um 1348 als Verwaltungszentrum für die Neustadt errichtet. Nach der Zusammenfassung von Hradschin, Kleinseite, Alt- und Neustadt zu einer Verwaltungseinheit und der gleichzeitigen Verlegung der Amtssitze in die Altstadt (1784) diente das ehemalige Neustädter Rathaus als Gefängnis, Gerichtsgebäude und Standesamt. Heute wird es für repräsentative und kulturelle Zwecke genutzt. Im ab 1452 errichteten, mehrmals umgebauten Eckturm befindet sich eine Kapelle. Anfang des 16. Jh.s wurde die zum Platz ausgerichtete Fassade im Stil der Renaissance umgestaltet. Im 19. Jh. kamen Elemente des Empire hinzu; 1906 wurde der ursprüngliche Renaissancestil rekonstruiert. In der Neustadt lebten früher überwiegend die armen Bevölkerungsschichten. Am 30. Juli 1419 kam es hier zum Ersten Prager Fenstersturz: Eine Volksmenge unter Führung des Predigers Jan Želivský stürmte das Neustädter Rathaus, befreite die gefangen gesetzten Hussiten und stürzte zwei katholische Ratsherren aus dem Fenster. Damit war das Signal für die Hussitenkriege gegeben.

❶ Di. – So. 10.00 – 18.00 Uhr, Eintritt für Besichtigung mit Turm 50 Kč

Tschechische Technische Hochschule

Der Neorenaissancebau der Tschechischen Technischen Hochschule (Nr. 14) entstand 1867 nach Entwürfen von V. I. Ullmann. Allegorien von Arbeit und Wissenschaft aus der Werkstatt von A. Popp flankieren das Portal, die Plastiken antiker Genien über den Fenstern der zweiten Etage schuf **Josef Václav Myslbek** 1879. In der vom Karlsplatz abzweigenden Resslova liegen die Kirchen St. Kyrill und Method (Svatého Cyrila a Metoděje) sowie schräg gegenüber St. Wenzel am Zderaz.

St. Kyrill und Method

Der ursprünglich dem hl. Karl Borromäus geweihte, um das Jahr 1740 von Kilian Ignaz Dientzenhofer vollendete Barockbau (Nr. 9) wurde 1935 zum Gotteshaus der griechisch-orthodoxen Kirche. Das Innere zieren Stuckaturen von Michael Ignaz Palliardi. In der Krypta hielten sich im Juni 1942 jene tschechischen Widerstandskämpfer verborgen, die das Attentat auf den »Stellvertretenden Reichsprotektor von Böhmen und Mähren«, Reinhard Heydrich, verübt hatten, worauf als grausame Vergeltung Massaker verübten (»Heydrechiade«), bei denen ganze Ortschaften ermordet wurden. So wurden am 10. Juni 1942 in Lidice und 14 Tage später in Ležáky nahezu alle männlichen Bewohner von der deutschen SS erschossen, die Frauen und Kinder getrennt in Konzentrationslager deportiert und das Dorf dem Erdboden gleichgemacht wurden. Keiner der Widerstandskämpfer überlebte den Verteidigungskampf in der Krypta (dort befindet sich heute eine an diese Ereignisse erinnernde **Nationale Gedenkstätte**).

❶ März – Okt. Di. – So. 10.00 – 17.00, Nov. – Feb. bis 16.00 Uhr, Eintritt 75 Kč

Schatzkammer Karls IV.: Die Grundsteinlegung der Burg Karlstein erfolgte im selben Jahr, 1348, wie die Gründung der Prager Neustadt.

Seit dem Jahr 1926 gehört St. Wenzel am Zderaz (Kostel svatého Václava na Zderaze) der Tschechischen Hussitischen Kirche. Die Kirche war ursprünglich Pfarrkirche der Gemeinde Zderaz, die später der Neustadt eingegliedert wurde. Der gotische Bau aus dem 14. Jh. weist noch Reste des romanischen Kirchenschiffs und Kirchturms auf. Im Chor sind Fragmente gotischer Wandmalereien (Stammbaum Christi) aus der Zeit um 1400 erhalten. In den Jahren 1586 und 1587 erhielt die zweischiffige Kirche von K. Mělnický ihr spätgotisches Sterngewölbe. Die Wandfresken der Legende des hl. Wenzel (18. Jh.) werden Josef Hager zugeschrieben.

St. Wenzel am Zderaz

** Burg Karlstein (Hrad Karlštejn)
✦ Ausflug

Lage: 40 km südwestlich von Prag
Führungen: März, Nov., Dez. Di.–So. 9.00–15.00, April und Okt. bis 16.00, Mai, Juni, Sept. bis 17.00, Juli, Aug. bis 18.00 Uhr,
Eintritt: 270 Kč (mit deutschsprachiger Führung), Fotopass 40 Kč
www.hradkarlstejn.cz

Nördlich oberhalb der kleinen Weinbaugemeinde Karlštejn (1200 Einw.) thront die mächtige Burg Karlstein (Hrad Karlštejn; früher Karlův Týn), die berühmteste der mittelalterlichen Burganlagen Böhmens. Vom Parkplatz vor der Ortschaft gelangt man zu Fuß nach ca. 2 km bergan zur terrassenförmig angelegten Festung, die auf einem von bewaldeten Hügeln umgebenen Kalksteinfelsen (319 m) am

Böhmens berühmteste mittelalterliche Burg

! *Burgführung mit Highlight*

Die Besichtigung der Haupt-
sehenswürdigkeit der Burg, der
Hl.-Kreuz-Kapelle, ist nur von Juli
bis November und nach Voran-
meldung möglich. Wer den Auf-
wand nicht scheut, sollte sich dies
jedoch nicht entgehen lassen.
Da die Anzahl der Besucher eingeschränkt ist, empfiehlt sich die
rechtzeitige Buchung schon von
Prag aus (Tel. 27 40 08 154, www.
hrad-karlstejn.com/de, die Besich-
tigungsrunde mit Hl.-Kreuz-
Kapelle kostet 300 Kč).

Hang eines Seitentals der Beraun (Berounka) aufragt. Die als Nationales Kulturdenkmal ausgewiesene und mit großer Sorgfalt erhaltene
Burg wurde in der relativ kurzen Zeit zwischen den Jahren 1348 bis
1357 unter der Regierung Kaiser Karls IV. als Schatzhaus für die
Kleinodien des Heiligen Römischen Reiches Deutscher Nation, die
böhmischen Kroninsignien, zahlreiche Reliquien und wichtige Staats-
dokumente erbaut. Die Entwürfe lieferte wahrscheinlich der französische Architekt **Matthias von Arras**. Durch die Hussitenstürme
1422 stark beschädigt, wenig später jedoch wieder instand gesetzt und
in der zweiten Hälfte des 16. Jh.s restauriert und teilweise umgebaut,
wurde die Festung von 1887 bis 1899 von Friedrich Schmidt und Josef
Mocker mit mancherlei Änderungen wiederhergestellt.

**Burg-
grafenhof**

Durch zwei etwa 100 m voneinander getrennt stehende Torgebäude
betritt man von Norden den Burggrafenhof (Purkrabský dvůr), den
Ausgangspunkt der Besichtigung, die nur mit Führung möglich ist.
Das vierstöckige **Haus des Burggrafen** (Purkrabství) liegt an der
Südseite des Hofs; es stammt zum Teil noch aus dem 15. Jahrhundert.

Brunnenturm

Am äußersten Westende der Burganlage befinden sich die ehemaligen Wirtschaftsgebäude und der große Brunnenturm (Studniční věž)
mit einem 90 m tiefen Brunnen und großem Schöpfrad.

Kaiserpalast

Vom Burggrafenhof gelangt man östlich durch ein großes Tor in den
schmalen eigentlichen Burghof (Hradní nádvoří). Rechts liegt der Kaiserpalast (Císařský palác), zu dessen erstem Stock ganz rechts eine
Treppe hinaufführt. Nach einem Vorraum gelangt man an den **Ver-
sammlungsort der Lehnsherren**. Der zweischiffige Saal hat eine von

vier Holzstützen getragene kassettierte Decke. Im zweiten Stock sind von den einstigen kaiserlichen Gemächern nur das Arbeitszimmer Karls IV., sein Schlafzimmer mit einem Altarbild von **Tommaso da Modena** und das Kaiserzimmer mit wertvollen Holztäfelungen erhalten. Das oberste, zunächst den Frauen vorbehaltene Fachwerkgeschoss wurde bei der Restaurierung durch einen hölzernen Wehrgang ersetzt. An die Ostecke des Kaiserpalasts grenzt die **Nikolauskapelle** an.

Gegenüber dem Kaiserpalast steht der Marienturm (Mariánská věž). **Marienturm**
Im zweiten Stock (Zugang über eine Treppe in der Mauer) befindet sich die **Kapitelkirche der hl. Maria**, deren Balkendecke bemalt ist und deren Wandmalereien z. T. noch aus dem 14. Jh. stammen; sie zeigen Themen aus der Apokalypse und Darstellungen Karls IV. In der Südwestecke des Marienturms liegt die überwölbte **Katharinenkapelle**, deren ursprüngliche Bemalung Karl IV. durch in die Wände eingelassene Halbedelsteinplatten ersetzen ließ. Über dem Eingang zeigt ein Gemälde Kaiser Karl IV. und seine Gemahlin Anna. In der Altarnische ist ein Madonnenbild im Original erhalten.

Auf der obersten Felsstufe des Burgareals erhebt sich der mächtige, **Großer Turm**
37 m hohe Große Turm (Velká věž), der mit dem Marienturm durch einen hölzernen Gang – hier befand sich früher eine Zugbrücke – verbunden ist. Die im zweiten Stock gelegene **Hl.-Kreuz-Kapelle** (Kaple svatého Kříže) wurde um 1360 geweiht. Ein vergoldetes Eisengitter trennt sie in zwei Teile. Ihr tief herabgezogenes Gewölbe ist

Burg Karlstein

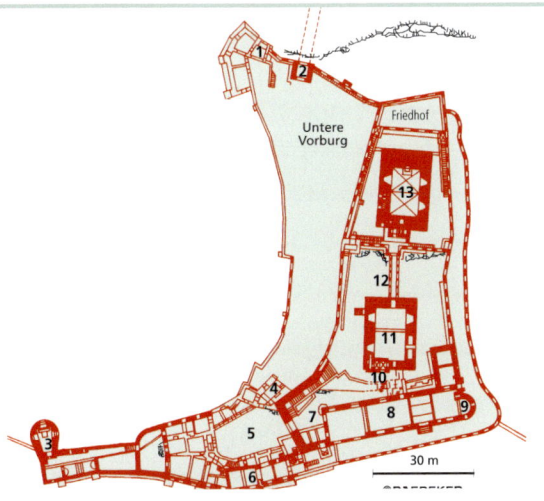

1 Erstes Tor (Ende 15. Jh.), heutiges Eingangstor

2 Altes Tor zur Burg

3 Brunnenturm

4 Zweites Tor (zum Burggrafenhof)

5 Burggrafenhof

6 Burggrafenhaus

7 Burghof

8 Kaiserpalast

9 Nikolauskapelle

10 Katharinenkapelle

11 Marienturm mit Kapitelkirche der hl. Maria

12 Hölzerner Gang

13 Großer Turm mit Kreuzkapelle

30 m

ganz vergoldet und mit Glassternen besetzt, sodass die Illusion eines Himmelsgewölbes entsteht. An den Wänden sind über dem Kerzengeländer (für 1330 Kerzen) mehr als 2200 in vergoldeten Gips eingelegte Halbedelsteine und 128 hölzerne Bildtafeln (1348 – 1367) des gotischen **Meisters Theoderich** angebracht, zum größten Teil in Kopie; sechs dieser Tafeln befinden sich heute im ▶Agneskloster. Die Tafeln dienten der Aufbewahrung von Reliquien. Vom Meister Theoderich stammen ebenfalls die Ausmalungen in den Laibungen der Fenster. In einer Nische hinter dem Altar wurden die deutschen Reichskleinodien (heute in der Schatzkammer der Wiener Hofburg) und später auch die böhmischen Kroninsignien (heute in der Kronkammer des St.-Veits-Doms auf dem ▶Hradschin) aufbewahrt. Jedes Jahr wird am 29. November, dem Todestag von Karl IV., am frühen Abend eine große feierliche Gedenkmesse in der Burg abgehalten.

✳ Kleinseitner Ring (Malostranské náměstí)
✛ D 4

Lage: Praha 1, Malá Strana
Metro: Malostranská
Straßenbahn: 12, 22, 23

Ehemaliger Marktflecken unterhalb der Burg

Der Kleinseitner Ring ist seit der Gründung der Kleinseite das Zentrum des Stadtlebens. Angefangen hat er als Marktflecken unterhalb der Prager Burg. Heute ist er durch die Bauten um die Kirche St. Niklas in zwei kleinere Plätze geteilt. So befinden sich hier beachtenswerte Bauten wie das Kleinseitner Rathaus und das spätbarocke Palais Kaiserstein an der Ostfront sowie das Rokokohaus »Zum steinernen Tisch« neben St. Niklas. Beide Plätze besaßen früher einen Brunnen. Den oberen ersetzte 1715 eine **Pestsäule** mit der Statuengruppe der Hl. Dreifaltigkeit und der böhmischen Landespatrone von Johann Ulrich Mayer und Ferdinand Geiger. Die Stelle des unteren nahm ab 1858 ein Denkmal des österreichischen Marschalls Radetzky ein, das heute im Lapidarium des Nationalmuseums im ▶Baumgarten zu sehen ist.

Palais Kaiserstein

Vorgängerbauten des Anfang der 1980er-Jahre rekonstruierten, nicht öffentlich zugänglichen Palais Kaiserstein (U Petzoldů, Nr. 23) waren zwei gotische Häuser aus dem 15. Jh., die 1630 zusammengeschlossen und 1700 von Helfried Kaiserstein umgestaltet wurden. Die Attika schmücken Allegorien der vier Jahreszeiten von Ottavio Mosto; das Kaiserstein'sche Wappen ist über dem mittleren Fenster des ersten Stockwerks zu sehen. Zu Beginn des 20. Jh.s bewohnte die Operndiva

Ema Destinnová (»Kittlová«, 1878 – 1930), Partnerin des legendären Tenors Enrico Caruso, die Räume des Palais, wo ein Destinnová-Zimmer an die Sopranistin erinnert.

Anspruchsvoll rekonstruiert worden ist das Haus Nr. 4 (U Zlatého hroznu) an der Ecke des Kleinseitner Ringes und der Karmelitská. Sein barockes Aussehen verdankt es einem in den Jahren 1707 bis 1710 vollzogenen Umbau. Es ist für die Öffentlichkeit zugänglich. **Zur goldenen Traube**

Einen imposanten Blickpunkt des oberen Platzes – im 17. Jh. Welscher Platz und seit 1847 auch Stephansplatz genannt – bildet das Palais Liechtenstein. 1591 kaufte Johann von Lobkovic fünf Bürgerhäuser auf, um sie zu einem Gebäude zusammenzufassen. 1621 wurde Karl von Liechtenstein sein Besitzer. Seine klassizistische Fassade erhielt der Bau 1791. Heute ist im Lichtenstejnsky Palác die Prager Musikakademie untergebracht. **Palais Liechtenstein**

KLEINSEITNER RATHAUS
(MALOSTRANSKÁ RADNICE)

Das ehemalige Kleinseitner Rathaus erhielt seine Funktion bereits Ende des 15. Jahrhunderts. 1660 wurde das Innere, im 19. Jh. das Äußere verändert. Hier fanden u. a. 1575 die wichtigen Verhandlungen um das **Toleranzedikt** der böhmischen Konfession statt. Sein jetziges Aussehen erhielt das Gebäude, in dem heute kulturelle Veranstaltungen stattfinden, während der Spätrenaissance (1617 bis **Ort wichtiger Verhandlungen**

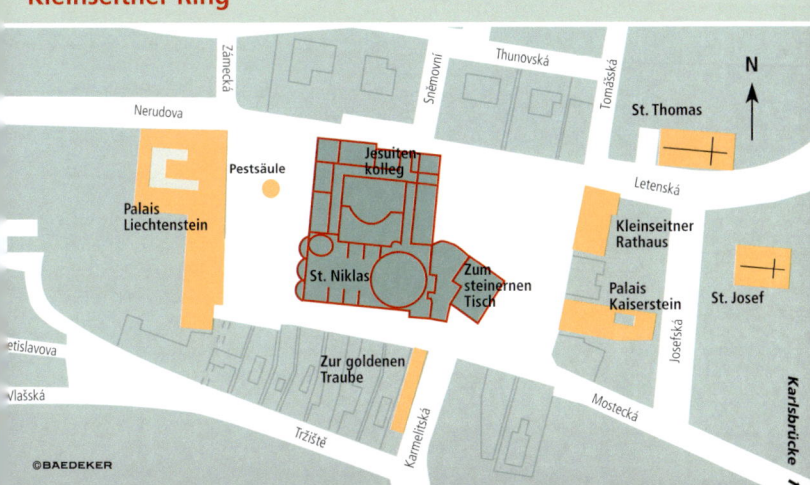

Kleinseitner Ring

1622). Das Portal mit dem kunstvollen **Stadtwappen** wurde 1660 hinzugefügt. Bei Bauarbeiten in den Kellergewölben des Rathauses wurden wertvolle Schriftstücke aus der Zeit vor 1600 entdeckt, u. a. das **»Kleinseitner Gesangbuch«** (1572), das heute in der Nationalbibliothek aufbewahrt wird.

✶✶ ST. NIKLAS (CHRÁM SVATÉHO MIKULÁŠE)

Ehemalige Jesuiten-kirche

Die ehemalige Jesuitenkirche wurde an der Stelle einer gotischen Kirche desselben Namens errichtet. Drei Generationen der besten Barockarchitekten Prags waren mit der Bauleitung beauftragt. Das mächtige Hauptschiff mit Seitenkapellen, Galerien und Gewölbe errichtete **Christoph Dientzenhofer** 1704 – 1711. Die 1710 vollendete zweigeschossige Fassade gilt als Hauptwerk des böhmischen Barock. Sie vermittelt den, für den Barock typischen Eindruck von Lebendigkeit und Dynamik. Das Wappen der Grafen von Kolowrat über dem Hauptportal sowie die Statuen der Kirchenväter auf der Balustrade stammen aus der Werkstatt von Johann Friedrich Kohl. Den Chor mit der 75 m hohen Kuppel baute **Kilian Ignaz Dientzenhofer** 1737 bis 1751. Den Bau der Kirche beendete **Anselmo Lurago** mit dem 79 m hohen Glockenturm (1756).

❶ Nov. – März 9.00 – 16.00, April – Okt. 9.00 – 17.00 Uhr, Eintritt 70 Kč, Konzerte 490 Kč

Innen-ausstattung

Das reich ausgestattete Innere der Kirche gilt als Musterbeispiel des Hochbarock. Es bezieht seine überwältigende Gesamtwirkung von dem farbigen Stuckmarmor und dem reichen Skulpturenschmuck sowie von den hervorragenden Fresken. Das große Deckenbild über dem Hauptschiff, 1760 – 1761 von **Johann Lukas Kracker** gemalt, zeigt Szenen aus dem Leben des hl. Nikolaus. Das Kuppelfresko stellt die Verherrlichung des Heiligen sowie das Weltgericht dar und stammt von **Franz Xaver Palko** (1752 – 1753), der zusammen mit Joseph Hager auch die Wandmalereien des Chors ausführte. Die Plastiken von Hauptschiff und Chor sowie die Figur des hl. Nikolaus auf dem Hauptaltar schuf **Ignaz Franz Platzer d. Ä.**; die gewaltige Orgel (1745) ist ein Werk von Thomas Schwarz.

Die aus Kunstmarmor mit Goldschmuck gefertigte Kanzel von Richard und Peter Prachner (1765) zieren Rokokodekor, Allegorien von Glaube, Liebe und Hoffnung sowie die Darstellung der »Enthauptung Johannes' des Täufers«. Die Seitenaltäre im Querschiff sind mit Gemälden von Johann Lukas Kracker ausgestattet, der »Heimsuchung der Jungfrau Maria« und dem »Tod des hl. Josef«, beide von 1760. Sehenswert sind auch die Altarbilder und Deckengemälde in den Seitenkapellen, u. a. von Ignaz Raab und Franz Xaver Palko. Das 150 m² große **Deckengemälde** von Kracker ist eines der größten

BAEDEKER TIPP

! *Big Brother is hearing you*

Der **Glockenturm der St.-Niklas-Kirche** diente während des Sozialismus als Horchposten der Geheimpolizei. Mit Peilsendern wurden die umliegenden Botschaften abgehört, mit Ferngläsern die Diplomatenfenster bespitzelt ... Die »Muschel« ist nun für den Aufstieg frei und bietet neben historischem Erschauern eine reizvolle Perspektive auf die Kleinstädter Dächer (April, Mai tgl. 10.00–18.00, Mai Fr., Sa. bis 22.00, Juni–Okt. bis 19.00, Dez. bis 17.00 Uhr).

seiner Art in Europa. Bei der Nikolausgestalt, auf die sich die Szenen des Deckenbildes beziehen, handelt es sich um den **Bischof von Myra in Kleinasien** (4. Jh.), der im Mittelalter als Schutzpatron der Stadtverwaltungen und als Hüter der Gerechtigkeit galt.

Der hl. Nikolaus, von Engeln umgeben, beherrscht das Geschehen, den Bischofsstab in der Linken haltend, die Rechte zum Segen erhoben. In einer anderen Szene wird dargestellt, wie ein Priester Fläschchen mit **wundertätigem Öl** verteilt, das der Heilige gespendet hat. Ferner sieht man den hl. Nikolaus einem Armen Geld geben, der aus Not seine Tochter verkaufen will.

Die Malerei auf der rechten Seite des Gewölbes nimmt Bezug auf eine kriegerische Auseinandersetzung im 14. Jh., bei der der hl. Nikolaus drei Römer durch seinen Einspruch vor der Hinrichtung bewahrte. Linker Hand wird durch eine Küstenlandschaft angedeutet, dass man den hl. Nikolaus auch als Beschützer der Seefahrer und Kaufleute verehrte. Küsten- und Hafenbilder wurden zu jener Zeit ganz besonders geschätzt. An der Nordseite der Kirche schließt der Kreuzgang des ehemaligen **Jesuitenklosters** (13./14. Jh.) an, der im 17. Jh. teilweise barock umgestaltet wurde.

ST. THOMAS (KOSTEL SVATÉHO TOMÁŠE)

An der nordöstlichen Platzseite, unmittelbar dort, wo die Letenská abzweigt, liegt St. Thomas. Die Kirche, deren gotischer Ursprung an den Stützpfeilern auf der Außenseite des Presbyteriums noch deutlich erkennbar ist, wurde im Jahr 1285 für den Orden der Augustiner-   **Gotischen Ursprungs**

Aus dem Leben des hl. Augustinus: Deckengemälde von St. Thomas

eremiten gegründet und zusammen mit dem anschließenden ehemaligen Augustinerkloster (jetzt Altersheim) und der Thomasbrauerei bis 1379 fertiggestellt. Die Umgestaltung im Stil des Hochbarock nahm **Kilian Ignaz Dientzenhofer** 1727 – 1731 vor. Über dem Renaissanceportal von **Campione de Bossi** (1617) stehen in einer Nische die Statuen des hl. Augustinus und des hl. Thomas, die **Hieronymus Kohl** 1684 schuf. Das reich ausgestattete Innere, das nicht zur Besichtigung zugänglich ist, zeigt Gemälde und Statuen berühmter böhmischer Künstler. **Wenzel Lorenz Reiner** malte 1730 das Deckengemälde im Hauptschiff mit Szenen aus dem Leben des hl. Augustinus. Ebenfalls von Reiner stammen die Bilder der Thomaslegende im Chorraum und in der Kuppel. **Karel Škréta** entwarf 1731 den Hauptaltar, dessen Heiligenfiguren von Johann Anton Quittainer, Ferdinand Maximilian Brokoff und Ignaz Müller gestaltet wurden. Weitere Arbeiten Karel Škrétas schmücken die Altäre von Querschiff (»Hl. Thomas«, 1671) und Chor (»Himmelfahrt der Jungfrau Maria«, 1644).

✴ Kreuzherrenplatz (Křižovnické náměstí)

 D/E 4

Lage: Praha 1, Staré Město, Křižovnické náměstí
Straßenbahn: 17, 18

Einer der schönsten Plätze Prags

Sieht man vom durchbrausenden Autoverkehr ab, so ist der Kreuzherrenplatz in seiner architektonischen Anlage **einer der schönsten Plätze** Prags. Angelegt wurde er im 16. Jh. am Brückenkopf der ►Karlsbrücke. Über ihn führte auch der traditionelle Krönungszug der

böhmischen Könige. An seiner Ostseite erhebt sich die Kirche St. Salvator, an seiner Nordseite die Kreuzherrenkirche St. Franziskus. Der
Militärorden der Kreuzherren mit dem Roten Stern hatte sich aus einer
krankenpflegenden Bruderschaft zur Zeit der Kreuzzüge entwickelt
und war vor allem in Schlesien, Böhmen und Mähren verbreitet.

An der Ostseite des Kreuzherrenplatzes steht die ursprünglich in das **St. Salvator**
▶Clementinum einbezogene Jesuitenkirche St. Salvator (Kostel svatého Salvátora). Sie entstand 1578 – 1601 im Stil der Renaissance.
1638 – 1659 fügten **Carlo Lurago** und **Francesco Caratti** den barocken Portalvorbau hinzu, für den **Johann Georg Bendl** die Vasen
und Heiligenstatuen lieferte (1659). Die Christusstatue auf dem Dreiecksgiebel wird von je zwei Evangelisten flankiert. Die Figuren auf
der Balustrade stellen die vier Kirchenväter, eingerahmt von zwei
Ordensheiligen, dar. In der zentralen Nische steht eine Madonnenfi-
gur. Die Türme wurden erst 1714 nach einem Entwurf von **František
Maximilian Kaňka** vollendet. Das Deckengemälde von **Karel Kovál**
zeigt die vier damals bekannten Erdteile (1748).
❶ Di. 18.30 – 20.30, Do. 19.30 – 22.00, So. 13.30 – 15.30 und
19.30 – 21.30 Uhr

Die barocke Kreuzherrenkirche (auch: St. Franziskus Seraphikus, Kos- **Kreuzherren-**
tel sv. Františka Serafinského) wurde 1679 bis 1689 nach Entwürfen **kirche**
von **Jean Baptiste Mathey** auf den Fundamenten einer frühgotischen Kirche erbaut, von der noch Reste im Untergrund vorhanden
sind. Die vom Kreuzherrenorden in Auftrag gegebene Kirche sollte der
vis-à-vis der Karlsbrücke gelegenen, gut 80 Jahre älteren Kirche St. Salvator eine mindestens ebenbürtige Architektur entgegensetzen. Dies
ist besonders durch die hohe Tambourkuppel, die bereits von weither
sichtbar ist, gelungen. Die Nischen in der Fassade im Stil der französischen Vorklassik sind mit Heiligenfiguren aus der Werkstatt von **Matthias Wenzel Jäckel** geschmückt. Die Engelsfiguren auf der Attika,
die heute durch Kopien ersetzt sind, stammen von Jäckel selbst. Die
Statuen der Muttergottes und des hl. Johannes von Nepomuk vor dem
Eingang von **Johann Anton Quittainer** weisen bereits Rokokomerkmale auf. Seitlich neben der Kirche befindet sich die **Winzersäule
Johann Georg Bendls** mit einer Statue des hl. Wenzel (1676). Im
reich ausgestatteten **Inneren** ist insbesondere das große Kuppelfresko
des Jüngsten Gerichts von **Wenzel Lorenz Reiner** (1722) hervorzuheben. Das Altargemälde von Johann Christoph Liška zeigt die Stig-
matisierung des hl. Franziskus, von demselben Künstler stammt auch
die Ausmalung der Kuppel mit Szenen von der Geburt Christi.

Zwischen der Kreuzherrenkirche und dem Altstädter Brückenturm **Denkmal**
(▶Karlsbrücke) steht ein gusseisernes Denkmal Karls IV., das 1848 **Karls IV.**
zum 500-jährigen Bestehen der Prager Universität enthüllt wurde.

* Kunstgewerbemuseum

✧ **E 4**

Lage: Praha 1, Staré Město, 17. listopadu 2
Metro: Staroměstská
Straßenbahn: 17, 18
❶ Mi. – So. 10.00 – 18.00, Di. bis 19.00 Uhr
Eintritt: 120 Kč
www.upm.cz

**Eine welt-
berühmte
Ausstellung**

Das Kunstgewerbemuseum (Uměleckoprůmyslové muzeum) am Westrand des Alten Jüdischen Friedhofs (▶Josefstadt) wurde 1884 gegründet und unter der Leitung des Architekten **Josef Schulz** 1897 bis 1901 im Stil der Neorenaissance errichtet. Es zeigt eine weltberühmte Glas-, Porzellan- und Keramiksammlung sowie Möbel (16. – 19. Jh.) und Goldschmiedearbeiten (15. – 19. Jh.). Weitere Ausstellungsgebiete sind Textilien, Messgeräte, Bucheinbände, Gebrauchsgrafiken, Kleinbronzen und Münzen in ihrer historischen Entwicklung (teilweise bis 700 n. Chr. zurückgehend). Gelegentlich finden auch Sonderausstellungen statt. Zu der (auch dem allgemeinen. Publikumsverkehr freigegebenen) Fachbibliothek (Kunstgeschichte, Kunsthandwerk) gehört eine Sammlung von Pergamenten aus dem 15. Jahrhundert.

* Laurenziberg (Petřín)

✧ **C/D 4/5**

Lage: Praha1, Malá Strana
Straßenbahn: 6, 9, 12, 22, 23
Standseilbahn: Lanovka

Grünanlage

Der 318 m hoch aufragende Laurenziberg (Petřín) bildet eine große Grünanlage, die zu erholsamen Spaziergängen einlädt. Vom 12. bis 19. Jh. wurde an den Hängen **des Hügels** Wein angebaut. Im Südteil entstand 1825 bis 1830 der **Kinskygarten** mit einem kleinen Lustschlösschen. Im Garten des Klosters ▶Strahov beginnt ein ca. 2 km langer **Aussichtsweg**, der über den Seminargarten bis zum Kinskygarten führt. Alternativ kann man mit der **Standseilbahn** von der Straße Újezd (Hohlweg) auf den Laurenziberg hinauffahren. Neben der Haltestelle wurde ein altes Winzerhaus 1984 und 1985 in die Gaststätte »Nebozízek« umgestaltet, die man nach dem bereits 1433 erwähnten Weinberg benannte. Dort oben eröffnet sich dem Besucher eine **einzigartige Aussicht** auf Prag. Auf dem Laurenziberg, einem östlichen Ausläufer des ▶Weißen Bergs, stehen der Prager Eiffelturm (Petřínwarte), St. Laurentius und die Volkssternwarte, daneben sind das Spiegellabyrinth und die »Hungermauer« zu sehen.

!

Prager Eiffelturm

Der 60 m hohe, eiserne **Aussichtsturm mit 299 Stufen** wurde anlässlich der Industrieausstellung in Prag 1891 nach dem Vorbild des Pariser Eiffelturms erbaut und diente bis 1990 als Fernmeldeturm. Von der oberen Galerie bietet sich ein herrlicher Blick auf die Stadt (April, Sept., Okt. tgl. 10.00 – 19.00, Mai – Aug. bis 22.00, Nov. – März Sa., So. 10.00 – 18.00, Dez. tgl. 10.00 – 18.00 Uhr).

Die ursprünglich romanische Kirche St. Laurentius (Kostel svatého Vavřince), 1135 erstmals erwähnt, wurde 1735 bis 1770 von **Ignaz Palliardi** im Barockstil als Kuppelbau mit zwei Türmen umgebaut. Auf dem Hauptaltar zeigt ein Gemälde von J. C. Monnos (1693) die Folterung des Heiligen. Die Legende um die Gründung der St.-Adalbert-Kirche an der Stelle einer heidnischen Kultstätte im Jahr 991 ist auf dem Deckenfresko (1735) der Sakristei dargestellt. Auf den deutschen Namen des Kirchenpatrons geht auch der Name Laurenziberg zurück. Seit 1994 ist die Kirche im Besitz der Altkatholiken.

St. Laurentius

In unmittelbarer Nähe der Laurentiuskirche steht ein Pavillon mit dem Diorama **»Kampf der Prager Studenten gegen die Schweden auf der Karlsbrücke im Jahr 1648«** von Karl und Adolf Liebscher und Vojtěch Bartoněk (1898). Daneben beherbergt eine hölzerne Miniaturkonstruktion des ehemaligen Karlstors am ▶Vyšehrad das Spiegellabyrinth (Bludiště), das zur selben Zeit wie der Aussichtsturm entstanden ist.

Spiegellabyrinth

❶ Jan. – März und Nov. Sa., So. 10.00 – 18.00, April, Sept., Okt. tgl. 10.00 – 19.00, Mai – Aug. tgl. 10.00 – 22.00, Dez. tgl. 10.00 – 18.00 Uhr

Im Sommer 1928 wurde der erste Teil der Volkssternwarte (Štefaniková hvězdárna) für die Öffentlichkeit zugänglich gemacht. Ebenso wie das Planetarium (▶Baumgarten) veranstaltet auch die Sternwarte eine Reihe astronomischer Programme. Regelmäßig finden Führungen, Ausstellungen und die populären **»astronomischen Mittwochabende«** statt sowie Lehrgänge über die Grundlagen von Astronomie und Raumfahrt, Schulkurse und geografische Vorträge. Zu den modernen Geräten der Sternwarte gehört u. a. ein **40-Zentimeter-Spiegelfernrohr** (von Carl Zeiss, Jena); bemerkenswert sind aber auch das älteste große Fernrohr (»König«) und das ursprünglich

Volkssternwarte

»Kometensucher« genannte Lichtfernrohr. Sterngucker haben hier außer am Montag allabendlich Gelegenheit, ihrem Hobby zu frönen.
❶ Über die von Monat zu Monat variierenden Öffnungszeiten informiert die Website der Volkssternwarte: www.observatory.cz

Hungermauer

Vom Gipfel des Laurenzibergs führt bis zum Hügelfuß hinunter die in den Jahren 1360 bis 1362 unter Karl IV. errichtete Stadtbefestigungsmauer. Der Herrscher ließ sie den Erzählungen nach von den Armen anlegen, denen sie somit als Broterwerb im Kampf gegen den Hunger diente. So ist wohl auch die Bezeichnung »Hungermauer« zustande gekommen.

Kinskyplatz

Unterhalb des Laurenzibergs liegt der Kinskyplatz (Náměstí Kinských), bis 1991 Platz der Sowjetischen Panzer (Náměstí sovětských tankistů). Er erhielt seinen Namen nach jenem Panzer Nr. 23, der hier als Monument an die Befreiung Prags durch die Panzertruppe General Dimitri Leljuschenkos am 9. Mai 1945 erinnern sollte. Auf Initiative des Bildhauers **David Černý** hatte man diesen Panzer 1991 symbolhaft mit rosa Farbe angestrichen, bevor man sich entschloss, ihn wieder zu entfernen.

Strahov-Stadion

Etwa 500 m südwestlich des Aussichtsturms befinden sich diverse Sportanlagen. Das älteste und größte ist das Strahovstadion (Velký strahovský stadion), das anlässlich des Sokol-Falke-Turnfestes im Jahr 1926 gebaut wurde. Während der kommunistischen Herrschaft wurde das Stadion mehrfach vergrößert, da es Schauplatz der Spartakiaden war – so nannte man die großen Sportveranstaltungen der früheren kommunistischen bzw. sozialistischen Länder, die der Talentsichtung dienten.

✳ Letnáanlagen (Letenské sady)

✧ D/E 3

Lage: Praha 6, Hradčany, Na baště sv. Tomáše, Praha 7, Holešovice, Kostelní
Straßenbahn: 1, 8, 12, 17, 18, 22, 26

Ausgedehnte Parkanlage

Nordöstlich vom ▶Hradschin erhebt sich über dem linken Moldauufer die Letnáhöhe (Sommerberg). Hier fand 1261 die Krönung von Ottokar II. statt. 1858 ging das Plateau an die Stadt über, die es in einen Park umwandeln ließ. Von der Svatopluk-Čech-Brücke führen Treppen zur Aussichtsplattform auf dem festungsartigen Sockel des 1962 abgetragenen Stalindenkmals (einst 30 m hoch und 14 000 t schwer). Die Stalinskulptur, einst die größte der Welt, hatte nur eine kurze Lebensdauer: Bereits ein Jahr nach seiner Einweihung verurteilte Chruschtschow Stalin, und das Riesenmonument wurde gesprengt. Heute steht an dieser Stelle ein gewaltiges Metronom von **Vratislav Novák** und es bietet sich ein weiter Blick auf Prag, den ▶Laurenziberg und den St.-Veits-Dom (▶Hradschin).

Seinen Namen erhielt der Pavillon (Hanavský pavilon) nach den Gießereien des Fürsten Hanau, in denen der eiserne Pavillon nach einem Entwurf von Z. E. Fiala für die Weltausstellung 1891 gefertigt wurde; 1898 kam er auf die Letnáhöhe, wo man ihn zu einem Aussichtsrestaurant umgestaltete.

**Hanau-
pavillon**

Der zweite Pavillon ist derjenige für die Brüsseler **Weltausstellung** von 1958. Der Pavillon der Tschechoslowakei wurde nach dem Ende der Expo an dieser Stelle wiederaufgebaut. Der prämierte Pavillon, in dem sich ein Restaurant befindet, bietet derzeit nicht viel mehr als eine schöne Aussicht auf die Altstadt.

**Tschechos-
lowakischer
Pavillon**

Loretoplatz (Loretánské náměstí)

✦ C 4

Lage: Praha 1, Hradčany, Loretánské náměstí
Straßenbahn: 22, 23

Durch die von alten Bürgerhäusern gesäumte ▶Loretogasse (Loretánska ulička) gelangt man vom ▶Hradschiner Platz vor der Prager Burg (▶Hradschin) zum Loretoplatz, der neben dem ▶Kreuzherrenplatz und einigen anderen Plätzen zu den eindrucksvollsten Orten Prags gerechnet werden kann. Die Südwestseite des Loretoplatzes bildet die 150 m lange, durch 30 Pilaster gegliederte Front des Palais Černín; an der Ostseite liegt der steil nach Norden abfallende Bezirk des Wallfahrtsziels Loreto.

Wallfahrtsziel

✶✶ LORETOHEILIGTUM

Das Prager Loretoheiligtum ist die bekannteste Loretowallfahrtsstätte Böhmens. Der Kult von Loreto – Teil der Marienverehrung – kam bereits im 15. Jh. aus Italien in die übrigen Länder Mitteleuropas. Er hat seinen Ursprung in der biblischen Erzählung vom Haus der Heiligen Familie in Nazareth, in dem der Jungfrau Maria vom Erzengel Gabriel die Geburt Jesu verkündet wurde. Die Legende aus dem

**Teil der
Marien-
verehrung**

13. Jh., nach der das Haus (Casa Santa) zum Schutz vor den Ungläubigen nach Italien transportiert worden ist, fand im Katholizismus des Barocks weite Verbreitung. Während der Gegenreformation hatte man nach dem Vorbild des mittelalterlichen Loretoheiligtums mit der Casa Santa etwa 50 derartige Wallfahrtsstätten in Böhmen errichtet, um den Katholizismus wieder »populär« zu machen.

❶ Di.–So. 9.00–12.15 und 13.00–16.30 Uhr, Eintritt 130 Kč
Fotopass 100 Kč, www.loreta.cz

Baugeschichte Unterschiedliche Baustile prägen das Loretoheiligtum. Die Casa Santa war bereits 1631 vollendet, der Kreuzgang von 1634 wurde nach 1740 um ein Stockwerk erhöht. Die nach 1721 datierte Fassade geht auf Entwürfe von **Christoph und Kilian Ignaz Dientzenhofer** zurück. Den Architekten war mit der Errichtung der Hauptfassade die Aufgabe zugefallen, den aus unterschiedlichen Epochen stammenden Gebäudekomplexen eine einheitliche Schaufront zu geben, die gleichzeitig dem gegenüberliegenden Palais Černín in seiner Monumentalität eine adäquate Architektur entgegensetzte. Auftraggeber der Fassade waren Philipp Fürst Lobkowitz, Herzog von Sagan, und seine Gemahlin Eleonore Carolina, deren Allianzwappen von **Johann Friedrich Kohl** über dem Hauptportal eingesetzt ist. Der Bildhauer schuf 1721 zudem die Statuengruppe des hl. Felix von Cantalice, des hl. Nepomuk und wahrscheinlich auch die der hll. Franziskus und Antonius über dem Hauptportal. Für den etwas älteren, frühbarocken Glockenturm, der die Fassade dominiert, richtete der Prager Uhrmacher P. Naumann 1694 ein **Glockenspiel** mit 27 Glocken (Gesamtgewicht rund 1540 kg) ein, das der wohlhabende Kaufmann Eberhard von Glauchau 1694 bei dem Amsterdamer Glocken- und Geschützrohrgießer Claude Fremy erworben hatte. Im Sommer erklingt darauf stündlich das tschechische Marienlied »Tisíckrát pozdravujeme Tebe« (»Tausendmal grüßen wir dich, Maria«).

Casa Santa In der Mitte des durch Arkaden aufgestockten Kreuzgangs steht die Casa Santa, das bauliche und geistige Zentrum des Wallfahrtsortes, eine Gründung der Gräfin Benigna Katharina von Lobkowitz (1626). Baumeister der Kapelle war **Giovanni Battista Orsi** aus Como, der sie 1631 vollendete. Die ursprüngliche Bemalung der Fassade wurde ab 1664 durch Skulpturen und Stuckreliefs, nach italienischem Vorbild mit Szenen aus dem Leben Mariä, alttestamentlicher Propheten und heidnische Sibyllen ersetzt (G. Agosto, G. B. Colombo und Giovanni Battista Cometa; 1664). An der Ostwand der Kapelle ist die Legende der Casa Santa dargestellt. Das Innere der Kapelle schmücken Bilderzyklen aus dem Leben Mariä, die 1695 von dem Kleinseitner Maler František Kunz geschaffen wurden, ein silberner Altar und eine aus Lindenholz geschnitzte Madonna. Ihren Rahmen bildet ein Silberkranz aus geflügelten Engeln, der dem Prager Goldschmied

Markus Hrbek zugeschrieben wird. Das Gesamtgewicht des Silberschmucks der Casa Santa beträgt über 50 Kilogramm.

Brunnen
Im Hof zu beiden Seiten der Casa Santa stehen zwei Brunnen von Johann Michael Brüderle (1739 – 1740). Richard J. Prachner hat sie nach dessen Tod vollendet, heute sind sie durch Kopien ersetzt. Sie stellen einerseits die Himmelfahrt Mariä, andererseits die Auferstehung Christi dar.

Kreuzgang
Das Erdgeschoss des 1634 begonnenen Kreuzgangs ist mit Gewölbefresken von Felix Anton Scheffler aus dem Jahr 1750 versehen (1882 restauriert). Sie zeigen symbolische Darstellungen der Lauretanischen Litanei. An den Wänden der Arkaden stehen mehrere Altäre mit Heiligenbildern unbekannter Künstler der ausgehenden Barockzeit.

Schatz-kammer
Die Schatzkammer des Loretoheiligtums befindet sich im oberen Umgang des Kreuzgangs im Westflügel. Hier sind neben Messgewändern und liturgischen Gegenständen wertvolle Monstranzen aus dem 16. bis 18. Jh. zu sehen, darunter die Kleine Perlenmonstranz, die außer Perlen noch 266 Diamanten und ein Rubin zieren (1680), die aus vergoldetem Silber 1748 gefertigte Ringmonstranz (492 Diamanten, 186 Rubine, ein Saphir, 24 Perlen sowie Smaragde, Amethyste und Almandine) und die berühmte strahlenförmige Diamantenmonstranz (über 6200 Diamanten aus dem Nachlass der Ludmilla Eva Franziska Kolowrat), die 1699 in Wien von den Hofjuwelieren Matthias Stegner und Johann Künischbauer angefertigt worden ist.

Kapellen
Insgesamt sieben Kapellen säumen den Kreuzgang. Beachtenswert sind die Kapelle des hl. Franz Seraph (1717) und die Antonius-von-Padua-Kapelle (1710 – 1712), beide von **Christoph Dientzenhofer**.

Die Casa Santa im Prager Loretoheiligtum ist eine Nachbildung der Santa Casa di Loreto – der Legende nach das Haus der Jungfrau Maria.

!

Aus der Neuen Welt

Nördlich vom Loretoheiligtum führt ein Weg zur erst im 16. Jh. entstandenen, pittoresk verwinkelten »Neuen Welt« (Nový Svět). Heute wird dieser eine ganz eigene Poesie ausstrahlende Teil der Hradschinvorstadt zunehmend von Künstlern und Studenten bewohnt. Das Haus »Zum goldenen Horn« gehörte um 1600 dem Astronomen Johannes Kepler.

Erstere besitzt einen Hauptaltar von **Matthias Wenzel Jäckel** mit einem Heiligenbild aus der Werkstatt des großen Prager Barockmalers Peter Johann Brandl. An der Antonius-von-Padua-Kapelle war Jäckel als Bildhauer maßgeblich beteiligt. Er lieferte den Altar, für den Sebastian Zeiler die Gemälde schuf. An der Ostseite des Loretoheiligtums steht in der Mitte des Kreuzgangs die Kirche Christi Geburt (Kostel Narození Páně). Sie wurde 1717 von Christoph Dientzenhofer begonnen, danach von seinem Sohn Kilian Ignaz weitergeführt und 1735 von Georg Aichbauer vollendet. Den hellen Kirchenraum beherrscht der Hochaltar mit einem Altarblatt (»Geburt Christi«) von **Johann Georg Heintsch**. Das in zarten Farbtönen gehaltene Deckengemälde »Christus im Tempel« (1735 – 1736) von **Wenzel Lorenz Reiner** lässt den Einfluss des venezianischen Illusionismus auf den Künstler spüren. Die Deckenfresken »Anbetung der Hirten« und »Anbetung der Könige« (1742) lieferte Johann Adam Schöpf, der 1740 bis 1741 der Prager Malerzunft vorstand.

PALAIS ČERNÍN (ČERNÍNSKÝ PALÁC)

Palais »à
l'italiana«

Das monumentale Palais Černín liegt an der Südwestecke des Loretoplatzes. Seine 150 m lange Front mit hohem Diamantquadersockel und 29 Kolossalsäulen wurde 1669 nach dem Vorbild der palladianischen Architektur von Graf Humprecht Johann Černín von Chudenice in Auftrag gegeben, der kaiserlicher Botschafter in Venedig war. Sein Sohn, Hermann Černín, ließ den Bau 1697 vollenden. An den Bau- und Steinmetzarbeiten waren durchweg italienische Künstler beteiligt, allen voran **Francesco Caratti**.

Umgestaltung

Nach 1720 gestaltete **František Maximilian Kaňka** den Palast um. Aus derselben Zeit stammen die nördlich anschließende französische

Gartenanlage und der prachtvolle Treppenaufgang mit einem De-ckenfresko (»Sturz der Titanen«, 1718) von **Wenzel Lorenz Reiner**. Während der französischen Okkupation Prags 1741/1742 erlitt das Gebäude schwere Schäden, die von **Anselmo Lurago** 1744 – 1749 behoben wurden. Hinzu kamen drei neue Frontportale und der Ro-kokoumbau der Orangerie im Garten. Mitte des 18. Jh.s schuf auch **Ignaz Franz Platzer** mehrere Plastiken für den Palast. 1851 wurde das Gebäude schließlich zur Kaserne umfunktioniert; Anfang der 1930er-Jahre erfolgte die Rekonstruktion. Dann wurde das Palais zum Sitz des Außenministeriums, und so mancher Prager erinnert sich noch an eine Anekdote, die über dieses Ministerium im Sozia-lismus kursierte: Auf die die Frage »Wie viele Leute arbeiten eigent-lich in diesem riesigen Kasten?« lautete die Antwort: »Die Hälfte!«

In einfachen Linien, wie es bei den Bauten der Kapuziner üblich war, bildet dieses erste böhmische Kapuzinerkloster (Kapucínský klášter, 1600 – 1602) die nördliche Front des Loretoplatzes, die auf einem niedrigeren Niveau liegt. Ein hängender, gedeckter Gang verbindet das Gebäude mit dem Loretokloster gegenüber. An das Kloster schließt die schlichte Marienkirche an, die mit 14 gotischen Tafelbildern unbekannten Ursprungs geschmückt wurde (heute in der Nationalgalerie).

Kapuziner-kloster

Loretogasse (Loretánská ulička)

✧ **C 4**

Lage: Praha 1, Hradčany
Straßenbahn: 22, 23

Auf der Kleinseite verläuft zwischen dem ▶Hradschiner Platz vor der Prager Burg und dem ▶Loretoplatz die Loretogasse (Loretánská ulička) in ostwestlicher Richtung. Historisch von Interesse ist hier das Wohnhaus Nr. 1, bis 1784 Rathaus von Hradčany, das Anfang des 17. Jh.s von K. Oemichen von Oberheim erbaut wurde, nachdem das Viertel Hradčany 1598 zur königlichen Stadt avanciert war. Zeugen dieser glanzvollen Epoche sind sowohl die Reste des Kaiserwappens an der Sgrafittofassade wie auch das Wappen des Stadtviertels Hradčany über dem Portal.

Wohnhaus Nr. 1

Besondere Erwähnung verdient auch das Palais Hrzán (Nr. 9), ur-sprünglich ein gotisches Haus im Besitz des Baumeisters Peter Parler. Mitte des 16. Jh.s wurde das Gebäude im Stil der Renaissance umge-baut, Ende des 18. Jh.s erhielt es seine spätbarocke Fassade. Zu Be-

Palais Hrzán

ginn des 20. Jh.s war hier die Malerschule von Ferdinand Engelmüller (1867–1924) untergebracht, an den im Hof eine Büste erinnert. Mitte der 1950er-Jahre erfolgte eine letzte Umgestaltung des Palais, das heute staatliche Repräsentationszwecke erfüllt.

Mánes-Ausstellungssaal

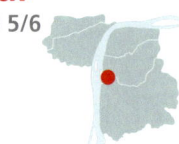 D 5/6

Lage: Praha 1, Nové Město, Masarykovo nábřeží
Metro: Karlovo náměstí
Straßenbahn: 17, 21
❶ Di.–So. 10.00–18.00 Uhr
Eintritt: 150 Kč
www.ncvu.cz

Schlicht statt ornamental

Der Mánes-Ausstellungssaal (Nr. 20) wurde zwischen 1923 und 1930 im Stil des Konstruktivismus nach Entwürfen von **Otakar Novotný** für den 1898 gegründeten Künstlerverband Mánes an der Stelle der ehemaligen Šítkamühlen errichtet. Der strenge Funktionalismus des Gebäudes hebt sich stark von den umliegenden Häusern des Jugendstils und des Klassizismus sowie vom nebenstehenden Wasserturm ab. So kompromisslos modern wie die Architektur zu ihrer Zeit war auch die Rolle des Mánes-Künstlerverbands: entscheidend bei der Öffnung der tschechischen Kunst für die Moderne. Heute werden in dem Gebäude Wechselausstellungen mit zeitgenössischer Kunst gezeigt.

Renaissanceturm

Neben dem Mánes-Ausstellungssaal erhebt sich ein aus dem 15. Jh. stammender, mehrmals durch Brände und Bombardierung in Mitleidenschaft gezogener und restaurierter Renaissanceturm (Šítkovská věž), der sich in schönem Kontrast von dem modernen Bau abhebt. Das Barockdach wurde Ende des 18. Jh.s aufgesetzt. Dieser Wasserturm ist nach dem Mühlenbesitzer Jan Šítka (geb. 1451) benannt; seit Ende des 15. Jh.s versorgte er die Brunnen der oberen Neustadt mit Wasser.

Sophieninsel

Die Sophieninsel (Žofín ostrov), auch Slawische Insel (Slovanský ostrov) genannt, entstand im 18. Jh. durch Anschwemmung. Seit den dreißiger Jahren des 19. Jh.s entwickelte sich die Insel zum Zentrum des Prager politischen und gesellschaftlichen Lebens. Hier fanden Konzerte, Bälle und Kongresse statt, Letztere insbesondere im Revolutionsjahr 1848. Berühmte Komponisten wie Hector Berlioz und Franz von Liszt führten hier ihre Werke auf. Das restaurierte Neorenaissancegebäude auf der Insel entstand im Jahr 1884. Nachdem im selben Jahr das Rudolfinum eingeweiht wurde und gut 25 Jahre später das Repräsentationshaus fertiggestellt war, wurden diese beiden Gebäude immer mehr zum kulturellen Mittelpunkt.

Mariä Himmelfahrt und Karl der Große

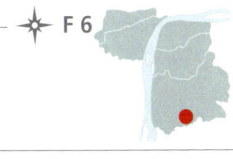

✳ F 6

Lage: Praha 1, Nové Město, Ke Karlovu 1
Metro: Vyšehrad, I. P. Pavlova
Straßenbahn: 6, 11
❶ So., Fei. 14.00 – 16.30 Uhr

Die Kirche Mariä Himmelfahrt und Karl der Große (Kostel Nanebev-zetí Panny Marie a Karla Velikého) befindet sich in der Ke Karlovu, südlich vom Dvořákmuseum in der ▶Villa Amerika. 1358 ließ Karl IV. diese Kirche – nach dem Vorbild der Aachener Pfalzkapelle mit acht-eckigem Grundriss – erbauen. Als sie 1377 der Himmelfahrt Mariä und Kaiser Karl dem Großen geweiht wurde, war erst eine provisorische Decke fertiggestellt. **Bonifaz Wohlmut** vollendete 1575 das Sternrip-pengewölbe des Kirchenschiffs, das zu den glänzendsten Prager Bau-leistungen zählt. Hieran knüpft die Sage von dem Baumeister, der seine Seele dem Teufel verschrieb, um sein Werk zu Ende führen zu können. Ab 1720 erneuerte **Kilian Ignaz Dientzenhofer** den Sakralbau. Die Nutzung der ehemaligen Klosterkirche als Wallfahrtsstätte ab dem frühen 18. Jh. und die gleichzeitige Einrichtung mehrerer Kapellen ließen den gotischen Charakter des Baus gänzlich in den Hinter-grund treten. Auch die Barockkuppeln wurden erst später aufgesetzt.

Oktogon nach Aache-ner Vorbild

Marienplatz (Mariánské náměstí)

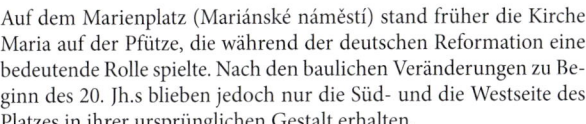

✳ E 4

Lage: Praha 1, Staré Město
Metro: Staroměstská

Auf dem Marienplatz (Mariánské náměstí) stand früher die Kirche Maria auf der Pfütze, die während der deutschen Reformation eine bedeutende Rolle spielte. Nach den baulichen Veränderungen zu Be-ginn des 20. Jh.s blieben jedoch nur die Süd- und die Westseite des Platzes in ihrer ursprünglichen Gestalt erhalten.

Wichtiger Ort der Reformation

BLAUES ZIMMER

Das kleinste Museum der Stadt ist dem Prager »Mr. Ragtime« gewid-met: Berühmt wurde **Jaroslav Ježek** (1906 – 1942) durch den legen-

»Mr. Ragtime«

dä[ren »Bugatti Step«, einer unverwüstlichen Up-Tempo-Nummer für
Piano und Jazzorchester, das bis heute jedes Tanzbein zum Wippen
bringt. Ježeks Arbeitszimmer mit Klavier ist im Stil des Funktionalismus der 1930er-Jahre eingerichtet und – da in einer Privatwohnung
untergebracht – nur dienstags von 13.00 bis 18.00 Uhr zu besichtigen.
❶ Kaprova 10/Ecke Marienplatz, www.nm.cz, Eintritt 10 Kč

PALAIS CLAM-GALLAS (CLAM-GALLASŮV PALÁC)

Stadtarchiv Im ehemaligen Palais Clam-Gallas (Eingang durch die vom Marienplatz nach Süden führende Straße Husova třída) ist heute das Stadtarchiv untergebracht. Das prachtvolle Barockpalais entstand 1707
nach Plänen des Wiener Architekten **Johann Bernhard Fischer von
Erlach**, Auftraggeber war Johann Wenzel Graf Gallas. Steinerne Giganten hüten das Tor an der Husgasse (Husova ulice), die die zum
Prager »Königsweg« gehörende ▶Karlsgasse kreuzt.
Bei der Renovierung des Palais Ende der 1980er-Jahre wurde überra-
schenderweise festgestellt, dass die Köpfe der 3 m hohen Figuren zu
Beginn des 20. Jh.s durch Kopien ersetzt worden waren. Die Portal-
giganten, die Attikafiguren und die Statue auf dem Brunnen im ersten
Hof schuf **Matthias Bernhard Braun**.
Das Treppenhaus gestaltete Carlo Carlone 1727 bis 1730 mit Fresken
aus. Von ihm stammen auch die Deckengemälde in zwei Sälen des
zweiten Obergeschosses (»Olymp«, »Krönung der Kunst und Wissenschaft«) und in der Bibliothek (»Luna,
Helios und die Sterne«).

**Beeindruckend: das Treppenhaus des in ba-
rocker Pracht errichteten Palais Clam-Gallas**

An der Südostecke des Platzes befindet sich an der Mauer des Clam-Gal-
las-Hofs die Brunnenfigur »Moldau«
von Václav Prachner (1812). An der
Westseite des Marienplatzes erhebt
sich der weitläufige Gebäudekomplex des ehemaligen Jesuitenkollegs
▶Clementinum.
An der Ostseite des Marienplatzes
steht das in den Jahren 1909 bis 1912
im Spätjugendstil erbaute **Neue Rathaus** (Nová radnice), in dem sich
seit 1945 die Kanzlei des Primators
(Bürgermeisters) von Prag, der große
Sitzungssaal und Büroräume der
Stadtverwaltung befinden.
Die beiden Statuen an den äußeren
Enden der Fassade von Ladislav Šaloun stellen den Eisernen Ritter so-

wie den Hohen Rabbi Löw dar (►Josefstadt). Das allegorische Relief am Eingang des Rathauses stammt wie die Figuren »Revision« und »Buchhaltung« von Stanislav Sucharda, die Gruppen »Bescheidenheit«, »Kraft« und »Ausdauer« auf dem Balkon entwarf J. Maŕatka.

❶ Di.–So. 10.00–18.00 Uhr, Eintritt für Opera Barocca 550 Kč

Messepalast (Veletržní palác)

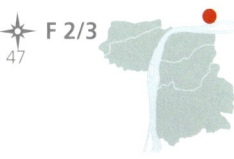

──────────────────────── ✳ F 2/3

Lage: Praha 7, Holešovice, Dukelských Hrdinů 47
Straßenbahn: 5, 12, 17
❶ Di.–So. 10.00–18.00 Uhr
Eintritt: 190 Kč
www.ngprague.cz

Erbaut wurde der riesige Palast mit seinen acht Geschossen und einer Nutzfläche von rund 40 000 m² schon 1924 bis 1928 von den Architekten **Oldrich Tyl** und **Josef Fuchs**. Das Gebäude entstand im Rahmen eines geplanten Messekomplexes, dem weitere Bauten folgen sollten. Obwohl es bei dem einen Gebäude blieb, stellte der funktionalistische Bau einen Superlativ seiner Zeit dar.

Funktionalistischer Superlativ seiner Zeit

Le Corbusier fand 1928 bewundernde Worte für den Messepalast, dessen Ausstellungsetagen sich um eine riesige Industriehalle mit Glasdach ziehen. Besonders beeindruckend ist die »Kleine Halle« – immerhin siebenstöckig mit offener Galerie und ebenfalls verglastem Dach. Seit Beginn der 1950er-Jahre diente der Messepalast als Verwaltungsgebäude. Nachdem der Bau in den 1970er-Jahren ausgebrannt war, entschloss man sich zur Rekonstruktion, um große Teile der Kunstsammlungen der ►Nationalgalerie hier unterzubringen.

Präsentiert wird im Messepalast **Kunst des 20. und 21. Jahrhunderts**. Die Ausstellung ist breit angelegt: Neben der Malerei liefern verschiedene architektonische und filmische Zeugnisse sowie Designobjekte ein Bild des geistigen und kulturellen Schaffens dieser Zeit.

Ein Großteil der Ausstellung entfällt auf tschechische Malerei und Bildhauerkunst, die mit Werken von Alfons Maria Mucha, Josef Šíma, František Kupka, Emil Filla, Jindřich Štýrský, Stanislav Kolíbal,

Kubistische Möbelentwürfe

Nicht versäumen

- František Kupka: »Fuge in Blau und Rot«, Vertreter der »Prager Wilden« (3. Stock)
- Jan Zrzavý: »Kleopatra II«, der »Picasso von Prag« (3. Stock)
- Pablo Picasso: »Violine, Weingläser, Pfeife und Anker« (1912), erstes Bild im Stil des Kubismus (3. Stock)
- Josef Svoboda, Szenograf und Bühnendesigner, Oscar für »Amadeus« (2. Stock)
- František Drtikol, Avantgarde in der Fotografie der 1920er-Jahre (2. Stock)
- Gustav Klimt: »Jungfrau« in Gold (1. Stock)
- »Trpaslik«: Prags größter Zwerg, fast 3 m, im Internetcafé (Erdgeschoss)

Otto Gutfreund, Vincenc Makovský, Hana Wichterlová u. a. vertreten sind. Aber auch die französische Kunst wird in einzigartiger Weise gewürdigt: Die im Messepalast ausgestellte Sammlung ist eine der umfangreichsten der Welt. Sie wurde teilweise bereits 1923 vom tschechoslowakischen Staat nach einer Ausstellung des Künstlerverbandes Mánes erworben.

Neunzehn Bilder von **Picasso** und viele impressionistische Werke bilden den Schwerpunkt, darunter Bilder von Renoir, Gauguin, van Gogh, Pissarro, Monet, Cézanne, Rousseau, Matisse und Sisley. Mehrere Plastiken von Auguste Rodin sind ebenfalls im Besitz der Nationalgalerie. Viele weitere herausragende Skulpturen sowie Gemälde von Kokoschka, Klimt, Schiele, Klee, de Chirico, Miró, Munch u. a. bereichern das Museum.

Im zweiten Stock des Messepalasts ist die **Sammlung Lidice** mit Arbeiten von 52 deutschen Künstlern ausgestellt. 1967 organisierte der damalige Berliner Galerist René Block die Ausstellung »Hommage à Lidice« für das geplante dortige Museum. Block brachte die von namhaften Künstlern wie Joseph Beuys, Dieter Roth, Wolf Vostell u. a. gestifteten Kunstwerke im Juli 1968 nach Prag, wo sie in einer Galerie gezeigt wurden. Nach den Wirren des Einmarschs der Truppen des Warschauer Pakts galten sie 30 Jahre lang als verschollen. Im Frühjahr

1997 wiederentdeckt, wurden sie, auch auf Initiative von Block, durch die Arbeiten von 31 Künstlern der jüngeren Generation ergänzt. Beide Sammelblöcke werden nun hier gezeigt, da das geplante Museum in Lidice aus finanziellen Gründen auf seine Fertigstellung warten muss.

Mucha-Museum (Muchově muzeu)

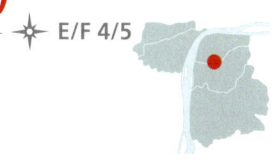 E/F 4/5

Lage: Praha 1, Nové Město, Panská 7
Metro: Můstek
Straßenbahn: 3, 9, 14, 24
🕐 tgl. 10.00 – 18.00 Uhr
Eintritt: 180 Kč
www.mucha.cz

Das kleine Museum befindet sich im **Palais Kaunitz** (Kaunický palác) in der Panská 7, einer Parallelstraße zum ▶Wenzelsplatz. Der Name des Jugendstilkünstlers (1860 – 1939) ist untrennbar mit der Stadt verbunden, auch wenn er im südmährischen Ivančice geboren wurde. Nachdem Mucha von der Prager Kunstakademie abgewiesen wurde, arbeitete er zunächst als Maler von Theaterdekorationen in Wien, ehe er in München und Paris Kunst studierte. Quasi über Nacht gelang ihm 1894 in der Stadt an der Seine der Durchbruch, als er ein Plakat für die Schauspielerin **Sarah Bernhardt** gestaltete, das »la divina« (»die Göttliche«) so begeisterte, dass sie ihn für sechs Jahre unter Vertrag nahm. Danach machte Mucha mit seinen Arbeiten für die Pariser Weltausstellung im Jahr 1900 Furore, lehrte in New York, Philadelphia und Chicago und kehrte 1910 in die Heimat zurück, um an seinem aus 20 monumentalen Gemälden bestehenden **»Slawischen Epos«** zu arbeiten, das er im Jahr 1928 dem Staat vermachte. Zu dieser Zeit hatte der einst vom Establishment Verschmähte der Kunst wie dem Kunstgewerbe bereits so sehr seinen individuellen Stempel aufdrückt, dass es für viele nahezuliegen schien, eher von einem »Style Mucha« zu sprechen als von »Jugendstil« oder »Secession«.

Die Ausstellung beginnt mit den **»Panneaux Décoratifs«**, mit denen Mucha bekannt wurde: erschwingliche, weil in hohen Auflagen produzierte Plakate der Pariser Zeit um die vorige Jahrhundertwende. Neben den wenigen Ölgemälden Muchas werden zudem Modellfotos, Skizzen, Notizen und Pastelle gezeigt. Einen Einblick in Muchas kreative Ideen gibt ein Handbuch für Kunsthandwerker, in dem Mucha seine dekorativen Entwürfe, die **»Documents Décoratifs«**, und die drei Jahre später folgenden **»Figures Décoratives«** (die Verwendung des menschlichen Körpers als dekoratives Element) festgehalten hat.

»Style Mucha«

Museum der Hauptstadt Prag

F 4

Lage: Praha 8, Karlin, Na poříčí 52
Straßenbahn: 3, 5, 8, 24
Metro: Florenc
🕐 Di. – So. 9.00 – 18.00 Uhr
Eintritt: 120 Kč
www.muzeumprahy.cz

Muzeum hlavního města Prahy

Das Museum wurde 1898 nach Entwürfen von Antonín Balšánek und Antonín Wiehl fertiggestellt. Der Fassadenschmuck des Neorenaissancebaus stammt von verschiedenen Bildhauern. Im Treppenaufgang hängt die Monatsscheibe, die **Josef Mánes** für die Astronomische Uhr am Altstädter Rathaus (▶Altstädter Ring) schuf. Das 1884 gegründete Stadtmuseum beherbergt eine ständige Ausstellung über die wirtschaftliche, baugeschichtliche und kulturelle Entwicklung Prags. Neben kompletten Wohnungseinrichtungen, historischen Trachten, Keramiken und Skulpturen ist auch eine Sammlung von **Prager Hauszeichen** (▶Baedeker Wissen, S. 290/291) zu sehen. Eindrucksvoll ist das 20 m² große Stadtmodell (1826 – 1834) des Lithografen Antonín Langweil.

Nationalgalerie (Národní galerie)

Lage: Mehrere Ausstellungsorte (siehe unten)
www.ngprague.cz

»Vereinigung patriotischer Freunde der Kunst«

Die Prager Nationalgalerie verdankt ihre Entstehung einer mehrheitlich aus böhmischen Adeligen und wohlhabenden Großbürgern bestehenden »Vereinigung patriotischer Freunde der Kunst«, die sich im Jahr 1796 konstituierte und eine Gemäldegalerie gründete, deren Bestand im Lauf der Jahre immer mehr wuchs. Seit 1804 öffentlich zugänglich, ist die Prager Galerie die zweitälteste in Europa (nach dem 1793 in Paris als Museum eröffneten Louvre). 1902 um eine Stiftung von Kaiser Franz Joseph I. bedeutend erweitert und seit 1918 als »Nationalgalerie« in staatlichem Besitz, verteilen sich ihre Sammlungen – insgesamt rund 14 000 Gemälde, 7600 Plastiken, 243 000 Grafiken, 61 000 Zeichnungen und 12 000 Exponate orientalischer Kunst – heute auf die folgenden Gebäude der Stadt:

Agneskloster (▶S. 177, mittelalterliche Kunst aus Böhmen und Mitteleuropa)
Messepalast (▶S. 379, Kunst des 20. und 21. Jh.s)
Palais Schwarzenberg auf dem Hradschiner Platz (▶S. 233, »Barock in Böhmen«)
Palais Sternberg (▶S. 295, Sammlung europäischer Kunst von der Antike bis zum Ende der Barockzeit)
Salmpalast (▶S. 234, monothematische Einzelausstellungen)
Waldstein-Reitschule in der Waldsteingasse am Palais Waldstein (▶S. 300, Wechselausstellungen)

Nationalmuseum (Národní muzeum)

✳ **F 5**

Lage: Praha 1, Nové Město, Václavské náměstí 68
Metro: Muzeum
Straßenbahn: 11
❶ Das Hauptgebäude am Wenzelsplatz bleibt wegen einer Generalsanierung bis 2016 geschlossen.
www.nm.cz

Das Nationalmuseum wurde im Jahr 1818 gegründet. Damals verfasste eine Gruppe böhmischer Aufklärer – darunter Graf Kašpar Maria Šternberk, Josef Dobrovský und František Palacký – einen Appell für die Gründung eines Museums, das zunächst aus verschiedenen Privatsammlungen bestand und im Palais Sternberg am ▶Hradschiner Platz untergebracht war. Erst gegen Ende des 19. Jh.s bekamen die Sammlungen ein eigenes Gebäude. Das Nationalmuseum ist das älteste Museum der Tschechischen Republik und verfügt über mehr als 13 Mio. Exponate. Im Hauptbau am Wenzelsplatz sind die umfangreichen naturwissenschaftlichen, ethnografischen und archäologischen Abteilungen des Museums untergebracht, eine Bibliothek mit mehr als 3,6 Mio. Bänden und die Münzsammlung. Den schlechten Bauzustand des Gebäudes verursachten ein Bombentreffer im Zweiten Weltkrieg, Gewehrsalven der Sowjetarmee 1968 beim »Prager Frühling« und der Metrobau in den 1970er-Jahren. Seit 2011 wird das Haus, wohl bis 2016, grundlegend renoviert. Die Kosten dafür werden auf 190 Mio. Euro geschätzt.

Mehr als 13 Mio. Exponate

Errichtet wurde der rechteckige Bau in den Jahren 1885 bis 1890 nach Entwürfen von **Josef Schulz** im Stil der Neorenaissance. Er erhebt sich über einer doppelten Anfahrtsrampe und einer dreiarmigen Freitreppe. Die Fassade ist mit korinthischen Säulen und Pilas-

Architektur

Nationalmuseum: Rund 70 m hoch ist die nach dem Vorbild des Pariser Louvre gestaltete Fassade des Kuppelbaus am Wenzelsplatz.

tern vertikal gegliedert. Der Mittelrisalit und der Turm mit einer vierseitigen Segmentkuppel betonen die Mitte des Gebäudes, die Eckrisalite werden jeweils von kleineren, oktogonalen Kuppeln überhöht. Im Inneren des Gebäudes beeindruckt das sechsarmige Treppenhaus mit Arkadenumgang. Im Pantheon – einem über zwei Etagen hohen Saal – sind Statuen und Büsten bedeutender tschechischer Persönlichkeiten aufgestellt. In den Bögen unter der Kuppel sieht man Allegorien der Wissenschaft, Kunst, Inspiration und Macht.

Weitere Sammlungen

Zum Nationalmuseum gehören noch weitere Sammlungen innerhalb und außerhalb der Stadt, die in eigenen Gebäuden untergebracht sind; in Prag u.a. das **Náprstekmuseum** am Beethovenplatz mit Sammlungen asiatischer, afrikanischer und amerikanischer Kulturen, das ▶**Tschechische Museum der Musik**, das ▶**Smetana-** und das **Dvořák-Museum** (▶Villa Amerika), das **Musaion** – ein ethnografisches Museum im einstigen Sommerschloss der Familie Kinsky im Stadtteil ▶Smíchov – sowie das u.a. die Originalskulpturen von der ▶Karlsbrücke bergende ▶**Lapidarium** auf dem Ausstellungsgelände.

NATIONALMUSEUM – NEUBAU (NÁRODNÍHO MUZEA – NOVÁ BUDOVA)

Wechselausstellungen

Ebenfalls zum Nationalmuseum gehört auch ein 1938 für die Börse erbauter, 1948 zum Sitz des tschechoslowakischen Parlaments umgewandelter Prestigebau gleich neben dem Hauptgebäude am Wenzelsplatz. In dem ab Mitte der 1960er-Jahre nach einem Entwurf von Karel Prager erweiterten und mit einem zweigeschossigen stählernen Überbau versehenen Gebäudekomplex tagte das kommunistische Regierungskabinett. Ironie der Geschichte: Nach der Wende zog der (von der US-amerikanischen Regierung finanzierte) Sender Radio Freies Europa ein in diese einstige Zentrale der totalitären Macht. Neben den – naturwissenschaftlichen und historischen Themen gewidmeten – Wechselausstellungen des Nationalmusums erfährt man hier auch Wissenswertes zur Tschechoslowakei unter der kommunistischen Diktatur. Allein schon der – einst dem höchsten Parteikader vorbehaltene – Blick aus dem dem Konferenzraum auf die Stadt ist ein Erlebnis, ebenso der Besuch des Cafés, in dem man noch auf derselben Ledergarnitur sitzt, auf der sich schon in den 1970er-Jahren die kommunistischen Abgeordneten verschnauften.

❶ Neustadt, Vinohradská 1, tgl. 10.00 – 18.00 Uhr (jeweils 1. Dienstag im Monat geschl.), Eintritt: 60 Kč, Familie 100 Kč, www.nm.cz

Nationaltheater (Národní divadlo)

✦ **D/E 5**

Lage: Praha 1, Nové Město, Národní třída 2
Metro: Národní třída
Straßenbahn: 6, 9, 17, 18, 21, 22, 23
Besichtigung nach Anmeldung: Tel. 2 24 90 15 06
www.narodni-divadlo.cz

Das in den Jahren 1868 bis 1881 von **Josef Zítek** nach dem Vorbild des Nostitztheaters im Stil der Neorenaissance erbaute tschechische Nationaltheater brannte kurz nach der ersten Vorstellung ab. **Josef Schulz**, ein Schüler Zíteks, ließ das Gebäude innerhalb von nur zwei Jahren neu errichten, wobei das Geld für den Wiederaufbau durch Spenden aus der Bevölkerung zusammenkam. Am 18. November 1883 begann die erste Spielzeit mit der festlichen Premiere von Smetanas Nationaloper »Libussa« (Libuše). Das Nationaltheater entstand in einer Epoche der nationalen Wiedergeburt und verkörperte »alle Sehnsüchte und Neigungen eines Volkes, das nach langem Schlummer voll tatkräftiger Energie und voll Begeisterung in die europäische Geistesgemeinschaft zurückkehrte«. Der Grundstein war am Berg Říp gebrochen worden, von wo aus der Stammvater Čech Böhmen in Besitz genommen hatte.

Im Stil der Neorenaissance

Das 1976 bis 1983 restaurierte Gebäude ist großzügig mit plastischem Schmuck versehen, wobei frei stehende Statuen die Silhouette des Mo-

Äußeres

Goldene Kapelle über der Moldau

Das Nationaltheater ist ein zum größten Teil aus den Spenden der Bürger finanziertes Manifest des tschechischen Nationalbewusstseins. Im Jahr 1881 feierlich eröffnet, brannte es nur zwei Monate nach der Fertigstellung aus. Doch gleich darauf begann man mit der Instandsetzung und konnte schon am 18. November 1883 die zweite Eröffnung feiern – erneut mit Smetanas der mythischen Stadtgründerin Prags gewidmeten Oper »Libuše«.

❶ Trigen

Die Streitwagen der Siegesgöttinen auf dem Prager Nationaltheater werden von drei Pferden gezogen (Triga), wofür es kein antikes Vorbild gibt – eine Eigenheit des Bildhauers Bohuslav Schnirch (1845–1901).

❷ Fassade

Der dem Bau vorgeblendete Portikus trägt eine aufstrebende Säulenloggia und betont den Bau frontal. Seitlich zum Moldauufer hin befand sich eine Durchfahrt für Kutschen.

❸ Foyer

Mikoláš Aleš (1852–1913) entwarf für das Foyer die 14 Lünettenbilder zum Thema »Mein Vaterland«. Sie zeigen im Geist der Neoromantik gestaltete Sagengestalten und wichtige historische Stätten des tschechischen Volks. Das Deckenfresko von František Ženíšek (1849–1916) verherrlicht das goldene Zeitalter der Kunst, Verfall und Wiedergeburt inklusive. Hinzu kommen Bronzebüsten tschechischer Komponisten.

❹ Zuschauerraum

Der halbrunde Zuschauerraum mit seinen ebenfalls die schönen Künste verherrlichenden Deckenmalereien von František Ženíšek hat vier Ränge und bietet insgesamt 17 000 Besuchern Platz.

Löscharbeiten beim großen Brand des Nationaltheaters im Jahr 1881

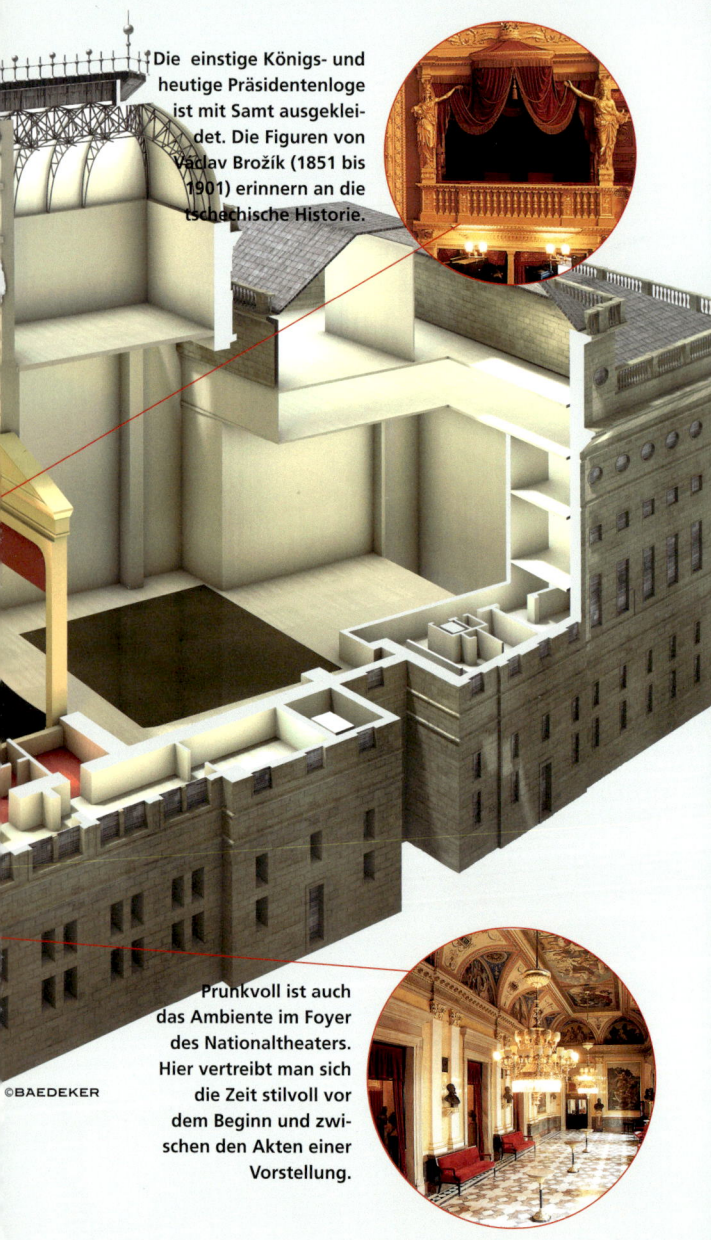

Die einstige Königs- und heutige Präsidentenloge ist mit Samt ausgeklei- det. Die Figuren von Václav Brožík (1851 bis 1901) erinnern an die tschechische Historie.

©BAEDEKER

Prunkvoll ist auch das Ambiente im Foyer des Nationaltheaters. Hier vertreibt man sich die Zeit stilvoll vor dem Beginn und zwi- schen den Akten einer Vorstellung.

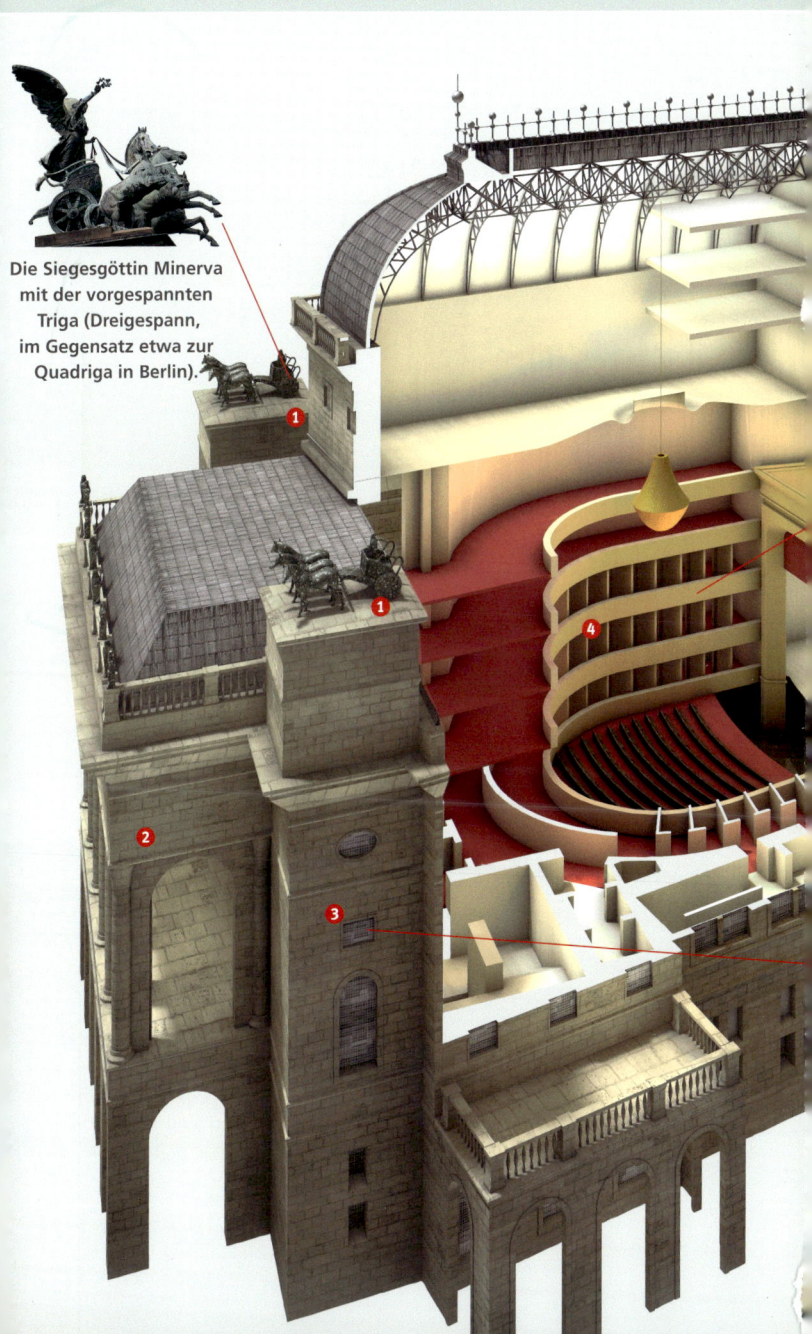

Die Siegesgöttin Minerva mit der vorgespannten Triga (Dreigespann, im Gegensatz etwa zur Quadriga in Berlin).

Déjà-vu mit Havel

Außerhalb der Touristensaison trifft sich wieder der Prager literarische Kreis im **Café Slávia** (Národní třída 1). Man erinnert sich, dass Dichterpräsident Václav Havel am Fenster mit Hradschinblick, Oscar-Preisträger Miloš Forman (»Amadeus«) in der Ecke neben dem Absinthtrinker-Gemälde saßen. Tschechische Topmodels, zurück aus New York, schauen genauso gerne vorbei wie Literaturnobelpreisträger und japanische Kafka-Exegeten: »Catch the spirit« heißt es für die Slávia-Schwärmer.

numentalbaus abrunden. Bohuslav Schnirch gestaltete die beiden Figurengruppen auf der Attika der Nordfassade (Siegesgöttinnen; Apollo und die Musen); die Allegorien von Oper und Drama auf der Westseite sowie die Statuen von Záboj und Lumír in den Nischen der Nordfassade stammen aus der Werkstatt des Wieners Anton Wagner. Die Allegorien von Singspiel und Schauspiel über dem Seiteneingang sind Werke des Künstlers **Josef Václav Myslbek**. Der Bildhauer lieferte später auch die Büsten berühmter Persönlichkeiten für die Porträtgalerie sowie die Allegorie der Musik für das große Foyer (1913).

*Innenausstattung An der Innenausstattung beteiligten sich alle führenden Künstler der damaligen Zeit. Die Fresken von Zuschauerraum, Loggia und Präsidentensalons behandeln mystische und historische Themen oder sind Darstellungen aus der Theaterwelt. Das Deckenfresko im Zuschauerraum von **František Ženíšek** zeigt acht Allegorien der Künste. Die Lünetten der Loggia zur Nationalstraße sind von Josef Tulka. Das eindrucksvolle Gemälde »Goldenes Zeitalter, Untergang und Wiederbelebung der Kunst« von František Ženíšek schmückt das große Foyer auf dem ersten Balkon. Zusammen mit **Mikoláš Aleš** malte der Künstler auch den in 14 Bogenfeldern dargestellten Zyklus »Die Heimat« sowie die vier Wandgemälde »Heidnischer Mythos«, »Geschichte«, »Leben« und »Volksmusik«. Die Ausführung der Lünetten im Verbindungsgang des großen Foyers übernahm Adolf Liebscher. Im Präsidententrakt sind Arbeiten zu sehen von Vojtěch Hynais (»Vier Jahreszeiten«), der auch den Bühnenvorhang (Allegorie vom Wiederaufbau des Theaters) entwarf, von Julius Mařák und von Václav Brožík (Darstellung von Themen aus der tschechischen Geschichte).

Als Ergänzung des historischen Baus entstand im Jahr 1983 der moderne Gebäudekomplex der Neuen Szene (Nová scéna), auf deren Bühne u. a. das berühmte Ensemble der Laterna Magika auftritt. Erstmals bei der Weltausstellung 1958 in Brüssel mit riesigem Erfolg in Erscheinung getreten, fasziniert die älteste Multimediashow der Welt bis heute durch die Verbindung von Tanz, Theater, Licht und Musik (www.laterna.cz, ▶Baedeker Wissen S. 88/89)).

Neue Szene/ Laterna Magika

Geht man die Národní třída weiter in Richtung Jungmannplatz, so trifft man auf die Barockkirche St. Ursula (Kostel svaté Voršily, Nr. 8), deren reich gegliederte Fassade besonders ins Auge fällt. Sie entstand 1702 – 1704 als Teil des Ursulinerinnenklosters nach Entwürfen von **Marc Antonio Canevale**. 1747 schuf **Ignaz Franz Platzer d. Ä.** die Johannes-von-Nepomuk-Statuengruppe vor der Kirche. Unter der üppigen Barockausstattung im Inneren sind vor allem die Deckenfresken von Johann Jakob Steinfels (»Hl. Dreifaltigkeit«, 1707) hervorzuheben und das Altarbild von Peter Johann Brandl (»Mariä Himmelfahrt«).

St. Ursula

* Nerudagasse (Nerudova)

C/D 4

Lage: Praha 1, Malá Strana
Metro: Malostranská
Straßenbahn: 12, 22

Beim ▶Kleinseitner Ring beginnt die steile Nerudagasse (Nerudova), in der Vergangenheit die Hauptzugangsstraße hinauf zum ▶Hradschin. Die ehemalige Spornergasse mit vornehmlich spätbarocken Bürgerhäusern gehört zu den schönsten Gassen in Prag. Im Haus **»Zu den zwei Sonnen«** (U Dvou sluncú; Nr. 47), an dessen frühbarocker Fassade eine Gedenktafel angebracht ist, wohnte der Erzähler Jan Neruda in den Jahren 1845 bis 1857.

Jan Nerudas Wohnhaus

Das Palais Morzin (Morzinský palác; Nr. 5) ist einer der schönsten Barockpaläste auf der Kleinseite. In diesem 1714 aus drei Häusern entstandenen Bau – heute Sitz der rumänischen Botschaft – verschmelzen die Barockarchitektur des **Giovanni (Johann Blasius) Santini-Aichl** mit den Bildhauerarbeiten von **Ferdinand Maximilian Brokoff** zu einem harmonischen Ganzen. Den Balkon stützen heraldische Mohrengestalten – ein Wappenmotiv der Adelsfamilie Morzin (Mohr); über dem Portal die Allegorien Tag und Nacht. Gegenüber ziert die Hausfront das barocke Zeichen eines roten Adlers, der von zwei Englein getragen wird. Drei gekreuzte kleine Geigen

Palais Morzin

Zeichen und Wunder(n)

Wenn im hohen Mittelalter ein Fremder auf der Suche nach dem Haus seines Freundes durch die Straßen Prags lief, musste er sich mit ganz anderen Problemen befassen als mit dem verzwickten Auseinanderklappen eines patentgefalteten Stadtplans und dem nervenaufreibenden Suchen nach dem Straßennamen in einem überfüllten Planquadrat. Nein, der mittelalterliche Fremde musste nicht nur ohne einen Stadtplan, sondern auch ohne Hausnummern oder gar Straßennamen auskommen.

In einer Zeit, in der selbst Familiennamen noch unbekannt waren, wäre die Einführung solcher Orientierungshilfen wohl auch recht merkwürdig gewesen, abgesehen davon, dass wenige Straßen überhaupt fest angelegt waren und sich Straßenverläufe rasch ändern konnten. Erbliche Familiennamen wurden in Europa erst notwendig, als der Handel im 12. Jh. aufblühte und sich größere Städte bildeten, in denen man besonders bei Rechtsangelegenheiten eine genaue Unterscheidung der Personen benötigte. In dieselbe Zeit fiel das Bestreben, auch seinem Haus eine **unverwechselbare Bezeichnung** zu geben, die einen Besitzerwechsel überdauerte. Damit war der Startschuss für die individuelle Gestaltung der sogenannten **Hauszeichen** gegeben, bildlicher Darstellungen aus Stein, Holz oder Metall, die wie Wappen über den Hauseingängen angebracht wurden, um es zu kennzeichnen.

Zunächst überwogen Darstellungen von der Umgebung des Hauses, **»Zum Kastanienbaum«** oder **»Zur Brücke«**, und vom Beruf des Besitzers, dem Handel oder Handwerk.

So betrieb etwa der Besitzer des Hauses **»U tlí pštrosaů«** (Zu den drei Straußen) an der Karlsbrücke einen schwunghaften Handel mit Straußenfedern. Zudem entstanden damals auch symbolhafte Darstellungen der Berufe – ein Schlüssel für einen Schlosser, eine Schere für einen Schneider oder die berühmten **»Drei kleinen Geigen«** in der Nerudagasse für einen Geigenbauer. Daneben erfreuten sich biblische Darstellungen großer Beliebtheit. So findet der aufmerksame Betrachter noch heute Hauszeichen wie **»Zum goldenen Engel«** oder **»Zur schwarzen Muttergottes«** in der Zeltnergasse. Als Hauszeichen dienten auch Darstellungen von Tieren (**»Zu den drei kleinen Bären«**, **»Zum grünen Frosch«**), von Pflanzen (**»Zu den drei roten Rosen«**) und Himmelskörpern (**»Zu den zwei Sonnen«**). Nicht zuletzt spielte auch der Glaube an die Magie von Zahlen eine Rolle.

Schöne Erinnerung

Die heutigen Hausnummern, alles andere als fantasievoll oder gar magisch, wurden 1770 unter Kaiserin Maria Theresia eingeführt, die

hierin dem französischen Vorbild nacheiferte. Und zwar aus einem ganz profanen Grund: um **Rekrutierungsoffizieren des Militärs** die Arbeit zu erleichtern. Nach und nach geriet die Bedeutung bestimmter Zeichen und Symbole nun in Vergessenheit, sodass man sich heute über Hauszeichen wie **»Zur goldenen Schlange«** unklar ist. Man weiß jedoch, dass manche

die Nummer des Hauses ist, unter der es im Grundbuch eingetragen ist. Darunter steht die Bezeichnung des jeweiligen Stadtviertels. Und so wie der mittelalterliche Fremde wohl an diesem System verzweifelt wäre, so entsetzt wäre auch der Mensch unserer Tage, wenn man ihn in Prag kommentarlos auf die Suche nach dem Haus »Zum goldenen Geier« losschickte.

Ob Wirtshausschilder (linke Seite in der Josefstadt), Zunftzeichen oder der jeweilige Schutzpatron des Besitzers – die Bedeutung vieler Hauszeichen ist heute vergessen. Die »Drei kleinen Geigen« (ganz oben links) aber erinnern an die Geigenbauerfamilie Edlinger in der Nerudagasse (12), wo auch die übrigen auf dieser Seite zu sehenden Zeichen fotografiert worden sind.

Familien- und auch einige Straßennamen auf bestimmte Hauszeichen zurückzuführen sind, was auch umgekehrt der Fall sein konnte. Eine Eigenheit haben die Prager jedoch heute noch vorzuweisen: An ihren Hauswänden prangen statt einer immer gleich **zwei Zahlen**. Dabei gibt die unscheinbarere **Zahl auf blauem Grund** stets die »normale« Hausnummer an, während jene auf einem **roten Schild**

! *Kleinseitner Geschichten*

Die Nerudagasse war im 19. Jh. Kulisse für die Erzählungen des tschechischen Schriftstellers Jan Neruda. Seine erstmals im Jahr 1878 erschienenen »Kleinseitner Geschichten« schildern in liebevoller Weise den Alltag im 19. Jh. mit seinem Aberglauben sowie dem Tratsch und Klatsch der Kleinbürger (Vitalis Verlag).

bilden das schöne Hauszeichen (▶Baedeker Wissen S. 290/291). von Nr. 12, in dem in den Jahren 1667 bis 1748 die Prager Geigenbauerfamilie Edlinger wohnte und heute eine Weinstube zur Einkehr einlädt. Das im Ursprung gotische, später im Renaissancestil umgebaute **Valkoun'sche Haus** (Valkounský dům; Nr. 14) verdankt sein spätbarockes Aussehen ebenfalls **Giovanni Santini-Aichl**. Sehenswerte Hauszeichen besitzen auch das Renaissancehaus **»Zum goldenen Pokal«** (»U Zlaté číše«; Nr. 16) und das barocke Haus **»Zum hl. Johannes von Nepomuk«** (»U svatého Jana Nepomuckého«; Nr. 18).

Palais Thun-Hohenstein

Norbert Vinzenz Kolowrat ließ zwischen 1710 und 1725 das barocke **Palais Thun-Hohenstein** (Thun-Hohenštejnský palác; Nr. 20) wiederum nach Plänen von **Giovanni Santini-Aichl** errichten. Der aus Italien zugewanderte Sohn eines Steinmetzen gehörte seit 1700 zu den führenden böhmischen Architekten des Hochbarocks, zu seinen Kennzeichen zählt die radikale Verschmelzung gotischer und barocker Elemente. Heute ist das Palais Sitz der italienischen Botschaft. Der Palast, mit dem Palais Slavata in der Thungasse (Thunovská) verbunden, besitzt ein schönes Portal mit zwei heraldischen Adlern, die ihre Schwingen ausbreiten (Familienwappen Kolowrat), und den römischen Göttergestalten Jupiter und Juno. In Richtung des ▶Hradschin steht die nach Plänen von Jean Baptiste Mathey und wahrscheinlich Santini errichtete Kirche St. Kajetan (1691 – 1717), die auch Theatinerkirche genannt wird.

Andenken an Literatur und Musik

Im benachbarten Haus **»Zum Wiegenesel«** (»Osel u kolébky«) spielt Nerudas Erzählung »Eine Woche in einem stillen Haus«. Hübsch ist die alte, 1980 restaurierte Kleinseitner Apotheke im Haus **»Zum goldenen Löwen«** (»U Zlatého lva«; Nr. 32). »Sommer und Winter« wird das barocke **Palais Bretfeld** (Bretfeldský palác; Nr. 33) genannt, in dem einst so illustre Gäste wie Wolfgang Amadeus Mozart und Giacomo Casanova logierten. Die erste Kleinseitner Apotheke befand sich im Haus **»Zum goldenen Hufeisen«** (»U Zlaté podkovy«; Nr. 34). Ein kunstvoller weißer Schwan ist Hauszeichen des barocken Bürgerpalais Nr. 49 (»U Bílé labutě«). Von hier sind es nur wenige Schritte über die **Schlossstiege »Ke Hradu«** hinauf zur Prager Burg.

Palais Lobkowitz (Lobkovický palác)

C 4

Lage: Praha 1, Malá Strana, Vlašská 19
Straßenbahn: 12, 22

Das Palais Lobkowitz ist heute Sitz der deutschen Botschaft. Errichtet wurde das frühbarocke Gebäude zu Beginn des 18. Jh.s von Giovanni Battista Alliprandi, 1769 wurde es nach Plänen von Michael Ignaz Palliardi umgebaut und an den Seitenflügeln erhöht. Seit 1753 befand sich das Palais im Besitz der Familie Lobkowitz, deren Wappen im Giebel zu finden ist. Die schön gegliederte **Fassade** mit beeindruckendem Portal ist mit einem Dachtympanon mit Wappen und Symbolen und einer statuenbesetzten Attika an der Vorderseite geschmückt. Im Treppenhaus zeigt ein Deckenfresko den Sieg des Friedens über den Krieg, das Johann Jakob Steinfels zugeschrieben wird, der auch weitere der kunstvollen Malereien (um 1720) im Interieur geschaffen haben soll. Die **Gartenseite** zieren ein zylindrischer Vorbau und die Sala terrena, eine Pfeilerhalle, die sich in drei Rundbogenarkaden zum Ehrenhof hin öffnet. Von dem dreiflügeligen **Ehrenhof** auf der Rückseite besteht Zugang durch ein mit

Sitz der deutschen Botschaft

? *Go, Trabi, go!*

BAEDEKER WISSEN

Im Oktober 1989 war das Gebäude historischer Schauplatz, als hier über 4500 fluchtwillige Bürger der DDR um Aufnahme suchten. Mit ihrem Durchhaltewillen erzwangen sie schließlich die Ausreise in die Bundesrepublik, mussten dabei aber ihre Trabis zurücklassen. An dieses historische Ereignis erinnert im Garten der Botschaft der von dem David Černý gestaltene Bronzetrabi »Quo vadis?« (1989).

Skulpturen (Entführung der Proserpina und der Oreithyia) bereichertes Gittertor zum Terrassengarten, der zur selben Zeit wie das Palais angelegt und Ende des 18. Jh.s nach dem Muster englischer Naturparks gestaltet wurde.

Palais Schönborn

Folgt man der abschüssigen Vlašská am Fuße des ▶Petřín, so geht die Straße in die Tržiště über. Hier steht das breit angelegte Palais Schönborn (Schönbornský palác, Nr. 15) mit einer verhältnismäßig schlichten und dennoch imposanten Fassade. Das Palais ist heute Sitz der **Botschaft der USA** und deshalb ebenso wenig zugänglich wie das Palais Lobkowitz. **Giovanni Santini-Aichl** schmückte das vierflügelige Gebäude um 1715 mit Giebeln und Dacherkern, den Durchgang zum Hof mit vier Gigantenstatuen. Bereits um 1650 war der Garten des Palais Schönborn weithin berühmt. Er steigt terrassenartig von dem schachbrettförmigen Parterre bis zur Arkadengloriette (ehemalige Weinpresse) an.

Palais Podiebrad
(Palác Jiřího z Poděbrad)

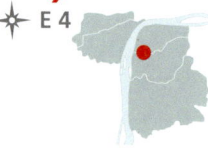

✳ E 4

Lage: Praha 1, Staré Město, Řetězová 3
Metro: Můstek
Straßenbahn: 17, 18
Galerie und Café: tgl. 11.00 – 23.00 Uhr
Eintritt: 50 Kč
http://ukunstatu.cz

Romanischer Profanbau

Eines der besterhaltenen romanischen Häuser Prags steht an der Kettengasse (Řetězová). Erbaut wurde das Haus der **Herren von Kunstadt und Podiebrad** (Dům pánů z Kunštátu a z Poděbrad) Ende des 12. oder Anfang des 13. Jahrhunderts. Erhalten blieben von dem palastartigen romanischen Vorgängerbau die Kreuzgewölbe im Kellergeschoss. Als Eigentümer ist 1406 urkundlich ein Herr Boczko von Kunstadt nachgewiesen, der Oheim Georgs von Podiebrad (1420 – 1471), der Mitte des 15. Jh.s Landesverweser des böhmischen Königreiches war. Der in der Geschichtsschreibung auch gern als **»Hussitenkönig«** bezeichnete König Podiebrad zog nach seiner Wahl (1458) in den Königshof um, der sich beim heutigen Platz der Republik befand und 1902 abgerissen wurde. Seither wechselte das Palais Podiebrad mehrfach den Besitzer. Schließlich wurde es seit den Fünfzigerjahren des vorigen Jahrhunderts vom Prager Zentrum für Denkmalschutz genutzt. Heute dient das renovierte Gebäude wieder seinem ursprünglichen Zweck – dem Wohnen.

✳ Palais Sternberg (Šternberský palác)

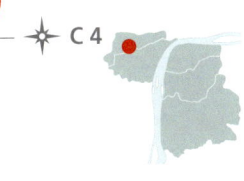

✧ C 4

Lage: Praha 1, Hradčanské náměstí 15
Metro: Hradčanská, Malostranská
Straßenbahn: 12, 22
❶ Di. – So. 10.00 – 18.00 Uhr
Eintritt: 150 Kč
www.ngprague.cz

Auf dem ▶Hradschiner Platz führt ein Durchgang im linken Portal des Erzbischöflichen Palais auf eine enge, steil abfallende Gasse zum Palais Sternberg, das die Sammlung europäischer Kunst von der Antike bis Ende der Barockzeit (Sbírka evropského umění od antiky do závěru baroka) beherbergt. Der Palast wurde im Hochbarock nach einem Entwurf von **Domenico Martinelli** durch **Giovanni Battista Alliprandi** vollendet (1698 – 1707). Er ist ein vierflügeliger Gartenbau mit zylindrischem Risalit, einem von stuckverzierten Mauern umschlossenen Innenhof und Deckengemälden von Pompeus Aldovrandini im Inneren. In der Sammlung sind vorwiegend Werke alter italienischer, niederländischer und deutscher Maler ausgestellt. Das Palais wurde nach der Restaurierung u. a. eines Deckengemäldes im Erdgeschoss wiedereröffnet. Dabei hat man die Sammlung umstrukturiert.

Sammlung europäischer Kunst

Im Erdgeschoss findet man vor allem **deutsche und österreichische Maler des 16. bis 18. Jahrhunderts**. Das wohl schönste Bild ist das von **Albrecht Dürer** für deutsche Kaufleute in Venedig geschaffene »Rosenkranzfest« (▶ Abb. S. 296): Die heilige Jungfrau mit dem Kind, von Engeln gekrönt, erteilt Kaiser Maximilian (rechts im Bild kniend) ihren Segen. Auch Dürer selbst hat sich in dem Gemälde verewigt (rechts am Bildrand stehend mit einem Blatt Papier in der Hand). Weitere Personen der damaligen Zeit wie **Papst Julius II.** sind ebenso dargestellt, ihre Identifikation ist jedoch schwierig. Bedeutung erlangte das Bild, das Kaiser Rudolf ankaufen und nach Prag bringen ließ, dank Dürers Fähigkeit, italienische Anregungen wie großzügige Komposition und strah-

Erdgeschoss

> **❗ BAEDEKER TIPP**
>
> *Nicht versäumen*
>
> ▪ Albrecht Dürers »Rosenkranzfest«: Prachtstück der Nationalgalerie (Erdgeschoss)
> ▪ Jan »Mabuse« Grossaerts »Der hl. Lukas, die Madonna malend«: monumentales Altarbild (1. Stock)
> ▪ Löwe im Innenhof: böhmisches Wappentier in eindrucksvoller Gestalt
> ▪ herrliche Deckenfresken und Wandmalereien, die den ausgestellten Meisterwerken in nichts nachstehen

Zu den schönsten der im Palais Sternberg gezeigten Exponate der Prager Nationalgalerie gehört Dürers »Rosenkranzfest« (1506).

lendes Kolorit mit einem Sinn für Details zu verbinden. Auch einige Werke **Lucas Cranachs d. Ä.** (1472 – 1553) befinden sich im Palais Sternberg, darunter das kleine Bild des »Verliebten Alten«, der Gattung des Erotisch-Satirischen zuzuordnen, in der die ungleiche Liebe ins Lächerliche gezogen wird. Deutsche und österreichische Malerei des 17. und 18. Jh.s ist etwa durch den Stilllebenmaler **Georg Flegel** (1566 – 1638) vertreten, der in seinem »Schrankbild mit Blumenstrauß, Früchten und Pokalen« äußersten Realismus schafft. **Jakob Marell** (1614 – 1681), ein Schüler Flegels, geht sogar so weit, sein eigenes Porträt als Widerspiegelung in der »Vase mit Blumenstrauß« zu integrieren. **Johann Michael Rottmayrs** virtuose Farbgebung in seiner Darstellung des »Tod des Seneca« (vor 1695) kontrastiert die ruhige Ergebenheit Senecas im Angesicht des Todes mit der erregten Mimik der übrigen Beteiligten.

Erster Stock Im ersten Stock sind vornehmlich Maler der Florentiner Schule des 14. Jh.s ausgestellt. Hierzu zählt der Giottoschüler **Bernardo Daddi** (tätig seit 1327 – um 1348), der u. a. einen kleinen tragbaren Altar zur privaten Andacht hinterlassen hat. **Pietro Lorenzetti** (Ende 13. Jh.

bis 1348) gehörte zu den führenden sienesischen Meistern der ersten Hälfte des Trecento. Von ihm stammen zwei Tafeln mit dem unbekannten »Hl. Märtyrer« und dem »Hl. Antonius«. Hervorzuheben sind auch zwei Terrakottaplastiken von **Andrea della Robbias** (1435 – 1525). Es folgen niederländische Meister des 15. – 16. Jh.s: **Geertgen tot Sint Jans**, dessen Triptychon mit der »Anbetung der Hl. Drei Könige« (um 1490 – 1495) zu den wichtigsten Beispielen niederländischer Malerei zählt. Jan Gossaert, genannt Mabuse, weist in »Der hl. Lukas, die Madonna malend« (um 1513) deutlich italienische Anklänge auf. Gossaert hatte dort die antike Bildhauerei und Renaissancearchitektur studiert.

Im zweiten Stock befinden sich die Werke italienischer, spanischer, französischer, flämischer und holländischer Künstler des 16. bis 18. Jahrhunderts. Zu den Vertretern der Franzosen zählt **Simon Vouet** mit dem Bild vom »Selbstmord der Lucretia« (um 1624/1625), das stark am Hell-Dunkel Caravaggios orientiert ist. Die italienische Malerei ist z. B. mit der Darstellung des »Hl. Hieronymus« von **Tintoretto** (um 1500 entstanden) präsent. Tintoretto verleiht dem Kirchenvater ein individuelles Gesicht und stellt ihn in einem Kardinalsgewand dar. Die Flamen sind mit so bedeutenden Künstlern vertreten wie **Jacob Jordaens** oder den Meistern der Landschaftsmalerei des 17. Jh.s wie **Joos de Momper** (Berglandschaft mit der Versuchung Christi) und **David Tenniers der Jüngere**. Besonders hervorzuheben ist das umfangreiche Werk von **Peter Paul Rubens**, so u. a. das »Porträt des Oberbefehlshabers Ambrosius Spinola« (um 1627), der sich in voller Rüstung verewigen ließ. Weitere Porträts, etwa von Rembrandt und Franz Hals, zeugen von der Meisterschaft der Holländer und Flamen.

Zweiter Stock

Palais Vrtba
(Vrtbovský palác)

✦ **D 4**

Lage: Praha 1, Malá Strana, Karmelitská/Tržiště
Metro: Malostranská
Straßenbahn: 12, 22
www.vrtbovska.cz

Geht man vom Palais Lobkowitz in östlicher Richtung zur Karmeliterstraße (Karmelitská – heute die Hauptverkehrsader auf der Kleinseite), so gelangt man dort zum Palais Vrtba der in den Jahren 1627 bis 1631 durch die Zusammenlegung zweier Bürgerhäuser entstand. Das nördliche gehörte zuvor Christoph Harant von Polschitz und

Schönster Barockgarten Prags

Weseritz, einem der bedeutendsten böhmischen Komponisten, der beim Prager Blutgericht (21. Juni 1621) als einer der protestantischen Aufständischen enthauptet wurde. Der neue Eigentümer, Sezima von Vrtba, ließ der schmalen Gasse zwischen den zusammengelegten Bürgerhäusern ein Portal vorblenden; der Durchgang als solcher blieb jedoch erhalten. Durch ihn gelangt man nun in einen der schönsten Barockgärten Mitteleuropas, in den Vrtbagarten, eine der hervorragendsten Leistungen barocker Gartenarchitektur in Mitteleuropa. Angelegt wurde er nach Entwürfen von **František Maximilian Kaňka** (1674–1766). **Wenzel Lorenz Reiner** (1689–1743) führte die Malereien für die Sala terrena aus, am Eingang zum ehemaligen Weinberg stehen die um 1730 entstandenen Statuen Bacchus und Ceres von **Matthias Bernhard Braun** (1684–1738). Auf der Doppeltreppe wechseln barocke Vasen mit mythologischen Skulpturen. Von der obersten Terrasse hat man eine herrliche Aussicht auf die St.-Niklas-Kirche (▶Kleinseitner Ring) und die Altstadt.
Garten: April–Okt. tgl. 10.00–18.00 Uhr, Eintritt 60 Kč

Der Vrtbagarten mit seinen barocken Skulpturen und der Kirche St. Maria de Victoria auf der Kleinseite.

* Palais Waldstein (Valdštejnský palác)

✦ **D 4**

Lage: Praha 1, Malá Strana, Valdštejnské náměstí
Metro: Malostranská
Straßenbahn: 12, 22
❶ Besichtigung jeweils am ersten Sa. und So.
im Monat 10.00 – 16.00 Uhr
Eintritt: frei

Die überaus großzügig angelegte, prunkvollste Prager Adelsresidenz entstand in den Jahren 1624 bis 1630 für Albrecht von Waldstein (▶Berühmte Persönlichkeiten), den Schiller'schen Wallenstein, einen der reichsten Adeligen der damaligen Zeit, kaiserlichen Generalissimus und späteren Herzog von Friedland (im Jahr 1634 als Folge einer Intrige bei Hofe ermordet). Waldstein ließ 25 Häuser, drei Gärten und ein Stadttor abreißen, um gegenüber dem ▶Hradschin das erste Barockpalais der Stadt zu errichten. Die Pläne stammten von **Andrea Spezza** und **Giovanni Pieroni,** die Leitung des Bauvorhabens war **Giovanni Battista Marini** übertragen worden.

Prunkvollste Adelsresidenz Prags

Im zentralen Rittersaal der imposanten Residenz zeigt ein Deckenfresko Albrecht von Waldstein als Gott **Mars auf seinem Triumphwagen** (B. Bianco, 1630). In den anderen Sälen sind u. a. ein **Reiterporträt** Waldsteins (F. Leux, 1631) und Gemälde mit antiken Motiven von Peter Maixner aus dem 19. Jh. zu sehen. Die Palastkapelle birgt **Prags ältesten Barockaltar,** den E. Heidelberger schuf. Heute ist das Palais Waldstein Sitz des Tschechischen Senats und nur an einem Wochenende im Monat für Besucher zugänglich.

Innenausstattung

Die Worte des Büchnerpreisträgers **Golo Mann** in seiner berühmten »Wallenstein«-Biografie verdeutlichen **Prunk und Dimension** der Waldsteinresidenz: »Die Front ist böhmisches Italienisch; dem Palazzo Farnese nachgebildet … Die wahren Dimensionen des Wallenstein-Schlosses erfasst man erst, wenn man Innenhöfe und Park inspiziert. Vom Platz her ist nur die Fassade zu sehen … Der Rest, das Ganze, war kein gewöhnlicher Herrensitz. Es war ein autarkes Stück Land, ein Klein-Reich inmitten des Gehudels der Großstadt, umfriedet von Nebengebäuden und einer festungsartigen Parkmauer. Wenn Wallensteins Equipage in den Hof zur Linken der Front gerollt war, hatte er alles, wessen er bedurfte; eine Kapelle für seine Andacht; eine Reitbahn am unteren Ende des Parks; eine Badegrotte mit Kristallen, Muscheln und Tropfstein, das war schier das Wichtigste; Promenadenwege zwischen Statuen und Springbrunnen.«

»Kein gewöhnlicher Herrensitz«

!

Himmel voller Geigen

Der kriegslüsterne Feldherr Waldstein liebte die Musik. Die **Sala terrena** in seinem Garten, nach florentinischem Vorbild im 17. Jh. erbaut, schützt das **Kammerorchester** und bewirkt eine gute Akkustik. Zur Traumkulisse gehört abends der beleuchtete Hradschin. Der Garten ist bestuhlt. Konzertbeginn meist um 19.00 Uhr, Karten: Tel. 2 57 01 04 01.

WALDSTEINGARTEN (VALDŠTEJNSKÁ ZAHRADA)

Im italienischen Barock
Der im italienischen Barockstil entworfene Waldsteingarten mit Grotten, Teich und Voliere ist von der Letenská her zugänglich. Die Wege und der Brunnen sind mit Kopien von Bronzestatuen des damals in Prag arbeitenden Niederländers Adriaen de Vries geschmückt. Die Originale wurden von den Schweden während des Dreißigjährigen Kriegs verschleppt und befinden sich auf Schloss Drottningholm bei Stockholm. An der Westseite des Gartens befindet sich die von Giovanni Pieroni entworfene Sala terrena. Sie ist mit Fresken von Baccio del Bianco ausgeschmückt.

❶ April, Mai, Sept., Okt. Mo. – Fr. 7.30 – 18.00, Sa. So. ab 10.00 Juni – Aug. Mo. – Fr. 7.30 – 19.00, Sa., So. ab 10.00 Uhr

WALDSTEINGASSE (VALDŠTEJNSKÁ)

Palais Pálffy, Kolovrat
An der vom Palais Waldstein nordwärts verlaufenden Waldsteingasse (Valdštejnská) ist das barocke Prag noch vollkommen gegenwärtig. Linker Hand erhebt sich das **Palais Pálffy** (Nr. 14), das heute als Konservatorium dient, zwei Häuser davor (Nr. 12) befindet sich der Eingang zu den ▶Palastgärten unter der Prager Burg. Ein paar Schritte weiter (Nr. 10) steht das **Palais Kolovrat** (18. Jh., jetzt Dependance des Kulturministeriums), gefolgt von dem 1743 bis 1747 erbauten Palais Fürstenberg (Nr. 8; jetzt polnische Botschaft).

Waldstein-Reitschule
Schräg gegenüber, auf der rechten Seite der Waldsteingasse, befindet sich die ehemalige **Waldstein-Reitschule** (Valdštejnská jízdárna), in der Wechselausstellungen der Nationalgalerie gezeigt werden.

❶ Di. – So. 10.00 – 18.00 Uhr, Eintritt 150 Kč

Palastgärten (Palácové zahrady)

⊕ D 4

Lage: Praha 1, Malá Strana, Valdštejnská
Metro: Malostranská
Straßenbahn: 12, 22
❶ April tgl. 10.00 – 18.00, Mai tgl. 10.00 – 19.00, Juni, Juli bis 21.00, Aug.
bis 20.00, Sept. 10.00 – 19.00, Okt. 10.00 – 18.00 Uhr
www.palacove zahrady.cz

Die Palastgärten sind durch die Waldsteingasse (Valdštejnská 12 bis 14), das Palais Ledebour (Waldsteinplatz 3, Valdštejnské náměstí) und über den Wallgarten zugänglich. Nachdem zu Beginn des 16. Jh.s der zumeist von Weinreben und Obstbäumen bestandene Südhang unter der Prager Burg seinen Verteidigungscharakter verloren hatte, wurden die Grundstücke z. T. mit darauf stehenden Gebäuden von verschiedenen Adelsfamilien erworben, um italienische Renaissancegärten anzulegen. Nach der Belagerung der Kleinseite im Jahr 1648 gestaltete man die zerstörten Gärten im Barockstil – es entstanden symmetrisch angeordnete monumentale Treppen mit balustradenverzierten Terrassen sowie Loggien, Pavillons und Galerien, von denen man einen wunderschönen Blick über die Kleinseite hat. Die einzelnen Gärten werden durch Mauern abgegrenzt und sind über steile Treppen begehbar, im oberen Teil sind die verschiedenen Gärten miteinander verbunden. {.margin **Zugang durch die Waldstein-gassse**}

Als Architekten des westlich gelegenen **Ledebourgartens** (Ledeburská zahrada) mit dem gleichnamigen Palais am Waldsteinplatz gelten Giovanni Battista Alliprandi oder František Maximilian Kaňka. Die gegenüber der Sala terrena liegende Wand mit auslaufenden Treppen ermöglicht den Zugang zum Garten. Hier befindet sich auch eine Statue des Herkules im Kampf mit Zerberus. Die steilen Treppen des Gartens – streng geometrisch mit einer Mittelachse angelegt – enden vor einem fünfeckigen Pavillon. Östlich davon liegt der Kleine Pálffygarten. Die heutige Gestalt des **Großen Pálffygartens** geht auf das Jahr 1751 zurück und wurde von Maria Anna von Fürstenberg angelegt. Die untere Terrasse mit {.margin **Steile Treppen**}

In schönster Hanglage: am Prager Burghügel

einem Springbrunnen erreicht man über eine Treppe. Die Treppe in der Mittelachse führt weiter zur höher gelegenen Aussichtsterrasse. Wiederum östlich des Großen Pálffygartens befindet sich der **Kolowratgarten**. Im Gegensatz zu den anderen Gärten hat er als einziger keine Nutzung erfahren und ist nach Abriss zweier Häuser im Jahr 1858 terrassenartig als Obstgarten angelegt worden.

Kleiner Fürstenberggarten Der Rokokogarten ist nur teilweise zugänglich, da das Kleine Fürstenbergische Palais am Fuß des Gartens dem Tschechischen Senat gehört. Er wurde 1784 – 1788 nach Entwürfen des Architekten Michael Ignaz Palliardi gestaltet. Die zentral ausgerichtete Treppe führt von einer Gloriette am Fuß der Gärten, vorbei an einer Loggia, zu einem Pavillon mit Aussichtsterrasse.

* Repräsentationshaus (Reprezentační dům)

———————————————— ✳ **E/ F 4**

Lage: Praha 1, Staré Město, Náměstí republiky 5
Metro: Náměstí republiky
Straßenbahn: 5, 8, 14, 26
❶ Do. – Di. mit Führungen
jeweils um 11.00, 13.00 und 15.00 Uhr
Eintritt: 290 Kč
www.obecni-dum.cz

Jugendstiljuwel An historischem Ort, wo sich einst der 1380 gegründete und 1547 aufgelassene Königshof befand, entstand in den Jahren 1906 bis 1911 nach Plänen von Antonín Balšánek und Osvald Polívka das Repräsentationshaus, auch »Gemeindehaus« (Obecní dům) genannt. Dieser wohl schönste Jugendstilbau mit traditionsreichem Restaurant, Café, Weinstube, Ausstellungssälen, Büros und dem größten Musiksaal Prags (Smetana-Saal, mit Orgel) ist ein typisches Beispiel für die tschechischen Sezessionsbauten des späten 19. und frühen 20. Jh.s mit ihrem Hang zur Ornamentik, der Vorliebe für geometrische Formen und kunstvolle Details, Pflanzendarstellungen und dem immer wiederkehrenden Thema der Jugend. An der äußeren und inneren Gestaltung war eine ganze Künstlergeneration beteiligt. Der Fassadenschmuck und die Träger der Balkonpfeiler stammen ebenso wie die Deckenplastiken im Smetanasaal von **Karel Novák**; **Ladislav Šaloun** entwarf die Allegorien »Demütigung« und »Auferstehung

Mehr als vierhundert Jahre Architekturgeschichte liegen zwischen dem Pulverturm (links im Bild) und dem Repräsentationshaus (rechts).

!

Zeitlose Modepracht

Aschenputtels Märchen in einer Neuausgabe: Schon als Kind zeichnet **Blanka**, die Tochter eines armen Glasschleifers aus der böhmischen Kleinstadt Světlá nad Sázavou, schöne Kleider. In Prag besucht sie die Kunstgewerbeschule und lernt ihren Prinzen kennen: Makrama Matragi aus dem Libanon, einen Bauingenieurstudent. Nach der Hochzeit nimmt er Blanka mit in den Orient. Dort verzaubert die rothaarige Tschechin die Reichsten der Reichen mit ihren fantasievollen **Modekreationen wie aus Tausendeiner Nacht**. Eine Dauerausstellung von Blanka Matragis Traumroben, Schmuck und Porzellan ist in den Spielsalons des Repräsentationshauses zu bewundern: Mo. – So. 10.00 – 19.00 Uhr, Eintritt 260 Kč, www.blanka.com.

der Nation« an der Frontseite sowie »Böhmische Tänze« und »Vyšehrad« am Podium des Smetana-Saals. Die symbolischen Wandfresken der schönen Künste im Primatorensaal kamen von **Alfons Mucha**, im Riegersaal hängen Gemälde von **Max Švabinský**, im Palacký-Saal steht eine Büste von Josef Václav Myslbek. Allegorischer Schmuck ziert auch den GrégrSaal, der Sladkovský-Saal ist mit Landschaftsbildern von V. I. Ullmann ausgestattet.

PULVERTURM (PRAŠNÁ BRÁNA)

Dieser 65 m hohe spätgotische Turm, durch den die südliche Handelsroute nach Prag führte, wurde nach dem Vorbild des Altstädter Brückenturms (▶Karlsbrücke) angelegt und bildete einen Teil der Altstädter Befestigungsanlagen. Der Baubeginn wird auf 1475 datiert, doch befand sich hier bereits im 13. Jh. ein befestigtes Tor. Baumeister M. Rejsek errichtete den Turm für König Vladislav Jagiello. Nachdem Vladislav, der zuerst im benachbarten Königshof (nicht mehr vorhanden) residierte, dann aber seinen Amtssitz auf den ▶Hradschin zurückverlegte, ging auch die Bedeutung des Pulverturms zurück. Seinen jetzigen Namen erhielt der Turm im 18. Jh., als er als Pulvermagazin diente. Bei der Belagerung 1757 durch Friedrich den Großen wurde der Skulpturenschmuck schwer beschädigt. Josef Mocker führte 1875 eine Umgestaltung im neugotischen Stil durch. Die Plastiken zeigen u. a. Porträts böhmischer Könige und Landespatrone. Im Innern ist auf drei Stockwerken die **Ausstellung »Königshof«** zum Leben im mittelalterlichen Prag zu sehen. Hat man die Wendeltreppe mit den 186 Steinstufen überwunden, bietet sich eine sehr schöne Aussicht auf Prag.

❶ Öffnungszeiten: April – Sept. Mo. – So. 10.00 – 22.00, Okt., März Mo. – So. 10.00 – 20.00, Nov. – Feb. Mo. – So 10.00 – 18.00 Uhr, Eintritt 75 Kč

Hibernerhaus Das Hibernerhaus (U Hybernů) liegt vis-à-vis vom Repräsentationshaus und war ursprünglich eine Spätbarockkirche, die 1652 – 1659 von dem Kloster der irischen Franziskaner (Hiberner) erbaut wurde,

die hier seit 1629 ansässig waren. Im 18. Jh. kamen der Ost- und
Nordflügel des Klosters hinzu. Nachdem das Kloster 1786 aufgehoben und die Kirche vier Jahre später geschlossen worden war, baute
J. Zobel diese 1808–1811 nach Entwürfen von **Georg Fischer** zu
einem Zollamtsgebäude mit klassizistischer Fassade um; der plasti-
sche Schmuck stammt von Franz Xaver Lederer (1811). Anfang der
1940er-Jahre wurde das Innere des Hibernerhauses für Ausstellungs-
zwecke und kulturelle Ereignisse neu gestaltet.

Rudolfinum

E 4

Lage: Praha 1, Staré Město, náměstí Jana Palacha
Metro: Staroměstská
Straßenbahn: 17, 18
Galerie: Di., Mi., Fr., So. 10.00–18.00,
Do. 10.00–20.00 Uhr
Eintritt: 70 bzw. 120 Kč
Café im Säulensaal: Di.–So. 10.00–19.30 Uhr
www.galerierudolfinum.cz

Das Rudolfinum, auch »Haus der Künstler« (Dům umělců) genannt,
ist Sitz der **Tschechischen Philharmonie** (Česká Filharmonie), außerdem finden Ausstellungen und Konzerte statt, vor allem während

»Haus der
Künstler«

Eine weit ausladende Freitreppe führt hinauf zum Rudolfinum.

der international bekannten Musikveranstaltung »Prager Frühling«. Das Rudolfinum wurde von 1876 bis 1884 von den Architekten des ►Nationaltheaters, **Josef Zítek** und **Josef Schulz**, entworfen und ist nach dem österreichischen Kronprinzen Rudolf benannt worden. Mit dem ►Nationaltheater und dem ►Nationalmuseum gehört es zu den wichtigsten Prager Neorenaissancebauten. Zwischen den Jahren 1919 und 1939 befanden sich hier der Sitz des Parlaments sowie eine Gemäldegalerie (jetzt im ►Palais Sternberg zu sehen). Die Ausstattung des Dvořáksaals wurde nach Gabriels Theaterinterieur von Schloss Versailles gestaltet. Den Haupteingang schmückt eine Allegorie der Musik von Anton Wagner aus dem Jahr 1885, die Löwen- und Sphinxstatuen schuf BohuslavSchnirch. Auf der Attika sieht man Plastiken von berühmten Künstlern und Komponisten. Im Zweiten Weltkrieg diente das Rudolfinum den deutschen Besatzern als **Hauptquartier**. In diese Zeit fällt eine berühmte »Verwechslung«, bei der die tschechische Arbeiter nicht, wie von den Besatzern gefordert, die Statue des jüdischen Komponisten Felix Mendelssohn Bartholdy abmontierten, sondern die von Hitlers Lieblingskomponisten Richard Wagner …

Smetana-Museum (Muzeum Bedřicha Smetany)

✳ **D 4**

Lage: Praha 1
Metro: Staroměstská
Straßenbahn: 17, 18
🕐 Mi. – Mo. 10.00 – 12.00, 12.30 – 17.00 Uhr
Eintritt: 50 Kč
www.nm.cz

Smetana-ai

Die Promenade auf der nach dem Komponisten Bedřich Smetana ►Berühmte Persönlichkeiten) benannten Uferstraße (Smetanovo nábřeží) zieht sich vom Nationaltheater bis zu einer kleinen Halbinsel vor der Karlsbrücke und bietet eine schöne Aussicht auf die Karlsbrücke und den Hradschin. Sie führt am Kaiser-Franz-I.-Denkmal vorbei zum Altstädter Wasserturm (15. Jh.). Westlich davon steht das zum ►Nationalmuseum gehörige Smetana-Museum, das 1936 im ehemaligen Prager Wasserwerk, einem Neorenaissancebau aus dem Jahr 1883, eingerichtet wurde und mit Sgraffitodekor versehen ist. Zu den Ausstellungsstücken gehören Originalhandschriften, Briefe, der Flügel des berühmten Komponisten und zahlreiche Kostüme aus seinen Opern. Im großen Saal werden Konzerte und Vorträge veranstaltet.

Auf dem Novotný-Steg vor dem Museum steht das im Jahr 1984 eingeweihte Smetanadenkmal von J. Malejovský.

Smíchov (Stadtteil)

———————— ✦ B–D 6–7 ●

Lage: Praha 5
Metro: Anděl
Straßenbahn: 4, 6, 7, 9, 12, 16

Zunächst im 18. Jh. vom Adel entdeckt, entstand im westlich der Moldau gelegenen Stadtteil Smíchov eine Reihe von Lustschlössern mit blühenden Gärten. Hierzu zählen die ►Villa Bertramka, die ►Villa Kinský mit den Kinskýgärten, die sich südlich der Hungermauer (►Laurenziberg) erstrecken, oder das Lustschloss Dientzenhofer. Im 19. Jh. veränderte sich das Stadtbild, im Zuge der Industrialisierung wurde Smíchov nun nachhaltig geprägt von einer Mischung aus Arbeiterquartieren und leichter Industrie. Das gerade entstandene Viertel kam jedoch mit der bald darauf folgenden Abwanderung und Schließung der Fabriken immer mehr und mehr herunter.

Lustschlösser für den Adel

Erst seit den 1990er-Jahren bemüht man sich um eine Aufwertung des vernachlässigten Stadtteils, der nun eine Wandlung zum Shopping- und Ausgehviertel durchlebt: Leicht zu erreichen durch die U-Bahn, Station Anděl, lockt hier das **größte Einkaufszentrum Prags** »Obchodní centrum Nový Smíchov« mit mehr als 130 Markengeschäften, einem riesigen Supermarkt, Restaurants, Cafés, Bars und Multiplex-Kino, das am Standort einer ehemaligen Waggonfabrik entstand. Nicht minder gigantisch ist die **»Engel City«** (Anděl City), ein Komplex aus Büros, Wohnungen, Geschäften, Restaurants, Bowling sowie einem Kino mit mehreren Sälen. Stararchitekt **Jean Nouvel** schuf an der Stelle des früheren Hauses »U Zlatého anděla« (»Zum Goldenen Engel«) das Büro- und Geschäftsgebäude Zlatý Anděl (»Goldener Engel«) mit mehr als 13 000 m² Büro- und etwa 7000 m² Verkaufsfläche. Die auffällige Glasfassade an der zentralen Hauptverkehrsstraße zierte Nouvel mit einer überdimensionalen Ansicht des Schauspielers Bruno Ganz aus dem Wim-Wenders-Film »Der Himmel über Berlin«, der von oben auf die vorbeiströmenden Passanten blickt. Der »Engel« fungiert auch als Namensgeber dieses Einkaufszentrums. Daneben finden sich Zitate von Dichtern, deren Namen eng mit der Stadt Prag verknüpft sind.

Engel über Prag

Einkaufen im »Goldenen Engel«

Lustschloss Dientzen-hofer Für die eigene Familie errichtete **Kilian Ignaz Dientzenhofer** im Jahr 1725 dieses barocke Lustschloss (Portheimka) in der Štefánikova 12, dessen prachtvolles Fresko der »Bacchusfeier« (1729) an der Decke des zentralen Saals von **Wenzel Lorenz Reiner** stammt. 1758 ging das Lustschlösschen in den Besitz des Grafen Franz Buquoy über, im 19. Jh. erwarb es der Prager Industrielle Porges von Portheim. Ein Teil des Schlosses wurde 1884 abgerissen, um für den Bau der Kirche St. Wenzel Platz zu schaffen. Heute ist in dem Gebäude die **Galerie Portheimka** (www.galerie-portheimka.cz) untergebracht.

Staatsoper (Státní opera Praha)

✴ F 5

Lage: Praha 1, Nové Město, Legerova 75
Metro: A, C Muzeum
Straßenbahn: 11 Muzeum
www.narodni-divadlo.cz/en/state-opera

Wagner zum Auftakt Das am 5. Januar 1888 mit einer Aufführung von Wagners Oper »Die Meistersinger von Nürnberg« eröffnete Haus ist auch ein Produkt der Rivalitäten zwischen den Tschechisch und Deutsch sprechenden Pragern. Nachdem Erstere bereits 20 Jahre zuvor den Grundstein für »ihr« ▶Nationaltheater gelegt hatten, kam es den Deutschen nun auf den Bau einer eigenen, viel größeren Bühne an. Heute ist die Staatsoper Prag – seit 1992 unter diesem Namen eine selbstständige Institution, seit 2012 mit dem Nationaltheater zu einem gemeinsamen Haus vereint – vornehmlich der Pflege des Belcanto und dem Ballett verpflichtet.

Eine erste Blüte erlebte das nach Entwürfen der Wiener Architekten Ferdinand Fellner und Herrmann Helmer ab 1886 errichtete Haus unter der Leitung **Alexander von Zemlinskys**, der das Opernleben der Stadt nicht nur mit Werken von Mozart bereicherte, sondern auch mit solchen von Künstlern wie Paul Hindemith, Erich Wolfgang Korngold, Ernst Krenek und Franz Schreker. Zwischen dem Jugendstil-Hauptbahnhof und dem funktionalistischen Neubau des ▶Nationalmuseums gelegen und durch die Stadtautobahn vom Zentrum getrennt, erwartet den Besucher ein neoklassizistischer Bau mit korinthischen Säulen und galaktischen Adlern am antiken Dachgiebel. Neben dem Dionysoswagen und Thalia, der Muse der Komödie, zieren Porträts der deutschen Dichtergrößen Goethe und Schiller die Fassade – eine Erinnerung an den »deutsch-tschechischen Hintergrund« dieses Baus.

Auch Gustav Mahler und Richard Strauss – dessen »Elektra« hier 1910 uraufgeführt wurde – standen in diesem Haus am Dirigentenpult.

Ständetheater (Stavovské divadlo)

✳ E 4

Lage: Praha 1, Staré Město, Železná 11
Metro: Můstek
www.stavovskedivadlo.cz

Erster Thea-
terbau im
Moldautal

Den ersten und ältesten Theaterbau im Moldautal ließ Graf Anton von Nostitz-Rieneck in den Jahren 1781 bis 1783 nach einem Entwurf von Anton Haffenecker im klassizistischen Stil errichten. Ostfront und Inneneinrichtung stammen von dem Architekten Achill Wolf (1881). Ende des 18. Jh.s wurde das Nostitztheater vom böhmischen Adel als »Ständetheater«, ab Mitte des 19. Jh.s als »Deutsches Landestheater« betrieben. 1945 benannte man es um in »Tyltheater« nach dem tschechischen Dramatiker und Schauspieler Josef Kajetán Tyl (1808 bis 1856). Nach siebenjähriger Renovierungszeit wurde es im November 1991 als Ständetheater vom damaligen Präsidenten der Republik, Václav Havel, wiedereröffnet. Heute ist das kleine Theater dem tschechischen Nationaltheater angeschlossen.

Drei Opern Antonio Vivaldis, zwei Opern von Gluck, Werke von Jommelli, Rutini und Boroni hatten am Prager Ständetheater ihre Premieren. Am 29. Oktober 1787 fand hier die Uraufführung von Mozarts Oper »Don Giovanni« statt, die einen rauschenden Triumph feierte. Literarisch festgehalten hat dieses Ereignis u. a. Eduard Mörike in seinem Werk »Mozarts Reise nach Prag«. In den Jahren 1813 – 1816 residierte der Komponist Carl Maria von Weber (1786 – 1826) als Kapellmeister an diesem Theater, später leiteten Gustav Mahler und Carl Muck das Haus. Nebenan in der Železná 9 liegt das ▶Carolinum, die älteste Universität Mitteleuropas.

St.-Longinus-Rotunde

✳ E 5

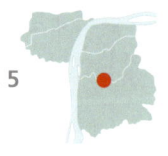

Lage: Praha 1, Nové Město, Na Rybníčku
Metro: I. P. Pavlova Karlovo náměstí
Straßenbahn: 4, 6, 10, 16, 22
Führungen: nur nach Anfrage (Tel. 22 22 22 1 72)

Ehemalige
Dorfkirche

Die im romanischen Stil erbaute Rotunde St. Longinus (Rotunda svatého Longina) wurde ursprünglich als Dorfkirche von Rybníček erbaut. Das Dorf, von dem nur noch der Straßenname zeugt, ging nach 1257 in der Neustadt auf. Bis zum 14. Jh. war die Rotunde dem hl. Stephan geweiht, der Name ging jedoch mit dem Bau der gotischen

Pfarrkirche (s. u.) an diese über. Im 17. Jh erhielt die Rotunde eine Laterne, die das bis dato vorhandene Türmchen ersetzte. Sehenswert sind der Barockaltar und die Kreuzigungsdarstellung mit dem hl. Longinus. Apokryphen Pilatusakten zufolge war Longinus jener römische Soldat bzw. Hauptmann, der dem gekreuzigten Christus mit einer Lanze in die Seite stach. Nach seiner Bekehrung soll Longinus in Kappadozien als Bischof gewirkt und den Märtyrertod erlitten haben.

ST. STEPHAN (KOSTEL SVATÉHO ŠTĚPÁNA)

Von der Na Rybníčku ist es nicht weit bis zur Štěpánská, in der sich die St.-Stephans-Kirche befindet. Karl IV. gründete sie 1351 als Pfarrkirche der oberen Neustadt; 1394 erfolgte die Fertigstellung. Der Turm kam erst Anfang des 15. Jh.s hinzu. Das gotische Äußere der Kirche blieb trotz Restaurierung (1876 und 1936) erhalten. Neben der barocken Innenausstattung sind beachtenswert: das gotische Zinntaufbecken von B. Kovář (1462), das gotische Madonnenbild (1472), die spätgotische steinerne Kanzel (15. Jh.) und die drei Gemälde »Hl. Rosalie« (um 1660; zweiter Pfeiler rechts), »Hl. Wenzel« (um 1650; linke Chorseite) und »Taufe Christi« (1649; Ende des linken Seitenschiffs) von **Karel Škréta** sowie das Grabmal des Barockbildhauers **Matthias Bernhard Braun** (1684 – 1738).

Von Karl IV. gegründet

St. Maria de Victoria

─────────────────────── ✵ **D 4**

Lage: Praha 1, Malá Strana, Karmelitská
Straßenbahn: 12, 22
❶ Mo. – Sa. 8.30 – 19.00, So. 8.30 – 20.00 Uhr
Museum des Prager Jesuleins: Eintritt frei

Unweit westlich vom Malteserplatz, an der Karmelitergasse (Karmelitská, Nr. 9), steht die Kirche St. Maria de Victoria (»Maria vom Siege«, Kostel Panny Marie Vítězné). Sie wurde an der Stelle einer Hussitenkirche nach der für die Kaiserlichen siegreichen Schlacht am Weißen Berg als Karmeliterklosterkirche im frühen Barockstil errichtet. Die Kirche ist im Grundriss nach dem Vorbild der römischen Jesuitenkirche Il Gesù angelegt. Der Altar von Franz Lauermann stammt aus dem Jahre 1776. Ihn zieren Statuen von **Peter Prachner** und ein Silberkästchen des Jesuskindes (1741) von Jan Pakeni. Drei der Altarbilder stammen von **Peter Johann Brandl**, der hl. Simon, der hl. Joseph und die hll. Joachim und Anna. Der Hauptaltar (1723) stammt aus der Werkstatt von Johann Ferdinand Schor. In den unzugänglichen Katakomben unter der Kirche befinden sich die wegen

»Maria vom Siege«

der Luftzirkulation gut erhaltenen mumifizierten Leichname von Karmelitern und deren Wohltätern.

An der rechten Seitenwand der Kirche hängt das bis heute tief verehrte Prager Jesuskind, eine aus Spanien stammende, 50 cm hohe Wachsfigur, die die Fürstin **Polyxena Lobkowitz** dem Kloster 1628 geschenkt hat. Es soll die Stadt schon in vielerlei Hinsicht beschützt haben, zum Beispiel vor der Pest und vor Plünderungen im Siebenjährigen Krieg. Dementsprechend wurde das Kind nicht nur hoch geachtet, sondern auch reich beschenkt: nicht zuletzt mit einem wertvollen Kleid aus Gold und Samt von Maria Theresia. Damals fand sich in allen **Karmeliterklöstern** ein Abbild des Prager Jesuskindes, heute gibt es mehr oder weniger gelungene bis kitschige Kopien in zahlreichen Geschäften zu erstehen.

Prager Jesuskind

✳ Kloster Strahov (Strahovský kláster)

✦ C 4

Lage: Praha 1, Hradčany, Strahovské nádvoří 132
Straßenbahn: 22
Eintritt: Bibliothek und Galerie jeweils 80 Kč
Führungen: auf Anfrage (Tel. 2 33 10 77 00)
www.strahovskyklaster.cz

Das **zweitälteste Prager Mönchskloster** ließ Herzog Vladislav II. auf Wunsch des Olmützer Bischofs Jindřich Zdík um 1143 für den Prämonstratenserorden errichten. Aus dem Standort des Klosters auf einer Anhöhe über der Kleinseite am Zugang zur Prager Burg leitet sich der Name Strahov (strahovat = bewachen) ab. Nach einem Großbrand im Jahr 1258, dem die erste Bibliothek zum Opfer fiel, wurde der Klosterbau **im gotischen Stil erneuert.** Karl IV. bezog das damals vor den Toren Prags gelegene Kloster 1360 in die Stadtmauer ein. Unterbrochen wurde die Zeit der Gotisierung im 15. Jh. von den blutigen Hussitenkriegen. Seine große Blütezeit erlebte das Kloster unter den Äbten **Jan Lohel**, **Kašpar von Questenberk** und **Kryšpín Fuck**, die sich für den großzügigen Umbau der Anlage im Stil der Renaissance einsetzten. Am Ende des Dreißigjährigen Kriegs wurde das Kloster von schwedischen Soldaten verwüstet. Nach dem Westfälischen Frieden konnte aufgrund zusätzlich erworbener Buchbestände 1671 eine neue Bibliothek – der Theologische Saal – eingerichtet werden. Zwischen 1682 und 1689 erfolgte die Barockisierung des Areals,

Prämonstratenserorden

Dem Jesukind in St. Maria werden einige Wunder zugeschrieben.

die unter der Leitung des Architekten **Jean Baptiste Mathey** vollzogen wurde. Weite Parkanlagen, Gärten und Obsthaine verliehen dem Gesamtbild einen würdigen Rahmen. Durch die österreichischen Erbfolgekriege erlitt das Kloster 1741 erneut schwere Schäden, deren Beseitigung über vier Jahrzehnte beanspruchte. Ihren Abschluss bildete der klassizistische Bau mit dem Philosophischen Saal, dem bedeutendsten Prager Baudenkmal der Josefinischen Ära. Reste der ursprünglich romanischen Fundamente wurden während der sorgsamen Restaurierung des Areals in den Jahren 1950 bis 1954 freigelegt.

Klosteranlage
In den Klosterhof gelangt man entweder direkt durch einen Hausdurchgang (Nr. 8; Treppe) oder lohnender, indem man diesen hinter sich lässt und auf einer am Westende des Platzes beginnenden kurzen Rampenstraße durch ein Barocktor (1742) geht, dessen Mitte die 1719 von **Johann Anton Quittainer** geschaffene Statue des hl. Norbert krönt, des Gründers des Prämonstratenserordens. Im Hof gleich links steht die ehemalige Kapelle St. Rochus (Kaple svatého Rocha). Rudolf II. hatte diese 1603 – 1617 zum Dank dafür errichten lassen, dass die Stadt 1599 von der Pest verschont worden war. Heute befindet sich dort eine Galerie, in der auch Konzerte stattfinden.

Kirche Mariä Himmelfahrt
Geradeaus hinter der St.-Norbert-Säule (17. Jh.) erblickt man die dreischiffige Kirche Mariä Himmelfahrt (Kostel Nanebevzetí Panny Marie) aus dem 17. Jh. mit reich ausgestattetem, barockem Inneren aus der Mitte des 18. Jh.s (in den 1970er-Jahren restauriert). Die Stuckkartuschen von **Michael Ignaz Palliardi** beinhalten Marienbilder von **Josef Kramolín** und **Ignaz Raab**; den Hauptaltar aus dem Jahr 1768 gestaltete Jan Lauermann mit einem Heiligenrelief von Ignaz Franz Platzer dem Älteren. In der Pappenheimerkapelle des rechten Seitenschiffs ist der kaiserliche Reitergeneral Gottfried Heinrich zu Pappenheim (1594 – 1632, bei Lützen gefallen) beigesetzt. An die Kirche schließen sich die teilweise romanischen Klosterbauten mit der Bibliothek und dem Kreuzgang an.

KLOSTERBIBLIOTHEK

Kostbare Bestände
Die historische Klosterbibliothek befindet sich wieder im Besitz des Prämonstratenserordens. Zu den kostbaren Beständen dieser einzigartigen Bibliothek, die mit etwa 280 000 Bänden die Buchkultur vom 9. bis 18. Jh. repräsentiert, gehören ca. 2500 **Wiegendrucke**, 5000 **Handschriften** und zahlreiche historische **Landkarten**. Die umfangreichen, bereitwillig der wissenschaftlichen Öffentlichkeit zur Verfügung gestellten Werke bewogen u. a. Kaiser Josef II. Ende des 18. Jh.s, die Klosterkommunität zu wahren.

❶ tgl. 9.00 – 12.00 und 13.00 – 17.00 Uhr, www.strahovskyklaster.cz

Zu den wertvollsten Handschriften im Theologischen Bibliothekssaal gehört das Strahover Evangeliar aus dem 9./10. Jahrhundert.

Besondere Beachtung verdienen der reich stuckierte, in den Jahren 1723 bis 1727 von dem Strahover Mönch Siard Nosecký ausgemalte Theologische Bibliothekssaal, dessen Tonnengewölbe von **Giovanni Domenico Orsi de Orsini** im Stil des Frühbarock ausgeführt wurde, und der in einem in den Jahren 1782 bis 1784 von **Michael Ignaz Palliardi** geschaffenen klassizistischen Anbau (Westflügel) untergebrachte Philosophische Bibliothekssaal. Bei der Ausschmückung des Theologischen Saals ließ sich der Mönch Siard Nosecký von dem Werk »De typo generis humani« des Abtes Hieronymus Hirnheim (1670 – 1679) und durch biblische Zitate inspirieren. Die 25 Fresken symbolisieren das Ringen um Weisheit im Zusammenhang mit der Liebe zu Wissenschaft und Literatur. Im südlichen Teil des Gewölbes ist die »Himmelfahrt Mariens« zu sehen, dann folgt eine Würdigung des Bibliotheksbaus. Anschließend wird der lehrende Christus im Tempel gezeigt sowie die Erschaffung der Erde; schließlich folgt eine Darstellung der Grenzen menschlicher Vernunft angesichts der Komplexität der Welt, dargestellt durch fünf Menschen, die fragend um eine Weltkugel versammelt sind. Ein Selbstporträt des Künstlers befindet sich rechts in einer Fensternische. An der Längsachse des Saals wechseln Erd- und Sterngloben einander ab, von denen drei aus der Werkstatt des berühmten niederländischen Kartografen Wilhelm Blaeus stammen.

**Theologischer Bibliothekssaal

Der Philosophische Bibliothekssaal wurde in seinen Abmessungen – 32 m lang, 10 m breit und 14 m hoch – den reich geschnitzten Bücherschränken (Jan Lachhofer) angepasst, die aus dem Kloster Louka

**Philosophischer Bibliothekssaal

(Brück) in Südmähren stammen. Den Saal überwölbt ein gewaltiges Deckenfresko, in dem der aus Langenargen am Bodensee stammende **Franz Anton Maulbertsch** (1724 – 1796) im allegorischen Stil der Wiener Akademie Szenen aus der Geistesgeschichte der Menschheit schildert. In der Saalmitte birgt ein wertvoller alter Schrank das sechsbändige Botanikwerk »Les Liliacées« und die vierbändige Abhandlung »Le Musée Français«, beides Geschenke der französischen Kaiserin Marie Louise aus dem Jahr 1812. Die Marmorbüste von Kaiser Franz I. schuf Franz Xaver Lederer um das Jahr 1800. Derzeit wird dieser Saal erstmals seit 300 Jahren restauriert. Beide Bibliothekssäle sind nicht direkt zugänglich, sondern nur von der Tür aus zu betrachten.

Bibliotheks-bestände   Das **Strahover Evangelienbuch** (9./10. Jh.) ist ein Kunstwerk der ottonischen Renaissance aus dem Kreis der Trierer Schule. Dieses in lateinischer Sprache verfasste Dokument wurde in goldener Unzialschrift auf 218 Pergamentblätter niedergeschrieben und später mit vier kunstvollen Evangelienbildern verziert. Es gehört zusammen mit den St.-Markus-Torsi und dem berühmten **Codex Vyšehradiensis** zu den ältesten erhaltenen Schriften in Mitteleuropa. Besondere Erwähnung verdienen auch die Chronik »Historia Anglorum«, die Schilderung des Italienfeldzugs von Friedrich Barbarossa, die teilweise erhaltene Dalimilchronik, die Doxaner Bibel, die spätgotische Schelmenberger Bibel (Pontifikale Albrechts von Sternberg aus der Zeit Karls IV.) sowie Schriften von Tomaš von Štítné und von Jan Hus. Aus dem 15. Jh. stammen u. a. das Herbarium von Strahov, ein lateinisches Lexikon und die medizinischen Bücher des Magisters Ambrož. Das 16. und 17. Jh. sind u. a. mit Werken der Utraquisten, der Bruderunität und der katholischen Literatur vertreten. Reisebeschreibungen, Atlanten, alchemistische Schriften, astronomische Abhandlungen von Tycho Brahe, Johannes Kepler und Nikolaus Kopernikus, orientalische Handschriften und andere Buchkuriositäten setzen die lange Liste der umfangreichen Bestände fort.

Strahover Bildergalerie   Die Strahover Bildergalerie (Strahovská obrazárna) im ersten Stock des Kreuzgangs umfasst eine der bedeutendsten Klostersammlungen von der Gotik bis ins 19. Jahrhundert. Zu den Exponaten zählen Zeugnisse der gotischen Kunst Böhmens und Mährens; so z. B. die **Strahover Madonna** aus der Werkstatt des Meisters von Hohenfurth und das **Strahover Retabel** des Meisters des Altars von Leitmeritz, der mit den Tafeln der Verkündigung, Christi Geburt und der Flucht nach Ägypten jedoch nur teilweise erhalten ist. Zu den Malern am Hof Rudolfs II. gehörten Joseph Heintz d. Ä. und Bartholomäus Spranger, deren Werke ebenso sehenswert sind wie die Vertreter des Barock und Rokoko sowie die Werke aus der ersten Hälfte des 19. Jahrhunderts.

✳ Tanzendes Haus (Tančící dàm)

✦ E 5

Lage: Praha 1, Nové Město,
Rašinovo nábřeži 80/Ecke Resslova
Metro: Karlovo náměstí

Zu den wenigen Gebäuden zeitgenössischer Architektur in Prag gehört das 1996 fertiggestellte und von den Pragern liebevoll »Tanzendes Haus« oder »Ginger & Fred« – nach Ginger Rogers und Fred Astaire, dem Traumpaar des amerikanischen Musicals – genannte **Bürohaus an der Moldau**. Seine zwei Türme aus Glas und Beton, lange Zeit kontrovers diskutiert, gehören zum Prager Besichtigungsprogramm wie der Hradschin oder der Altstädter Ring.

»Ginger & Fred«

Der Architekt **Vlado Milunič** – der jahrelang ebenso wie Václav Havel in einem Haus neben der Baulücke wohnte – fand mit seiner Idee in einer niederländischen Versicherung einen Investor und in dem kalifornischen Architekten **Frank O. Gehry** einen Partner, der den Entwürfen des Kroaten noch einmal eine stärkere Prägnanz verlieh. Der gerade Turm akzentuiert die Straßenecke und verhält sich wie das Stand- zum Spielbein, das in dem sich anschmiegenden gläsernen Gebäudeteil sein Pendant findet.

Abwechslung und Integration

Die fließende Bewegung erinnert an den in der Stadt so verbreiteten Barockstil, hervorstehende Fenster sorgen wie der wellige Fassadenputz für Abwechslung und gleichzeitige Integration in die umstehenden Häuserzeilen. Leichtigkeit vermitteln die luftigen Stelzen, durch die das Erdgeschoss zurückgesetzt ist. Im wahrsten Sinne bekrönt wird der Bau durch eine Kugel aus Lochblech, das »Haupt der Medusa«, ein Zitat der Weltkugel auf Havels Haus nebenan, aber auch eine moderne Form der Zwiebelhelme auf den neogotischen Türmchen und Erkern der Nachbarbauten. So spektakulär das Gebäude von außen erscheint, so konventionell ordnet es sich im Inneren seiner Funktion als Bürogebäude unter.

Architektur, zum Tanzen gebracht

Technisches Nationalmuseum

✦ E 3

Lage: Praha 7, Holešovice, Kostelní 42
Straßenbahn: 1, 8, 25, 26
❶ Di. – So. 10.00 – 18.00
1. Do. im Monat bis 20.00 Uhr
Eintritt: 170 Kč
www.ntm.cz

Národní technické muzeum

Dem technisch interessierten Besucher Prags hat das Museum (Národní technické muzeum) einiges zu bieten. Das am Nordhang der Letnáhöhe (►Letnáanlagen) gelegene Museum vermittelt ein anschauliches Bild der Entwicklung der Kinematografie, der Rundfunk- und Fernsehtechnik, des Verkehrswesens und des Bergbaus. Besonders beachtenswert ist ein etwa 600 m langer Musterstollen. In der großen Halle sind Automobile, Flugzeuge und Lokomotiven ausgestellt sowie der Hofzug (zwei Wagen) Kaiser Franz Josephs, mit dem der österreichische Thronfolger Franz Ferdinand und seine Frau am 28. Juni 1914 nach Sarajevo fuhren, wo es zu dem verhängnisvollen Attentat kam, das über die Julikrise zum Ausbruch des Ersten Weltkriegs führte. Im Hof rechts vom Museum sind einige Flugzeuge ausgestellt.

✶ Teynhof (Týnský dvůr)

✦ E 4

Lage: Praha 1, Staré Město, Týnský dvůr (Ungelt)
Metro: Staroměstská, Můstek
Straßenbahn: 5, 14, 26

Mittelalterliches »Messegelände«

Das mittelalterliche »Messegelände« des Teynhofs – es wurde seit den 1920er-Jahren mehrfach umfangreich renoviert und 1996 der Öffentlichkeit zugänglich gemacht – heißt nach dem hier einst zu entrichtenden Zoll (Ungeld) auch **»Ungelt«**. Das Fürstengehöft entstand bereits im 11. Jahrhundert. Unter dem Schutz des Herrschers, dem sie dafür eine Gebühr entrichteten, lagerten, verkauften und verzollten hier auswärtige Kaufleute bis 1773 ihre Waren.

Palais Granovský

Der wertvollste Bau im Teynhof ist das Palais Granovský, ein **Renaissancepalast mit offener Loggia** im ersten Stock (1560), der den durchreisenden Kaufleuten als Quartier diente. Die Wandmalereien

Brunnenfiguren im Teynhof, dessen mittelalterlicher Grundriss noch bis heute in seiner ursprünglichen Anlage erhalten blieb.

der Loggia stellen biblische und mythologische Szenen dar. Das Portal trägt die Jahreszahl 1560 und das Wappen der Familie Granovský. Sehenswert sind auch die anschließenden Bürgerhäuser 14.–19. Jh.).

★ ST. JAKOB (KOSTEL SVATÉHO JAKUBA)

Östlich des Teynhofs in der Malá Štupartská an der Ecke Jakubská liegt die Kirche St. Jakob – 1232 als Kirche des ehemaligen **Minoritenklosters** (auf der Nordseite) gegründet. 1366 brannte die Kirche aus und wurde danach gotisch umgebaut; die jetzige Barockarchitektur erhielt der Kirchenbau zwischen 1689 und 1739, verantwortlich hierfür ist der Baumeister Jan Šimon Pánek, dem damit ein **Musterbeispiel für eine barocke Umgestaltung** einer gotischen Architektur gelang. Die Stuckfront mit den hll. Jakob, Franziskus und Antonius von Padua stammt von Ottavio Mosto. Sehenswert ist vor allem der durch überaus fein modellierte Pilaster geteilte Kirchenraum mit 21 Altären. St. Jakob ist nach dem Veitsdom (▶Hradschin) die längste Kirche Prags und aufgrund ihres reichen Schmucks auch eine der schönsten. **Wenzel Lorenz Reiner** malte das »Martyrium des hl. Jakob« für den Hochaltar, Franz Guido Voget schuf die Deckenfresken (»Leben Mariä«, »Verherrlichung der Dreifaltigkeit«). Das Barockgrabmal für den Grafen Vratislav von Mitrovic entwarf **Johann**

Kirche des ehemaligen Minoritenklosters

Bernhard Fischer von Erlach; es wurde in den Jahren 1714 bis 1716 von **Ferdinand Maximilian Brokoff** ausgeführt. Im Arrangement erinnert das Grabmal an eine Pietà, der Graf ruht auf dem Sarkophag an den Schultern einer weiblichen Gestalt. Da die Kirche über eine sehr gute Akustik verfügt, finden hier häufig Konzerte statt. An der Nordseite der Kirche schließt der Kreuzgang des Minoritenklosters an, das gotisch und später barock umgebaut wurde. Heute ist hier eine Kunstschule untergebracht.

❶ Mo.–So. 9.30–12.00 und 14.00–16.00, Fr. bis 15.30 Uhr

Schloss Troja (Trojský zámek)

✦ Ausflug

Lage: Praha 7, Trója
Bus: 112
❶ April–Okt. Di.–So. 10.00–18.00, Fr. 13.00–18.00,
Park bis 19.00 Uhr, Nov.–März geschl.
Eintritt: 120 Kč

Vom Kampf der Giganten

Nördlich vom ▶Baumgarten – im Stadtteil Troja – steht das Barockschloss Troja, das in den Jahren 1679 bis 1685 von **Jean Baptiste Mathey** erbaut wurde. Die prächtige Freitreppe kam später hinzu; ihr Figurenschmuck (eine Gigantomachie = Kampf der Giganten) stammt von den Brüdern Johann Georg und Paul Herrmann aus Dresden sowie von den Brüdern **Johann Josef und Ferdinand Maximilian Brokoff**. Figuren und Treppe bilden eine Einheit, dennoch muss keine Figur ihre Eigenständigkeit aufgeben. Im inneren Verlauf erheben sich die Figuren parallel zu der Bewegungsrichtung von unten nach oben immer mehr, bis sie schließlich aufrecht stehen. Auf dem äußeren Geländer finden sich Büsten, Allegorien der Tageszeiten, Erdteile und Elemente. Beachtenswert sind im Inneren vor allem der Kaisersaal mit in den Jahren 1691 bis 1697 entstandenen Wand- und Deckengemälden des Niederländers Abraham Godin sowie die mythologischen Fresken

Barocklust vor den Toren von Prag

der Italiener Giovanni und Giovanni Francesco Marchetti in den Seitenräumen. Die Terrasse schmücken frühbarocke Vasen und Büsten aus dem 17. Jahrhundert.

Heute birgt das restaurierte Schloss eine Ausstellung der Galerie der Hauptstadt Prag (www.citygalleryprague.cz) unter anderem mit tschechischer Malerei des 19. Jahrhunderts.

Galerie der Hauptstadt

Westlich an das Schloss Troja schließt sich unmittelbar der Prager **Zoologische Garten** an. Er wurde 1931 auf einer Fläche von 45 ha angelegt, die Wiesen, Haine, Schluchten, Hügel und Felsen aufweist; den Höhenunterschied überwindet heute u. a. eine Sesselbahn (Lanovka). Hier werden heute auf fast 60 ha über 3800 Tiere gehalten, die 540 verschiedene Arten – Säugetiere, Fische und andere Lebewesen – aus aller Welt vertreten. Nachdem 2002 durch Hochwasser fast das halbe Areal zerstört worden war, wurden neue artgerechte Gehege und Gebäude angelegt. Mit den Przewalski-Urwildpferden, Vorfahren des Hauspferds, die in der freien Natur kaum mehr vorkommen, gelang dem Zoo ein besonderer Zuchterfolg. Im Terrarium sind Landschildkröten, Kobras, Klapperschlangen und seltene Krustenechsen zu sehen

Zoologická zahrada

❶ Praha 7, U Trojskeho zamku 3/120, März tgl. 9.00 – 17.00, April, Mai, Sept., Okt. bis 18.00, Juni – Aug. bis 19.00, Nov. – Feb. bis 16.00 Uhr, Eintritt 200 Kč, www.zoopraha.cz

Villa Amerika (Letohrádek Amerika)

✦ E 5/6

Lage: Praha 2, Nové Město, Ke Karlovu 20
Metro: I. P. Pavlova
Bus: 148
Straßenbahn: 4, 6, 16, 22
❶ April – Sept. Di. – So. 10.00 – 13.30 und 14.00 – 17.30, Okt. – März 9.30 – 17.00 Uhr
Eintritt: 50 Kč

In der Villa Amerika (Letohrádek Amerika), die nach ihrem ursprünglichen Besitzer Jan Václav Michna von Vacínov auch Lustschloss Michna (Michnův letohrádek) genannt wird, ist heute das Dvořák-Museum untergebracht. **Kilian Ignaz Dientzenhofer** errichtete das barocke Lustschloss 1717 bis 1720 für den Sommeraufenthalt des Grafen Michna. Die kunstvolle Architektur und die Aufgliederung der Stirnfront machen die Villa zu einem der schönsten

Lustschloss Michna

Ein Häuschen im Grünen: Villa Amerika

Profanbauten des Prager Barocks. Das ursprüngliche Barockgitter am Eingang wurde durch eine Kopie ersetzt. Die Fresken im Inneren wurden 1720 von Johann Ferdinand Schor geschaffen, die Werkstatt Anton Brauns lieferte um 1730 den Skulpturenschmuck für den Garten. Das **Dvořák-Museum** zeigt Partituren und Dokumente des bedeutenden Komponisten Antonín Dvořák (▶Berühmte Persönlichkeiten), vor allem seine Korrespondenz mit Hans von Bülow und Johannes Brahms.

»Prager Minarett«

St. Katharina, die ehemalige Kirche des Katharinenklosters (Bývalý kostel svaté Kateříny), ist nicht weit von der Villa Amerika entfernt. Sie liegt in der Kateřinská, der Eingang befindet sich in der Vinicná; die Kirche ist jedoch derzeit nicht zugänglich. **František Maximilian Kaňka** bezog bei der Umgestaltung der Kirche 1737 – 1741 den gotischen Turm in den barocken Neubau mit ein. Wegen seiner schlanken Form führt der achteckige Turm auch die Bezeichnung »Prager Minarett«. Das Kircheninnere schmücken Fresken von **Wenzel Lorenz Reiner** (»Leben der hl. Katharina«) und Stuckaturen von Bernardo Spinetti. Im Komplex des ehemalige Katharinenklosters ist die psychiatrische Landesklinik untergebracht.

Villa Bertramka (Letohrádek Bertramka)

✦ C 6

Lage: Praha 5, Smíchov, Mozartova 2/169
Metro: Anděl
Straßenbahn: 4, 7, 9
❶ April – Okt. tgl. 9.00 – 18.00,
Nov. – März tgl. 9.30 – 16.00 Uhr
Eintritt fürs Museum: 50 Kč
www.bertramka.com

Mozarts Prager Refugium

Die Geschichte dieser Residenz begann im 17. Jh., als der Kleinseitner Braumeister Jan František Pimskorn die Villa erbauen ließ. Anfang des 18. Jh.s kam sie in den Besitz von František Bertram von Bertram, nach dem sie ihren heutigen Namen erhielt. In den Jahren

»Meine Prager verstehen mich« …

… jubelte Wolfgang Amadeus Mozart (1756 – 1791) nach der begeister-
ten Aufnahme seiner im Dezember 1786 im Nationaltheater aufgeführ-
ten Oper »Le nozze di Figaro« durch das hiesige Publikum. Auch der ita-
lienische Librettist Lorenzo Da Ponte, der neben dem »Figaro« noch die
Libretti für zwei weitere Mozartopern (»Don Giovanni«, 1787, und
»Così fan tutte«, 1790) schrieb, staunte über den Enthusiasmus, mit der
Mozarts Musik in der Stadt an der Moldau aufgenommen wurde.

Besonders wunderte sich Da Ponte darüber, dass die Stücke anders als anderswo »gleich bei der ersten Aufführung … vollkommen ver-standen« wurden. Mozart in Prag war also, wenn man so will, eine **Liebe auf den ersten Blick**, und sie galt keineswegs nur seiner Musik: »Überall«, heißt es in einem zeit-genössischen Bericht, »wohin er kam und wo er sich nur blicken ließ, begegneten ihm die für ihn entbrannten Prager mit Hochach-tung und Liebe.«

Prag oder Wien?
Dass diese Zuneigung von Mozart, erwidert wurde, ist anzunehmen – doch von Luft und Liebe allein konnte auch er sich nicht ernähren.

Weshalb Mozart immer wieder zu-rückging ins zwar weniger geliebte, aber deutlich lukrativere Wien. Der Stadt an der Moldau widmete er seine **»Prager Sinfonie«** (KV 504), der Hausherrin der **Villa Bertramka**, Josefa Dušková, die Konzertszene »Bella mia fiamma, addio« (KV 528). Am 29. Oktober 1787 wurde seine Oper »Don Giovanni« im Stände-theater uraufgeführt. Auf Bestel-lung des Impresarios Guardasoni komponierte Mozart vier Jahre spä-ter für die tschechischen Stände an-lässlich der Krönung Leopolds II. zum König von Böhmen die Oper **»La clemenza di Tito«**, deren Pre-miere er noch kurz vor seinem Tod im Jahr 1791 besuchte. Es war sein letzter Aufenthalt in Prag.

Irgendwo erklingen immer Mozart'sche Klänge in der Stadt an der Moldau – gern auch von historisch kostümierten Musikern vorgetragen.

1784 bis 1795 gehörte die Vorstadtvilla der Opernsängerin Josefa Dušková, Gemahlin des Komponisten und Musikpädagogen František Xaver Dušek. In dieser Zeit wohnte Wolfgang Amadeus Mozart während seiner häufigen Pragaufenthalte bei dem Musiker-ehepaar. Mitte des 19. Jh.s riefen Vater und Sohn Popelka die Mozart-gedenkstätte ins Leben, für die der Bildhauer Tomáš Seidan im Garten eine Büste des Komponisten schuf.

Mozart-Museum In der Villa Bertramka werden Originalpartituren Mozarts gezeigt, sein Schlaf- und Arbeitszimmer, Briefwechsel etwa mit Gottfried von Jacquin; historische Plakate – und 13 Haare des Maestros. Das ▶Smetana-, das Dvořák- (▶Villa Amerika) und das Mozart-Museum bilden eine selbstständige Musikabteilung des Nationalmuseums.
❶ tgl. 10.00–18.00 Uhr, www.mozartovaobec.cz, Eintritt 50 Kč

Streit um den Nachlass Entgegen allen anderslautenden Gerüchten: Die Villa Betramka ist weiterhin geöffnet. Es tobt allerdings ein heftiger Streit zwischen der Mozartgemeinde als neuen Herren und den bisherigen Betreibern um die Nachlassrechte. Kafka hätte es nicht absurder erfinden können, welche Sumpfblüten diese Schlammschlacht der vermeintlichen Erbbewahrer Mozarts in Prag treibt – im Internet nachzulesen auf: www.mozartovaobec.cz. Das Nachsehen aber haben die Pragbesucher: Die beliebten **Sommerserenaden**, bei denen die Musiker im Garten der Villa Bertramka in stilgerechten Kostümen auftraten, sangen und spielten, gibt es nicht mehr.

Villa Kinský (Letohrádek Kinských)

B–D 6–7

Lage: Praha 5 (Smíchov), Kinského zahrada 98
Straßenbahn: 6, 9, 12, 20 Švandovo divadlo
Bus: 176 Kobrova
❶ Di.–So. 10.00–18.00 Uhr
Eintritt: 70 Kč
www.nm.cz

Musaion – Dependance des National-museums Wie das Musikerehepaar Dušek, das so illustre Gäste wie Wolfgang Amadeus Mozart in seiner ▶Villa Bertramka beherbergte, hatte auch die Familie Kinský in ▶Smíchov einen Sommersitz. 1825 erwarb Graf Rudolf Kinský das Gelände, auf dem früher Reben wuchsen; zwei Jahre später ließ er dort durch den Wiener Architekten Heinrich Koch eine Villa im Empirestil errichten, die 1831 fertiggestellt wurde. 1901 ging das Anwesen in den Besitz der Stadt über, die den Park der

Öffentlichkeit zugänglich machte; ein Jahr später fand hier die berühmte große Prager Ausstellung mit Werken des französischen Bildhauers Auguste Rodin statt. Ein Hort der Kunst – und Ort der Musen – ist die Villa Kinský noch heute: Seit 1922 beherbergt sie die »Musaion« (Musentempel) genannte ethnografische Abteilung des Nationalmuseums, die mit ihren insgesamt rund 200 000 Exponaten zu den wertvollsten Sammlungen ihrer Art in Europa gehört.

Villa Richter (Letohrádek Richterova)

✦ **D 3**

Lage: Praha 1, Malá Strana, Na Opyši 5
Straßenbahn: 12, 22
❶ tgl. 10.00 – 23.00 Uhr
www.villarichter.cz

Nahe dem Hradschin, mitten im St.-Wenzels-Weinberg, von dem aus sich eine herrliche Aussicht auf die Stadt bietet, liegt die Villa Richter. Der Bau des Architekten J. Peschka aus dem Jahr 1832 gehört zu den bedeutendsten klassizistischen Villen Prags. Nach dem Zweiten Weltkrieg hatte die kubanische Botschaft hier ihren Sitz. Seit 2008 sind Weinberg und Villa, in der **drei Restaurants** untergebracht sind, für die Öffentlichkeit zugänglich (von der Alten Schlossstiege aus oder durch das Tor am Schwarzen Turm). Der St.-Wenzels-Weinberg ist eines der ältesten Weinanbaugebiete in Böhmen, seine Anfänge gehen auf das 10. Jh. zurück. Über die Geschichte des Weinanbaus in Böhmen informieren vor Ort Tafeln. Und Weinfeste finden hier nicht nur im September statt.

Eine der bedeutendsten klassizistischen Villen Prags

Vinohrady

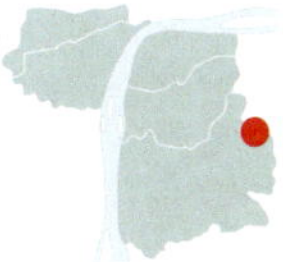

✦ **J 5**

Lage: Praha 2, Vinohrady
Metro: A, C
Bus: 135
Straßenbahn: 4, 6, 10, 11, 16, 22, 23
www.vinohrady.cz

Im Osten der Neustadt befanden sich früher die königlichen Weingärten (»Vinohrady«), für die Karl IV. im 14. Jh. eigens Rebstöcke aus Burgund kommen ließ und nach denen das Viertel bis heute benannt ist. Ende des 18. Jh.s wurden die Weingärten aufgegeben und zum Teil

Rebstöcke aus dem Burgund

Die Herz-Jesu-Kirche – auch: Kirche des heiligsten Herzens des Herrn – mit ihrem ungewöhnlich breiten Turm in Vinohrady

durch Alleen ersetzt; heute gehört Vinohrady zu den beliebtesten Wohngegenden der Stadt. Fern vom Trubel im touristischen Zentrum kann man hier tagsüber herrlich bummeln und nachts gut durch die Kneipen ziehen. In den kleinen Straßen zwischen den Hauptverkehrs- adern **Vinohradská**, **Korunní** und **Francouzská** findet man viele Trödel- und andere Läden, Cafés und Restaurants, Weinstuben und Bars. Auch einen beliebten Biergarten gibt es im **Rieger Park** (Riegrovy sady), der schönsten und größten Grünanlage von Vinohrady.

Kirche St. Ludmilla Geografischer und kommerzieller Mittelpunkt des Stadtviertels ist der von der neugotischen Kirche St. Ludmilla beherrschte **Platz des Friedens** (Náměstí míru). Errichtet wurde das aus Ziegelsteinen ge- fertigte Gotteshaus – eine dreischiffige Basilika mit Querschiff und markantem, 60 m hohen Doppelturm – in den Jahren 1888 bis 1892 nach Plänen des Architekten Josef Mocker. An der Innenausstattung beteiligten sich mit dem Bildhauer Josef Václav Myslbek und dem Maler František Ženíšek die bedeutendsten tschechischen Künstler ihrer Zeit. Hier findet man die sterblichen Überreste der tschechi- schen Landespatrone, der hl. Ludmilla und des hl. Wenzel.

Die ersten Entwürfe für den Backsteinbau der Herz-Jesu-Kirche (Kos- **Herz-Jesu-**
tel Nejsvětějšího srdce Páně) legte der slowenische Architekt **Jože** **Kirche**
Plečnik (1872 – 1957) bereits im Jahr 1921 vor. Die Grundsteinlegung
erfolgte aber erst 1928; weitere vier Jahre später wurde die Kirche geweiht. Bei diesem Sakralbau ließ sich der Eklektiker Plečnik von
schlichter, **frühchristlicher Architektur** inspirieren und verknüpfte
sie mit einer **modernen Formensprache**. Der Hauptraum der Saalkirche mit einer Höhe von 13 m erscheint nach außen als Kubus, der
zu zwei Dritteln verklinkert und im oberen Drittel, in dem sich die
Fenster befinden, weiß verputzt ist. Auffälligstes Merkmal ist der 42 m
hohe, stelenartige Turm, der von einer Uhr in der Fensteröffnung
(Durchmesser von 7,6 m) dominiert wird. Im Innenraum bringt eine
betonierte Rampe den Besucher zur Spitze des »Uhrenturms«.

✴✴ Vyšehrad

✴ E 6/7

Lage: Praha 1, Vyšehrad
Metro: Vyšehrad
Bus: 148
Straßenbahn: 3, 7, 18, 24
www.praha-vysehrad.cz

Der Legende nach war der Vyšehradfelsen (Vyšehrad = Hochburg) **Legendäre**
Sitz der Fürstin Libussa (tschechisch Libuše). Hier sollen auch die **Königs-**
ersten Přemyslidenherrscher residiert haben (▶Stadtgeschichte). In **residenz**
Adalbert Stifters Spätwerk »Witiko«, einem historischen Roman
über die Frühzeit der böhmischen Geschichte, ist der Vyšehrad
einer der Schauplätze. Herzog Soběslav liegt im Sterben, und der
junge Witiko ist in seinem Auftrag als Kundschafter in Prag, wo sich
die Großen auf dem Vyšehrad versammelt haben, um die Nachfolge
zu regeln: »Da stand auf einem Felsen an der Moldau, ehe ihre Wasser nach Prag kommen, die Burg Wyschehrad. Als noch der anfäng-
liche Wald alle diese Berge an der Moldau bedeckte, ist sie gebaut
worden, lange bevor der Held Zaboy lebte und der Sänger Lumir.
Und dann ist Krok gekommen und hat auf der heiligen Burg seinen
goldenen Sitz gehabt. Dann ist Libuscha gewesen, die unter allen
Schwestern sein liebstes Kind gewesen ist, und sie hat den Ackersmann
Prschemysl geheiratet, und sie hat den ersten Holzpflock zu der
Burg Prag aushauen lassen. Und von ihr ist ein zahlreiches Ge-
schlecht gekommen und sie haben über die Völker gewaltet. Einer
hat sich taufen lassen, da Christus geboren worden ist und den heiligen Glauben in die Welt gebracht hat. Er hat der Herzog Borschi-
woy geheißen. Sein Enkel ist der heilige Wenzel gewesen und seine
Hausfrau die heilige Ludmilla.«

!

Sich zurückversetzen …

… in die Zeit der Přemyslidenherrscher kann man, wenn man am Vyšehrad auf den Befestigungsanlagen entlangwandert, um den Blick über das Moldautal schweifen zu lassen. Unterhalb der Befestigungswälle sind Mauerreste zu sehen, die auch als »**Libussas Bad**« bezeichnet werden – Überbleibsel des an dieser Stelle gelegenen mittelalterlichen Palastes. Der Sage nach soll sich Libussa hier mit ihren Liebhabern vergnügt haben, die sie bei Nichtgefallen durch eine Felsspalte in die Moldau stieß.

Geschichte Wahrscheinlich wurde der Vyšehrad im 10. Jh. als zweite Prager Burg gegründet. Historisch nachgewiesen ist die Festungsanlage erst ab **König Vratislav** (1061 – 1092), der seine Residenz vom ▶Hradschin hierher verlegte. Zu jener Zeit war die Prager Burg Bischofssitz. Vratislav ließ auf dem Felsen über der Moldau eine Steinburg und mehrere Kirchen anlegen (St. Peter und Paul, St. Laurentius) und gründete das Kollegiatskapitel, das lange Zeit ein wichtiges Bildungszentrum war. Hier entstand auch der **Codex Vyšehradiensis**, der heute in der Handschriftensammlung des ▶Clementinums aufbewahrt wird. Von dieser Epoche zeugt nur noch die Rundkapelle St. Martin. Soběslav I. setzte die Bautätigkeit fort, doch nach seinem Tod im Jahr 1140 verlor der Vyšehrad rasch an Bedeutung. Die böhmischen Herrscher verlegten ihre ständige Residenz wieder auf den Hradschin.
Unter **Karl IV.**, der umfangreiche Renovierungen vornehmen ließ, setzte eine neue Blütezeit ein. Die Anlage wurde 1348 bis 1350 mit einem gotischen, an die Stadtmauern anschließenden Befestigungsring umgeben. Während der Hussitenkriege wurden 1420 fast alle Bauten auf dem Vyšehrad zerstört. In der zweiten Hälfte des 15. Jh.s gründeten Handwerker die bürgerliche »Freistadt auf dem Berge Vyšehrad«. Im späten 17. Jh. wurden der Vyšehrad dann in seiner heutigen Form zur Barockfestung ausgebaut, die Bürgerhäuser wurden abgerissen. Der Aufhebung der Festungsanlage im Jahr 1866 folgte die **Angliederung als Prager Stadtviertel** und der **Ausbau des Friedhofs**; 1911 wurde der Vyšehrad geschleift. Erhalten blieben nur die Festungsmauern. Im 19. Jahrhundert war der sagenumwobene Vyšehrad ein beliebtes Thema bei bildenden Künstlern, Komponis-

ten und Literaten. Bekannte Werke sind u. a. Bedřich Smetanas Oper »Libuše«, »Libussas Weissagung« von Felix Mendelssohn Bartholdy und Franz Grillparzers Drama »Libussa«.

Den Vyšehrad erreicht man am besten über die Vratislavova und betritt die Anlage von Norden durch das Chotektor (1848); schlägt man den Weg nach rechts ein, kommt man zu einer Kopie der St.-Wenzel-Reiterstatue von Johann Georg Bendel aus dem Jahr 1678. Die Gasse »V pevnosti« führt vorbei an der Kapelle Maria in den Schanzen zur **romanischen Rundkapelle** St. Martin (Rotunda svatého Martina), dem ältesten Prager Baudenkmal, das noch zu Zeiten König Vratislavs entstand. Die Kirche diente nach dem Ausbau des Vyšehrad zur Festung als Pulvermagazin und wurde 1878 renoviert. Durch die Straße »K rotundě« gelangt man zum **Kapiteldekanat,** hinter dem sich Fundamente der **romanischen Laurentiusbasilika** befinden.

St. Martin

Die Türme der Kapitelkirche St. Peter und Paul (Kostel svatého Petra a Pavla), erst 1902 nach Entwürfen von Josef Mocker und F. Mikš aufgesetzt, sind heute das Wahrzeichen des Vyšehrad. Die Kirche selbst stammt aus der zweiten Hälfte des 11. Jahrhunderts. Unter Karl IV. wurde sie zu einer gotischen Basilika mit drei Schiffen umgebaut, im 16. Jh. folgte ein Umbau im Stil der Renaissance, Anfang des 18. Jh.s leitete **František Maximilian Kaňka** die barocke Umgestaltung. Ihren neogotischen Stil erhielt die Kirche in den Jahren 1885 bis 1887. Sehenswert im Inneren sind vor allem ein romanischer Steinsarg aus dem 11. Jh. (»Tumba des hl. Longinus«) und ein Tafelbild mit der **»Regenmadonna«** zum Schutz vor Dürre aus dem Jahr 1355; dieses Marienbild soll aus der Sammlung Kaiser Rudolfs II. stammen. Den Hauptaltar von Josef Mocker zieren vier Heiligenfiguren (hll. Peter und Paul, hll. Kyrill und Method), die F. Hrubeš Ende des 19. Jahrhunderts schuf. Die Wandfresken mit dem stilisierten Pflanzendekor wurden in den Jahren 1902 und 1903 von dem Ehepaar František und Marie Urban entworfen.

St. Peter und Paul

❶ Di. – So. 9.00 – 12.00 und 13.00 – 17.00 Uhr

Vyšehrad

Altes Zollhaus · Svobodova · Botič · Vratislavova · Neklanova · Horská · Kirche Mariä Verkündigung · Na slupi · Ostrčilovo náměstí · Slavojova · Podolské nábřeží · Vltava · V pevnosti · K rotundě · Lumírova · V pevnosti · U podolského sanatoria

100 m

©BAEDEKER

1 Rundkapelle St. Martin
2 Kapitelkirche St. Peter und Paul
3 Ehrenfriedhof
4 Slavín
5 Laurentiuskapelle
6 Vyšehrader Anlagen
7 Hl. Wenzel
8 Chotektor (1841)
9 Kapelle Maria in den Schanzen
10 Leopoldstor
11 Tabortor

Letzte Ruhestätte bedeutender Persönlichkeiten: der im 19. Jh. angelegte Ehrenfriedhof auf dem Vyšehrad

Ehrenfriedhof Im Norden grenzt an die Peter-und-Paul-Kirche der **Ehrenfriedhof** (Vyšehradský hřbitov). Als die Festung 1866 aufgelöst wurde, baute man den mittelalterlichen Kirchhof zur nationalen Kultstätte für Repräsentanten aus Kunst und Kultur aus. Auf dem Friedhof und in den Friedhofsarkaden sind u. a. die Komponisten Bedřich Smetana und Antonín Dvořák, die Schriftsteller Božena Němcová, Karel Čapek und Jan Neruda sowie der Maler Mikoláš Aleš beigesetzt. In der Ehrengruft »Slavín«, einem Werk von **Antonín Wiehl** und **Josef Maudr**, ruhen u. a. die Bildhauer Josef Václav Myslbek, Bohumil Kafka und Ladislav Šaloun, der Maler Alfons Mucha und der Violinist Jan Kubelík.
🕐 Mo. – Fr. 8.00 – 15.00 Uhr

Vyšehrader Anlagen Südlich der Kapitelkirche liegen die Vyšehrader Anlagen, die man durch ein Barocktor betritt. Vier Statuengruppen (geschaffen in den Jahren 1881 bis 1897) von **Josef Václav Myslbek** stellen Figuren aus verschiedenen tschechischen Sagen dar: Přemysl und Libussa, Lumír und das Lied, Slavoj und Záboj, Ctirad und Šárka. Die in Untersicht geschaffenen Skulpturen standen ursprünglich auf den Pylonen der Palackybrücke. Sie wurden 1945 teilweise beschädigt und haben nach Rekonstruktion und Restaurierung hier ihren neuen Aufstellungsort gefunden, an dem sie jedoch viel von ihrer ursprünglichen Wirkung verlieren. Im Südosten des Vyšehrad stehen das **Leopoldtor** (Leopoldova brána) und als vorgeschobener ehemaliger Festungsposten das frühbarocke **Tábortor** (Táborská brána).

Unterhalb des Vyšehrad, in der Neklanova 30, findet sich eines der berühmtesten Beispiele für den kubistischen Stil in der Architektur. Das Mietshaus von Josef Chochol, einem der bekanntesten Architekten des Prager Kubismus (►Baedeker Wissen S. 334/335), entstand zwischen 1911 und 1913. Das Haus steht in einem scharfen Winkel zweier Straßenfluchten und ragt wie ein Keil heraus. Die Fassade wird belebt in Vertikale und Horizontale, besonders durch die zackig hervorstehenden Akzentuierungen, die sich aus der Flächigkeit hervorheben. Die Bewegung läuft auf die Spitze zu und findet hier ihren Höhepunkt, der überdies durch das gewagt auskragende Dachgesims betont wird.

Mietshaus von Josef Chochol

Weißer Berg

⸻⸻⸻⸻⸻⸻⸻⸻⸻⸻⸻⸻ ✳ Ausflug

Lage: Praha 6, Blevnov, Bílá Hora
Bus: 108, 174, 179, 180, 191
Straßenbahn: 1, 2, 18, 22

Auf der kahlen Kalkhöhe (318 m), die sich über den westlichen Stadtrand erhebt und heute teilweise bebaut ist, fand am 8. November 1620 die Schlacht am Weißen Berg statt, die für das weitere Schicksal der böhmischen Länder unter den Habsburgern entscheidend war. Hier unterlag die von Graf Matthias von Thun geführte Söldnerarmee der böhmisch-protestantischen Stände innerhalb von einer Stunde in einer Schlacht gegen die Katholische Liga, an deren Spitze Maximilian von Bayern stand. Der von den Ständen aufgrund einer neuen Verfassung (Wahlkönigtum Böhmen) zum König gewählte Kurfürst Friedrich V. von der Pfalz (»Winterkönig« 1619 bis 1620) musste fliehen; so verlor das Land seine Selbstständigkeit (bis 1918!). Auf dem Schauplatz wurde später eine Kapelle errichtet, die K. Luna im 18. Jh. in die Kirche der Siegreichen Jungfrau Maria umbaute. Unweit nördlich erinnert ein Denkmal an die Schlacht am Weißen Berg.

Ort der Schicksalsschlacht

SCHLOSS STERN (LETOHRÁDEK HVĚZDA)

In dem ehemaligen Stern-Tiergarten (Obora Hvězda) am Abhang steht das Lustschlösschen Stern. König Ferdinand I. hatte hier im Jahr 1530 im Wald Malejov einen Wildpark anlegen lassen, in dem später auch königliche Festlichkeiten und Schießwettkämpfe stattfanden. 1797 wurde das Wildgehege in einen Naturpark mit breiten Promenaden umgestaltet; den Namen erhielt er nach dem hier errichteten Jagdschloss Stern.
Das Schloss liegt nördlich der Hauptallee. Der ungewöhnliche, äußerlich schlichte Renaissancebau auf sechsstrahligem Grundriss

Sechsstrahliger Grundriss

wurde von Erzherzog Ferdinand von Tirol als Jagdschloss in Auftrag gegeben und von italienischen Baumeistern ausgeführt (1555 – 1558); er diente seiner zukünftigen Frau, der Augsburger Patriziertochter Philippine Welser, als Wohnsitz. Später wurde das Schloss als Pulvermagazin benutzt.

Im Inneren des Schlosses sind reizvolle **italienische Stuckdekorationen** von Giovanni Campione und Andrea Avostali aus den Jahren 1556 – 1563 erhalten, die in 334 Deckenfeldern Szenen aus der griechischen Mythologie (Aeneas und Anchises, Bacchantinnen, Meeresgottheiten) sowie aus der römischen Geschichte (Mucius Scaevola, Horatius Cocles, Marcus Curtius) zeigen. Sehenswert sind ferner die **glasierten Renaissancefliesen** des ehemaligen Speisesaals in der zweiten Etage.

❶ April, Okt. Di. – So. 10.00 – 17.00, Mai – Sept. Di. – So. 10.00 – 18.00 Uhr Eintritt 60 Kč

Museum der tschechischen Literatur Nachdem das Schloss restauriert wurde, kann man neben einer historischen Ausstellung zur tschechischen Geschichte, die an die Schlacht am Weißen Berg erinnert (Unter-, Erdgeschoss) jährlich wechselnde Präsentationen sehen, die vom Museum der tschechischen Literatur kuratiert werden.

✴ Wenzelsplatz (Václavské náměstí)

─────────────── ⟡ E/F 4/5

Lage: Praha 1, Nové Město, Václavské náměstí
Metro: Můstek, Muzeum
Straßenbahn: 3, 9, 14, 24

Modernes Zentrum und Schicksalsort Karl IV. legte den Platz bei der Gründung der Neustadt als Rossmarkt an; 1848 erhielt er seinen jetzigen Namen. Der 750 m lange und 60 m breite Wenzelsplatz gleicht eher einem Boulevard als einem Platz. Er ist eines der pulsierenden Zentren des modernen Prag, umgeben von traditionsreichen Hotels wie dem Jugendstilbau des »Evropa«, Läden und Geschäftspassagen, Restaurants und Cafés, Kinos und Kleinkunstbühnen. Zusammen mit den Straßen Na Příkopě (►Am Graben), Na Můstku, 28. října und Národní třída bildet er das »Goldene Kreuz«, in dem sich Geschäfts- und Gesellschaftsleben der Hauptstadt intensiv entwickelten.

Auf dem Wenzelsplatz spielten sich viele Begebenheiten der jüngsten politischen Geschichte ab (1969 Selbstverbrennungen von Jan Palach und Jan Zajíc; in den Jahren 1988 und besonders 1989 zahlreiche regimekritische Demonstrationen; ►Stadtgeschichte).

Wenzelsplatz: Schauplatz dramatischster historischer Ereignisse

✳ WENZELSDENKMAL (POMNÍK SVATÉHO VÁCLAVA)

Am Südostende vom Wenzelsplatz steht vor dem ▶Nationalmuseum das in den Jahren 1912 bis 1913 von **Josef Václav Myslbek** geschaffene Wenzelsdenkmal. Wenzel, der im Jahr 921 die Regierungsgeschäfte als Herzog von Böhmen übernahm, wurde 935 von seinem Bruder Boleslav I. erschlagen. Wunderberichte ließen ihn zum Landespatron Böhmens werden – ihm zu Ehren ist der 28. September in Tschechien ein Feiertag. Obwohl Wenzels Ermordung eher auf den sächsisch-bayerischen Machtkampf in Böhmen zurückzuführen ist, wird er auch als Märtyrer verehrt. Sein Name war bei den Tschechen so verbreitet, dass der Publizist Johann Fischart (1546 – 1590) nach einer seiner Reisen den Ausspruch tat: »Böhmen heißen Wenzel (Václav), Polen Stenzel (Stanislaw).«

Landespatron Böhmens

Die **Reiterstatue** des Fürsten ist umgeben von den Figuren vier weiterer Landespatrone. Vorn rechts steht die hl. Ludmilla (»die dem Volk lieb ist«), Großmutter des hl. Wenzel und Frau des ersten getauften Herzogs von Böhmen. Nach ihrer Ermordung durch heidnische Gegner wurde sie zur ersten Märtyrerin Böhmens. Vorn links sieht man den hl. Prokop, auf der Rückseite die hl. Agnes (Anežka)

Erste Märtyrerin Böhmens

Von Schrägen und Winkeln …

… oder: Kubismus auf Böhmisch. Die Zeltnergasse mit ihren sorgfältig restaurierten Barock- und Rokopalästen gehört zu den schönsten Gassen der Prager Altstadt. Eines der wenigen Gebäude, das in der Celetná aus dem Rahmen fällt, ist das Eckhaus an der Einmündung des Obstmarkts, nach der Marienfigur an seiner Fassade, dem Hauszeichen des barocken Vorgängerbaus, »Zur schwarzen Mutter Gottes« genannt.

Das auf den ersten Blick nüchtern-funktionalistische Gebäude entwarf **Josef Gočár** 1911/1912 als Kaufhaus für den Großhändler František Josef Herbst. Mit seiner Stahlskelettkonstruktion, zu erkennen an den großen, fast durchgängigen Fensterflächen und der variablen Innenaufteilung, repräsentiert es die modernste Architektur in Prag zu Beginn des 20. Jahrhunderts.

Bei genauerer Betrachtung wird man an dem Gebäude verschiedene Details entdecken, die in keine Schublade der Baustilkunde zu passen scheinen, etwa die **vorgewölbten Fenster**, die **schrägen Dachgauben** oder das **tief eingeschnittene Eingangsportal**, das von einem Paar spitz zulaufender Säulen mit sechseckigen Kapitellen gerahmt wird. Ungewöhnlich ist auch das runde, von einer Glaskuppel überdachte Treppenhaus wegen seines schmiedeeisernen Geländers, das mit seinen spiralförmig verdrehten kubischen Formen Plastizität schafft, wo es eigentlich keine gibt.

Nachbesserungen aus dem Zeitalter der Postmoderne? Keineswegs. Vielmehr sind diese kuriosen Details Ausdruck eines Stils, den man sonst nur aus der Malerei kennt – des Kubismus. In Prag – und nur hier – gab es ein paar Jahre lang eine **kubistische Architektur** und ein **kubistisches Design**. Entstanden war der neue Stil 1906/1907 in Paris, wo Picasso und Braque den Bruch mit den Konventionen der traditionellen Malerei herbeiführten.

Abkehr von der …

Zu den wichtigsten formalen Neuerungen des Kubismus gehörte die Abkehr von der Zentralperspektive zugunsten einer Darstellung, die unterschiedliche Ansichten eines Gegenstands im Bild versammelte. Da sich nach der Auffassung der Kubisten jeder Gegenstand auf ein paar wenige kubische Grundformen zurückführen ließ, lösten sie ihn in

Rechts und rechte Seite: Treppenhaus und Café Orient im ersten Stock des kubistischen Hauses »Zur schwarzen Mutter Gottes«.

geometrisch-plastische Einzelformen auf, die ohne einen räumlichen Zusammenhang in der Bildfläche verankert wurden. Die Kubisten wollten nicht mehr abbilden, sondern eine neue Sicht auf die Dinge, auf ihr Wesentliches, ermöglichen.

... Zentralperspektive

Auch in Prag wurde die neue Kunst aus Frankreich heftig diskutiert. Man kannte die Gemälde eines Picasso oder Braque entweder durch Reisen nach Paris oder durch die Sammlung des Kunsthistorikers Vincenc Kramar, der seit 1910 die Werke der französischen Avantgarde systematisch ankaufte. Von den Prager Künstlern begeisterte sich vor allem die jüngere Generation für den Kubismus, darunter der Bildhauer **Otto Gutfreund**, die Architekten **Josef Gočár** und **Josef Chochol** und **Pavel Janák** sowie die Maler **Emil Filla**, **Bohumil Kubišta** und **Václav Špála**.

Zwischen 1910 und 1925 wurden in Prag mehr als 30 kubistische Häuser gebaut, von denen heute noch 27 erhalten sind. Nur wenig außerhalb des unmittelbaren Zentrums, im Stadtteil Vyšehrad, entstanden nach Entwürfen von Josef Chochol mehrere Wohnhäuser und Villen mit kubistischen Fassaden (u. a. Neklanova 30 und Libušina 49). Den Höhepunkt seines Schaffens markiert das 1914 fertiggestellte Mietshaus in der Neklanova 30. Wie die Gegenstände in einem kubistischen Gemälde verweigert dieses Gebäude die eindimensionale Ansicht. Die formale Mitte bildet die Gebäudeecke, an der die beiden Straßenseiten des Eckhauses wie bei einem Schiffsbug im spitzen Winkel aufeinander prallen.

Die Prager Kubisten entwarfen auch ganze Inneneinrichtungen – vom Türgriff über Treppengeländer und Lampen bis zu Sitzmöbeln, Schränken, Schreibtischen und Teppichen. Selbst vor Blumenvasen, Zuckerdosen und Kleiderhaken machte der Gestaltungswille der Avantgardisten nicht halt. In den 1912 gegründeten Prager Kunstwerkstätten wurden die von ihnen entworfenen Möbel hergestellt. Originell sind sie allesamt – ob man darauf auch sitzen könnte oder möchte, ist eine andere Frage.

und den heiligen Adalbert (Vojtěch) von Prag. Eine weitere Wenzel-statue befindet sich auf dem ▶Kreuzherrenplatz (Winzersäule mit Skulptur des hl. Wenzel), eine andere findet man auf dem ▶Vyšehrad (Reiterstatue).

* Zeltnergasse (Celetná)

⎯⎯⎯⎯⎯⎯⎯⎯⎯⎯⎯ ⟡ E 4

Lage: Praha 1, Staré Město,
Celetná (Fußgängerzone)
Metro: Staroměstská, Můstek, Náměstí republiky

Bedeutender Verbindungs- weg

Nach den mittelalterlichen Semmelbäckern der »Zalten« (calty) be-nannt, war die Zeltnergasse (Celetná) seit jeher ein Verbindungsweg der Altstädter Marktplätze und der Moldaufurt mit dem Osten. Hier verlief einst auch der »Krönungsweg« vom ▶Pulverturm über den ▶Altstädter Ring und die ▶Karlsbrücke zur Prager Burg (▶Hrad-schin) hinauf.

Künstlerisch wertvolle Paläste

Die bis zum Jahr 1987 hervorragend restaurierte Zeltnergasse wird größtenteils von bedeutenden Palästen romanischen und gotischen Ursprungs, die im Barock umgebaut wurden, gesäumt. Nr. 12: Zu den künstlerisch wertvollsten gehört das ehemalige **Palais Hrzán**, das wohl von **Giovanni Battista Alliprandi** 1702 im hochbarocken Stil umgestaltet wurde. Die Plastiken an der Hausfront stammen wahrscheinlich aus der Werkstatt von **Ferdinand Maximilian Bro-koff**. Nr. 2: Die Attikafiguren des barocken **Sixthauses**, nahe beim Altstädter Ring, werden **Anton Braun** zugeschrieben. Nr. 13: An den ehemaligen Besitzer des **Barockpalais Caretto-Millesimo** erinnert das Familienwappen über dem Portal. Nr. 17 und 20: Im Menhart-haus ist die Weinstube **»Zur Spinne«** (»U Pavouka«) eingezogen, während das **Palais Buquoy** (Nr. 20) seit der Umgestaltung im 18. Jh. der Prager Karlsuniversität gehört. Nr. 22: Auch das benachbarte klassizistische Haus **»Zum Geier«** (»U Zlatého supa«) birgt Räume der Prager Hochschule. Nr. 23: Eine Madonnenstatue (um 1730) von **Matthias Bernhard Braun** ziert die barocke Fassade des Hauses **»U Schönfloku«**. Nr. 31: Das **Palais Pachtovský**, Mitte des 18. Jh.s im Stil des Dientzenhoferbarock umgebaut, dient heute als Verwaltungs-gebäude. Nr. 34: Beliebtes Fotomotiv ist das Hauszeichen der »Jung-frau hinter Gittern«, ein letztes Zeugnis der einstigen Barockfassade an dem in den Jahren 1911 und 1912 entstandenen kubistischen **Haus »Zur schwarzen Muttergottes«** (U Černé Matky Bož). Das von Josef Gočár entworfene Haus mit zwei zurückspringenden Mansarde-tagen ist ein Zeugnis für den kubistischen Stil in Prag, der – anders als in Paris – auch vor der Architektur nicht halt machte. Fast zeitgleich wie das dem Jugendstil verpflichtete, dekorativ-flächige ▶Repräsentationshaus entstanden, wirkt es doch fortschrittlicher mit den großen Fenstern an der Vorderfront, die nur durch eine Stahlbetonkonstruktion möglich waren. Dennoch steht es mit seiner Betonung des Plastischen im architektonischen Einklang mit den umliegenden Barockhäusern.

Im ersten Stock wurde – nach beinahe 80 Jahren – der einstige Künstlertreff »Grand Café Orient« wiedereröffnet. Das **»kubistische Café«**, dessen Buffet-Bar, Kronleuchter und Lampen ebenfalls von Josef Gočár entworfen wurden, ist täglich bis 22.00 Uhr geöffnet. Nr. 36: Wo im 14. Jh. ein Teil des böhmischen Königshofs gestanden hatte, war seit dem 16. Jh. eine Münze in Betrieb.

Das jetzige Haus **»Zur Münze«** (U Mincovna) ließ der Münzermeister František Josef Pachta von Rájov im 18. Jh. erbauen. Ein Jahrhundert später wurde das Gebäude erweitert und neubarock umgestaltet. Den Abschluss der Zeltnergasse bildet der monumentale **Pulverturm** (▶Repräsentationshaus) der ehemaligen Altstädter Befestigung.

Žižkov (Stadtteil)

✳ G – J 4 – 5

Lage: Praha 3, 8 Žižkov
Metro: Linie A, Jiřího z Poděbrad, Flora, Želivského

Der östlich des Zentrums gelegene Stadtteil Žižkov hat sich vom ehemaligen Arbeiterviertel zum Treffpunkt der Prager Mittelschicht entwickelt. Das Leben in der Großstadt verlagert sich auch in Tschechien immer mehr in die Außenbezirke, von denen Žižkov einer ist. Im Zentrum sind die Preise für Essen und Wohnen für kaum einen Tschechen mehr erschwinglich. Žižkov ist bekannt für seine **Kneipen,** deren Atmosphäre die der Innenstadt übertrifft. Den Stadtteil **am Fuß des Veitsbergs (Vítkov),** wo im Jahr 1420 die Hussiten unter Jan Žižka gegen die zahlenmäßig überlegenen Truppen unter König Sigismund siegreich aus der Schlacht hervorgingen, haben mittlerweile auch Touristen entdeckt, besonders zwischen Husitská und Seifertova.

Das ursprüngliche Prag

Die Nationale Gedenkstätte auf dem Veitsberg (Národní památník na hoře Vítkově) erreicht man am besten durch die Straßen Wilsonova, Husitská třída und U Památníku (Am Denkmal) sowie zuletzt über Treppen. Das in den Jahren 1929 bis 1932 errichtete Nationaldenkmal ist erst nach 1948 vollendet worden. Der hohe, granitverkleidete Quader ist das Grabmal des Unbekannten Soldaten. Zudem diente die Gedenkstätte bis 1990 als Ehrenfriedhof für hohe Funktionäre der Kommunistischen Partei. Nach der »Samtenen Revolution« wurde das Mausoleum geschlossen. Das Hickhack um die Eigentums-

Gedenkstätte auf dem Veitsberg

rechte dauerte fast zwei Jahrzehnte. Erst als das **Nationalmuseum** zum neuen Eigentümer bestimmt wurde, erfolgte in Rekordzeit eine Renovierung. Seit November 2009 ist der Koloss öffentlich zugänglich und dient als **Warnung vor allem Totalitären**. Das Grabmal des unbekannten Soldaten wurde in den Katakomben untergebracht, einem neu aufpolierten zeremoniellen Bereich. Eher gespenstisch wirken die Räume, wo einst der einbalsamierte Körper des Kommunistenpräsidenten Klement Gottwald, im Zerfallsstadium begriffen, von Ärzten gepflegt wurde. Im gigantischen Festsaal steht eine gewaltige Orgel, die allerdings noch nicht zum Prager Konzertprogramm gehört. Mehr Leben in das historisch schwer belastete Objekt sollen wechselnde Ausstellungen bringen. Der Start mit der Exposition »Beatlemania« wurde zum Erfolg. Und das aufgemotzte Café auf dem Dach lohnt den Aufstieg auf den Hügel allemal, denn hier bietet sich eine ungewöhnliche Sicht auf Prag. Auf der Terrasse steht das **Reiterdenkmal** des siegreichen hussitischen Feldherrn Jan Žižka von Trocnov. Bei dem monumentalen Denkmal handelt es sich um das größte bronzene Reiterstandbild der Welt, 9 m hoch und 16,5 t schwer. Es wurde 1930 von Bohumil Kafka geschaffen, jedoch erst 1950 gegossen.
❶ April – Okt. Mi. – So. 10.00 – 18.00, Nov. – März Do. – So. 10.00 – 18.00, Eintritt: 110 Kč

Die Prager Stadtsilhouette wird heute durch den 216 m hohen Fernsehturm bestimmt, der – in den Jahren 1987 bis 1990 erbaut – rund 800 m südlich vom Veitsberg in **bizarren Bauformen** aufragt. In 66 m Höhe befindet sich ein Aussichtsrestaurant (www.tower.cz). Den Betonsockel des Turms hinauf klettern stilisierte Kinder, eine der berühmtesten Arbeiten David Černýs (►Baedeker Wissen S. 58/59). ◼ **Prager Fernsehturm**
❶ tgl. 11.00 – 23.00 Uhr

Direkt am Fuß des Turms liegt der Neue Jüdische Friedhof (Nový židovský hřbitov), **der zweitälteste jüdische Friedhof der Stadt**. Er wurde 1680 anlässlich der Pest angelegt, denn auf dem eigentlichen Friedhof durften Pestopfer damals nicht begraben werden, und in der zweiten Hälfte des 18. Jh.s noch einmal während einer Pestepidemie genutzt. Erst ab 1787, als der Friedhof in der Josefstadt definitiv zu klein geworden war, wich man komplett auf ihn aus. Aber nur bis 1890, bis wiederum einige Straßenzüge weiter östlich ein neuer jüdischer Friedhof gegründet wurde, auf dem sich auch das Grab von **Franz Kafka** und seinen Eltern befindet. ◼ **Neuer Jüdischer Friedhof**
❶ Metro A, Želivského, Zugang über die Izraelská-Straße, April – Sept. So. bis Do. 9.00 – 17.00, Fr. bis 14.00, Okt. – März So. – Do. 9.00 – 16.00, Fr. bis 14.00 Uhr

»Rakete« wird das höchste Gebäude der Stadt von den Pragern auch genannt: der die Dächer von Žižkov überragende Fernsehturm.

PRAKTISCHE INFORMATIONEN

Wie kommt man am besten nach Prag? Welche Dokumente braucht man, welche Währung gilt, und wo kann man sich gut über die Stadt an der Moldau informieren? Lesen Sie all das hier nach – am besten schon vor der Reise!

Anreise · Reiseplanung

ANREISEMÖGLICHKEITEN

Mit dem Auto
Das **Autobahnnetz** befindet sich im Ausbau. 744 km sind bereits befahrbar, geplant werden 2100 km. Lückenloser Anschluss an Deutschland besteht erst auf der D5 (Grenzübergang Rozvadov-Weiden, Strecke Nürnberg, München). Auf der D8 in Richtung Dresden und Berlin fehlt noch ein Teilstück bei Aussig an der Elbe (Ústi nad Laben). In Richtung Österreich stockt der Verkehr auf Landstraßen. Die D1 nach Brünn (Brno) ist chronisch überlastet, die Fahrbahn befindet sich in ziemlich schlechtem Zustand.

Mautpflicht
Alle Autobahnen sind mautpflichtig. Die **Vignette** für den Pkw kostet 1500 Kč für ein Jahr, Kč 440 für einen Monat, 310 Kč für eine Woche.

Aktuelle Auskünfte im Internet
Übersicht über **Baustellen** und **Staus: www.dalnice.cz**, interaktive Auskunft über die aktuelle Verkehrslage in Prag findet man unter: **www.dopravniinfo.cz**

Autofahren in der Stadt
Mit dem Auto kommt man zwar schnell und bequem nach Prag, aber die Probleme beginnen dann in der Stadt. Das **Zentrum** ist für den Autoverkehr weitgehend **gesperrt**, Staus erreichen oftmals apokalyptisch anmutende Dimensionen. **Parkplätze** sind ausschließlich für Anwohner lizensiert, **Garagen** kosten zwischen 15 und 25 Euro Miete pro Tag, was den Aufenthalt erheblich verteuert. Wer glaubt, seinen

BUSGESELLSCHAFTEN
Deutsche Touring Gesellschaft
Am Römerhof 17
60486 Frankfurt am Main
Service-Hotline: Tel. (0 69) 79 03 501
www.touring.de
Reservierung u. a. auch bei Čedok
(▶Auskunft) möglich

Eurolines
Busbahnhof Florenc
Křižikova 2 b
Praha, Karlin
Metrolinie B: Florenc

Tel. 2 45 00 52 45
www.elines.cz.cz
Reservierungsstelle für
Abfahrten aus Prag

FAHRPLANAUSKUNFT
České Dráhy
Tschechische Bahnen
Tel. 8 40 11 21 13
www.cd.cz

Deutsche Bahn AG
Tel. (01 80) 5 99 66 33
www.bahn.de

Wagen frei in einem Randbezirk abstellen zu können, kann genauso gut den Schrottplatz ansteuern: Einbruch, das Ausschlachten von Autoteilen oder der Diebstahl des ganzen Wagens sind fast an der Tagesordnung; das Ganze dann auch nur von der Polizei protokollieren lassen zu wollen, macht den Ärger in der Regel nur umso größer.

Eine **preiswerte Alternative** zur Fahrt im eigenen Auto sind die regelmäßigen **Busverbindungen** von allen großen deutschen Städten – es gibt sie schon ab 19 Euro. Der **Prager Busbahnhof** liegt bei der **Metrostation Florenc**. Mit den Metrolinien B und C ist man in wenigen Minuten am Wenzelsplatz.

BAEDEKER TIPP !

So weit die Wellen tragen

Wer gerne kulturgeschichtliche Reisen macht und acht Tage Zeit investieren will, kann **Prag** auch **mit dem Schiff** ansteuern. Die Moldau ist ein Zufluss der Elbe, in die Elbe mündet die Havel – man kann also in Potsdam an Bord gehen und in Prag bei der Karlsbrücke landen. Dort liegt man zwei Tage vor Anker, genießt vom Sonnendeck aus ein fabelhaftes Hradschin-Moldau-Panorama und macht spannende Stippvisiten in die Stadt. Als Pauschalangebot ab 699 Euro, individuelle Rückfahrt: www.merkurreisen.de

Die Bahn macht mobil – ihre Angebote sind verlockend. Von **Berlin** kommt man oft schon für 29 Euro, von **Hamburg** aus für 39 Euro nach Prag. Von **Dresden** fährt man bereits für 19 Euro in die Stadt an der Moldau. In Österreich gibt es eine »SparSchiene«: von **Wien** fährt man für 29 Euro nach Prag, von **Salzburg** für 39 Euro. Aus **Zürich** kommt man günstig mit dem Inter-Rail-Pass (3-Tage-Reise) für 59 Euro an – allerdings dauert die Fahrt nach Prag fast 14 Stunden. Vom **Prager Hauptbahnhof** (Wilsonovo nádraží) aus fährt die Bahn in südwestliche Richtung, den Nordosten bedient der Bahnhof Praha-Holešovice. Beide Stationen verbindet die Metrolinie C. **Nicht vergessen:** Vor der Heimfahrt mit der Bahn immer auf die Fahrkarte schauen – nicht immer ist der Bahnhof, an dem man ankam, derselbe, von dem man wieder abreist!

Mit der Bahn

Wer seine Flugreise entsprechend den gerade aktuellen Billigangeboten terminieren kann, kommt manchmal schon für 129 Euro nach Prag und wieder zurück **(www.fluege.de)**. Verbindungen gibt es **von allen wichtigen deutschen Flughäfen** sowie aus **Wien**, **Salzburg** und **Zürich**. Dass der **Prager Flughafen Ruzyně** in **Letiště Václava Havla** umbenannt werden soll (im Tschechischen werden auch Eigennamen dekliniert), führte beinahe zu einer Regierungskrise – typisch für die Irrungen der tschechischen Politik. Wer nach der Landung auf Nummer sicher gehen will, sollte sich an einem der Infoschalter in der Ankunftshalle ein **Taxi** bestellen. So steigen die Chancen, von einem seriösen Chauffeur zu einem fairen Preis (Taxi

Mit dem Flugzeug

zum Festpreis ab 18 Euro: www.taxiterminal.cz, andere Unternehmen: etwa 30 Euro) das Zentrum von Prag zu erreichen. Unternehmungslustigere Gemüter freunden sich mit den öffentlichen Verkehrsmitteln an: Die **Buslinien 119** und **179** bringen Sie zur Metro, die **U-Bahnlinie A** fährt in die City – dauert alles in allem 40 Minuten. Schneller ist man mit dem Taxi auch nicht.

EIN- UND AUSREISEBESTIMMUNGEN

**Reise-
dokumente**

Seit den 21. September 2007 gehört Tschechien zum Schengen-Raum der Europäischen Union. Die Kontrollen an den Grenzen zu **Deutschland**, **Österreich**, **Polen** und **Slowakei** sind weggefallen. Zur Einreise und für einen Aufenthalt von bis zu 90 Tagen sollte man dennoch seinen **Personalausweis** (oder Reisepass) dabeihaben sowie für – nicht im Reisepass ihrer Eltern eingetragene – Kinder einen **Kinderausweis** mit Foto. Für **Schweizer Staatsbürger** ist eine gültige Identitätskarte erforderlich.

Bei Fahrten mit dem Pkw mitzuführen sind der **Führerschein** und die **Zulassungsbescheinigung Teil I** (ehem. Fahrzeugschein). Die Mitnahme der Internationalen Grünen Versicherungskarte wird empfohlen. Kraftfahrzeuge müssen das ovale Nationalitätskennzeichen oder ein EU-Kennzeichen tragen.

Haustiere

Nach der EU-Regelung benötigen Hunde und Katzen bei Reisen innerhalb der EU-Länder einen veterinäramtlichen **Heimtierausweis**. Er enthält unter anderem ein amtstierärztliches Gesundheitszeugnis, das höchstens 30 Tage alt sein darf, ein mindestens 20 Tage und höchstens elf Monate vor der Einreise ausgestelltes Tollwut-Impfzeugnis sowie ein Passbild. Außerdem muss das Tier einen Mikrochip oder eine Tätowierung tragen. Maulkorb und Leine sind mitzuführen. Schwierig kann die Unterbringung im Hotel werden – viele Häuser lehnen Haustiere ab oder verlangen einen Aufpreis. An allen Stränden und in den Naturparks besteht Leinenzwang.

Zoll

Haben das Pilsner Urquell oder das Budweiser gut geschmeckt? 110 Liter **Bier** dürfen Sie mit nach Hause nehmen. Vom mährischen **Sliwowitz** (Zwetschgenbrand) oder dem Karlsbader **Becherovka** (Kräuterlikör) sind zehn Liter zur Mitnahme erlaubt. Für **Wein** gibt es keine Mengenbegrenzung, bei **Sekt** gelten 60 Liter als Obergrenze. Auch für **Prager Schinken** oder **Marienbader Oblaten** gibt es keine Einschränkungen. Andere Waren dürfen bis zu einem Wert von 300 Euro auf dem Landweg und 430 Euro bei Flug- oder Schiffsreisen nach Hause mitgenommen werden. Bei Kindern (unter 15 Jahren) liegt die Wertgrenze für zollpflichtige Waren bei 175 Euro. Für Antiquitäten und Kunstwerke ist ein Zertifikat erforderlich, dass es sich nicht um gestohlene Gegenstände handelt. Höchstmengen bei Tabakwaren: 800 Zigaretten oder 200 Zigarren.

REISEVERSICHERUNGEN

Versicherte deutscher Krankenkassen haben im Krankheitsfall in Tschechien Anspruch auf **ärztliche Behandlung** nach den in Tschechien gültigen Vorschriften. Der Auslandskrankenschein ist abgeschafft, dafür gilt seit 2005 innerhalb der EU die Europäische Krankenversicherungskarte. Auch mit dieser Karte muss ein Teil der Kosten selbst bezahlt werden, sodass der Abschluss einer zusätzlichen **Reisekrankenversicherung** zu empfehlen ist. Schweizer müssen die ärztliche Behandlung und Medikamente selbst bezahlen.

Kranken-versicherung

Auskunft

DEUTSCHLAND
Tschechische Zentrale für Tourismus
Wilhelmstraße 44, 10117 Berlin
Tel. (0 30) 2 04 47 70
www.czechtourism.com

ÖSTERREICH
Čedok
Parkring 10, 1010 Wien
Tel. (01) 51 24 37 2

Tschechische Zentrale für Tourismus
Herrengasse 17, 1010 Wien
Tel. (01) 53 32 19 33
www.czechtourism.com

SCHWEIZ
Čedok
Am Schanzengraben 11,
8002 Zürich
Tel. (0 44) 2 87 33 44

PRAG
Čedok
Na příkopě 18
11135 Praha 1
Tel. 2 24 19 76 41
Anfragen aller Art, Reservierungen von Bahn-, Bus- und Flugtickets; Wechselstube, Stadtrundfahrten, Ausflüge und Eintrittskarten für kulturelle Veranstaltungen; Treffpunkt für die vormittags stattfindende Stadtrundfahrt »Historisches Prag«, Tagesausflüge sowie geführte Stadtspaziergänge.

Prager Informationsdienst
Rytířská 31, Praha 1
Staroměstská radnice (Altstädter Rathaus), Staroměstské náměstí 1
Tel. 2 21 71 44 44
www.praguewelcome.cz

Daneben gibt es Informationsbüros am Hauptbahnhof (Hlavní nádraží), am Flughafen (Letiště Praha) von April bis Oktober im Kleinseitner Brückenturm (Malostranká mostecká věž).

Monatlich erscheint das Veranstaltungsheft »Downtown« mit Informationen zum Kino- und Theaterprogramm sowie zu Konzerten, Ausstellungen und anderen Veranstaltungen. In Deutsch erhält der »Prag Reiseführer« ebenfalls das monatliche Kinoprogramm. Das alle drei Monate erhältliche Heft »Prague in your pocket« bietet einen guten Leitfaden mit nützlichen Adressen, Hinweisen und Tipps: www.inyourpocket.com.

TSCHECHISCHE BOTSCHAFT
In Deutschland
Wilhelmstraße 44
10117 Berlin
Tel. (0 30) 22 63 80
www.czech-embassy.de

In Österreich
Penzingerstraße 11 – 13
1140 Wien
Tel. (01) 89 95 80
www.mzv.cz/mission.vienna

In der Schweiz
Muristraße 53, 3006 Bern
Tel. (0 31) 350 40 70
www.mzv.cz/bern

VERTRETUNGEN IN PRAG
Deutsche Botschaft
Vlašská 19 (Palais Lobkowitz)
11801 Praha 1, Kleinseite
Tel. 2 57 11 31 11, www.prag.diplo.de

Österreichische Botschaft
Viktora Huga 10
15115 Praha 5, Smichov
Tel. 2 57 09 05 11
www.bmeia.gv.at/prag

Schweizer Botschaft
Pevnostní 7
16201 Praha 6, Dejvice
Tel. 2 20 40 06 11
www.eda.admin.ch

INTERNET
www.mzv.cz
Die Homepage des Ministeriums für Auswärtige Angelegenheiten bietet Basisinformationen über das Land.

www.myczechrepublic.com
Die übersichtlich gestalteten Seiten des Online-Stadtführers geben einen guten Überblick über die Sehenswürdigkeiten Prags.

www.zamky-hrady.cz
Die Informationen über die Burgen und Schlösser rund um Prag, die man nicht unter www.pis.cz findet, gibt es hier.

INTERNETCAFÉS
PG Cyber Café
Praha 5
Village Cinemas, Anděl
Tel. 42 07 74 22 55 00
www.pgcybercafe.cz
Öffnungszeiten:
Mo. – Fr. 9.00 – 17.00,
Sa./So. ab 10.00 Uhr

Spika
Praha 1, Dlážděná 4
Tel. 2 24 21 15 21
http://netcafé.spika.cz
Für wenig Geld kann man hier während der Woche 15 Min. im Internet surfen.

Blue@Mail
Praha 1
Konviktská 8
www.cz99.cz

Mit Behinderung in Prag

Unterwegs

Bezbariérový přístup (tschechisch), **barrier-free** (englisch) – mit diesen Bezeichnungen wird auf barrierefreien, also **behindertenge-rechten Zutritt** hingewiesen. In etlichen Museen, den meisten Konzertsälen und Theatern sind **Aufzüge** und **Vorrichtungen für Rollstuhlfahrer** installiert und auf den Internetseiten mit Piktogrammen vermerkt. Auf den meisten öffentlichen Plätzen und bei den wichtigsten Sehenswürdigkeiten findet man **behindertenfreundliche Toiletten**, an den Metrostationen sind die Zugänge entsprechend markiert. Die Ampelsteuerungen haben vielerorts einen Knopf, um die Grünphase dem Rollstuhlfahrertempo anzupassen. Es gibt auch bereits Tramlinien mit Niederflureinstieg in Prag. Bedenken sollte man das **hügelige Profil** der Stadt, die **steilen Gassen** der Kleinseite sowie die **Treppenaufgänge** zur Burg. Es gibt spezielle Karten mit Wegen (►unten), die für Behinderte leichter zu bewältigen sind.

Prague Heritage Reservation
Stadtplan für Personen mit engeschränk-ter Mobilität. Erhältlich beim
Prager Informationsdienst (PIS)
Altstadt, Staroměstské náměstí 1
(Altstädter Rathaus am Altstädter Ring)
Tel. 2 21 71 44 44

www.praguewelcome.cz,
tourinfo@pis.czg

Taxiservice für Behinderte in Prag
Tel. 7 76 44 00 44
www.taxiprovozickare.cz

Etikette

Prager Humor

Nimm's locker. Beim Humor gibt es den feinen englischen, den schwarzen, den Galgenhumor und als Steigerung den Prager Humor. Der beginnt britisch fein, wird schwarz und hängt schließlich wie ein Halunke am Galgen. Als Zuhörer darf man **nicht empfindlich sein**. Schließlich heißt es: »Der Tscheche ist nicht freundlich, aber menschlich.« Der Prager ist also oft unhöflich, aber niemals unmenschlich. Trotz EU-Osterweiterung sollte man geografisch genau auf die Lage achten. Die Tschechen fühlen sich nicht als ein Volk des Ostens. Sie betonen:»Wir sind die westlichste Nation Osteuropas.« Der Akzent liegt immer auf »West«, und **»Prag ist das Herz Mitteleuropas«**. Auf diese Feinheiten zu achten, bringt einen Sympathiebonus. Wer weiß, dass »Rosamunde«, die berühmteste Polka der Welt, tatsächlich aus Böhmen stammt, macht sich bei jedem Tschechen sofort beliebt. Auf ihre Volksmusik lassen die guten Landsleute nichts kom-

BAEDEKER TIPP

!

Spaß mit Schwejk? – Besser nicht!

Sie haben in einer Prager Kneipe mal eben launig den **Schwejk** erwähnt und danach endlos lange auf ein Bier gewartet? Das kann passieren, denn etliche Tschechen reagieren inzwischen auf solche »Witzeleien« allergisch. Dass die einstige Symbolfigur der tschechischen Nation nach der Wende rasch seine Bedeutung verloren hat, ist der wichtigste **Paradigmenwechsel im nationalen Bewusstsein** der Tschechen. Als zuletzt nach den 100 größten Tschechen aller Zeiten gefragt wurde, konnten sich dafür weder Schwejk (symbolisch) noch sein literarischer Vater, der Schriftsteller Jaroslav Hašek, qualifizieren. Passiver Widerstand durch »sich dumm stellen« war eben gestern – im modernen Tschechien hat der brave Soldat Schwejk schlicht ausgedient.

men. Die Blasmusik gehört zu Tschechien wie die Dudelsackpfeifer zu Schottland. Die Polka ist unsterblich!

Was man auf jeden Fall vermeiden sollte: bierselig auf der Karlsbrücke deutsche Lieder singen. Bei den älteren Pragern erwachen da Erinnerungen an unselige NS-Besatzungszeiten. Ein Schimpfwort ist noch geblieben: **Skopčáci** – »Schafschädel«, die tschechische Version für die »Krauts«.

»Tschechei« ist altes Nazi-Deutsch. **Tschechien** ist richtig. **Tschechische Republik** korrekt.

Nicht »korrekt« ist es, die **tschechische Küche** zu **kritisieren!** Auch wenn es mal nicht so mundet wie erwartet, der sicherste Weg, einen Tschechen zu beleidigen, lautet: »Der Schweinebraten schmeckt in Deutschland aber besser.« Und natürlich ist das tschechische Bier das beste auf der Welt! Prost!

Berücksichtigen sollte man außerdem, dass **Kommunismus** hierzulande **kein Thema** mehr ist. Heute spricht man über Korruption, eine enttäuschende Politik, über Eishockey, Fußball – und über Griechenland, das Lieblingsurlaubsland der Tschechen.

Geld

Devisen Obwohl die EU-Mitgliedschaft auch den Beitritt zu Währungsunion vorschreibt, scheinen es die Tschechen damit nicht eilig zu haben. »Voraussichtlich 2016 sind wir so weit«, heißt es im Parlament – unverbindlich. Bis es so weit ist, heißt die **Landeswährung** Koruna Česká (Tschechische Krone), Abkürzung: Kč. Die Krone ist frei konvertierbar. Es sind folgende Geldscheine im Umlauf: 50, 100, 200, 500, 1000, 2000 und 5000 Kč. Münzen gibt es zu 1, 2, 5, 10, 20 und 50 Kč. Eine Krone besteht aus 100 Hellern (haléř).

Geldumtausch Ein Vergleich vor dem Geldumtausch lohnt sich: Wechselstuben, Reisebüros und Hotelrezeptionen verlangen oft sehr hohe Gebühren.

An den vielen **Geldautomaten** (tschech.: bankomat) in Prag lässt sich mit Kredit- und Bankkarten problemlos rund um die Uhr Geld abheben. Die meisten internationalen Kreditkarten werden von Banken, Hotels, Restaurants, Autovermietern und vielen Einzelhandelsgeschäften akzeptiert.

Für sämtliche sperrbaren Medien wie Bank- und Kreditkarten, aber auch für Handys, gibt es eine **einheitliche Notfall-Nummer**. Innerhalb Deutschlands ist die Nummer kostenlos, aus dem Ausland müssen die Gebühren übernommen werden: Tel. (+ 49) 116 116. Weitere Infos: **www.sperr-notruf.de**

? BAEDEKER WISSEN	*Wechselkurse*
	100 Kč = 3,86 €
	1 € = 25,9 Kč
	100 Kč = 4,69 sfr
	1 sfr = 21,3 CHF
	Aktuelle Wechselkurse im Internet: www.oanda.com/lang/de/ currency/converter/

Gesundheit

Bei Erkrankungen sollte man sich zunächst an die Hotelrezeption oder an die Reiseleitung wenden. In schwereren Fällen wird der erkrankte ausländische Besucher in einer Ambulanz, in einem Krankenhaus (tschechisch = **nemocnice**) oder in einer Spezialklinik medizinisch versorgt. Das Niveau der medizinische Versorgung ist in der Regel befriedigend bis ausreichend.

Ärztliche Hilfe

BEREITSCHAFTSDIENST
Ärztlicher Rettungsdienst
Tel. 155

Unfallnotdienst
Tel. 12 30,
12 40

Notrufe
▶ S. 352

Ärztlicher Bereitschaftsdienst
Praha 1, Palackého 5
Tel. 2 24 94 91 81

Zahnärztlicher Bereitschaftsdienst
Praha 1
Palackého 5
Tel. 2 24 94 69 81, 1 41 22
Mo. – Fr. 19.00 – 7.00 Uhr
Sa./So. 24-Stunden-Dienst

NOTAUFNAHMEKLINIKEN
Na Homolce
(fremdsprachiger Dienst)
Praha 5
Roentgenova 2
(Ab Metrostation Anděl (Linie B) mit Bus 167 bis zur Endstation)

Tel. 2 57 27 11 11
www.homolka.cz
Erste-Hilfe-Dienst ist im Notfall verfüg-
bar, die Behandlung in der Regel kostenlos. Im Fall einer Erkrankung wird jeder
Patient in jedem Krankenhaus behandelt, im Krankenhaus Na Homolce gibt
es eine spezielle Abteilung für
Ausländer mit Privatpatientenbehand-
lung, Schwimmbad und Cafeteria.

**APOTHEKEN MIT
24-STUNDEN-DIENST**

Lékarna U Svaté Ludmily
Praha 2, Belgická 37
Tel. 2 24 23 72 07

Lékarna Palackého
Praha 1, Palackého 5
Tel. 2 24 94 69 82

Literaturempfehlungen

Romane und Erzählungen, Biografien, Memoiren

Albright, Madeleine Korbel: Winter in Prag: Erinnerungen an meine Kindheit im Krieg, Siedler 2013. Die erste US-Außenministerin, deren ebenfalls lesenswerte Memoiren unter dem Titel »Madame Secretary« erschienen (Bertelsmann 2004), setzt sich in diesem Buch erstmals auch ganz persönlich mit ihrer jüdisch-tschechischen Herkunft und dem Schicksal ihrer Familie auseinander.

Brod, Max: Tycho Brahes Weg zu Gott. Herbig, 1955. Der historische Roman erschien 1916. Max Brod stellt Johannes Kepler und Tycho Brahe nicht als historische Individuen, sondern als Repräsentanten konträrer Weltbilder dar.

Eco, Umberto: Der Friedhof in Prag, Hanser 2011. Die Handlung spielt vorwiegend in Paris, aber die Geister, die Umberto Eco beschwört und literarisch lebendig macht, stammen größtenteils aus dem Dunstkreis des Prager Gettos – ein Nährboden des Antisemitismus und vieler Verschwörungstheorien. In Tschechien wurde »Der Friedhof in Prag« zum Buch des Jahres 2011 gewählt.

Hašek, Jaroslav: Die Abenteuer des braven Soldaten Schwejk. Aufbau Tb 2003. Der brave Soldat Schwejk bringt unter dem Deckmantel geistiger Minderbemitteltheit alles durcheinander und führt damit den Krieg ad absurdum – ein wunderbares Sinnbild des Widerstands gegen die Obrigkeit.

Hrabal, Bohumil: Ich habe den englischen König bedient. Suhrkamp 2007. Ein Ich-Erzähler berichtet von seinen Stationen auf dem Weg zum Hotelbesitzer, von der Tschechoslowakei der 1930er-Jahre bis in die Zeit kurz nach dem kommunistischen Regime. Er hatte gemerkt, dass es sich lohnte, sich über seine ärmliche Herkunft zu erheben. So führte sein Ausspruch, er habe den englischen König bedient, sogar dazu, dass er den abessinischen Kaiser bedienen durfte.

Kisch, Egon Erwin: Schwimmen im Tintenstrom. Berühmte Reportagen. Area 2005. Kischs Reportagestil, den er, zwischen 1906 und 1913 Lokalreporter in Prag, entwickelte, zeichnet sich durch distanzierte Sachlichkeit aus. Zahlreiche Reisen führten ihn zu Beginn der 1920er-Jahre durch Europa. Ziel seiner schnell lesbaren, unterhaltsamen und interessanten Reportagen war die Darstellung der ganz gewöhnlichen Menschen, des »Lumpenproletariats«.

Kundera, Milan: Die unerträgliche Leichtigkeit des Seins. Fischer Tb 1987; 2007 auch als Audio-CD bei Random House Audio erschienen, gelesen von Heikko Deutschmann. Die Liebesgeschichte zwischen dem Prager Chirurgen Tomaš und der Kellnerin Teresa führt vor dem Hintergrund der politischen Geschehnisse des Einmarschs der Warschauer-Pakt-Truppen nach Zürich und zurück.

Meyrink, Gustav: Der Golem. Fischer TB 2011. Wie vor ihm bereits zahlreiche Literaten, widmet sich auch der Prager Meyrink (1868 bis 1932) dem Mythos des künstlich erschaffenen menschlichen Wesens. In Meyrinks Roman wird es zu einem Symbol des jüdischen Volkes.

Neruda, Jan: Kleinseitner Geschichten ▶Baedeker-Tipp S. 292.

Frances Sherwood, Miriam Carbe: Die Schneiderin von Prag. Heyne 2005. Während Kaiser Rudolf II. 1601 im Hradschin residiert und nach dem Elixier für Unsterblichkeit suchen lässt, erschafft der weise Rabbi Löw den Golem. Doch Jossel, wie er ihn nennt, ist kein seelenloser Klotz. Als er sich in die jüdische Schneiderin Rachel verliebt, hat das Folgen für ganz Prag.

Topol, Jáchym: Exit Engel. Volk und Welt 1997. Die Geschichte eines drogensüchtigen Aussteigers in den 1990er-Jahren ist im Arbeiterviertel Smíchov angesiedelt und wird von Prags Kultautor erzählt.

> **BAEDEKER TIPP** ❗
>
> *Havelbibliothek*
>
> Möchten Sie mal beim Kaffee oder Wein in Büchern schmökern, die ein Dichterpräsident gesammelt hat? Das gibt es nur in Prag: Eine Stiftung verwaltet **Vaclav Havels Sammlung** von ca. 2000 Bändern gleich neben dem **Café Montmartre**. Schon Hašek trank hier sein Bier, ebenso Kisch, das Café war ein Treffpunkt der Demimonde. Bescheiden wirken dagegen heute die beiden Zimmer der Bibliothek. Fotos dokumentieren das zweite Leben des einstigen Häftlings, der zum Staatspräsidenten aufstieg (Praha 1, Altstadt, Řetězová 7, Di.–So. 12.00–18.00 Uhr, Tel. 2 22 22 01 12, www.vaclavhavel-library.org).

Werfel, Franz: Das Trauerhaus. Fischer Tb 1994. Die Geschichte des historischen Prager Bordells »Gogo«, das weit mehr als nur leichte Mädchen und Champagner feilzubieten hatte – ein Abbild der bürgerlichen Prager Gesellschaft vor dem Ersten Weltkrieg.

Keane, John: Václav Havel, Biografie eines tragischen Helden. Droemer 2002. Über 70 Mitarbeiter, darunter auch Havels Bruder Ivan, trugen sechs Jahre lang akribisch Daten, Details und Dokumente zusammen. Havels Leben als Spiegelbild der politischen Ereignisse, zugleich ein intimer Einblick ins Innenleben der tschechischen Nation, literarisch hochwertig verarbeitet.

DuMont Bildatlas Nr. 77 Prag: Porträt der Moldaumetropole mit Bildern von Martin Specht und Texten von Thomas Veszelits

Medien

Tschechische Tageszeitungen
Die populärste tschechische Tageszeitung heißt **»Blesk«** (»Blitz«) und entspricht in Inhalt und Layout der »Bild«-Zeitung. Viel gelesen werden auch die Titel **»Mladá fronta Dnes«** (»Heute«) und **»Lidové Noviny«** (»Volkszeitung«). Fast alle Tageszeitungen gehören heute schweizerischen, deutschen oder französischen Verlagen.

Fremdsprachige Zeitungen
Von der deutschsprachigen Presse erscheint nur noch die **»Prager Zeitung«** (www.pragerzeitung.cz). Alle anderen deutschsprachigen Blätter sind inzwischen sanft entschlafen. Kritische Berichterstattung bietet die jeden Mittwoch erscheinende englischsprachige Wochenzeitung **»The Prague Post«** (www.praguepost.co).

Notrufe

Notruf
Tel. 112

Pannendienst
►S. 359

Polizei
Tel. 158

Ärztlicher Rettungsdienst
►S. 349

Feuerwehr
Tel. 150

ADAC-Notrufzentrale München
+49 89 22 22 22 tgl. 24-Stunden-Service

Post · Telekommunikation

VORWAHLEN
Prag
aus dem Ausland
Tel. 0 04 20

Aus der Tschechischen Republik
nach Deutschland: Tel. 00 49
nach Österreich: Tel. 00 43
in die Schweiz: Tel. 00 41

Die Null der nachfolgenden Ortsnetz-
kennzahl entfällt.

TELEFONAUSKUNFT
National
Tel. 11 80

International
Tel. 11 81

Briefmarken (známky) sind in Postämtern, Tabakläden sowie in Kiosken erhältlich. Das Porto in alle europäischen Länder beträgt für Briefe bis 20 g und Postkarten 17 Kč. **Briefmarken und Porto**

Anbieter für Telefonkarten sind Telefónica O2, Ditel und Smartcall. Karten mit unterschiedlicher Einheitenzahl (150 Kč, 200 Kč, 300 Kč, 500 Kč, 600 Kč und 1000 Kč) sind an Zeitungskiosken, in Postämtern, Hotels und Reisebüros erhältlich. Ortsgespräche aus öffentlichen Telefonzellen kosten 5 Kč. **Telefon**

Die tschechischen Mobilfunknetze sind flächendeckend über die Betreiber T-Mobile CZ, Telefónica O2 und Vodafone ausgebaut. Zuweilen lohnt sich ein Preisvergleich und die manuelle Netzwahl, um die Roaminggebühren gering zu halten. Unter www.tariftip.de lässt sich der günstigste Anbieter für T-Mobile D, Vodafone E-Plus, O2 ermitteln. **Handy**

Preise und Vergünstigungen

Die **»Prague Card«** gibt es für zwei (880 Kč), drei (990 Kč) und vier Tage (1200 Kč). Sie ermöglicht den Eintritt in mehr als 40 der bedeutendsten Sehenswürdigkeiten und Museen Prags. Zusammen mit einer Info-Broschüre erhält man die Karte beim Prager Informationsdienst oder bei Čedok (Auskunft). Erhältlich ist auch ein **Prague Card & Prague Transport Pass**, der jeweils für den Zeitraum der Kartengültigkeit auch den freien Transport mit Bus, Tram, Metro und Bahn ermöglicht (2 Tage/1100 Kč, 3 Tage/ 1320 Kč, 4 Tage/1640 Kč). Zusammen mit einer Infobroschüre erhält man die Karte beim Prager Informationsdienst oder bei Čedok (Auskunft). **Ermäßigungen**

? *Was kostet wie viel?*

- Einfache Mahlzeit: ab 8 €
- 3-Gänge-Menü: ab 25 €
- 0,5 Liter Bier: 1,40 €
- Straßenbahnfahrt: ab 1 €
- Doppelzimmer: ab 60 €

▶ Preise für Restaurants S. 7
▶ Preise für Hotels S. 7

Reisezeit

Im **Frühjahr**, etwa ab Mitte April, bietet Prag mit den vielen blühenden Obstbäumen an den Hängen der Moldau einen besonderen Reiz. Eine zusätzliche Attraktion dieser Jahreszeit sind die traditionsreichen, alljährlich stattfindenden Musikfestwochen »**Prager Frühling**«.

Die Temperaturen im **Sommer** entsprechen deutschen Verhältnissen, wobei die höchsten Durchschnittswerte, wegen häufiger Gewitterneigung aber auch die stärksten Niederschläge im Juli zu verzeichnen sind (Temperaturmaximum 24,1 °C, Niederschlagsmenge 70 mm). Der **Herbst** bietet mit einer ausgeglichenen Wetterlage ebenfalls sehr günstige Voraussetzungen für einen Besuch der Goldenen Stadt. Der kälteste Monat im nicht sonderlich schneereichen **Winter** ist der Januar mit einem durchschnittlichen Temperaturminimum von –4 °C.

Entspannungssuchende im Sommer an der Moldau

Sprache

Aussprache-
regeln

Der **Hauptton** liegt im Tschechischen immer auf der **ersten Silbe**, wobei auch **l** und **r** als Halbvokale den Ton tragen, selbst wenn Vokale folgen (z. B. Vltava/Moldau; Brno/Brünn). **R** trägt bei vokallosen Wörtern den Ton (z. B. prst/Finger). Das Tschechische unterscheidet scharf zwischen **langen** und **kurzen Vokalen**. Die langen haben einen Akzent (**á**, **é**, **í**) oder einen kleinen Ring (**ů**). Y wird stets wie i gesprochen. Ein Haken auf dem Buchstaben **ě** erfordert die Aussprache je. Bei **Diphthongen** (aj, áj, ej, au, ou) werden die zweiten Bestandteile als Halbvokale deutlich gesprochen, mit der Betonung auf dem ersten Bestandteil (z. B. kraj/Land, auto/Auto). Eine andere Aussprache als im Deutschen haben die Buchstaben **v** (immer wie w in Wort) und **z** (immer wie stimmhaftes s). Charakteristisch sind die diakritischen Zeichen: **č** (Aussprache tsch), **š** (wie sch), **ž** (wie g in Gelee), **ř** (wie r + ž).

Sprachführer Tschechisch

Auf einen Blick

Sprechen Sie ...?	mluvíte ...?
... Deutsch?	... německy?
... Englisch?	... anglicky?
... Französisch?	... francouzsky?
Ich verstehe nicht	nerozumím
Ja, jawohl	ano
Nein	ne
Bitte!	prosím!
Danke!	děkuji!
Entschuldigen Sie!	promiňte!
Können Sie mir bitte helfen?	Prosím vás, můžete mi pomoci?
Guten Morgen!	dobré jitro!
Guten Abend!	dobrý večer!
Gute Nacht!	dobrou noc!
Auf Wiedersehen!	na shledanou!
Herr	pán
Frau	paní

Unterwegs

Wo ist ...?	kde je ...?
Straße, Gasse	třída/ulice
Straße nach ...	cesta do ...
Bank	banka
Bahnhof	nádraží
Kirche	kostel
Museum	muzeum
Wann?	kdy?
Schloss	zámek
geöffnet	otevřeno
geschlossen	zavřeno

Unterkunft

Hotel	hotel
Ich möchte ...	chtěl bych/chtěla bych
Zimmer	pokoj
Einbettzimmer	jednolůžkový pokoj
Zweibettzimmer	dvoulůžkový pokoj

Schlüssel	klíč
Toilette	toaleta, záchod
Bad	koupelna

Krankheit

Arzt	lékař
Apotheke	lékárna
Ich habe Fieber.	Mám horečku.
Ich habe hier Schmerzen.	Mám bolesti tady.

Verkehr

Durchfahrt verboten!	průjezd zakázán!
Einbahnstraße	jednosměrná ulice
Umleitung	objížd'ka
Es ist ein Unfall passiert!	stala se nehoda!
rechts	napravo, vpravo
links	nalevo, vlevo
geradeaus	přímo

Wochentage

Montag	pondělí
Dienstag	úterý
Mittwoch	středa
Donnerstag	čtvrtek
Freitag	pátek
Samstag	sobota
Sonntag	neděle
Feiertag	svátek

Grundzahlen

1	jeden, jedna, jedno	16	šestnáct
2	dva, dvě, dvě	17	sedmnást
3	trí	18	osmnáct
4	čtyři	19	devatenáct
5	pět	20	dvacet
6	šest	30	třicet
7	sedm	40	čyřicet
8	osm	50	padesát
9	devět	60	šedesát

10	deset	70	sedmdesát
11	jedenáct	80	osmdesát
12	dvanáct	90	devadesát
13	třínáct	100	sto
14	čtrnáct	1000	tisíc
15	patnáct	1 Mio.	milión

Frühstück (snidaně)

schwarzer Kaffee	černá káva
Kaffee mit Milch	bílá káva
Tee mit Milch	čaj s mlékem
Schokolade	čokoláda
Fruchtsaft	džus
Eier mit Speck	vejce na slanině
Brot	chleba
Butter	máslo
Wurst	salám
Marmelade	džem

Suppen (polévky)

Kartoffelsuppe	bramborová polévka
Weißkrautsuppe mit Wurst	zelná s klobásou
Zwiebelsuppe	cibulová

Hauptgerichte

Schweinebraten	vepřová
gebratene Ente	kachna pečená
Wiener Schnitzel	smažený řízek
Karpfen paniert	kapr smaženy
Bratgans	pečená husa
Gulasch	guláš
Fisch	ryby
... Zigeunerart (mit Gemüse)	... po cikánsku
Forelle	pstruh

Beilagen

Sauerkraut	zelí
Rotkraut	červené zelí
Kartoffelknödel	bramborové knedlíky

Speckknödel	špekové knedlíky
Salzkartoffeln	vařené brambory
Pommes frites	smažené hranolky
Kartoffelsalat	bramborový salát
Weißkrautsalat	zelný
gemischter Salat	míchaný

Süßspeisen

Obstknödel	ovocné knedlíky
Palatschinken	palačinky
... mit Früchten und Sahne	... s ovocem a se šlehačkou
Windbeutel mit Sahne	Větrník se šlehačkou

Verkehr

MIT DEM AUTO

Verkehrs-regeln Für Tschechien gelten die gleichen Verkehrsregeln wie für die meisten anderen europäischen Länder. Die Nichtbeachtung der Fahrvorschriften wird mit empfindlichen Geldbußen geahndet. Die Höchstgrenze für den Blutalkoholgehalt beträgt **0,0 Promille**. Die zulässige **Höchstgeschwindigkeit** auf Autobahnen und Schnellstraßen liegt für Pkws, Motorräder und Wohnmobile bis 3,5 t bei 130 km/h (Wohnmobile über 3,5 t und Pkws mit Anhänger bei 80 km/h), auf Landstraßen für Pkws, Motorräder, Wohnmobile bis 3,5 t bei 90 km/h (Pkws mit Anhänger und Wohnmobile über 3,5 t bei 80 km/h); innerhalb geschlossener Ortschaften gelten, soweit nicht anders angezeigt, 50 km/h.

Taxis Man sollte nur die **»gelben Engel«** nehmen: Die in dieser Farbe lackierten Taxis warten an – mit einer roter Hand und einem nach oben gestreckten Daumen markierten – Standplätzen auf Fahrgäste. Die Aufschrift »Fair place« signalisiert, dass sich alle Fahrer dieser Taxigesellschaft verpflichtet haben, korrekt nach Tarif abzurechnen und den Taxameter nicht zu manipulieren. Der Fahrpreis besteht aus einer Grundgebühr von 40 Kč und der Kilometerpauschale von 28 Kč. Wartezeit wird mit 6 Kč pro Minute berechnet. Eine Quittung druckt das Taxameter automatisch aus.

Ermäßigt Ermäßigte Fahrpreise sind bei telefonischen Vorbestellung möglich. **AAA Taxi** (die Gelben): Tel. 1 40 14, Vorbestellung Tel. 2 22 33 32 22;

Halotaxi (auf allen Plätzen Prags mit dem Handy zu erreichen): 2 44 11 44 11, SMS-Bestellung 7 76 11 44 11.

MIT DEM SCHIFF

Die **Anlegestelle** der Moldaupersonenschiffe befindet sich bei der **Palackýbrücke** (Palackého most) am Kai Rašínovo nábřeží. Von hier werden von Mai bis September alle halbe Stunde **Schiffsrundfahrten** von der Prager Dampfschifffahrtsgesellschaft (Pražská paroplavební společnost) angeboten, bei denen sich der Besucher einen guten Überblick über Prag verschaffen kann (Tel. 224 931 013, www.paroplavba. cz). Ferner fahren von der Palackýbrücke Schiffe zu **Naherholungsgebieten** der Prager Umgebung ab, z. B. zum Schloss von Roz toky. Neben konventionellen Schiffsausflügen auf der Moldau bietet die »Evropská Vodní Doprava« mit ihrer Anlegestelle an der Čechův most, gegenüber dem Hotel Intercontinental, **nächtliche Kreuzfahrten** sowie die Möglichkeit, Schiffe für besondere **Tourarrangements** und/oder private **Partys** zu chartern (Tel. 224 810 030, www.evd.cz).

Schiffsausflüge auf der Moldau

ÖFFENTLICHER NAHVERKEHR

Die Metro gibt es in Prag seit 1974. Das auf drei – A, B und C bezeichnete – Linien verteilte **Streckennetz** umfasst bis heute rund 59 km. Die Züge verkehren zwischen **5.00** und **24.00** Uhr, in der Stoßzeit hält **alle drei Minuten** ein Zug an einer Haltestelle. In allen Metro-

Metro

PANNENHILFE
Ústlední automotoklub (UAMK)
ADAC-Partner
Na stři 9,
CZ-14002 Praha 4
Tel. 2 61 10 44 01
Tel. 12 30 (Pannenhilfe)
info@uamk.cz
www.uamk.cz

Straßenwacht (Silniční Služba)
Opletalova 21
CZ-11000 Praha 1
Tel. 2 22 24, 12 57

BUS & BAHN
www.dpp.cz
www.dp-praha.cz
Homepages der Verkehrsbetriebe von Prag, auch in deutscher Übersetzung anklickbar

www.jizdnirady.cz
Fahrpläne und Verkaufsstellen der Tschechischen Busbetriebe

www.vlak-bus.cz
Offizielle Seite der Tschechischen Bahnen und Busbetriebe mit Fahrplan, Bahnverbindungen und Buspreisen in der gesamten Tschechischen Republik.

?

Fahrpreise: Wie viel wofür?

Es gibt zwei **Grundtarife**. Die Fahrkarten für 32 Kč gelten 90 Minuten lang für beliebig viele Umsteigenmöglichkeiten. Kurzfahrten (maximal 5 Stationen) innerhalb von 30 Minuten kosten 24 Kč. **Tageskarten** gibt es für 110 Kč, 3 Tage (72 Stunden) für 310 Kč. Kinder zahlen generell die Hälfte.

stationen stehen Automaten bereit, die allerdings nur auf einen genau abgezählten Münzbetrieb eingestellt sind – bei Überzahlung spuckt der Automat die Münzen wieder aus. **Fahrscheine** gibt es auch bei den Kiosken und in Zeitungsläden, auch der Concierge in den Hotels hat meistens welche vorrätig.

Die grüne Linie A führt zu allen wichtigen Sehenswürdigkeiten, vom Nationalmuseum über den Altstädter Ring unter der Moldau hindurch zur Kleinseite bis auf den Hradschin hinauf. Von der Metrostation zur Burg ist es allerdings noch ein ziemlich langer Fußmarsch – die Tramlinie 22 hält dagegen direkt vor dem mittleren Burghof.

Die gelbe Line B verläuft als eine Querverbindung durch die Stadt, kreuzt die Linie A an der Station Můstek, trifft an der Station Florenc auf die Linie C. Vom Platz der Republik zum Nationalboulevard (Národní) sind es nnur bequeme sieben Minuten.

Die rote Linie C verbindet die drei Prager Eisenbahnstationen, Holešovice, Masaryk-, Hauptbahnhof mit dem Wenzelsplatz und fährt weiter zur alten Festung Vyšehrad (Wyschehrad). Umsteigemöglichkeit zur Linie A unter dem Nationalmuseum (Station: Muzeum).

Straßenbahn   Das Prager **Schienennetz** ist so dicht angelegt, dass beinahe an jeder Ecke der Innenstadt eine Tram hält. Zwischen 4.30 und 0.15 Uhr herrscht normaler Verkehr an allen vorgezeichneten Linien. In der Nacht verkehren die Straßenbahnen mit den Nummern 51 bis 59 auf zusammengelegten Trassen (jeweils an der Haltestelle ausgezeichnet).

Bus   Für Pragbesucher sind die Buslinien wenig relevant, weil sie meist von den Endstationen der Metro und Tram in die Vororte führen.

Standseilbahn   Im Jahr 1891 zur Landesausstellung installiert, fährt die Standseilbahn tgl. von 9.00 bis 23.30 Uhr von der Talstation **Újezd** auf der Kleinseite zur Bergstation **Petřín** (Laurenziberg); 32 Kč.

Zeit

Im Winterhalbjahr gilt in Prag die **mitteleuropäische Zeit (MEZ)**. Für die Monate April bis Oktober wurde auch in der Tschechischen Republik die **Sommerzeit** (MEZ + 1 h) eingeführt.

Register

Verzeichnis der Karten und Grafiken

Bildnachweis

akg-images: S. 35, 67, 76, 222, 260, 296

Baedeker-Archiv: S. 71

Bilderberg/Milan Horacek: S. 14, 192, 292

Bilderberg/Karol Kallay: S. 28

Bilderberg/Hans Madej: S. 174, 225

Bilderberg/Jerzy Modrak: S. 2 (unten), 12, 240

Branscheid: S. 179

dpa-Fotoreport: S. U5, 54 oben

DuMont Bildarchiv/Peter Hirth: S. U2, U3 (oben), U3 (3. von oben), U3 (unten), U7, 2 (oben), 3 (oben), 3 (unten), 4 (unten), 5 (Mitte), 5 (unten), 7, 8, 13, 55, 78, 80, 84 (li.), 84 (re.), 87, 88, 90, 94, 105, 113, 114, 116, 121, 123, 124, 126, 128, 130 (li.), 130 (re.), 131, 132, 136, 138, 139, 140, 142, 144, 146, 148, 151, 152, 156, 161, 165, 169, 184, 202, 203, 226, 228, 234, 239, 242, 244 (li.), 244 (re.), 246, 249, 254, 257, 266, 269, 284, 288 (Ausklapper), 291 (li. oben), 291 (re. oben), 291 (li. unten), 291 (re. unten), 293, 303, 309, 312, 315, 326, 328, 330, 333, 334, 335 (li.), 335 (re.), 338, 340, 354

DuMont Bildarchiv/Urs F. Kluyver: S. 194, 212, 322

DuMont Bildarchiv/Martin Specht: S. 20 (li.), 83, 88/89, 99, 108, 111, 208, 223 (oben), 251 (unten), 251 (oben), 259, 273, 287 (oben li.), 288 (re.), 300, 301, 323

Robert Fischer: S. 23, 26, 44, 51, 54 (unten li.), 119, 145, 186, 214, 217 (li. oben), 319

Getty/AFP/Joe Klamar: S. 41

Getty/age/Targa: S. 224

Getty/isifa: S. 62

R. Holzbachova/P. Bénet: S. 4 (oben), 52, 176, 198, 206, 216, 217 (re. Mitte), 218 (Klappe), 219, 223 (unten li.), 265, 274, 279, 280, 286, 287 (unten), 287 (oben re.),

istockphoto: S. 96, 97

Laif/Zanetti: S. 305

Erich Lessing/pa: S. 217 (re. oben), 217 (re. unten)

pa/akg: S. 34

pa/Visioars: S. 70

Madeleine Reincke: S. 223 (unten re.)

transit/Thomas Härtrich: S. 10, 48, 54 (unten re.), 173, 188, 278, 290, 298, 317, 320,

Thomas Veszelits: S. 5 (oben), 20 (re.), 21, 58, 59, 61 (oben), 61 (Mitte), 61 (unten), 101, 129

Titelbild: Sylvain GRANDADAM/laif

Impressum

Ausstattung:
174 Abbildungen, 24 Karten und
grafische Darstellungen, eine große
Reisekarte
Text:
Dr. Madeleine Reincke und
Thomas Veszelits (Überarbeitung 2013),
mit Beiträgen von Barbara Branscheid,
Jutta Buness, Rainer Eisenschmid,
Robert Fischer, Sabine Herre,
Dr. František Kafka, Dr. Otakar Mohyla
und Andrea Wurth
Bearbeitung:
Baedeker Redaktion (Robert Fischer)
Kartografie:
Franz Huber, München;
MAIRDUMONT Ostfildern (Cityplan)
3D-Illustrationen:
jangled nerves, Stuttgart
Infografiken:
Golden Section Graphics GmbH, Berlin
Gestalterisches Konzept:
independent Medien-Design, München
Chefredaktion:
Rainer Eisenschmid, Baedeker Ostfildern

17. Auflage 2013
Völlig überarbeitet und neu gestaltet

© KARL BAEDEKER GmbH, Ostfildern
für MAIRDUMONT GmbH & Co KG;
Ostfildern
Der Name Baedeker ist als Waren-
zeichen geschützt. Alle Rechte im In-
und Ausland sind vorbehalten. Jegliche
– auch auszugsweise – Verwertung,
Wiedergabe, Vervielfältigung, Übersetzung, Adaption, Mikroverfilmung,
Einspeicherung oder Verarbeitung in
EDV-Systemen ausnahmslos aller Teile
des Werkes bedarf der ausdrücklichen
Genehmigung durch den Verlag.

Anzeigenvermarktung:
MAIRDUMONT MEDIA
Tel. 0049 711 4502 333
Fax 0049 711 4502 1012
media@mairdumont.com
http://media.mairdumont.com

Printed in China

Trotz aller Sorgfalt von Redaktion und Autoren zeigt die Erfahrung, dass Fehler und
Änderungen nach Drucklegung nicht ausgeschlossen werden können. Dafür kann
der Verlag leider keine Haftung übernehmen.
Kritik, Berichtigungen und Verbesserungsvorschläge sind jederzeit willkommen.
Schreiben Sie uns, mailen Sie oder rufen Sie an:

Verlag Karl Baedeker / Redaktion
Postfach 3162
D-73751 Ostfildern
Tel. 0711 4502-262
info@baedeker.com
www.baedeker.com

FSC
www.fsc.org
MIX
Paper from
responsible sources
FSC® C002957

Die Erfindung des Reiseführers

Als **Karl Baedeker** (1801 – 1859) am 1. Juli 1827 in Koblenz seine Verlagsbuchhandlung gründete, hatte er sich kaum träumen lassen, dass sein Name und seine roten Bücher einmal weltweit zum Synonym für Reiseführer werden sollten.

Das erste von ihm verlegte Reisebuch, die 1832 erschienene **Rheinreise,** hatte er noch nicht einmal selbst geschrieben. Aber er entwickelte es von Auflage zu Auflage weiter. Mit der Einteilung in die Kapitel »Allgemein Wissenswertes«, »Praktisches« und »Beschreibung der Merk-(Sehens-)würdigkeiten« fand er die klassische Gliederung des modernen Reiseführers, die bis heute ihre Gültigkeit hat. Der Erfolg war überwältigend: Bis zu seinem Tod erreichten die zwölf von ihm verfassten Titel 74 Auflagen! Seine Söhne und Enkel setzten bis zum Zweiten Weltkrieg sein Werk mit insgesamt 70 Titeln in 500 Auflagen fort.

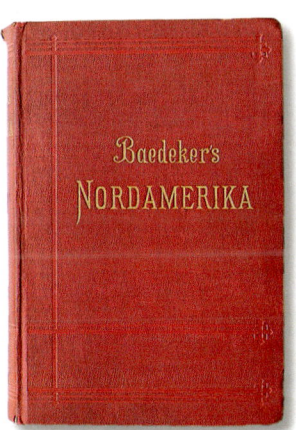

Bis heute versteht der Karl Baedeker Verlag seine große Tradition vor allem als eine Kette von Innovationen: Waren es in der frühen Zeit u. a. die Einführung von Stadtplänen in Lexikonqualität und die Verpflichtung namhafter Wissenschaftler als Autoren, folgte in den 1970ern der erste vierfarbige Reiseführer mit professioneller Extrakarte. Seit 2005 stattet Baedeker seine Bücher mit ausklappbaren 3D-Darstellungen aus. Die neue Generation enthält als erster Reiseführer Infografiken, die (Reise-)Wissen intelligent aufbereiten und Lust auf Entdeckungen machen.

In seiner Zeit, in der es an verlässlichem Wissen für unterwegs fehlte, war Karl Baedeker der Erste, der solche Informationen überhaupt lieferte. In der heutigen Zeit filtern unsere Reiseführer aus dem Überfluss an Informationen heraus, was man für eine Reise wissen muss, auf der man etwas erleben und an die man gerne zurückdenken will. Und damals wie heute gilt für Baedeker: Wissen öffnet Welten.

Baedeker Verlagsprogramm

- Ägypten
- Algarve
- Allgäu
- Amsterdam
- Andalusien
- Argentinien
- Athen
- Australien
- Australien • Osten
- Bali
- Baltikum
- Barcelona
- Bayerischer Wald
- Belgien
- Berlin • Potsdam
- Bodensee
- Brasilien
- Bretagne

- Brüssel
- Budapest
- Bulgarien
- Burgund
- China
- Costa Blanca
- Costa Brava
- Dänemark
- Deutsche Nordseeküste
- Deutschland
- Deutschland • Osten

- Djerba • Südtunesien
- Dominik. Republik
- Dresden
- Dubai • VAE
- Elba
- Elsass • Vogesen
- Finnland
- Florenz
- Florida
- Franken
- Frankfurt am Main
- Frankreich
- Frankreich • Norden
- Fuerteventura
- Gardasee
- Golf von Neapel
- Gomera
- Gran Canaria
- Griechenland
- Griechische Inseln
- Großbritannien
- Hamburg
- Harz
- Hongkong • Macao
- Indien
- Irland
- Island
- Israel
- Istanbul
- Istrien • Kvarner Bucht
- Italien
- Italien • Norden
- Italien • Süden
- Italienische Adria
- Italienische Riviera
- Japan
- Jordanien
- Kalifornien
- Kanada • Osten
- Kanada • Westen
- Kanalinseln

- Kapstadt • Garden Route
- Kenia
- Köln
- Kopenhagen
- Korfu • Ionische Inseln
- Korsika
- Kos
- Kreta
- Kroatische Adriaküste • Dalmatien
- Kuba
- La Palma
- Lanzarote
- Leipzig • Halle
- Lissabon
- Loire
- London
- Madeira
- Madrid
- Malediven
- Mallorca
- Malta • Gozo • Comino
- Marokko
- Mecklenburg-Vorpommern
- Menorca

- Mexiko
- Moskau
- München
- Namibia

- Neuseeland
- New York
- Niederlande
- Norwegen
- Oberbayern
- Oberital. Seen • Lombardei • Mailand
- Österreich
- Paris
- Peking
- Piemont
- Polen
- Polnische Ostseeküste • Danzig • Masuren
- Portugal
- Prag
- Provence • Côte d'Azur
- Rhodos
- Rom
- Rügen • Hiddensee
- Ruhrgebiet
- Rumänien
- Russland (Europäischer Teil)
- Sachsen

- Salzburger Land
- St. Petersburg
- Sardinien
- Schottland
- Schwarzwald
- Schweden
- Schweiz
- Sizilien
- Skandinavien
- Slowenien
- Spanien
- Spanien • Norden • Jakobsweg
- Sri Lanka
- Stuttgart
- Südafrika
- Südengland
- Südschweden • Stockholm
- Südtirol
- Sylt
- Teneriffa
- Tessin
- Thailand
- Thüringen
- Toskana
- Tschechien
- Tunesien
- Türkei
- Türkische Mittelmeerküste
- Umbrien
- USA

- USA • Nordosten
- USA • Nordwesten
- USA • Südwesten
- Usedom
- Venedig
- Vietnam
- Weimar
- Wien
- Zürich
- Zypern

BAEDEKER ENGLISH

- Berlin
- Vienna

Viele Baedeker-Titel sind als E-Book erhältlich: shop.baedeker.com

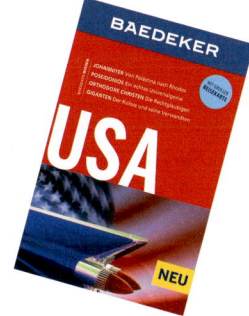

Kurioses Prag

In Prag ist so manches anders als anderswo. Und manches davon ist ziemlich kurios. Hier eine kleine Auswahl dazu.

▶Präsidentenklau

Václav Klaus, 2003 bis 2013 tschechischer Präsident, stellte im März 2011 einen ganz eigenen Rekord auf: Eine Woche lang war er so etwas wie ein »Star« auf Youtube. Der Clip zeigt den Präsidenten beim Staatsbesuch in Chile. Man sieht, wie er einen Staatsvertrag unterzeichnet – und man sieht, wie er gleich danach einfach den mit Halbedelsteinen besetzten Füller in seiner Tasche verschwinden lässt. Ein Kameramann hatte das denkwürdige Ereignis im Bild festgehalten – der Clip wurde mehr als 1 Mio. mal angeklickt.

▶Zeigefinger

Das Jüdische Museum in Prag ist eine einzigartige Sammlung – nicht nur quantitativ wegen der insgesamt 4054 Thoramäntel oder der 1042 siebenarmigen Leuchter, sondern auch wegen einer recht kuriosen Besonderheit: Gesammelt wurden nämlich auch 1165 Zeigestäbe. Sie haben die Form einer Hand mit ausgestrecktem Zeigefinger und werden beim Lesen der Thorarollen verwendet. Warum? Weil man die heiligen Seiten nicht anfassen darf.

▶Unter der Lupe

Das kleinste Buch, das jemals in Prag gedruckt wurde, ist ein Gebetsbuch mit dem Vaterunser in sieben Sprachen: nur 6 x 6 mm groß, zu bestaunen in der Bibliothek des Klosters Strahov.

▶Krabbelrarität

Der kauzige Kaiser Rudolf II. war »shoppingsüchtig«. Er hamsterte Kunstwerke, Gemälde, Schmuck, Edelsteine genauso emsig wie Zinnkrüge, ausgestopfte Eulen oder präparierte Bärentatzen. Mit seiner Sammelwut ruinierte er die Staatskasse. Dabei lässt sich der Wert seiner Exponate mitunter schwer schätzen. Späte Ehren erfuhr immerhin ein 7,5 cm großer Hirschkäfer aus seiner Sammlung: Diese Gattung wurde nämlich 2012 zum »Insekt des Jahres« gekürt. Rudolf hatte also doch ein gutes Gespür für Raritäten …

▶Tanz der Vampire

Ihre Kuppel ist der Blickfang der Kleinseite: Sie überdacht den Dientzenhofer-Barock der St.-Niklas-Kirche, in deren Innerem grandiose Fresken mit biblischen Motiven rund 3000 m² Fläche bedecken. Zusammen mit herabhängenden Heiligenstatuen gab das eine perfekte Kulisse für den Mystery-Horrorfilm »Van Helsing«. Ausgerechnet ein orgiastischer Dracula-Ball wurde in dem heiligen Gemäuer gedreht. Die Gläubigen waren entsetzt. Doch der Kirchenverantwortliche rechtfertigte die Drehgenehmigung: »Der Zweck heiligt die Mittel. Das Geld wurde dringend für die Renovierung des Gotteshauses benötigt.